DATZ - Aquarienbücher

Martin Sander
Aquarientechnik

Martin Sander

Aquarientechnik
in Süß- und Seewasser

238 Abbildungen
36 Tabellen

VERLAG
EUGEN
ULMER

Titelfotos: Technische Geräte sind aus der modernen Aquaristik nicht mehr wegzudenken. Das Bild links zeigt einen Innen-Eiweißabschäumer, das Bild rechts ein pH-Meßgerät mit Dauerelektrode (Fotos: W. Baumeister).
Hintergrundbild: Agentur Reinhard-Tierfoto.

Die Deutsche Bibliothek – CIP-Einheitsaufnahme

Sander, Martin: Aquarientechnik in Süß- und Seewasser : 36 Tabellen / Martin Sander. – Stuttgart (Hohenheim) : Ulmer, 1998
(DATZ-Aquarienbücher)
ISBN 3-8001-7341-7

Das Werk einschließlich aller seiner Teile ist urheberrechtlich geschützt. Jede Verwertung außerhalb der engen Grenzen des Urheberrechtsgesetzes ist ohne Zustimmung des Verlages unzulässig und strafbar. Das gilt insbesondere für Vervielfältigungen, Übersetzungen, Mikroverfilmungen und die Einspeicherung und Verarbeitung in elektronischen Systemen.

© 1998 Verlag Eugen Ulmer GmbH & Co.
Wollgrasweg 41, 70599 Stuttgart (Hohenheim)
Printed in Germany
Lektorat: Michael Kokoscha
DTP & Produktion: Ulla Stammel
Druck und buchbinderische Verarbeitung: Friedrich Pustet, Regensburg.

Vorwort

Aquarien sind ein Stück Natur mitten in unseren Wohnzimmern. Ein Ausschnitt aus einer anderen Welt – einer Welt, die zumeist fern unseres Erfahrungsalltages liegt. Gerade deswegen ist ein Aquarium so interessant. Wer hat nicht schon vor dieser fremden Welt gesessen und den Fisch bewundert, der mit leichter Anmut durch das Wasser zieht? Wie schön muß es doch sein, den ganzen Tag im Wasser liegen zu können! Beinahe kann man die Wale verstehen, die sich aus dem beschwerlichen Leben der landbewohnenden Vierbeiner wieder ins Wasser zurückgezogen haben.

Die buntesten Phantasiewelten werden im Aquarium sichtbar: Fischkinder, die sich schützend in das Maul Ihrer Eltern zurückziehen, Korallenriffe mit all ihrer Vielfalt an Lebewesen, bizzare Fischgestalten und vieles mehr.

Seien es Fische oder Pflanzen, Niedere Tiere oder Algen – es tut sich eine Welt auf, deren Tiefe in einem erfüllten Hobby immer weiter ergründet werden kann mit der Sicherheit, daß es nie langweilig wird.

Bevor es soweit ist, müssen aber viele Fragen erörtert und viele Dinge berücksichtigt werden, die für ein schönes Aquarium und eine gesunde Fischhaltung unerläßlich sind. Es stellen sich Fragen zum Licht, der Wasserqualität, der Filtertechnik, der Meßtechnik usw. Das notwendige Fachwissen ist komplex, Biologie, Chemie und Technik ergänzen und beeinflussen sich wechselseitig. Ein Aquarium zu verstehen setzt die Freude an der Auseinandersetzung mit der Technik und ihrer Auswirkungen auf das Wasser und das Wohlergehen der Fische und Pflanzen voraus. Sei es ein 50-l-Aquarium oder das 500-m^3-System – das vorliegende Buch versucht, diese Fragen aufzugreifen und die Zusammenhänge gut verständlich zu erklären.

In diesem Sinne hoffe ich, mit diesem Buch etwas zur Freude am Aquarium beizutragen.

Mein Dank gilt Herrn Dr. Lange vom Aquarium in Berlin, der mir Mut zu diesem Buch gemacht hat, Herrn Prof. Dr. Rosenthal, Universität Kiel, von dem ich vieles über die komplexe Welt des Lebensraumes Wasser gelernt habe, und meiner Familie, die mir die Zeit gegeben hat, dieses Buch zu schreiben.

Martin Sander
Uetze-Eltze, im Sommer 1998

Inhaltsverzeichnis

Vorwort 5

Einleitung 10

Natur und Aquarium 11

Tier- und Artenschutz 14

Physikalische und chemische Grundlagen 16

Der Aufbau der Atome 16
    Bindungsarten der Atome 16

Das Wasser 17
    Dichte, Gefrierpunkt und Siedepunkt . 18
    Die Kapillarkraft 20
    Oberflächenspannung 21
    Viskosität 22
    Wasser als Lösungsmittel 22
    Regenwasser 24
    In Wasser gelöste Gase 24
    Verfügbarkeit der Gase für Wasser-
    lebewesen 26
    Absolute Löslichkeit von Gasen 28

Meerwasser 28
    Gase im Meerwasser 29

Der Leitwert 31

Der pH-Wert 32

Säuren, Laugen und Salze 34
    Die Pufferung 34
    Die Härte des Wassers 35

Das Kohlendioxid 36
    Das Kohlendioxid im Karbonat-
    system 36
    Die Pufferwirkung des Karbonat-
    systems 38

Die Bedeutung des Kohlendioxid
in der Pflanzenwelt 39
Wie wirkt Kohlendioxid auf Fische? . . . 39

Diffusion und Osmose 39
    Diffusion 39
    Osmose 40
    Osmoregulation 41

Organische Stoffe 42

Oxidation und Reduktion 44
    Oxidation 44
    Reduktion 44
    Das Redoxpotential 45
    Zonen verschiedener Sauerstoff-
    konzentration 46
    Der Biologische Sauerstoffbedarf (BSB) . 47
    Der Chemische Sauerstoffbedarf (CSB) . 48
    Beurteilung von Wässern anhand
    BSB und CSB 48

Die Temperatur 49

Biologische Grundlagen 51

Der Kreislauf der Stoffe 51

Die Ernährung von Mikroorganismen . . . 52
    Mineralisation 53

Der Sauerstoff-Kohlendioxid-Kreislauf . . . 53

Der Stickstoffkreislauf 55

Nitratabbau durch anaerobe Bakterien . . . 58

Die Aufbereitung von Leitungswasser . . . 60
Enthärtung des Wassers 61
    Ionenaustauscher 62
    Umkehrosmose 67

Inhaltsverzeichnis

Wasserbehandlung mit speziellen
Filtermitteln 72
   Aktivkohle 72
   Torf 74

Filtertechnik 77

Luftbetriebene Innenfilter 77

Innenfilter mit Wasserpumpe 77

Der geschlossene Schnellfilter 78

Filtereinsätze für verschiedene
Materialien 80

Aerob arbeitende biologische Filterung ... 81
   Der „nasse" Biofilter 82
   Der „trockene" Biofilter 82
   Der biologische Druckfilter 83
   Der biologische Innenfilter 84
   Die Auswahl des Filtermaterials 84
   Die Stellung der biologischen
   Filterung im Stickstoffkreislauf 87
   Das Anfahren eines Biofilters 88
   Der Einfluß äußerer Umstände auf die
   Effektivität des Biofilters 89

Anaerob arbeitende biologische Filterung . 95
   Der Aufbau eines anaeroben Filters ... 98

Natürliche und technische Gase 101

Blasenerzeugungssysteme 101
   Ausströmer 101
   Injektor 105
   Dispergator 107

Sauerstoffanreicherung 107
   Welche Faktoren beeinflussen die
   Sauerstoffanreicherung? 108
   Wassertemperatur und Sauerstoff-
   sättigungsgrad 109
   Sauerstoffkonzentration und
   Partialdruck 111

Der Stickstoff 112

Kohlendioxid 112
Kohlendioxiddosierung 113
Diffusionsgeräte zum Kohlendioxid-
eintrag 118
Kontrolle der Kohlendioxiddosierung 120

Ozon 121

Anwendungsgebiete von Ozon in der
Aquaristik 122
   Wie wird Ozon erzeugt? 122
   Wie wird ein Ozonerzeuger
   angeschlossen? 123
   Einfluß von Ozon auf den Stickstoff-
   kreislauf 125
   Der Einfluß von Ozon auf organische
   Belastung 127
   Der Einfluß des Ozons auf den
   Keimgehalt 127
   Der Zusammenhang von Ozon und
   Redoxpotential 127
   Redoxpotential und Entkeimung 129
   Ozon in Süß- und Seewasser 132
   Ozoneinwirkung auf den Menschen . 132

Abschäumung 133

Funktionselemente des Abschäumers ... 133

Die Blasensteiggeschwindigkeit 135

Der Kontakt von Blase und Feststoff-
teilchen 136
   Hydrodynamische Aspekte 136
   Der Blasenrandwinkel 137
   Sammler 138
   Hydratation 139
   Elektrische Doppelschicht 139

Die Schaumzone 139

Luftbetriebene Abschäumer 141

Pumpenbetriebene Abschäumer 142
   Außenabschäumer 143
   Horizontalabschäumer 143
   Weitergehende Blasenerzeugungs-
   systeme 143

Der Abschäumer im Stoffkreislauf des Aquariums 143	Einfluß der Abschäumung auf den CSB-Wert 172
Der Kalkgehalt des Meerwassers 148	Der Einfluß von Ozon auf die Lichteinwirkung 173
Das Verfahren nach HÜCKSTEDT 151	Ozon und biologische Filterung 174
Zugabe von Kalkwasser 152	UV-Licht und Ozon 175
Kalkreaktor mit einfachem Durchlauf . . . 154	Der Einfluß von Ozon auf die mechanische Filterung 175
Kalkreaktor mit internem Kreislauf 155	Wechselwirkung zwischen Ammonifikation und Nitrifikation 175
Licht 156	Wechselwirkung zwischen anaeroben und aeroben Bakterien 176
Was ist Licht? 156	
Der Weg des Lichtes auf die Erde 157	**Temperieren des Aquariums** 178
Der Übergang des Lichtes aus der Luft ins Wasser 158	Heizen . . . . 178 Äußere Wärmequellen 180
Das Licht im Wasser 160	Die Aquarienheizung 183
Maßeinheiten des Lichtes 161	Kühlen 183
Lampentypen . . . . 162 Leuchtstofflampen 162	**Das Messen der Wasserwerte** 187
Die Quecksilber-Hochdrucklampe (HQL) . . . . 164 Halogen-Metalldampf-Lampe (HQI) . . 165 Brenndauer der verschiedenen Lampen 166	Die Messung des pH-Wertes . . . . 187 Aufbau der pH-Elektrode . . . . 187 Eichung und Kontrolle . . . . 189 Die pH-Messung in der Praxis . . . . . . 191 Lebensdauer einer Elektrode 192
UV-Licht . . . . 168 Wirkungsweise von UV-Licht 169	Geräte mit Schreiberausgang . . . . 192 Meßgeräte mit Regelfunktion . . . . 192 Positionierung der Elektrode . . . . 194 Lagerung einer pH-Elektrode 195
Zusammenwirken verschiedener Filtersysteme 170	Die Messung des Redoxpotentials . . . . . . 196 Aufbau der Redoxpotential-
Wechselwirkungen zwischen Abschäumer und biologischer Filterung 171	Elektrode . . . . 196 Positionierung der Elektrode . . . . 198 Austauschstromdichte 198
Einfluß der Abschäumung auf den Keimgehalt 172	Das Eichen von Redoxelektroden . . . . 199 Prüfung 199

Die Messung des Leitwertes 200
   Die Ionenkonzentration 202
   Einfluß der Temperatur 202
   Die Art der Ionen 202
   Verschmutzung 203
   Zusammenhang des Leitwertes mit
   anderen Meßwerten 203
   Ermittlung der Dichte aus dem
   Leitwert 204
   Ermittlung des Salzgehaltes aus dem
   Leitwert 204

Temperaturmessung 204

Wasserpumpen 205

Normalsaugende Pumpen 205

Selbstansaugende Pumpen 205

Untertauchende Pumpen 206

Tauchkreiselpumpen 206

Magnetkreiselpumpen 206
   Elektromagnetischer Antrieb 206
   Magnetpumpen mit motorischem
   Antrieb und Permanentmagnet-
   kopplung 208

Außenliegende Pumpen mit Gleitring-
dichtung 208

Die Auswahl einer Pumpe 210
   Auswahlkriterium Pumpenleistung . . 210
   Auswahlkriterium Wirkungsgrad 212
   Auswahlkriterium Lautstärke 212
   Auswahlkriterium Material 214

Luftpumpen 215

Auswahlkriterien der Luftpumpe 216

Seitenkanalverdichter 217

Rohrleitungen 219

Material und Durchmesser 219

Elemente der Rohrleitung 223
   Der Wasserauslauf 223
   Standrohr 223
   Ablaufkasten 224
   Aquariendurchführung 224
   Heber 226

Kugelhahnen 227

Verschraubungen zur Rohrtrennung 228

Schlauchverschraubungen 229

Bogen oder Winkel? 229

Automatikarmaturen 230
   Motorgesteuerte Ventile 230
   Magnetventile 230
   Elektrisch betriebene Kugelhahnen . . 232

Schwebekörperdurchflußmesser 232

Rohrleitungsverlegung 232

Beispiele für Aquarienanlagen 234

Das Kleinaquarium 234

Die Aquarienanlage von Herrn
KORNFELD 236

Eine Aquarienanlage im Zoofachhandel . 239
   Meerwasseranlage 239
   Süßwasseranlage 241

Das Aquarium des Leipziger Zoos 243

Tabellenanhang 247
Literatur 251
Bildquellen 253
Register 253

Einleitung

Ist der Einsatz von Technik im Aquarium überhaupt notwendig? Diese oft gestellte Frage ist nicht nur berechtigt, sondern auch für unsere weiteren Betrachtungen sehr wichtig. Die heutige Zeit wird häufig als technikfeindlich bezeichnet, was in der Regel nicht stimmt. Der Einsatz von technischen Geräten darf und muß jedoch hinterfragt werden. Die moderne Technik darf nicht mehr einen Selbstzweck darstellen, sondern muß sich im Zusammenhang mit der Gesellschaft betrachten und eingliedern lassen.

Ähnlich kritisch steht die Gesellschaft der Chemie und in zunehmendem Maße auch der modernen Biologie gegenüber. Je nach persönlichem Standpunkt werden dann Diskussionen geführt, die etwa unter den Themen „Chemie vergiftet die Umwelt", „Technik zerstört natürliche Kreisläufe" oder „Biologische Eingriffe manipulieren die Natur" stehen. Der Lebensstandard unserer heutigen Gesellschaft steht aber auf einem Niveau, das nur durch äußerste Anstrengungen auf allen drei Gebieten gehalten werden kann. In der Tat verschmelzen Technik, Chemie und Biologie immer mehr miteinander und ermöglichen eine hohe Lebensqualität von immer mehr Menschen auf immer weniger Raum.

Die kritische Einstellung der Betrachter bleibt auch vor der Aquaristik nicht stehen. So hört man oft diese oder ähnliche Fragen und Aussagen: „Biologische Filterung oder Abschäumung?", „Keine Chemie im Aquarium!" oder „Mechanische Filterung taugt nichts". Diskussionen dieser Art berühren in der Regel nur die Oberfläche der Probleme. Wer sich ehrlich daran beteiligt, wird feststellen, daß viele Aussagen, die vielleicht für ein spezielles, mit viel Liebe gepflegtes Becken zutreffen, für ein zweites Becken nur bedingt richtig und als Beschreibung der gesamten Aquaristik schlicht falsch sind.

Zufriedenstellende Ergebnisse wird man nur dann erreichen, wenn man sich den Erkenntnissen aller Disziplinen öffnet und sie so in sein Aquariensystem integriert, daß sich alle Elemente gegenseitig ergänzen und unterstützen. So verstanden, wird die kritische Auseinandersetzung in allen Bereichen auch in Zukunft die Aquaristik weiter vorantreiben.

Einsatzgebiete für Aquarien

Heimaquarien

Öffentliche Aquarien
- Schauaquarien
- Schulaquarien
- Delphinarien
- Robbenbecken

Speisefischhälterung
- Hummerhälterung
- Austernhälterung
- Kaltwasserbecken für Karpfen, Aal, Forelle
- Aquakultur

Forschung
- Umweltforschung
- Medizin
- Kosmetik

Händleranlagen
- Exporteur
- Importeur
- Einzelhändler

Repräsentationsbecken
- Banken
- Versicherungen
- Hotels
- Warteräume von Ärzten und anderen

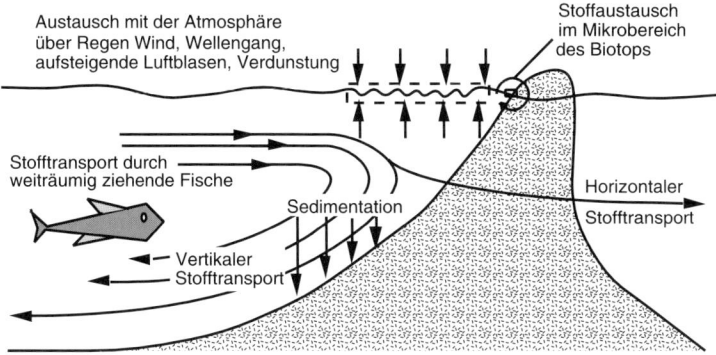

Die natürlichen Lebensräume der Wassertiere unterliegen einem erheblichen Stoffaustausch.

Man liest oft Titel oder Überschriften wie „Das Korallenriff im Wohnzimmer" oder „Die Lagune im eigenen Heim", die einiges von dem verraten, was der Aquarianer anstrebt. Zunächst soll jedoch darauf hingewiesen werden, daß es neben dem Heimaquarium eine ganze Reihe von anderen Anwendungsgebieten gibt, in der die Aquaristik wichtiges Mittel zum Zweck ist. Hier treten oft Probleme auf, die im häuslichen Becken in der Form nicht bekannt sind. Ein wichtiger, oft unterschätzter Unterschied besteht darin, daß in vielen Nutzanwendungen das Aquarium nicht mehr Gegenstand einer Liebhaberei ist, sondern ein Arbeitsmittel. Die Technik soll zuverlässig und wenig arbeitsaufwendig sein. Probleme müssen durch Meß- und Regelanlagen erkannt und, wenn möglich, automatisch behoben oder zumindest gemeldet werden.

Was für das Heimaquarium gut und richtig ist, kann für ein Verkaufsbecken völlig falsch sein. So wurde ich beispielsweise einmal zu einer Hummerverkaufsanlage gerufen, die mit einem kleinen, luftbetriebenen biologischen Filter ausgerüstet war. Was für ein mit Fischen besetztes Süßwasseraquarium eine gute Filterung gewesen wäre, produzierte hier im Verkaufsbecken eine 20 cm hohe Schaumschicht, die viele Kunden vom Kauf abhielt. Jedes Aquarium braucht die auf seine Anwendung abgestimmte Technik.

Natur und Aquarium

Warum wird der Einsatz von Aquarientechnik überhaupt nötig? Auch hier hilft uns der Titel „Das Korallenriff im Wohnzimmer" weiter. Die Lebensbedingungen in einem Korallenriff oder auch am Ufer einer Insel in einem Süßwassersee vollständig zu beschreiben, würde sicher den Umfang dieses Buches sprengen. Dennoch sollen ein paar wesentliche Umstände herausgearbeitet werden. Die Lebewesen, die wir pflegen, kommen in der Regel auch in der Natur in einem regional eng begrenzten Raum vor, der allerdings immer noch unvergleichbar größer ist als unser Aquarium. Das Volumen des genutzten Raumes ist aber nicht allein ausschlaggebend. Der Lebensraum des Tieres in der Natur steht in vielerlei Beziehung in einem regen Wechselspiel mit der ihn umgebenden Welt.

Im Mikrobereich des Biotops lebt eine große Anzahl von Tieren, die in ihren Lebensabläufen bis in den Stoffwechsel hinein voneinander abhängen. Wir kennen hier die Symbiose, aber auch schmarotzende Lebensformen. So entwickeln sich komplexe Futterketten, die von den Algen und Mikroorganismen über Wirbellose bis zu den Fischen reichen und eine örtlich eng begrenzte und voneinander abhängige Lebensgemeinschaft bilden, in der Versorgung und Entsorgung gleichermaßen gewährleistet sind.

Einleitung

In unseren Aquarien bilden wir meistens insbesondere für eine Lebensgemeinschaft geeignete Lebensräume nach. In der Natur besteht ein intensiver **Stoffaustausch** mit der Atmosphäre, der auch heute in seinem vollen Umfang noch nicht erforscht ist. Gase wie Sauerstoff und Kohlendioxid werden stetig vom Wasser aufgenommen. Stickstoff, der aufgrund von anaeroben Prozessen im Bodengrund entsteht, steigt in Form feinster Bläschen auf und wird an die Atmosphäre abgegeben. Hierbei spielen der Wellengang durch Wind im Meer und Stromschnellen in den Bächen und Flüssen eine erhebliche Rolle. Sie sorgen für eine Oberflächenvergrößerung des Wasserspiegels und tragen somit zur Beschleunigung und Intensivierung des Stoffaustausches bei.

Regenfälle verändern die Wasserhärte und die Salzkonzentration an der Wasseroberfläche teilweise dramatisch. Aus der Luft ausgewaschene Partikel werden in das Wasser eingetragen, so daß sowohl wichtige Stoffe als auch lebensgefährliche Substanzen (Schwefeldioxid, saurer Regen) hinein gelangen.

Einen wichtigen Beitrag zum Stofftransport liefert die Gravitation. Tote Tiere, Kot und Futterreste sinken aus dem aktiven Lebensraum eines oberflächennahen Biotops in größere Tiefen. Dieser **vertikale Stofftransport** ist als Sedimentation bekannt. Am Boden finden abhängig von den meist sauerstoffarmen oder gar anaeroben Lebensbedingungen wiederum eigene Umsetzungsvorgänge statt, die allerdings in für uns nahezu unendlich erscheinenden Zeiträumen ablaufen. Es sollen nur kurz zwei Dinge erwähnt werden, die auch für den Menschen von wirtschaftlicher Bedeutung sind: Manganknollen und Erdöl. In unseren Binnengewässern werden Sinkstoffe häufig von der Strömung erfaßt, bevor sie weiter in den örtlichen biologischen Abbauprozeß einbezogen werden können. Hier wird also aus der vertikalen Entsorgung eine horizontale, also ein **horizontaler Stofftransport**.

Aber auch in den Ozeanen sind die horizontalen Strömungen von großer Wichtigkeit. Sie tragen Stoffe aus dem Biotop heraus und bringen gleichzeitig Nährstoffe, Minerale und andere lebenswichtige Dinge wie Sauerstoff, Vitamine und andere mit sich. Sie stellen einem kleinen aber dicht besiedelten Raum eine Stoffsammlung zur Verfügung, die auf einer nahezu unendlich großen Fläche zusammengetragen wurde.

Schließlich gibt es noch die gar nicht so beliebten **Räuber**, die in der Umgebung des Biotops auf Futtersuche sind. Sie erbeuten kranke Tiere und entfernen sie somit aus dem Lebensraum, bevor sie zu einem Entsorgungsproblem werden oder gar andere Tiere infizieren.

Betrachten wir nun unser Korallenriff oder unsere Lagune im Wohnzimmer, so wird uns augenblicklich der gravierende Unterschied auffallen. Wir meinen es gut mit unseren Pfleglingen und füttern sie reichlich. Trockenfutter, Lebendfutter, Gefrierfutter und Rinderherz sind nur die Schlagworte innerhalb einer großen Vielfalt verschiedener Futterprodukte. Aber nicht die Art des Futters bereitet Schwierigkeiten, sondern die Futtermenge und die Futterqualität. In der Regel wird ein großer Teil des Futters von den Tieren nicht verwertet. Er sinkt zu Boden, ohne von anderen Organismen aufgenommen oder von Wellen und großräumigen horizontalen Strömungen fortgetrieben zu werden. Mit dem Futter wird eine Fülle von chemischen Verbindungen eingetragen, die in der Natur gar nicht oder nicht in dieser Menge vorkommen.

Mit der Belüftung, die einerseits lebenswichtig für viele Lebensabläufe im Aquarium ist, tragen wir leider auch die mit unserer heutigen Zivilisation verbundenen Schadstoffe ein. Hier spielt der Zigarettenrauch eine wichtige Rolle. Andere Belastungen können von organischen Verbindungen herrühren, wie sie beispielsweise von neuen Möbeln an die Raumluft abgegeben werden. Der Gasaustausch, der in offenen Gewässern eine segenspendende Wirkung hat, kann im Wohnbereich durchaus Probleme mit sich bringen.

Ähnlich verhält es sich mit dem Trinkwasser. Hier kommt es zunächst darauf an zu untersuchen, welche Wasserqualität die in ei-

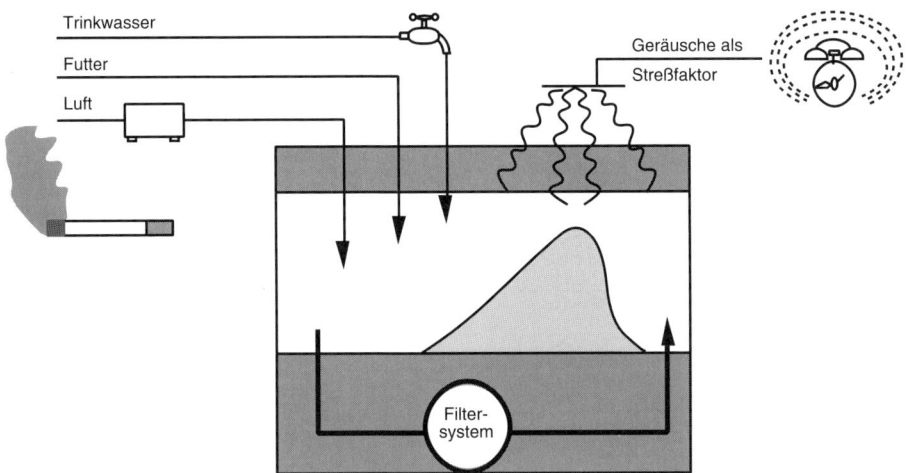

Auf einen in der Wohnung befindlichen "Kleinlebensraum" wirken viele unnatürliche Einflüsse ein.

nem Aquarium lebenden Tiere benötigen und welches Wasser von der Trinkwasserversorgung angeboten wird. Im allgemeinen können wir heute davon ausgehen, daß unsere Trinkwässer für den menschlichen Genuß gut geeignet sind. Für unsere Aquarienbewohner reicht das jedoch allzuoft nicht aus. Sie fordern in vielen Fällen ein deutlich besseres oder ein in der Zusammensetzung anderes Wasser, als uns das Wasserwerk bieten kann. Hier spielt vor allem die Wasserhärte eine wichtige Rolle. Gerade in der letzten Zeit nimmt aber auch die verheerende Wirkung von Pestiziden aus der Landwirtschaft über das Trinkwasser Einfluß auf die Aquarien.

Nicht zu vernachlässigen ist die Geräuschkulisse, mit der wir die sonst recht ruhegewohnten Lebewesen konfrontieren. Ich habe selbst einmal erlebt, wie Fische durch einen plötzlichen Türknall so erregt wurden, daß sie aus dem Aquarium heraussprangen. Geräusche wirken aber vor allem als ein Streßfaktor auf die Tiere, der sich zunächst kaum, auf Dauer aber immer deutlicher bemerkbar macht.

Bei allen diesen Belastungen, die wir in das Aquarium eintragen, funktioniert die Entsorgung denkbar schlecht. Die räumlichen Ausdehnungen, die in der Natur viele Probleme gar nicht erst aufkommen lassen, kann man in einem Aquariensystem nicht realisieren. Die Entsorgungswege sind teilweise nicht vorhanden oder stark blockiert. So kann von einem intensiven Stoffaustausch im Mikrobereich des „Biotop" nicht die Rede sein. Der horizontale und vertikale Stoffaustausch aus dem Lebensbereich sind nicht gegeben; der Stoffaustausch mit der Atmosphäre ist allerdings möglich, bringt aber oft noch weitere Probleme mit sich.

An dieser Schilderung wird deutlich, daß man das Leben im Aquarium nicht sich selbst überlassen darf. Es muß versucht werden, die von und nach außen wirkenden Austauschvorgänge, die im Aquarium abgeschnitten sind, möglichst gut nachzubilden. Hierzu bieten uns die modernen Wissenschaften aus dem Bereich der Chemie, der Physik, der Biologie und der Technologie viele wertvolle Informationen, die die Aquaristik erheblich verändert haben und auch in Zukunft weitere Impulse erwarten lassen.

Die Aquarientechnik hat sich weiter gewandelt und wird sich auch in Zukunft weiter entwickeln.

Tier- und Artenschutz

Wenn wir über Weiterentwicklungen in der Aquarientechnik sprechen, so wird es gerade das Thema Artenschutz sein, das unsere Einstellung zum Aquarium und damit die Aquarientechnik gravierend verändern wird. Der Mensch begreift immer mehr, daß er selbst ein Element der Umwelt und somit in ein weit verzweigtes Netz von Abhängigkeiten eingebunden ist, die in ihrer Vielfalt so vielschichtig sind, daß sie zum großen Teil noch nicht ganz verstanden werden.

Das Bild des Netzes macht es aber deutlich, daß ein Eingriff an einer Stelle das gesamte Netzwerk beeinflussen muß. Die Wogen gehen bei den Diskussionen für und wider die Tierhaltung im Aquarium hoch. Nicht nur die Pflege manch seltenen Exemplars in unseren Aquarien ist gefährdet; auch einige Händler und Hersteller mögen ihre Position bedroht sehen. Es sollte jedoch versucht werden, die Diskussion zu versachlichen. Es ist nie die Absicht von Aquarianern gewesen, Biotope zu vernichten. Die Zerstörung von Korallenriffen durch Baumaßnahmen, die Gefährdung von Lebensräumen durch die Erdölgewinnung, die Umleitung von Flußläufen oder auch die Überfischung von Meeresregionen bei bestimmtem Speisefischen sind gravierendere Einschnitte in die Lebensgrundlagen vieler Wasserlebewesen.

Für den Aquarianer wird dagegen immer die Lebenserhaltung der von ihm gepflegten Tiere im Mittelpunkt seines Interesses stehen. Manches aquatische Lebewesen hat man erst im Aquarium richtig kennengelernt und so die Zerstörung der natürlichen Biotope durch den Menschen in der Natur erkannt. Insbesondere an den Instituten und öffentlichen Aquarien sind große Leistungen erbracht worden. Nun dient allerdings das Liebhaberbecken nicht zu Studien der Verhaltensweisen von Tieren, obwohl man beim Lesen aquaristischer Fachzeitschriften feststellt, daß gerade auch aus diesem Kreis viele interessante neue Entdeckungen und Anstöße erfolgen. So hat mir der Leiter eines bekannten Aquariums versichert, daß er sich zum Erfahrungsaustausch gerne mit Hobbyaquarianern unterhält.

Die artgerechte Tierhaltung in Aquarien ist eine Aufgabenstellung, an der jeder Aquarianer intensiv mitarbeiten muß. Das fängt bereits beim Fischfänger am Ursprungsort des Tieres an. Hier gilt es, aktive Erhaltung und Schutz des Lebensraumes zu betreiben. Ein Fischfänger wird seinem Fanggebiet nur so viele Tiere entnehmen, daß die Arten nicht gefährdet werden, sonst zerstört er seine eigene Lebensgrundlage. Die Technik der Hälterung in den Fanggebieten muß optimiert werden. Auch hier sind schon erhebliche Anstrengungen erfolgt. Transport und Handling der Tiere bei der Ankunft müssen verzögerungsfrei erfolgen. Die Tiere müssen bei den inländischen Händlern in bestens vorbereitete Anlagen mit geeigneten Wässern eingesetzt werden. Quarantänestationen bei den Händlern sind zur Beobachtung und eventuellen Pflege kranker Tiere notwendig. Händler und Aquarianer sollten intensiven Kontakt pflegen, um sich über die Hälterungsmöglichkeiten auszutauschen.

In jeder Station muß das Tier als Lebewesen und nicht als Ware behandelt werden. Wer in Tieren nur möglichst schnell umzusetzende Güter sieht, zerstört die elementare Grundlage der Aquaristik. Wichtig ist auch eine Informationsrückkopplung, bei der eventuelle Problemfälle an die jeweils vorhergehende Stufe rückgemeldet werden. Es muß eine Gesprächskette aufgebaut werden, die vom Aquarianer bis zum Fischfänger vor Ort reicht.

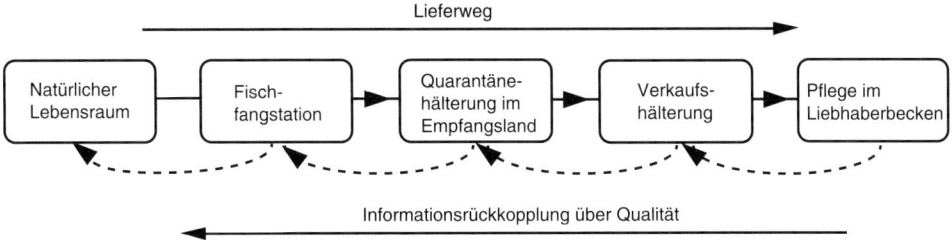

Durch entsprechende Informationsrückkopplung ließen sich die Bedingungen für die Fische auf den einzelnen Transportstationen verbessern.

In diesem Sinn verfolgen Tierschützer und Aquarianer ein gemeinsames Interesse. Es gilt, die Fronten zwischen beiden Gruppen abzubauen und das gemeinsame Ziel der Erhaltung der Artenvielfalt auf unserer einmaligen Erde konsequent anzustreben.

Nur so läßt sich auch die Haltung von Zierfischen auf Dauer rechtfertigen.

In diesem Zusammenhang ist die Aquarientechnik mit immer stärker verfeinerten Methoden geeignet, optimale Bedingungen für das Lebewesen zu schaffen, so daß sie nie nur „Technik" im engeren Sinne sein wird. Aquarientechnik kann nur sinnvoll betrieben werden, wenn alle Aspekte der Lebensbedingungen mit einbezogen werden.

Physikalische und chemische Grundlagen

Aufbau der Atome

Atome setzen sich aus drei verschiedenen „Bauteilen" zusammen. Der Atomkern besteht aus Protonen und Neutronen. Das Proton ist elektrisch positiv geladen, das Neutron dagegen elektrisch neutral.

Die **Elektronen** sind Träger einer negativen Ladung. Sie umkreisen den Atomkern mit hoher Geschwindigkeit und bilden die Atomhülle. Elektronen können sich innerhalb der Atomhülle auf einer oder mehreren Bahnen bewegen.

Die chemischen Eigenschaften eines Stoffes werden weitgehend durch die elektrischen Ladungsverhältnisse bestimmt. Sehr wichtig ist auch die Anzahl der Elektronen auf der äußeren Schale, die auch zur Einordnung im Periodensystem herangezogen wird.

Bindungsarten der Atome

Die am Beispiel des Natriumchlorid (Kochsalz) dargestellte Art der chemischen Bindung wird **Ionenbindung** oder heteropolare Bindung genannt. Bei ihr befinden sich die Elektronen eines Atoms, die die Bindung bewirken, jeweils ganz in der Hülle des anderen Atoms. In unserem Beispiel hat das Natrium in der äußeren Schale ein Elektron und ist bestrebt, es abzugeben, um der stabilen Anordnung des nächsten Edelgases (Neon) gleichzukommen. Die Konfiguration der Edelgase ist besonders stabil, was sich dadurch zeigt, daß ihre Atome unter normalen Bedingungen kaum Verbindungen eingehen.

Das Chloratom dagegen besitzt auf der äußeren Schale sieben Elektronen und ist bestrebt, ein Elektron in die Schale aufzuneh-

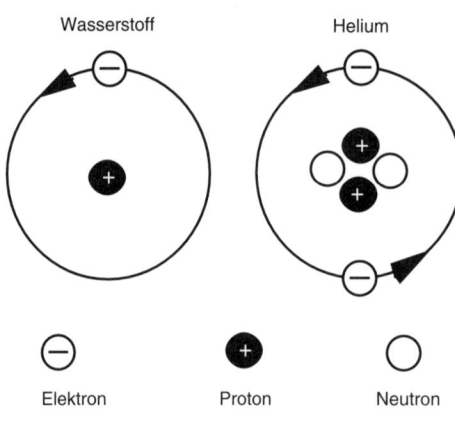

Atomaufbau: Elektronen und Protonen im Atomkern werden von Elektronen umgeben. Der Einfachheit halber wird hier das Atommodell nach BOHR wiedergegeben.

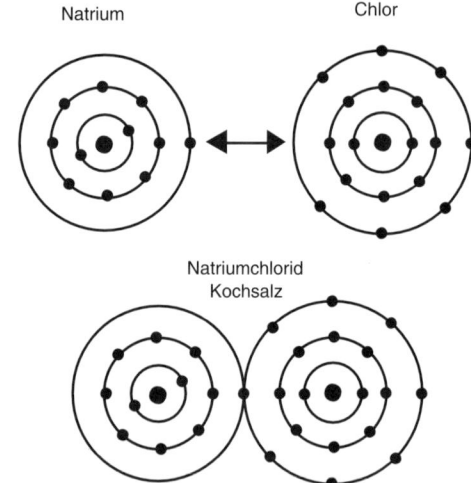

Die sogenannte Ionenbindung am Beispiel des Kochsalzes (Natriumchlorid).

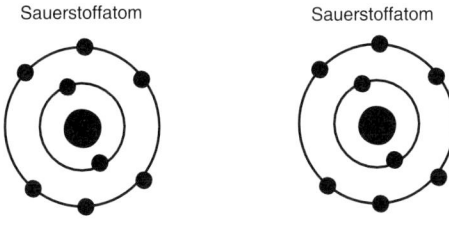

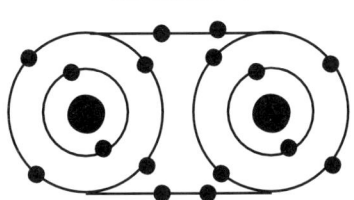

Ein Beispiel für die Atombindung stellt die Verbindung zweier Sauerstoffatome dar.

men, um die stabile Lage des Edelgases Argon zu erreichen. Durch den Elektronenaustausch werden die Atome elektrisch geladen. Das Natrium gibt ein negativ geladenes Elektron ab. Es bekommt somit eine positive Ladungseinheit, während das Chlorid durch die Elektronenaufnahme entsprechend negativ geladen wird.

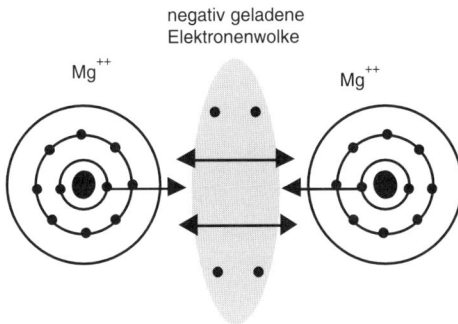

Kennzeichnend für die Metallbindung (hier am Beispiel des Magnesium) ist, daß die abgegebenen Elektronen eine Elektronenwolke bilden.

Eine andere Art der Bindung ist die **Atombindung**. Ein typisches Beispiel hierfür ist die Verbindung zweier Sauerstoffatome zu einem Sauerstoffmolekül. Jedem Sauerstoffatom fehlen zur vollständigen Schale des nächsten Edelgases Neon zwei Elektronen. Vier der insgesamt zwölf Elektronen auf den äußeren Schalen beider Atome bilden Paare, die beiden Atomen zugeordnet sind. Dadurch erhält jedes Sauerstoffatom scheinbar eine volle äußere Schale, da die bindenden Elektronen gleichzeitig beiden Schalen angehören. Eine solche Bindung zwischen zwei elektrisch neutralen Atomen wird Atombindung oder homöopolare Bindung genannt.

Eine weitere Bindungsart ist die **Metallbindung**. Metalle sind dadurch gekennzeichnet, daß sie auf ihrer äußeren Schale nur einzelne Elektronen besitzen. Ein Metall kann nur durch Elektronenabgabe die ideale Schalenkonfiguration des nächsten Edelgases erreichen. Die abgegebenen Elektronen bilden eine negativ geladene Elektronenwolke zwischen den positiv geladenen Metallatomen und halten sie auf diese Weise zusammen. Aufgrund dieser Bindungsform kann man sich die gute Leitfähigkeit der Metalle leicht erklären, da ständig Elektronen zum Ladungstransport zur Verfügung stehen.

Das Wasser

Der Lebensraum, in dem sich die Tiere unserer Aquarien bewegen, ist das Wasser. Es ist daher wichtig, einige grundlegende Eigenschaften des Wassers näher kennenzulernen.

Wasser spielt in der Welt der Moleküle eine lebenswichtige Sonderrolle. Seine chemische Formel ist H_2O. Dementsprechend setzt sich Wasser aus zwei Atomen Wasserstoff und einem Atom Sauerstoff zusammen. Das Wasserstoffatom besteht aus einem Atomkern und einem Elektron, das das Atom auf einer Elektronenschale umkreist. Diese Elektronenschale wird aber erst vollständig und damit stabil, wenn sie mit zwei Elektronen aufgefüllt ist. Der Wasserstoff hat also das Bestreben, seine Schale durch Kontakt-

Physikalische und chemische Grundlagen

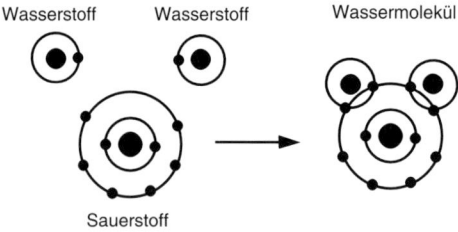

Ein Sauerstoff- und zwei Wasserstoffatome verbinden sich zu einem Wassermolekül.

aufnahme mit einem anderen Molekül zu ergänzen.

Hier bietet sich der Sauerstoff an. Der Sauerstoff ist ein zweischaliges Gebilde. Während seine erste Elektronenschale mit zwei Elektronen gefüllt ist, fehlen ihm auf der zweiten Schale noch zwei Elektronen, um seinerseits stabil zu werden. In einer Art Gemeinschaftsaktion tun sich nun zwei Wasserstoffatome und ein Sauerstoffatom zusammen. Die äußere Schale des Sauerstoffs wird mit zwei Elektronen der beiden Wasserstoffatome aufgefüllt, während je ein Elektron des Sauerstoffatoms die Elektronenschalen der Wasserstoffatome vervollständigen. Getreu der Parole, „einzeln sind wir schwach, gemeinsam sind wir stark", entsteht ein stabiles Molekül aus zwei Wasserstoffatomen und einem Sauerstoffatom, das wir „Wasser" nennen.

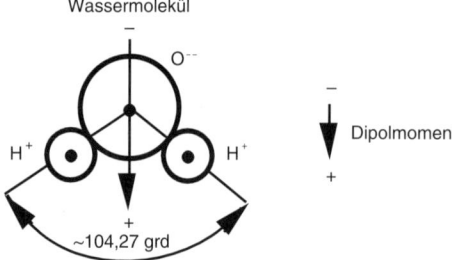

Der Winkel, in dem sich die Wasserstoffatome am Sauerstoffatom befinden, führt zu einer ungleichen Verteilung der elektrischen Ladung mit weitreichenden Folgen.

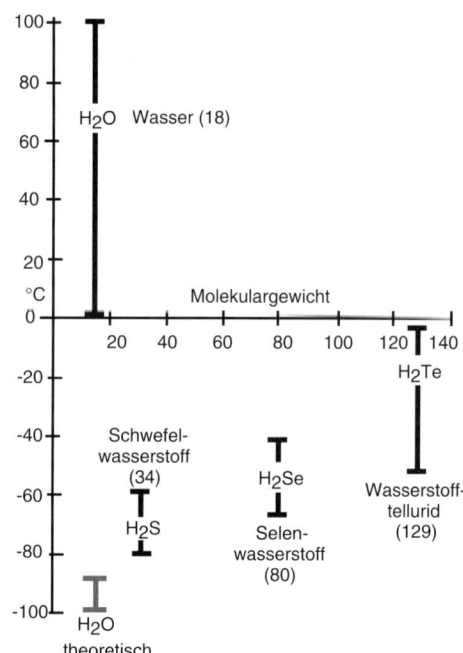

Bereiche, in denen das Wasser und ähnliche Verbindungen flüssig sind. Aufgrund seiner besonderen Struktur ist Wasser im Bereich von 0–100 °C flüssig und nicht zwischen –100 und –90 °C.

Das Wassermolekül sieht aber anders aus, als man zunächst vermuten möchte. Das Sauerstoffatom liegt nicht etwa brav in der Mitte zweier Wasserstoffatome; das Molekül zeigt eine gewinkelte Struktur. Die Wasserstoffatome legen sich nämlich einseitig an das Sauerstoffmolekül an und bilden untereinander einen Winkel von etwa 105°. Diese Molekülform hat weitreichende Folgen.

Dichte, Gefrierpunkt und Siedepunkt

Wie die Abbildung links zeigt, verhält sich das Wassermolekül, obwohl alle Elektronen untergebracht sind, keineswegs nach außen hin neutral. Die Schwerpunkte der elektrischen Ladungen kommen nicht in seiner

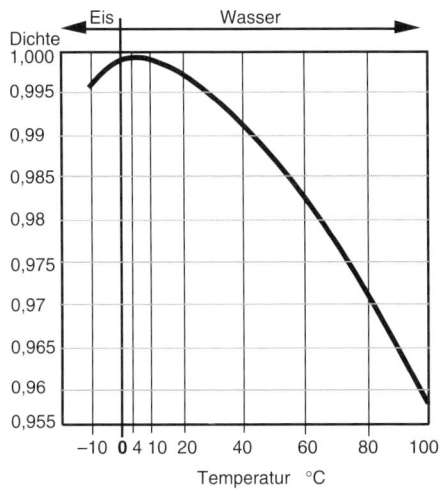

Seine größte Dichte weist Wasser bei –4 °C auf.

geometrischen Mitte zur Deckung; auf der Sauerstoffseite überwiegt die negative Ladung, auf der Wasserstoffseite die positive. Es entsteht ein sogenannter **Dipol**. Dieser Dipol bewirkt, daß Wassermoleküle sich untereinander anziehen und mehr oder weniger lose Molekülgruppen bilden. So werden bei Zimmertemperatur Gruppen von etwa sechs Molekülen gebildet.

Man kann sich sehr gut vorstellen, daß solche Molekülgruppen sehr viel träger reagieren als ein einzelnes Molekül. Vergleicht man Wassermoleküle mit chemisch ähnlich gebildeten, wie Wasserstofftellurid, Selenwasserstoff oder Schwefelwasserstoff, so könnte man erwarten, daß sie aufgrund ihres niedrigen Molekulargewichtes auch einen sehr niedrigen Siede- und Gefrierpunkt haben sollten. Wasser müßte nämlich bei etwa – 90 °C sieden anstatt bei + 100 °C und bei etwa – 100 °C gefrieren anstatt bei 0 °C. Es könnte also unter den Temperaturbedingungen unserer Erde weder flüssiges noch eisförmiges Wasser bestehen; nur Wasserdampf wäre möglich.

Die Bildung von Wassermolekülgruppen, die auch **Cluster** genannt werden, ermöglicht also die Erscheinungsweise des Wassers, die wir kennen und die das Wasser zum Lebenselexier schlechthin werden ließen. Wenn das Wasser gefriert, macht sich eine weitere Besonderheit des Wassermoleküls bemerkbar. Jedes Wassermolekül besitzt zwei positive Wasserstoffatome, aber nur ein negatives Sauerstoffatom. Wenn aufgrund der Temperaturabsenkung die Wassermoleküle zusammenrücken, steigt die polare Anziehungskraft der Wassermoleküle untereinander. Um ein zentrales Wassermolekül gruppieren sich vier weitere in der Gestalt, daß jeweils ein Wasserstoffatom zu einem Sauerstoffatom weist. Es entsteht eine tetraederförmige Struktur, die von der dichtesten Form der Kugelpackung abweicht und somit eine Volumenvergrößerung bei Wassertemperaturen unter 4 °C bewirkt.

Wasser hat daher bei 4 °C seine **größte Dichte**. Kühlt es weiter ab, so nimmt es an Volumen wieder zu, selbst wenn der Gefrierpunkt unterschritten wird. Das wichtige und überraschende Ergebnis ist, daß das Eis, also Wasser in fester Form, leichter ist als flüssiges Wasser, und somit auf dem Wasserspiegel schwimmt. Das ist eine weitere wichtige Voraussetzung dafür, daß das Leben auf unserem Planeten entstehen konnte, da andernfalls unsere Binnenseen langsam von unten zugefroren wären.

Die Dichte von Wässern ist abhängig von ihrer Temperatur, ihrem Salzgehalt und von ihrem Druck. Damit wird sofort klar, daß sich in den Meeren andere Dichteverhältnisse aufbauen als im Süßwasser. Die Dichte wird umso größer, je größer der Salzgehalt ist. Daher wird die Dichtemessung auch gern zur Salzgehaltsbestimmung in Aquarien verwendet. Für die oben beschriebene Anomalie des Wassers spielt der Salzgehalt von 24,7 ‰ eine bedeutende Rolle. Meerwasser mit niedrigerem Salzgehalt hat ein Dichtemaximum, das zwischen – 1,33 und + 3,98 °C liegt und dann bis zum Gefrierpunkt abnimmt.

Meere mit Salzgehalten unter 24,7 ‰ verhalten sich bei Veränderung der Temperatur wie Süßwasserseen. Bei einer Abkühlung des

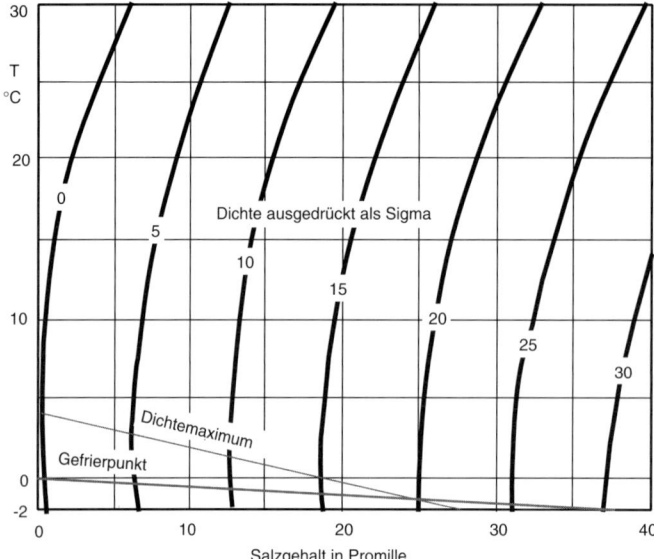

Je höher der Salzgehalt des Meerwassers ist, desto mehr erniedrigt sich sein Gefrierpunkt.

Oberflächenwassers über die größte Dichte hinaus sinken die abgekühlten Wasserteilchen aufgrund ihrer größeren Dichte ab. Eine großflächige thermische Konvektion findet statt. Bei weiterer Abkühlung wird das Oberflächenwasser leichter, wodurch die Konvektion unterbunden wird. Nur noch eine dünne, von Wind und Wellengang durchmischte Deckschicht kühlt weiter ab und gefriert, wenn der Gefrierpunkt erreicht wird.

Salzwässer mit höheren Salzkonzentrationen weisen dieses Dichtemaximum nicht auf und verhalten sich anders. Bei ihrer Abkühlung wird der Wärmeinhalt des gesamten durchmischten Wasservolumens frei. Die Abkühlung verlangsamt sich. Das bewirkt beispielsweise die milden Winter in Ozeannähe in höheren Breiten unter der Voraussetzung, daß das Meer eisfrei bleibt.

Die Dichte wird in Kilogramm pro Liter angegeben. So hat ein Meerwasser mit einem Salzgehalt von 30 ‰ bei einer Temperatur von etwa 23 °C eine Dichte von 1,02 kg/l. Da hier Zahlenwerte entstehen, deren Unterschiede erst in der zweiten bis dritten Kommastelle von Interesse sind, wird die Dichte auch mit dem griechischen Buchstabens (Sigma) bezeichnet, der den Wert der Dichte minus 1 und mit 1 000 multipliziert angibt. Ein Wasser mit der Dichte von 1,02 kg/l hat also ein Sigma von 20 (1,02 − 1 = 0,02; 0,02 × 1000 = 20)!

Die Kapillarkraft

In einem späteren Kapitel wird die Funktion biologischer Rieselfilter beschrieben, für die die Kapillarkraft des Wassers eine wichtige Voraussetzung ist. Sie bewirkt, daß sich in den Kapillaren zwischen, aber auch in den Filterkörnern, seien es nun Korallenbruch, Lavagestein oder auch Kunststoff-Füllkörper, ein Wasserfilm oder eine Wassersäule halten kann.

Wir haben soeben gesehen, daß sich zwischen Wassermolekülen aufgrund ihrer Polarität Wasserstoffbrücken aufbauen, wobei immer ein Wasserstoffatom zu einem Sauerstoffatom weist. Diese Anziehungskraft geht aber auch von festen Stoffen aus, die Sauerstoffatome enthalten, wie Siliziumdioxid (SiO_2) im Glas oder Quarz. Die Wassermoleküle wer-

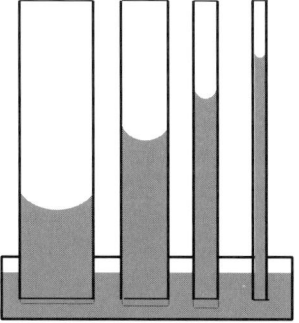

Je geringer der Durchmesser einer Röhre ist, desto höher steigt das Wasser darin durch die Kapillarkraft.

den von den Sauerstoffatomen im Filterkorn angezogen, so daß sie am Rand der Kapillare haften und andere Wassermoleküle nachziehen. Dadurch steigt der Wasserstand in der Kapillare. Die Wassermoleküle am Kapillarrand klettern nun wiederum höher. Dieser Vorgang setzt sich fort, bis die Kapillarkraft die Schwerkraft nicht mehr überwinden kann.

Oberflächenspannung

In der Natur ist die Wasseroberfläche ein eigener Lebensraum. Einige Tiere haben sich diese Grenzfläche zwischen zwei Welten zu eigen gemacht. Der Wasserläufer lebt auf dem Wasser so selbstverständlich wie der Mensch auf dem Erdboden. Wenn man sich diese Insekten genau ansieht, so entdeckt man, daß unter jedem Fuß die Wasseroberfläche eingedrückt ist wie bei einem Turner das Trampolin. Man erkennt, daß auch das federleichte Tier durch sein Gewicht die Wasseroberfläche verformt. Ihre Spannkraft ist jedoch groß genug, das kleine Wesen zu tragen.

Bewegen wir uns an der Wasseroberfläche vom Rand eines Gefäßes oder eines Festkörpers weg, so können sich die Wassermoleküle nur aneinander orientieren und halten sich gegenseitig auf gleichem Niveau. Wird ein einzelnes Molekül durch äußeren Einfluß aus diesem Gleichgewicht herausbefördert, wenn etwa ein Stein oder ein Wassertropfen die Oberfläche stört, so wird es durch seine benachbarten „Kollegen" sogleich wieder auf die gleiche Höhe gebracht. Wir sprechen also nicht umsonst vom Wasserspiegel. Derartige mechanische Kräfte bezeichnen wir als Spannung und, in diesem besonderen Fall, als Oberflächenspannung.

Auch bei der Oberflächenspannung gibt es, ähnlich wie bei der Kapillarkraft, Gleichgewichtszustände. Wenn ein Körper auf die Wasseroberfläche eine Gewichtskraft pro Flächeneinheit ausübt, die kleiner als die Oberflächenspannung ist, so bleibt er auf der Wasseroberfläche liegen, ohne einzusinken. Überschreitet die Gewichtskraft oder die Kraft eines Körpers, der mit einer gewissen Geschwindigkeit auf das Wasser trifft, die Oberflächenspannung, so sinkt er unweigerlich in das Wasser ein.

Vorsicht ist auch dann geboten, wenn Gegenstände die Wasseroberfläche berühren, die eine hohe Affinität zum Wasser haben, wie es bei allen hydrophilen (wasserfreundlichen Stoffen) der Fall ist. Sie werden die Oberflächenspannung örtlich auflösen und im Wasser untergehen.

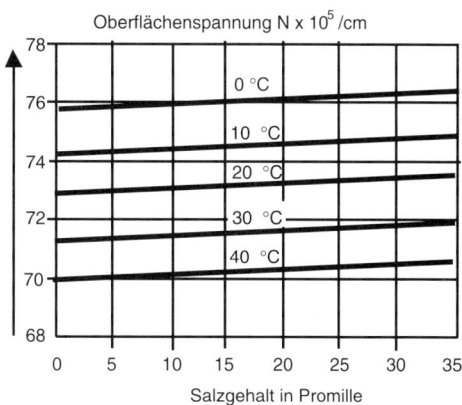

Die Oberflächenspannung hängt von der Temperatur und vom Salzgehalt ab (nach WHEATON 1987).

Die Verbindung der Wassermoleküle untereinander läßt mit wachsender Temperatur nach. So ist leicht verständlich, daß die Oberflächenspannung bei hohen Temperaturen deutlich geringer ist als bei niedrigen. Beim Salzgehalt verhält es sich umgekehrt. Mit steigendem Salzgehalt steigt auch die Oberflächenspannung, allerdings in sehr viel kleinerem Maße.

Viskosität

Für einen weiteren, sehr wichtigen Punkt spielt der Zusammenhalt der Moleküle eine große Rolle. Bewegen wir uns von der Wasseroberfläche weg in die Tiefe, lassen sich vielfältige Strömungsvorgänge beobachten. Je fester die Zusammenhaltskraft der Wassermoleküle ist, um so schlechter können sie aneinander vorbeigleiten. Das Wasser verhält sich „zäh".

Je geringer die Moleküle aneinander haften, desto dünnflüssiger und „fließfähiger" wird das Wasser. Das Maß hierfür ist die Viskosität. Wie wir gesehen haben, läßt die Intensität der Wasserstoffbrücken zwischen den einzelnen Molekülen mit steigender Temperatur nach: Das Wasser wird dünnflüssiger, die Viskosität verringert sich. Während die Viskosität sehr stark von der Temperatur abhängt, verändert sie sich bei einer Verschiebung des Salzgehaltes nur sehr gering. Beide Abhängigkeiten lassen sich im Diagramm links unten sehr gut erkennen.

Die Viskosität spielt in der Biologie eine wichtige Rolle. So ist die Struktur der Wasserlebewesen perfekt auf einen geringen Strömungsverlust bei der Fortbewegung ausgelegt. Unsere Aquarienlieblinge sind in der Stromlinienform jedem PKW ein Vorbild. Andere Lebewesen nützen große Flächen, um ihre Sinkgeschwindigkeit herabzusetzen. So sorgt die Reibung aufgrund der Viskosität dafür, daß viele kleine Planktonlebewesen nahezu schweben.

Auch in der Aquarientechnik spielt die Viskosität eine Rolle, so etwa bei der Bemessung von Rohrleitungen. In hydrodynamischen Berechnungen wird die kinematische Viskosität angesetzt, in der die Dichte des Wassers berücksichtigt wird. Man erhält sie, indem man die dynamische oder absolute Viskosität (η) durch die Dichte (ρ) dividiert.

Wasser als Lösungsmittel

Wenn Aquarianer von Wasser sprechen, so denken sie ganz sicher nicht an H_2O, sondern an das für ihre Fische geeignete Medium. Dieses unterscheidet sich aber wesentlich von reinem Wasser, das im Labor durch aufwendige mehrfache Destillation erzeugt werden muß.

Schon das Regenwasser ist kein „Aqua dest." mehr. Jeder von uns kennt die durch den „sauren Regen" hervorgerufenen Probleme. Das Wasser nimmt also schon bei seinem Weg durch die Luft fremde Stoffe in sich auf. Dieser Vorgang findet natürlich noch stärker statt, wenn der Regentropfen erst einmal die Erde berührt hat. Nun tritt das Wasser unverzüglich in eine rege Wechselbeziehung mit seiner Umgebung, die zunächst noch rein physikalischer Art ist. Wie

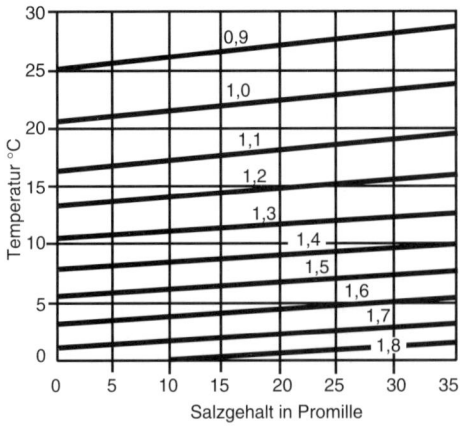

Viskosität in 10^{-2} gcm^{-1} sec^{-1} in Abhängigkeit von Temperatur und Salzgehalt

Auch die Viskosität (in 10^{-2} g cm^{-1} sec^{-1}) ist von Temperatur und Salzgehalt des Wassers abhängig (nach DIETRICH et al. 1975).

Inhaltsstoffe natürlicher Wässer nach Haberer (1969).

Art und Menge	Echte Lösung				Kolloide Lösung	Suspension
	Elektrolyte		Nichtelektrolyte			
	Kationen	Anionen	Gase	Feststoffe		
Hauptinhalts-stoffe häufig > 10 mg/l	Na^+ Ka^+ Mg^{++} Ca^{2+}	Cl^- NO_3^- HCO_3^- SO_4^-	O_2 N_2 CO_2	$SiO_2^* \times H_2O$		Tone, Feinsande organische Bodenbestand-teile
Begleitstoffe Meist $\ll$ 10mg/l häufig > 0,1 mg/l	Sr^+ Fe^{++} Mn^{2+} NH_4^+	F^- Br^- I^- NO_2^- HPO_4^- HBO_2	H_2S NH_3 CH_4 He	Organische Verbindungen Stoffwechsel-produkte	Oxidhydrate von Metallen, z.B. von Fe, Mn, Kieselsäure Silicate und Huminstoffe	Oxidhydrate von Fe und Mn. Öle, Fette + sonstige orga-nische Stoffe
Spurenstoffe < 0,1 mg/l	Li^+ Rb^+ Ba^{2+} $As(III)$ Cu^{2+} Zn^{2+} Pb^{2+}	HS^-	Rn			

wir oben gesehen haben, ist das Wassermolekül, obwohl chemisch vollständig abgebunden, physikalisch betrachtet dennoch ein Molekül mit positiven und negativen Polen. Wenn es versickert, bleibt der Boden keinesfalls unberührt.

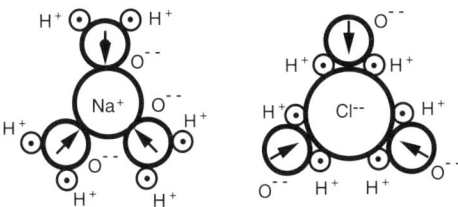

Kochsalz (NaCl) löst sich in Wasser, indem es in ein Natrium- und ein Chlor-Ion dissoziiert. Aufgrund ihrer Ladung werden die Ionen von Wassermolekülen umgeben, die sich dementsprechend ausrichten.

Stellen wir uns vor, daß ein Regentropfen in den Anden in sehr klarer Luft niedergeht. Er hat also praktisch noch keine Schmutzstoffe aus der Luft aufgenommen und ist fast so rein wie destilliertes Wasser. Kaum im Boden versickert, begegnet unser Wassermolekül einem Kochsalzmolekül (NaCl). Die Polarität des Wassers ist nun so stark, daß es in der Lage ist, die beiden Atome aus ihrer Verbindung zu trennen (BADEN et al. 1967, Seite 67). Das geschieht, indem sich Wassermoleküle einerseits mit der positiven Sauerstoffseite um das Natrium-Atom gruppieren und andererseits mit der negativen Wasserstoffseite um das Chlorid-Atom. Die in dieser Form in Wasser gelösten Atome werden Ionen genannt. Nebenstehende Abbildung zeigt, daß es Ionen mit positiver Ladung gibt, wie das Na^+-Ion. Diese positiv geladenen Ionen werden Kationen genannt. Negativ geladene Ionen wie das Cl^--Ion werden als Anionen bezeichnet. Auf dem Weg durch den Boden löst das Wasser hauptsächlich Feststoffe in Form von Salzen.

Die Inhaltsstoffe, die wir im Wasser finden, lassen sich nicht auf ihre Ursprungssalze zurückführen. Daher werden in Wasseranalysen immer nur die Elektrolyte, also Kationen oder Anionen angeben. Insgesamt muß sich innerhalb einer Wasseranalyse natürlich die Bilanz von Kationen und Anionen ausgleichen. Für die biologischen Prozesse sind neben den Hauptinhaltsstoffen vor allem die Begleit- und Spurenelemente von großer Wichtigkeit.

Die Tabelle auf Seite 23 oben gibt eine Übersicht über Inhaltsstoffe natürlicher Gewässer.

Regenwasser

Einfallendes Regenwasser kann eine Wasseranalyse kurzfristig extrem verändern, indem es eine Minerallösung verdünnt oder soviel CO_2 einträgt, daß das Kalk-Kohlensäure-Gleichgewicht verschoben wird. Je nachdem, in welcher Region der Regen niedergeht, sollte Regenwasser ohnehin mit Vorsicht behandelt werden. Kurz nach der Verdunstung ist das Wolkenwasser sicher die reinste natürliche Wasserform, die es gibt. Je länger es aber im Austausch mit der Luft steht, um so mehr Verunreinigungen werden aufgenommen, vor allem über Industrieregionen. Wie die Analyse eines Regenwassers (Tabelle unten links) zeigt, können bereits hier unerwartet hohe Konzentrationen an Belastungsstoffen mitgeführt werden. Regenwasser empfiehlt sich also nicht unbedingt als optimales Wasser zum Nachfüllen unserer Aquarien!

Wasseranalysen eines bestimmten Gewässers sind meistens jahreszeitlichen Schwankungen unterworfen, denen die Tiere in der Natur ausgesetzt sind. Wenn die Ursache dieser Schwankungen natürlichen Ursprungs ist, haben sich die Lebewesen in aller Regel darauf eingestellt und sind in der Lage, eine gewisse Variationsbreite bestimmter Wasserwerte zu verfolgen. Es kann sogar sein, daß Tiere gewisse Schwankungen benötigen, weil sie sich seit Generationen darauf eingestellt haben und sich in bezug auf Stoffwechsel- oder Fortpflanzungszyklen an ihnen orientieren. Die Aquarientechnik tut sich noch schwer, derartige Zyklen zu imitieren.

In Wasser gelöste Gase

Die Gase, aus denen sich die Luft im wesentlichen zusammensetzt, finden wir in veränderten Konzentrationen im Wasser wieder: Stickstoff, Sauerstoff, Argon und Kohlendioxid (siehe Tabelle S. 25 unten).

Der gasförmige **Stickstoff** löst sich in Wasser im wesentlichen nach den physikalischen Gasgesetzen. Es treten weder chemische Reaktionen auf noch beteiligt er sich an biologischen Vorgängen. Ebenso passiv verhält sich das Edelgas Argon. Das für alle Lebensprozesse wichtige Gas Sauerstoff gehorcht denselben physikalischen Gesetzen wie der Stickstoff. Es tritt jedoch in einen intensiven biologischen Kreislauf ein und ist als Atmungsgas Voraussetzung für alles Leben mit Ausnahme einiger Bakterien.

Die Bedeutung des Kohlendioxid hingegen liegt sowohl in chemischen als auch in biologischen Umsetzungsvorgängen. Der Gasaustausch zwischen Wasser und Atmosphäre er-

Inhaltsstoffe in Regenwasser in Koblenz-Mitte, 1974 (nach Hellmann 1976)

Meßwert	Einheit	Min.	Max.
pH-Wert	pH	4,9	6,8
Leitfähigkeit	µS/cm	65	97
Gelöste Stoffe	mg/l	30	50
Gesamthärte	°dGH	0,6	1,8
Chloridgehalt	mg/l	4	10
Nitrat	mg/l	7	22
Sulfat	mg/l	9	24
Phosphat	mg/l	–	0,1
CSB	mg/l	2	10
Paraffine, Polycyclische Aromate	mg/l	0,3	1,5
Kohlenwasserstoffe	mg/l	0,04	0,15

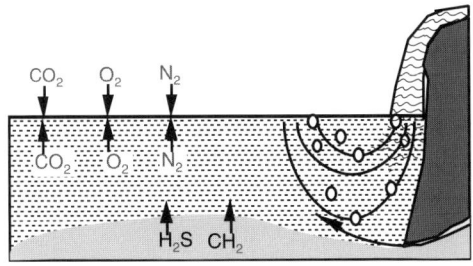

Zwischen Wasser, Bodengrund und Atmosphäre findet ein ständiger Gasaustausch statt.

folgt hauptsächlich über die Wasseroberfläche. Gase wie CO_2 kommen auch Erdinnern vor und werden so ebenfalls vom Wasser aufgenommen. Wenn das Wasser in einer Quelle aus dem Boden austritt, tritt es auch in Wechselwirkung mit der Atmosphäre. Im Übermaß aufgenommene Stoffe wie etwa Quellkohlensäure werden an sie abgegeben. Andere Gase, die das Wasser noch nicht oder nur in geringem Maße mit sich führt, werden dagegen aufgenommen. Über die Wasseroberfläche erfolgt also auf dem Wege der Diffusion ein Gasaustausch.

Sauerstoffanreicherung in verschiedenartigen Gewässern (nach Imhoff 1976)

Sättigungsgrad	100%	80%	60%	40%	20%	0%	Einheit
Kleiner Teich	0	0,3	0,6	0,9	1,2	1,5	g/m²Tag
Großer See	0	1,0	1,9	2,9	3,8	4,8	g/m²Tag
Langsam fließender Fluß	0	1,3	2,7	4,0	5,4	6,7	g/m²Tag
Großer Fluß	0	1,9	3,8	5,8	7,6	9,6	g/m²Tag
Rasch fließendes Gewässer	0	3,1	6,2	9,3	12,4	15,5	g/m²Tag
Stromschnelle	0	9,6	19,2	28,6	38,4	48	g/m²Tag

Gehalt von Gasen in Luft, Süßwasser und Meerwasser (umgerechnete Werte nach Dietrich et al. 1975)

	Atmosphäre 0 °C			Süßwasser 0 °C		10 °C		30 °C	
	cm³/l	mg/l	Vol %	cm³/l	mg/l	cm³/l	mg/l	cm³/l	mg/l
Stickstoff	780,9	976,52	78,09	18,10	22,63	14,60	18,26	10,98	13,73
Sauerstoff	209,5	299,38	20,95	10,29	14,70	8,02	11,46	5,57	7,96
Argon	9,3	16,59	0,93	0,54	0,96	0,42	0,75	0,30	0,54
Kohlendioxid	0,3	0,59	0,03	0,52	1,03	0,36	0,71	0,20	0,40
				Seewasser bei 35 ‰					
Stickstoff	780,9	976,52	78,09	14,04	17,56	11,72	14,66	9,08	11,35
Sauerstoff	209,5	299,38	20,95	8,04	11,49	6,41	9,16	4,50	6,43
Argon	9,3	16,59	0,93	0,41	0,73	0,31	0,55	0,18	0,32
Kohlendioxid	0,3	0,59	0,03	0,44	0,87	0,31	0,61	0,18	0,36

Die Konzentration eines bestimmten Gases in der Luft steht in einer Gleichgewichtsbeziehung zur Konzentration des gleichen Gases in der Flüssigkeit. Wird durch irgendeinen Umstand eine höhere Gaskonzentration in Lösung gebracht, so erfolgt mit der Zeit an der Wasseroberfläche ein Gasaustausch, bis das Gleichgewicht wieder erreicht ist. Umgekehrt nimmt das Wasser aus der Luft auch erhebliche Mengen an Gasen auf, deren Konzentration im Wasser zu niedrig liegt. Der Punkt, an dem der Gasaustausch zur Ruhe kommt, wird als Sättigungswert bezeichnet.

Unter der Grenzfläche Wasser/Luft darf man sich nicht nur den ebenen „Wasserspiegel" vorstellen. Insbesondere die Wellenbewegung, Stromschnellen, Wasserfälle und vor allem auch langsam aufsteigende Luftblasen tragen zur Vergrösserung der Grenzfläche und somit zu einem intensiven Gasaustausch in beide Richtungen erheblich bei, wie in der Tabelle S. 25 Mitte deutlich wird. Je stärker sich das Wasser bewegt, desto größer wird die Grenzfläche zwischen Wasser und Luft und desto intensiver werden die Wasser- und Luftmassen ausgetauscht. Das führt beispielsweise an einer Stromschnelle zu einer zehnfach intensiveren Sauerstoffaufnahme als an der Oberfläche eines ruhenden Sees.

Die Tabelle auf Seite 25 unten zeigt die Sättigungswerte von Sauerstoff, Stickstoff und Kohlendioxid in Wasser. Es fällt sofort auf, daß der Gehalt an Sauerstoff und Stickstoff im Wasser wesentlich niedriger liegt als in der Luft, während Kohlendioxid etwa in gleicher Konzentration vorliegt. Man könnte den Sauerstoff also beinahe als Mangelstoff bezeichnen, und tatsächlich müssen die Tiere einen erheblichen Aufwand betreiben, um ihn in ausreichendem Maße aufzunehmen.

Verfügbarkeit der Gase für Wasserlebewesen

Während der Mensch nur 1 bis 2 % des aufgenommenen Sauerstoffs für die Atmung selbst verbraucht, benötigen Fische 20 bis 40 % allein dafür. Dabei erreichen sie aller-

Grundumsatz bei Fischen und Säugern.

	Gewicht	Grundumsatz ml O_2/kg/h
Guppy	0,2 g	500
Guppy	1,5 g	200
Hecht	100 g	350
Karpfen	100 g	100
Kaninchen	2,2 kg	470
Mensch	70 kg	200

dings eine hohe Effizienz: Sie nutzen 60 bis 80 % des Sauerstoffes aus, der Mensch dagegen nur etwa 20 %.

Die Sättigungswerte des Sauerstoffs im Wasser fallen um so niedriger aus, je höher die Wassertemperatur ist. Umgekehrt steigen die Atmungsaktivität der Tiere und der Sauerstoffverbrauch durch biologische Zersetzungsprozesse an. Als Richtwert kann man annehmen, daß sich der Verbrauch bei einem Temperaturanstieg um 10 °C verdoppelt. Mit steigender Temperatur trifft also der steigende Sauerstoffbedarf der Wasserlebewesen auf einen sinkenden Sauerstoffgehalt. Dies erklärt die hohe Bedeutung des Sauerstoffs, insbesondere auch in unseren Aquarien! In diesem Zusammenhang ist es auch wichtig zu wissen, daß die vorwiegend kleinen Fische, die wir in unseren Aquarien halten, einen höheren Grundumsatz an Sauerstoff haben als größere Tiere. Das veranschaulicht die obenstehende Tabelle. Ein kleines Guppymännchen verbraucht, bezogen auf sein Körpergewicht, ähnlich viel Sauerstoff wie ein Kaninchen und fünfmal soviel Sauerstoff wie ein Karpfen!

Sauerstoff und CO_2 haben bei der Atmung eine konkurrierende Wirkung. Je höher der Kohlendioxid-Gehalt des Wassers ist, desto höher ist auch der Sauerstoffbedarf des Tieres. Allerdings kann der Fisch das ausgeatmete CO_2 recht gut wieder abgeben, da Kohlendioxid eine bis zu 30fach höhere Diffusionsgeschwindigkeit als Sauerstoff hat. CO_2 wandert also auch in ruhigem Wasser relativ schnell vom Fisch ab.

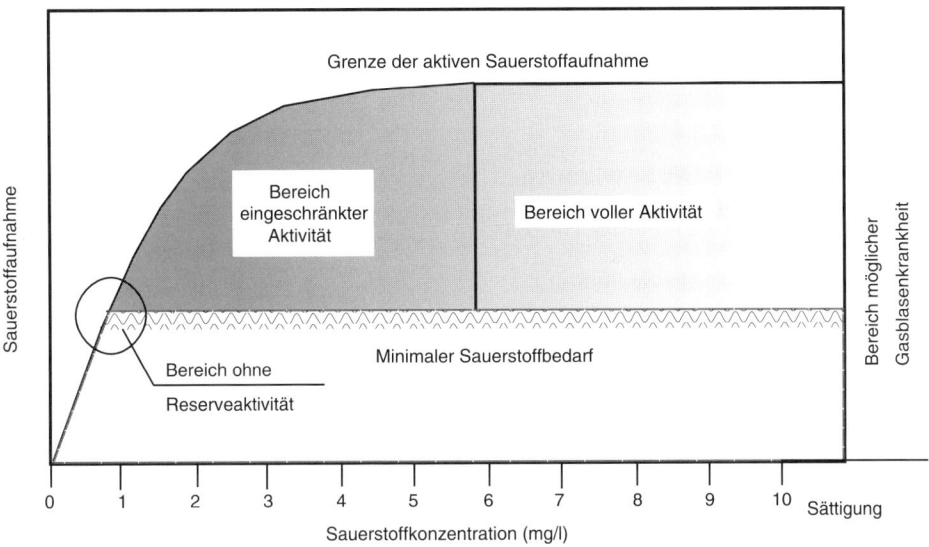

Die mögliche Aktivität eines Fisches ist von dem zur Verfügung stehenden Sauerstoff abhängig (nach JONES 1964).

Sinkt der Sauerstoffgehalt des Wassers unter einen kritischen Wert ab, so sind einige Fischarten in der Lage, eine sogenannte Notatmung durchzuführen. Hierunter versteht man die direkte Aufnahme atmosphärischer Luft an der Wasseroberfläche. Der Fisch ist dann allerdings an die Wasseroberfläche gebunden. Da die Notatmung diskontinuierlich erfolgt und nur kurzzeitig anhält, muß der Fisch regelmäßig und in kurzen Abständen an die Oberfläche zurückkehren. Es ist wohl selbstverständlich, daß nur kurze Zeiten mit dieser Form der Atmung überbrückt werden können. Ebenso verständlich ist es, daß eine eingeschränkte Atmung auch eine Einschränkung der allgemeinen Lebensaktivität bedeutet, wie obige Abbildung verdeutlicht (JONES 1964).

An der Grenze des minimalen Sauerstoffbedarfs benötigt der Fisch den gesamten zur Verfügung stehende Sauerstoff, um die Lebensgrundfunktionen aufrechtzuerhalten. Alle Aktivitäten sind eingeschränkt. Mit steigendem Sauerstoffgehalt steigt auch die allgemeine Aktivität des Fisches, auch wenn sie unterhalb des Optimums zunächst noch eingeschränkt bleibt. Erst wenn ein wirklich ausreichender Sauerstoffgehalt vorhanden ist, entfaltet der Fisch seine volle Lebensaktivität.

Darüber hinaus kann ein steigender Sauerstoffgehalt die Aktivität naturgemäß nicht weiter steigern. Wenn er die Sättigungsgrenze überschreitet, kann es aufgrund der Gasblasenkrankheit zu erheblichen Beeinträchtigungen bis hin zum Tod des Fisches kommen. In der Natur sind die Tiere bestrebt, Bereiche mit unbefriedigendem Sauerstoffgehalt alsbald zu verlassen. Ist das nicht möglich, resultiert daraus eine Streßwirkung auf den Fisch, die wiederum zu erhöhtem Sauerstoffbedarf führt und die Situation für das Tier verschlimmert.

Die akzeptablen Grenzkonzentrationen sind für jede Fischart anders und können stark voneinander abweichen. Während Aale bei einer Wassertemperatur von 17 °C noch mit einem Sauerstoffgehalt von unter 1 mg/l auskommen, benötigt die Regenbogenforelle im gleichen Temperaturbereich etwa 2,4 bis 3,7 mg/l (JONES 1964). Bei höheren Temperaturen steigt die gesamte Stoffwechselrate und somit auch der Sauerstoffbedarf aller Tiere!

Absolute Löslichkeit von Gasen

Die absolute Löslichkeit der Gase unterscheidet sich von den natürlichen Bedingungen bei Austausch mit der Luft erheblich. So können alle Gase in wesentlich höherer Konzentration in Lösung gebracht werden, wenn das Wasser nicht in freiem Austausch mit der Luft steht (Vergleiche Tab. unten sowie Seite 25 unten).

Kohlendioxid kann in wesentlich höherem Maße vom Wasser aufgenommen werden als Sauerstoff oder Stickstoff. Während unter freiem Austausch mit Luft der CO_2-Gehalt nur 1/10 des Sauerstoffgehaltes beträgt, können unter kontrollierten Bedingungen bei 20 °C bis zu 1 700 mg gelöst werden, also das 37fache der Menge des Sauerstoffs. Solche Bedingungen treten in der Natur nur selten auf, wie etwa in Mineralbrunnen, die extrem hohe Werte an gelöstem CO_2 aufweisen. Der Effekt der absoluten hohen Löslichkeit von Gasen kann allerdings mit technischen Mitteln in geeigneten Reaktoren für CO_2, Sauerstoff und Ozon ausgenutzt werden (siehe „Technische Gase" Seite 101). Die Aufnahmekapazität verändert sich auch hier in Abhängigkeit von der Wärme. Mit steigender Temperatur sinkt das Lösungsvermögen von Gasen stark ab.

Die unerwünschten Gase Schwefelwasserstoff und Methan gelangen durch biologische Prozesse, die im Bodengrund stattfinden, ins Wasser. Je nachdem, wie gut das Wasser durchspült wird, können sie sich in Bodennähe anreichern und auch giftige Konzentrationen erreichen. Das Entstehen dieser Gase

Absolute Löslichkeit von Gasen in Wasser in mg/l (nach Schwoerbel 1994).

Temperatur	0 °C	10 °C	20 °C	30 °C
Sauerstoff	70	55	45	35
Stickstoff	30	25	20	15
Kohlendioxid	3 400	2 300	1 700	1 300

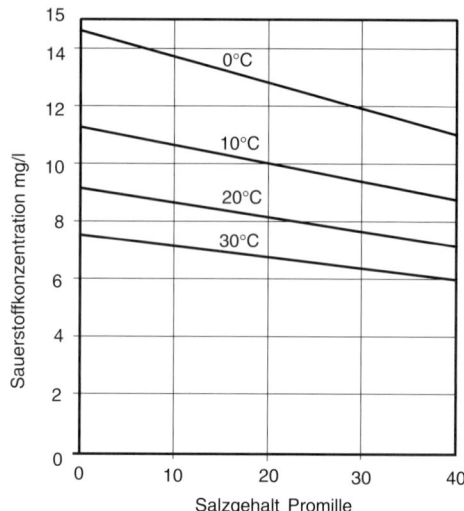

Der Sättigungswert von Gasen im Meerwasser hängt von Temperatur und Salzgehalt ab.

erfolgt in aller Regel unter anaeroben Bedingungen; gleichzeitig mangelt oder fehlt es am lebenswichtigen Sauerstoff.

Meerwasser

Das Meer nimmt einen besonderen Platz im Kreislauf des Wassers ein. Während das Wasser in den Flüssen und Bächen stetig ausgetauscht wird und ein Austausch der Seen, statistisch betrachtet, immerhin schon zehn Jahre benötigt, erfolgt ein Wasseraustausch der Meere durch Verdunstung erst in 3 000 Jahren! Trotz dieser langen Zeit folgt das Wasser aber einem stetigen Kreislauf.

Für alle gelösten Stoffe ist jedoch die lange Reise im Meer zu Ende. Das Meer ist das Sammelbecken all dessen, was die Flüsse der Erde als Transportfracht mit sich bringen. Die jetzige Konzentration der Salze ist also die Summe aus der Salzfracht, die seit Millionen von Jahren aus der Erde ausgewaschen wurde. Man schätzt die Gesamtmenge der im Meer gelösten Salze auf etwa 40×10^{18} Tonnen (eine 4 mit 19 Nullen!).

Möglichkeiten zur Bestimmung des Salzgehaltes von Meerwasser.

Salzgehalt (‰)	Gesamtmenge gelöster Stoffe an 1 kg Meerwasser	35 ‰ 15 °C	35 ‰ 25 °C
Leitwert(mS)	Messung der elektrischen Leitfähigkeit	42,902 mS	53 mS
Dichte (kg/l)	Messung mit dem Aräometer	1,026 kg/l	1,0235 kg/l
Sigma (l)	Dichte 3 1000	26	23,5
Chloridgehalt (mg/l)	Titration	19,4 mg/l	19,4 mg/l
Schallgeschwindigkeit(m/s)	Messung der Schallgeschwindigkeit	~1505 m/s	~1535m/s

Die Salzkonzentrationen in den Weltmeeren unterscheiden sich nur geringfügig voneinander und liegen im Mittel bei 34,72 ‰. Abweichungen von diesem Mittel sind in Gebieten hoher Verdunstung bei geringer Süßwassernachspeisung möglich (40 ‰, etwa im Roten Meer) und Gebieten hoher Süßwassernachspeisung und geringer Durchmischung (3–20 ‰, beispielsweise in der Ostsee). Wenn die Konzentration in einigen Bereichen auch durchaus vom Mittelwert abweichen kann, so ist die Zusammensetzung des Meerwassers doch sehr konstant und zeigt Abweichungen von nicht mehr als 0,005 ‰. Im Meerwasser können wir alle Elemente wiederfinden, die es auf der Erde gibt. Vergleicht man jedoch die Zusammensetzung der Elemente im Meerwasser (siehe Tabelle Seite 30) mit ihrer geologischen Häufigkeit, so sind starke Abweichungen festzustellen. Der Grund liegt darin, daß im Meerwasser aufgrund gewisser chemischer Reaktionen bestimmte Elemente ausgefällt und andere Stoffe, beispielsweise von Trübstoffen, besonders stark adsorbiert werden. Schwermetalle wie Blei, Zinn und Kupfer sowie Arsen, Selen und Molybdän lagern sich an Eisen- und Manganhydroxidteilchen an und sinken auf den Meeresboden nieder.

Das Meerwasser ist also das Ergebnis von relativ komplexen Vorgängen im Meer selber. Nimmt man Wasserstoff und Sauerstoff als Elemente des Wassers hinzu, so machen nur 13 Stoffe 999,98 ‰ des Gesamtsalzgehaltes aus. Die große Menge der Elemente stellt lediglich 0,02 ‰, das sind weniger als 5 mg/kg. Diese Stoffe werden aufgrund ihres geringen Anteiles als **Spurenelemente** bezeichnet. Die Hauptkomponenten des Meerwassers bestimmen wesentlich die physikalischen Eigenschaften wie Dichte, Viskosität und osmotischen Druck. Die Spurenelemente haben jedoch trotz ihres geringen mengenmäßigen Anteils eine Schlüsselfunktion für viele biochemische Prozesse. Darauf ist insbesondere bei der Wahl künstlicher Meersalze zu achten. Der Salzgehalt kann direkt oder indirekt mit den in obiger Tabelle angeführten Größen umschrieben oder gemessen werden.

Das chemische Verhalten des Meerwassers ist weitgehend dadurch geprägt, daß die Kationenmenge (positiv geladene Ionen) die der Anionen (negativ geladen) übersteigt. Meerwasser reagiert deswegen grundsätzlich alkalisch und hat im Mittel einen pH-Wert von 8,2!

Gase im Meerwasser

Die Löslichkeit von Stoffen erfolgt zum Teil konkurrierend: Wenn aufgrund äußerer Bedingungen dem Wasser ein bestimmter Stoff in besonders hohem Maße aufgezwungen wird, werden andere möglicherweise in geringerer Menge aufgenommen. Das wird besonders bei der Löslichkeit von Gasen im Meerwasser deutlich. Je höher der Salzgehalt ist, desto weiter sinkt der Sättigungswert der Gase (siehe Seite 28). So hat Seewasser bei 20 °C einen Sättigungswert von etwa 7,5 mg/l, während Süßwasser bei der glei-

Im Meerwasser enthaltene Elemente.

Element	Symbol	mg/l	Element	Symbol	mg/l
Sauerstoff	O	857000	Chrom	Cr	0,00005
Wasserstoff	H	108000	Thorium	Th	0,00005
Chlor	Cl	19000	Scandium	Sc	0,00004
Natrium	Na	10721	Silber	Ag	0,00004
Magnesium	Mg	1350	Gallium	Ga	0,00003
Schwefel	S	901	Quecksilber	Hg	0,00003
Calcium	Ca	410	Blei	Pb	0,00003
Kalium	K	398	Bismut	Bi	0,00002
Brom	Br	67	Lanthan	La	0,000012
Kohlenstoff	C	28	Niob	Nb	0,00001
Strontium	Sr	7,7	Thallium	Tl	<0,00001
Bor	B	4,6	Cer	Ce	0,0000052
Silicium	Si	3	Helium	He	0,000005
Fluor	F	1,3	Gold	Au	0,000004
Argon	A	0,6	Dysprosium	Dy	0,0000029
Stickstoff	N	0,5	Praseodym	Pr	0,0000026
Lithium	Li	0,17	Gadolinium	Gd	0,0000024
Rubidium	Rb	0,12	Erbium	Er	0,0000024
Phosphor	P	0,07	Ytterbium	Yb	0,000002
Jod	J	0,06	Samarium	Sm	0,0000017
Barium	Ba	0,03	Holmium	Ho	0,00000088
Indium	In	0,02	Beryllium	Be	0,0000006
Aluminium	Al	0,01	Thulium	Tm	0,00000052
Eisen	Fe	0,01	Lutetium	Lu	0,00000048
Zink	Zn	0,01	Europium	Eu	0,00000046
Molybdän	Mo	0,01	Proctatinium	Pa	0,000000002
Kupfer	Cu	0,003	Radium	Ra	0,0000000001
Arsen	As	0,003	Radon	Rn	6×10^{-16}
Uran	U	0,003	Polonium	Po	
Vanadium	V	0,002	Zirconium	Zr	
Mangan	Mn	0,002	Technetium	Tc	
Nickel	Ni	0,002	Ruthenium	Ru	
Titan	Ti	0,001	Rhodium	Rh	
Neodym	Nd	0,00092	Palladium	Pd	
Zinn	Sn	0,0008	Tellur	Te	
Antimon	Sb	0,0005	Promethium	Pm	
Cäsium	Cs	0,0005	Terbium	Tb	
Selen	Se	0,0004	Haffnium	Hf	
Krypton	Kr	0,0003	Tantal	Ta	
Yttrium	Y	0,0003	Rhenium	Re	
Cadmium	Cd	0,00011	Osmium	Os	
Neon	Ne	0,0001	Iridium	Ir	
Kobalt	Co	0,0001	Platin	Pt	
Xenon	Xe	0,0001	Astat	At	
Wolfram	W	0,0001	Francium	Fr	
Germanium	Ge	0,00006	Actinium	Ac	

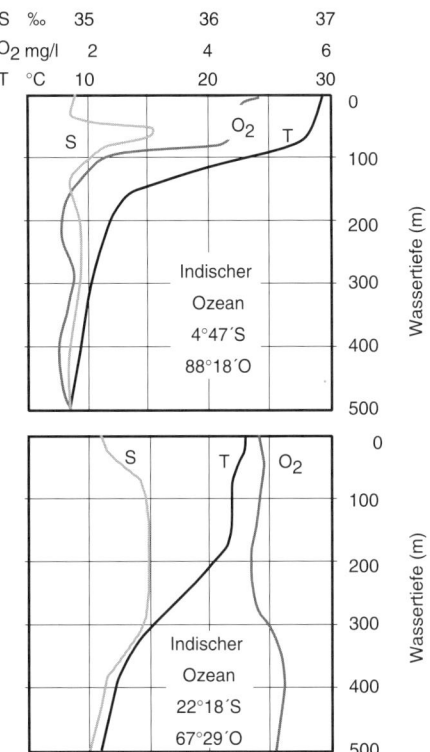

Abhängigkeit von Salzgehalt, Sauerstoffkonzentration und Temperatur von der Tiefe an zwei Stellen des Indischen Ozeans.

peratur von 25 bis 30 °C bei etwa 4,5 ml/l (etwa 6,4 mg/l) und somit direkt im Sättigungsbereich. Der Grund dafür kann in einer guten Oberflächenbewegung durch Wind und Wellengang liegen. Dieser hohe Sauerstoffgehalt wird in tropischen Bereichen bis in Tiefen von etwa 25 bis 100 Meter aufrechterhalten (Abbildung links oben) und kann in subtropischen Bereichen (Abbildung links unten) auch durchaus noch in tiefere Zonen hinabreichen.

Es wird deutlich, daß insbesondere die Wasserzonen, aus denen die Meerestiere unserer Aquarien kommen, in hohem Maße mit Sauerstoff versorgt sind. Es muß also auch für die Aquarientechnik ein wichtiges Ziel sein, dieses wichtige Gas immer in ausreichendem Maße zur Verfügung zu stellen, denn nicht nur Fische und Wirbellose, sondern der gesamte biologische Lebensraum haben sich auf diese aeroben Verhältnisse eingestellt.

Der Leitwert

Wie wir oben gesehen haben, ist das Wasser aufgrund seiner Polarität in der Lage, Salze in ihre Bestandteile, die Ionen, zu zergliedern. Dieser Prozeß wird **Dissoziation** genannt. Während das Kochsalz (NaCl) in kristalliner Form chemisch gebunden ist, sieht es bei den Ionen des Kochsalzes anders aus, wie uns schon die Schreibweise zeigt (Na^+ und Cl^-). Plus- oder Minuszeichen verdeutlichen, daß die Ionen nicht neutral sind, sondern Elektronenüberschuß oder Elektronenmangel aufweisen. Sie sind also nicht mehr elektrisch neutral, sondern sind elektrische Ladungsträger. Während reinstes doppelt destilliertes Wasser elektrischen Strom praktisch nicht leitet, befindet sich in allen natürlichen Wässern eine gewisse Anzahl von dissoziierten Salzen, die als Ladungsträger wirken. Wird an ein solches natürliches Wasser eine Gleichstromquelle gelegt, wandern die positiv geladenen Teilchen zum Minuspol und die negativen Teilchen zum Pluspol.

Je mehr Salze aller Art in Wasser gelöst sind, desto höher steigt der Leitwert. Da die che-

chen Temperatur etwa 9 mg/l aufnehmen kann. Die Bedeutung der Gase für die biochemischen Zusammenhänge im Meerwasser entspricht im wesentlichen der im Süßwasser. Insbesondere aber die Wirkung des CO_2 im Zusammenhang mit dem Karbonatsystem wird durch den hohen pH-Wert des Seewassers deutlich beeinflußt. Hierauf wird später noch ausführlicher eingegangen.

In weiten Bereichen kann man an den Oberflächen der Weltmeere eine nahezu vollständige Sauerstoffsättigung verzeichnen, und das nicht nur in den kalten, sondern auch in den warmen Meeren. So liegt im Roten Meer der Sauerstoffgehalt bei einer Tem-

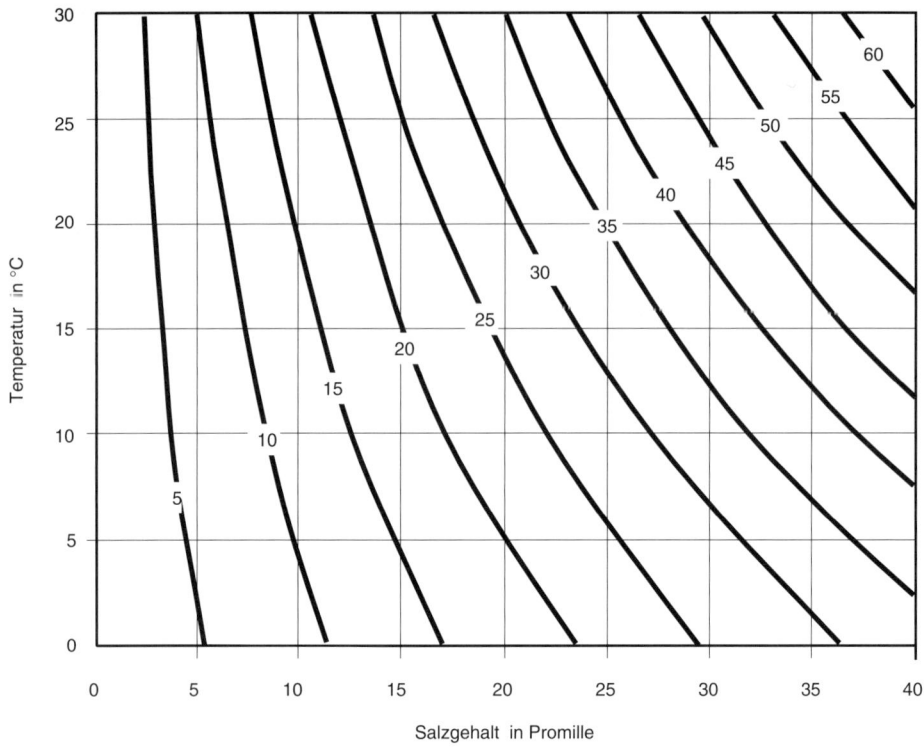

Die spezifische elektrische Leitfähigkeit (hier in mS/cm) ist von Salzgehalt und Temperatur des Wassers abhängig (Werte bei normalem Atmosphärendruck).

mische Analyse der Salzen relativ kompliziert und zeitaufwendig ist, hat man anhand von Untersuchungen festgestellt, daß der Leitwert mit hoher Genauigkeit auf die Salzkonzentration schließen läßt. Die physikalische Einheit, in der der Leitwert oder die elektrische Leitfähigkeit angegeben wird, ist „Siemens" (S). In der Aquaristik geben wir in der Regel die für ein Wasser spezifische Leitfähigkeit an (S/cm, wegen des geringen Wertes meist mS/cm oder µS/cm).

Die Messung der Leitfähigkeit ist nun eine elektrische Standardmessung, die mit geeigneten Geräten mit sehr hoher Genauigkeit durchgeführt werden kann. So eignet sich diese Messung sowohl für den gesamten Bereich natürlicher Wässer, von weichen Süßwassern bis zu hochkonzentrierten Salzwässern wie etwa im Toten Meer.

Der pH-Wert (potentia Hydrogenii = Wirksamkeit des Wasserstoffs)

Der oben beschriebene Vorgang der Dissoziation erfolgt nicht nur an Salzen, sondern auch am Wassermolekül selbst. Es zerfällt hierbei in ein Wasserstoffkation (H^+) und ein Hydroxidanion (OH^-).

$$H_2O \longleftrightarrow H^+ + OH^-$$

Genaue Messungen haben ergeben, daß in 10 000 000 Liter Wasser 18 g Wasser (= 1 Mol)

Der pH-Wert von Süßwässern bewegt sich um den Neutralpunkt, der von Meer- und Leitungswasser liegt meist darüber.

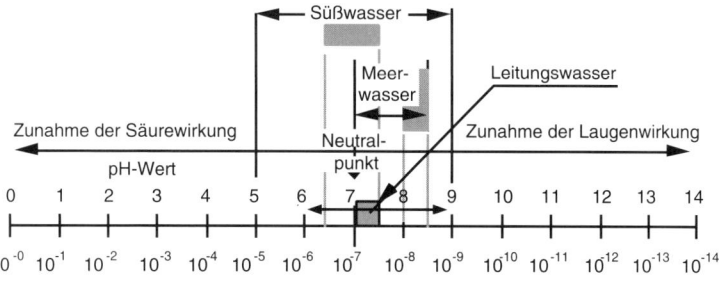

dissoziieren. Die Einheit Mol stellt das Molekulargewicht einer Verbindung ausgedrückt in Gramm dar.

Wasser H_2O
2 Wasserstoffatome mit Atomgewicht 1
1 Sauerstoffatom mit Atomgewicht 16

1 Mol Wasser entspricht also 18 g!
Die 18 g setzen sich aus 1 g H^+-Ionen und 17 g OH^--Ionen (je ein Mol) zusammen.
Rechnet man diese Mengen auf einen Liter Wasser um, so erhält man 10^{-7} Mol H^+-Ionen und 10^{-7} Mol OH^--Ionen (10^{-7} = 0,000000 1). Da der Umgang mit der Exponentialschreibweise für den Alltagsgebrauch recht umständlich ist, schreibt man nur noch den Exponenten in positiver Schreibweise. Ein Wasser in der obigen Zusammensetzung hat also den pH-Wert 7. Der pH-Wert ist definiert als der negativ reziproke Wert der Wasserstoffionen-(Hydroniumionen-)Konzentration.

Die Exponentialschreibweise verdeutlicht allerdings, daß zwischen jedem vollen pH-Wert eine Zehnerstufe liegt! Ein Wasser mit einem pH-Wert von 6 hat einen Säuregehalt, der zehnmal so hoch wie der eines Wassers mit dem pH-Wert 7 ist. Ein Wasser mit dem pH-Wert 5 wiederum hat einen Säuregehalt, der zehnmal so hoch ist wie bei pH-Wert 6 und damit hundertmal so groß wie bei pH-Wert 7!

Das gleiche gilt für die Laugenwirkung bei steigenden Werten über pH 7. Diese Zusammenhänge verdeutlichen die Notwendigkeit, den pH-Wert in unseren Aquarien entsprechend den Ansprüchen der jeweiligen Tiergruppen genau einzustellen und möglichst konstant zu halten. Insbesondere plötzliche Sprünge bereiten Probleme.

Da das Wasserstoff-Anion als solches nicht bestehen kann, gliedert es sich an ein weiteres Wassermolekül an: Es entsteht das sogenannte Hydronium-Ion H_3O^+.

$$H_2O + H_2O \longleftrightarrow H_3O^+ + OH^-$$

Die Tiere des Süßwassers stammen aus pH-Bereichen, die zwischen pH 5 und pH 9 liegen. So bevorzugt der Adonis-Salmler (Westafrika) einen pH-Wert zwischen 5,8 und 6,5, während der Blaue Malawibuntbarsch pH-Werte von pH 8–9 liebt. Andere Fische, wie etwa der Gemalte Schwielenwels, akzeptieren einen recht großen pH-Bereich von pH 5,5 – – 8,3 (RIEHL & BAENSCH 1987).

Im Seewasser sieht diese Situation grundlegend anders aus. Die Menge der Kationen ist im Meerwasser deutlich größer als die Menge der Anionen. Deshalb reagiert das Meerwasser grundsätzlich alkalisch. Die pH-Werte im Meerwasser liegen zwischen pH 7 und 8,5, wobei ein pH-Wert von 8,2 als typisch und somit für Aquarien als optimal anzusehen ist.

Säuren, Laugen und Salze

Der Name „Sauerstoff" rührt daher, daß man früher annahm, daß der Sauerstoff für die Wirkung der Säuren verantwortlich sei. Dies hat sich allerdings als falsch herausgestellt. Wie wir bereits oben gesehen haben, ist es der Wasserstoff, den alle Säuren gemeinsam haben. Die falsche Annahme rührte von der Beobachtung her, daß Säuren entstehen, wenn sich ein Oxid eines Nichtmetalles in Wasser löst. Typische Vertreter dieser Nichtmetalloxide sind Schwefeldioxid (SO_2) und Kohlendioxid (CO_2). Beides sind Verbrennungsprodukte, und insbesondere das SO_2 ist verantwortlich für die Übersäuerung der europäischen Seen. Während SO_2 uns hauptsächlich als Umweltschadstoff begegnet, nimmt das CO_2 eine Schlüsselrolle für viele biologische Prozesse ein (siehe Karbonatsystem).

Die hier vorgestellten chemischen Verbindungen sind uns aber zunächst aus unserer Alltagserfahrung heraus als Gase und nicht als Säuren bekannt. Und tatsächlich können wir sie erst als Säure ansprechen, wenn das Gas in Wasser eingeleitet wird. Das führt insbesondere beim CO_2 (Kohlendioxid) häufig zu Mißverständnissen, da bereits das Gas als „Kohlensäure" bezeichnet wird. Die Säure, also H_2CO_3, entsteht natürlich erst, wenn das Gas mit Wasser reagiert.

$$CO_2 + H_2O \longrightarrow H_2CO_3$$

Beim Einleiten von Kohlendioxid in Wasser steigt die Leitfähigkeit. Es bilden sich demnach Ionen. Diese Reaktion kann mit der folgenden Gleichung erklärt werden.

$$H_2CO_3 + H_2O \longrightarrow H_3O^+ + HCO_3^-$$

In dieser Schreibweise sind das Hydronium-Ion und das Hydrogencarbonat-Ion deutlich zu erkennen. Die Kohlensäure hat hier eine positive Ladungseinheit in Form eines Wasserstoffions abgegeben. Da die Träger der positiven Ladungseinheiten die Protonen sind, sagt man, daß das Hydrogencarbonat als Protonendonator (Spender einer positiven Ladungseinheit) auftritt. Säuren sind grundsätzlich Protonendonatoren!

Die Gegenspieler der Säuren sind die Laugen, die dann entstehen, wenn sich Oxide von Metallen, also Reaktionsprodukte von Sauerstoff und Metall, in Wasser lösen. Typische Vertreter dieser Gruppe sind Kaliumhydroxid (KOH) und Natriumhydroxid (NaOH). Laugen sind grundsätzlich Protonenakzeptoren; sie nehmen positive Ladungsträger auf!

Treten Säuren und Laugen gleichzeitig in einer Lösung auf, so reagieren sie miteinander, indem sie sich ganz oder teilweise neutralisieren. Als Reaktionsprodukt bilden sich hierbei allerdings Salze, die den Leitwert des Wassers anheben. So entsteht bei der Reaktion von NaOH (Natriumhydroxid) mit HCl (Salzsäure) Kochsalz (NaCl).

$$NaOH + HCl \longrightarrow NaCl + H_2O$$

Der oben beschriebene pH-Wert kann uns also nur anzeigen, welcher Reaktionspartner letztendlich „gesiegt" hat, also noch im Überschuß vorliegt. Der pH-Wert gibt uns keine Informationen über die Reaktionspartner selbst und deren Reaktionsprodukte. Er kann als Summenparameter betrachtet werden, der uns einen Fingerzeig gibt. Die Kenntnis des pH-Wertes ist zwar sehr wertvoll, muß aber gegebenenfalls durch weitere Meßwerte und Beobachtungen ergänzt werden. Der wichtigste Einflußparameter des pH-Wertes in unseren Aquarien ist das Kohlendioxid im Rahmen des Karbonatsystems. Dieser Problemkreis wird in einem eigenen Kapitel (Kohlenstoffkreislauf) behandelt.

Die Pufferung

Im Zusammenhang mit Säuren und Laugen hört man häufig den Begriff der Pufferwirkung. Pufferung findet beispielsweise dann statt, wenn sich in der Lösung einer schwachen Säure gleichzeitig ein Salz dieser Säure befindet. Die Folge ist die Einstellung eines Gleichgewichtes, das die Wirkung der Säure vermindert. Im Vergleich zu einem ungepufferten System, das die gleiche Säure enthält, liegen hier höhere pH-Werte vor. Das Gleiche gilt umgekehrt auch für Laugen.

Den wichtigsten Puffer im Aquarium bilden die Salze der Kohlensäure! Im Kapitel über den Kohlenstoffkreislauf wird darauf noch ausführlich eingegangen.

Die Härte des Wassers

Gesamthärte (GH). Die Wasserhärte entsteht durch gelöste Ionen der Erdalkalimetalle, wie die Elemente der zweiten Hauptgruppe des Periodensystems bezeichnet werden. Dazu gehören Beryllium, Magnesium, Calcium, Strontium und Barium.

Innerhalb dieser Gruppe bilden vor allem Calcium (Ca) und Magnesium (Mg) die Wasserhärte. Die Gesamtsumme aller gelösten Erdalkaliionen bildet die Gesamthärte (GH).

Calcium ist im Rahmen der Kalkbildung für die meisten Tiere ausgesprochen wichtig. Weitere Informationen über die Wirkung von Calcium und Magnesium finden Sie im Kapitel über die biologischen Grundlagen.

Karbonathärte (KH). Die Karbonathärte wird von Salzen gebildet, die aus einer Verbindung von Calcium oder Magnesium mit der Kohlensäure in der Form HCO_3^- bestehen, nämlich Calciumhydrogencarbonat, $Ca(HCO_3)_2$, und Magnesiumcarbonat, $Mg(HCO_3)_2$. Diese Härtebildner entstehen, wenn kohlensäurereiches Wasser im Grundwasserbereich Kalkstein durchströmt. Aus diesem Grund sind in der Regel Gewässer, die hauptsächlich von Oberflächenwasser gespeist werden, relativ weich, während Gewässer, die aus tiefen Quellen gespeist werden, eher hart sind.

Als Teil der Gesamthärte ist die Karbonathärte in der Regel kleiner als sie. Es gibt allerdings neben den Erdalkalikarbonaten auch Karbonatverbindungen mit Natrium, wie das Natron ($NaHCO_3$), das Natriumkarbonat (Na_2CO_3) oder auch das Kaliumkarbonat (K_2CO_3) und andere. Diese Salze werden bei der Messung der Karbonathärte mit erfaßt, sind jedoch nicht in der Gesamthärte enthalten, die ja nur die Erdalkali-Ionen berücksichtigt.

Befinden sich derartige Verbindungen in nennenswertem Umfang im Wasser, kann es zu dem scheinbar paradoxen Fall kommen, daß die Karbonathärte größer als die Gesamthärte wird. Der überzählige Teil wird dann auch „scheinbare Härte" genannt. Sollte ein solcher Fall eintreten, wird die GH aus der Summe der KH und der NKH (Nichtkarbonathärte) gebildet. Ein typischer Vertreter für eine solche Zusammensetzung der Wasserhärte ist der Tanganjikasee.

Durch Kochen des Wassers kann die Karbonathärte ausgetrieben werden. Deshalb nennt man sie auch vorübergehende oder temporäre Härte. Die Karbonathärte steht in intensiver Wechselbeziehung zum pH-Wert.

Die Wasserhärte wird in einigen Ländern mit unterschiedlichen Maßeinheiten angegeben. Die folgende Tabelle gibt einen Überblick und ermöglicht uns die Umrechnung. So entspricht 1 °d (deutsche Härte) 1,78 °f (französische Härte).

Nichtkarbonathärte. Die Nichtkarbonathärte wird ebenfalls von den Erdalkali-Ionen gebildet. Sie haben sich hier jedoch nicht mit dem Karbonat verbunden, sondern mit anderen Stoffen, wie Sulfaten, Chloriden, Nitraten, Silikaten und Phosphaten. Ein typischer Vertreter ist das Calciumsulfat ($CaSO_4$). Die NKH wird durch Kochen nicht ausgetrieben und daher als bleibende oder permanente Härte bezeichnet.

Wie aus den obigen Ausführungen ersichtlich wird, ist die Definition der Wasserhärte nicht sehr glücklich gewählt. Sie hält einer strengen wissenschaftlichen Sicht nicht stand, obwohl sie zu den am häufigsten gemessenen Wasserwerten zählt. So kommt es auch, daß in vielenLändern unterschiedliche Bewertungsskalen für die Wasserhärte gelten.

In Deutschland gilt folgende Definition für die Gesamthärte:

1 Grad „Deutscher Härte"
= 1 °d = 1 °dH = 10 mg CaO/l
bezogen auf den Calciumgehalt
1 °d = 7,15 mg Ca^{2+}/l = 0,18 mmol/l

Umrechnungstabelle verschiedener Härtegrade.

	Einheit	Erdalkali-metall-Ionen mmol/l	Deutsche Härtegrade °d	$CaCO_3$ ppm=°US	Englische Härtegrade °e	Französische Härtegrade °f
Erdalkalimetall-Ionen	mmol/l	1,00	5,600	100,00	7,0200	10,00
Deutsche Härtegrade	°d	0,18	1	17,80	1,2500	1,78
$CaCO_3$	ppm=°US	0,01	0,056	1,00	0,0702	0,10
Englische Härtegrade	°e	0,14	0,798	14,30	1,0000	1,43
Französische Härtegrade	°f	0,10	0,560	10,00	0,7020	1,00

Klassifizierung der Wasserhärte.

Gesamthärte mmol/l	°d	Beurteilung
0 – 1	0–5,6	sehr weich
1 – 2	5,6–11,2	weich
2 – 3	11,2–16,8	mittelhart
3 – 4	16,8–22,4	hart
> 4	> 22,4	sehr hart

Die obige Einteilung wird häufig zur Klassifizierung von Wässern benutzt.

Eine Wasserhärte von 3 – 10 °dGH kann für die Pflege der meisten Süßwasserfische als gut angesehen werden. Hiervon gibt es natürlich eine Reihe von Ausnahmen, von denen hier nur zwei genannt werden sollen. So benötigt der Diskusfisch ein sehr weiches Wasser im Bereich 1 – 3 °dGH (pH 6 – 6,5), wohingegen der Tanganjikaclown eine Wasserhärte bis etwa 15–20 °dGH (pH um 9!) bevorzugt.

Wir sehen also, daß die Natur in der Lage ist, durch Selektion Wasserlebewesen auf extrem unterschiedliche Werte einzustellen. Hierzu werden aber viele Generationen benötigt. Die Aufgabe der Aquarientechnik ist es, dem Fisch die für ihn optimale Wasserqualität zu bieten und mit möglichst hoher Konstanz aufrechtzuerhalten.

Das Kohlendioxid

Das Kohlendioxid im Karbonatsystem

Man kann davon ausgehen, daß CO_2 in jedem natürlichen Wasser in mehr oder weniger hoher Konzentration vorliegt. Kohlendioxid weist eine sehr gute Löslichkeit auf, die allerdings durch den Austausch mit der Atmosphäre ihre Grenzen findet. Das gelöste CO_2 geht nur zu einem geringen Prozentsatz (etwa 0,1 – 0,2 %) in Kohlensäure (H_2CO_3) über.

$$CO_2 + H_2O \longrightarrow H_2CO_3$$

Auch wenn dieser Prozentsatz sehr gering ist, so führt natürlich die Bildung einer Säure zwangsläufig zu einer pH-Wert-Absenkung. Kohlensäurereiche Wässer können Werte um pH 5 erreichen, selten auch darunter.

Beim Einleiten von Kohlendioxid in Wasser steigt die Leitfähigkeit. Es bilden sich demnach Ionen.

$$H_2CO_3 + H_2O \longrightarrow H_3O^+ + HCO_3^-$$

In dieser Schreibweise erscheinen das Hydronium- und Hydrogenkarbonat-Ion deutlich.

Das Hydrogenkarbonat geht Bindungen mit den Erdalkalimetallen ein, von denen die wichtigste die mit Calcium (Ca) unter Bildung von Calciumhydrogenkarbonat, $Ca(HCO_3)_2$, ist. Diese Verbindung ist ein Salz der Kohlensäure und liegt in Wasser völlig dissoziiert vor, also in Form der zugehörigen

Abhängig vom pH-Wert liegen im Wasser CO_2 und $H_2CO_3^-$, HCO_3^- oder CO_3^{2-} vor (Kurven für Süß- und Meerwasser).

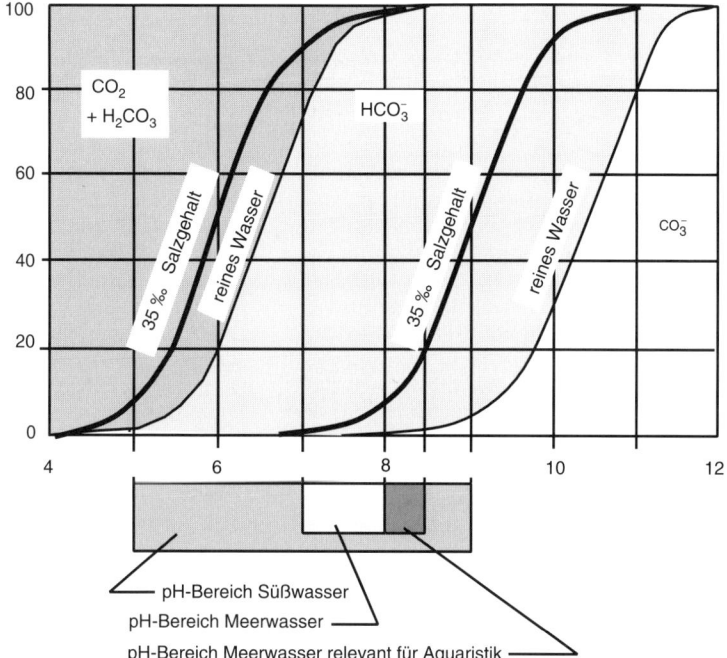

Kationen und Anionen. Das Calciumhydrogenkarbonat ist gut wasserlöslich. Es ist Bildner der temporären Wasserhärte.

Das Hydrogenkarbonat beinhaltet chemisch gebundenes CO_2, das dementsprechend als „gebundene Kohlensäure" bezeichnet wird. Das Calciumhydrogenkarbonat bleibt in wäßriger Lösung nur beständig, wenn eine bestimmte freie CO_2-Menge zusätzlich mit in der Lösung vorhanden ist. Sie wird Gleichgewichts-CO_2 oder auch „freie zugehörige Kohlensäure" genannt, da sie benötigt wird, um das Calciumhydrogenkarbonat im Lösungsgleichgewicht zu halten. Wenn genau diese Menge an freiem CO_2 vorhanden ist, befindet sich das Wasser im sogenannten „Kalk-Kohlensäure-Gleichgewicht".

Es treten häufig Wässer auf, in denen mehr freies CO_2 gelöst vorliegt, als zur Aufrechterhaltung des „Kalk-Kohlensäure-Gleichgewicht" notwendig wäre. Es wird dann als „freie überschüssige Kohlensäure" bezeichnet. Diese Kohlensäure versucht, sich chemisch abzubinden, und benötigt dazu entsprechende Reaktionspartner. So wird beispielsweise Kalkstein ($CaCO_3$) aufgelöst. Hierdurch steigt wiederum der Gehalt an Calciumhydrogenkarbonat, wodurch das Wasser dem „Kalk-Kohlensäure-Gleichgewicht" wieder näher kommt. Die freie überschüssige Kohlensäure löst gebildete Passivierungsschichten in Metalleitungen an, greift aber durchaus auch metallische Rohre wie Kupfer- und Bleileitungen selbst an, wodurch einerseits die Leitungen geschädigt, andererseits das Wasser mit schädlichen Metallverbindungen angereichert werden kann.

Wenn allerdings nicht ausreichend freie zugehörige Kohlensäure vorliegt, fällt das Hydrogenkarbonat als Calciumkarbonat ($CaCO_3$) aus. Uns ist es als Kalkstein bekannt, der als nahezu unlöslich angesehen werden kann. Die hier beschriebenen Verschiebungen zwischen Calciumhydrogenkarbonat und Calciumkarbonat werden durch die folgende Formel beschrieben:

$$Ca(HCO_3)_2 \underset{CO_2\text{-Überschuß}}{\overset{CO_2\text{-Mangel}}{\rightleftharpoons}} CaCO_3 + CO_2 + H_2O$$

Diese Formel macht aber auch deutlich, daß der Übergang von einer Bindungsform in eine andere immer auch mit Veränderungen des pH-Wertes einhergeht. Wenn unter CO_2-Mangel Kalkstein ausfällt, muß zwangsläufig auch der pH-Wert ansteigen. Umgekehrt muß bei CO_2-Zufuhr der pH-Wert wieder abfallen.

Die verschiedenen Bindungsformen des CO_2, die wir hier kennengelernt haben, sind:

Kohlendioxid	=	CO_2
Kohlensäure	=	H_2CO_3
Hydrogenkarbonat	=	HCO_3^-, etwa in $Ca(HCO_3)_2$, auch Bikarbonat genannt
Karbonat	=	CO_3^{2-}, etwa in $CaCO_3$

Diese Formen können zum Teil nebeneinander im Wasser vorliegen. Welche jeweils überwiegt, hängt vom pH-Wert ab, der sich im Wasser eingestellt hat. Die Abbildung auf Seite 37 zeigt uns, wie die Verteilung in etwa aussieht. Wenn wir ein weiches, saures Wasser mit einem pH-Wert von 6 vorliegen haben, so werden etwa 80 % des Kohlendioxids als CO_2 oder als Kohlensäure H_2CO_3 und nur etwa 20 % als Hydrogenkarbonat vorliegen. Bei pH 7 ist das Verhältnis allerdings schon umgekehrt. Hier überwiegt der Anteil an HCO_3^- bei weitem. Bei pH 8 – 9 nimmt das HCO_3^- gar über 90 % ein, und es liegen nur geringe Mengen an H_2CO_3 und Karbonaten wie Calciumkarbonat ($CaCO_3$) vor.

Bei Meerwasser zeigt sich ein deutlich anderes Bild. Während die Grenze zwischen Kohlensäure und Hydrogenkarbonat nur ein wenig nach links verschoben ist, ist eine wesentlich stärkere Veränderung bei der zwischen Hydrogenkarbonat und Karbonat zu verzeichnen. Das führt dazu, daß in dem für Meerwasseraquarien relevanten pH-Bereich (pH 8 – 8,4) praktisch keine freie Kohlensäure existiert, dafür aber ein erheblich höherer Karbonatanteil. Das ist für die Lebewesen des Meeres von besonderer Bedeutung. Seine kalkliebenden Organismen, allen voran die Korallen, finden im Meer optimale Voraussetzungen, um sich mit ihrem Baustoff Kalk zu versorgen. Insbesondere das oberflächennahe Wasser, das mit der Atmosphäre im Austausch steht, ist übersättigt mit Calciumkarbonat und zwar um so mehr, je höher die Wassertemperatur ist. Je kälter das Wasser ist, desto mehr CO_2 kann es aufnehmen. Deshalb bilden die Bacillariophyceen (Diatomeen) der kalten Meere Körperhüllen aus Kieselsäure. Die Löslichkeit des CO_2 steigt auch mit der Tiefe. Dafür verringert sich das Vorkommen an Karbonaten. Dementsprechend finden wir die für Aquarien so beliebten Korallenriffe nur in den warmen Oberflächenwässern der Tropen.

Die Pufferwirkung des Karbonatsystems

Im Karbonatsystem liegen neben der Kohlensäure, die eine schwache Säure ist, auch ihre Salze vor: das Hydrogenkarbonat und das Karbonat. Wie oben bereits beschrieben, bilden eine schwache Säure und ihre Salze ein Puffersystem, was bedeutet, daß sich bei mäßiger Zugabe einer Säure oder einer Lauge der pH-Wert kaum ändert. Wenn in ein Karbonatsystem eine geringe Menge einer Säure eingegeben wird, werden die H-Ionen der Säure zunächst vom Hydrogenkarbonat gebunden. Es entsteht Kohlensäure, die aber ihrerseits zumindest teilweise wieder in Kohlendioxid (CO_2) und Wasser (H_2O) zerfällt.

$$H^+ + HCO_3^- \longrightarrow H_2CO_3$$
$$H_2CO_3 \longrightarrow CO_2 + H_2O$$

Umgekehrt wird die Wirkung einer Lauge ebenso abgemildert. Ihre OH-Ionen werden vom CO_2 abgebunden, und es entsteht das Hydrogenkarbonat.

$$OH^- + CO_2 \longrightarrow HCO_3^-$$

Die Pufferwirkung ist dieses Systems ist bei pH 7 am intensivsten. Wird hingegen bei pH 5 noch weitere Säure hinzugegeben, tritt praktisch keine Pufferwirkung ein. Umgekehrt liegt für Laugenzugabe bei hohem pH-Wert keine Pufferwirkung mehr vor. Natürlich hat ein hartes Wasser mit seinem hohem Karbonatgehalt eine wesentlich bessere Pufferkapazität als etwa ein weiches Moorwasser.

Die Bedeutung des Kohlendioxid in der Pflanzenwelt

Alle grünen Pflanzen, auch Wasserpflanzen, benötigen zum Leben Kohlenstoff, den sie aus dem Kohlendioxid (CO_2) oder aus der Kohlensäure (H_2CO_3) beziehen. Man nennt diesen Vorgang Assimilation. Die Pflanzen nützen die Lichtenergie aus, um aus Kohlenstoff, Wasserstoff und Sauerstoff Kohlenhydrate für ihren Stoffwechsel zusammenzusetzen. Wir sprechen daher von Photosynthese.

In Hinsicht auf den CO_2-Haushalt unterscheidet man drei Pflanzentypen:

Quellmoos-Typ. Die Pflanzen nehmen nur das im Wasser gelöste CO_2 auf; dazu gehören Grünalgen (*Vaucheria*, *Chlorella*), *Cabomba* und viele andere.

Wasserpest-Typ. Pflanzen dieses Typs nehmen sowohl das gelöste CO_2 als auch das Hydrogenkarbonat (HCO_3^-) auf. Im Bereich um pH 7 – 8 entsteht im zweiten Fall Kalk, der sich auf den Blättern ablagert und den Stofaustausch der Pflanze empfindlich stört. Ihr Wachstum wird stark herabgesetzt. Das kann vermieden werden, wenn genügend CO_2 angeboten wird. Als Beispiel seien die Grünalge *Cladophora glomerata*, die Wasserpest *Elodea densa*, die Vallisnerie *Vallisneria spiralis* und andere genannt.

Scenedesmus-Typ. Grünalgen wie *Scenedesmus* gehören zu den wenigen Ausnahmen, die CO_2 fast ausschließlich aus dem Hydrogenkarbonat (HCO_3^-) beziehen.

Wie wirkt Kohlendioxid auf Fische?

Ein stark erhöhter CO_2-Gehalt des Wassers kann bei Fischen die Aufnahme von Sauerstoff erschweren, so daß ein höherer Sauerstoffgehalt zur Deckung ihres Bedarfs nötig ist. Kohlensäurewerte, die für Fische gefährlich werden können, kommen in der Natur kaum vor und sind mit herkömmlichen Mittel so gut wie nicht zu erreichen. Der Kohlensäuregehalt im Wasser müßte 120- bis 150fach höher als der Sättigungswert sein.

Diffusion und Osmose

Diffusion

Ein Wassertropfen, der auf seinem Weg durch den Erdboden neben Kochsalzmolekülen eine ganze Reihe anderer Salze aufgenommen hat, gelangt am Ende seiner Reise in ein offenes Gewässer, einen See oder einen Bach. Hier trifft er auf ein Gemisch, das nicht nur aus durch den Boden gesickertem Wasser besteht, sondern zum großen Teil von der Erdoberfläche hinein gelangt ist. Ein kleiner Teil des Wassers wird auch direkt in den Bach geregnet sein.

Es ist also gut vorstellbar, daß ein Wassertropfen, der frisch der Erde entsprungen ist,

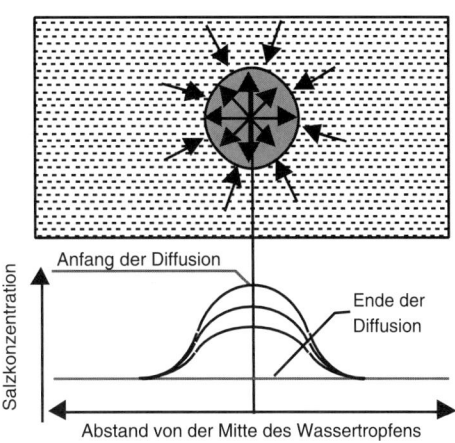

Ein salzreicher Wassertropfen, der in Wasser geringerer Salzkonzentratzion gelangt, gibt Salz ab und nimmt Wasser auf (siehe Text).

eine höhere Salzfracht mit sich trägt als das ihn umgebende Wasser. Ist das Gewässer ein Bach, so wird durch die dynamischen Austauschvorgänge beim Fließvorgang sehr schnell eine gleichmäßige Durchmischung erfolgen. Aber auch dann, wenn unser Wassertropfen in einen still ruhenden See einmündet, sorgen die Kräfte der Natur für einen raschen Ausgleich der mitgeführten „Schätze". Die Kraft, die diesen Austauschvorgang bewirkt, nennt man Diffusion. Fällt ein Wassertropfen auf einen Berg, so wundert es niemanden, daß er zu Tal fließt. In der Natur sind alle Vorgänge darauf abgestellt, ein möglichst niedriges Energieniveau zu erreichen. Wenn man die Salzkonzentration in unserem gedachten Wassertropfen mit der Salzkonzentration im klaren Wasser des Sees vergleicht, so erkennt man leicht eine ähnliche „Berg-und-Tal-Situation".

Die Abbildung auf Seite 39 zeigt uns einen Wassertropfen mit hohem Salzgehalt, der gerade in einen Wasserbereich niedriger Salzkonzentration gelangt ist. Während in der Mitte noch eine hohe Konzentration herrscht, ist sie am Rand bereits niedriger geworden. Hier sind schon Salzmoleküle an die umgebende Wassermasse abgegeben worden. Es ist auch leicht vorstellbar, daß der Austausch um so schneller erfolgt, je höher das Konzentrationsgefälle (der Berg) ist. Auch die Temperatur beeinflußt die Diffusion. Je höher sie ist, desto höher die Bewegung der Moleküle (Braunsche Molekularbewegung), und um so schneller erfolgt auch der Konzentrationsausgleich durch die Diffusion.

Diffusionsvorgänge finden nicht nur im Wasser zwischen Gebieten unterschiedlicher Konzentration statt, sondern auch zwischen Gasen und Flüssigkeiten, wie beispielsweise zwischen den Wasserflächen und der Atmosphäre. Es diffundieren jedoch nicht alle Stoffe gleich schnell und gleich intensiv. Kohlendioxid wird wesentlich schneller und in größeren Mengen als Sauerstoff oder Stickstoff eingetragen. Die Meere sind so zu riesigen Speichern für das CO_2 geworden, das unseren Kraftfahrzeugen entströmt. So hat die Diffusion, die keiner von uns je wirklich wahrnimmt, eine wichtige gesellschaftspolitische Funktion. Für uns ist sie aber vor allem in bezug auf den Pflanzenwuchs in unseren Süßwasseraquarien sehr wichtig.

Osmose

Mit der Diffusion eng verbunden ist die Osmose, bei der die entsprechenden Vorgänge durch eine halbdurchlässige Membrane hindurch ablaufen. Derartige Membranen sind für Wassermoleküle durchlassig, nicht aber für die Moleküle der gelösten Stoffe. An einem Versuch kann man die hierbei stattfindenden Vorgänge gut darstellen.

Man nimmt einen Behälter, der unten mit einer Membrane verschlossen ist und aus dem oben eine offene Röhre herausschaut (siehe Abbildung unten). Dieser Behälter wird mit einer Salzlösung gefüllt und in Trinkwasser getaucht. Nun hat das System das Bestreben, überall eine gleichmäßige Salz-

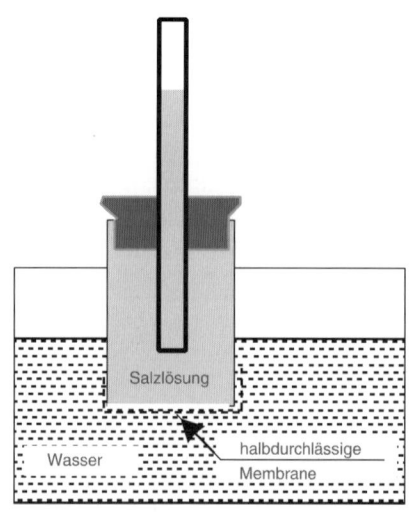

Die Salzlösung im Behälter steht über eine halbdurchlässige Membran mit dem sie umgebenden reinen Wasser in Verbindung. Da das System einem Konzentrationsausgleich zustrebt, tritt Wasser durch die Membran hindurch; die Wassersäule im Rohr steigt.

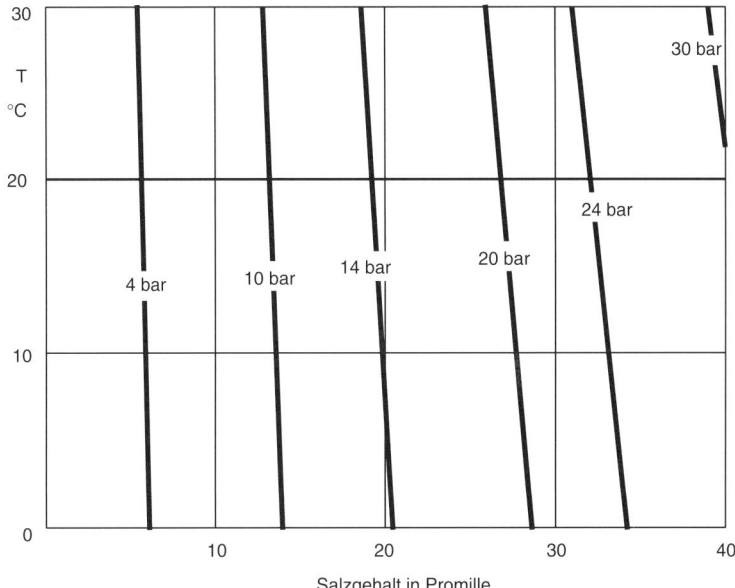

Der osmotische Druck steigt mit zunehmender Salzkonzentration im Wasser deutlich an.

konzentration zu erreichen. Die Salze im inneren Behälter werden durch die Membrane am Austausch mit dem Wasser gehindert, den Wassermolekülen ist der Durchtritt durch die Membrane jedoch möglich. Im Prinzip würden so viele Wassermoleküle durch die Membrane in die Salzlösung eindiffundieren, bis diese einen Salzgehalt wie das umgebende Wasser hat. Das ist aber in unserem Versuch nicht möglich, denn in dem Maße, in dem Wassermoleküle in das Gefäß einwandern, steigt in der aufgesteckten Röhre der Wasserspiegel und somit der Wasserdruck im Behälter. Der Diffusion wird in zunehmendem Maße vom steigendem Wasserdruck im Behälter begrenzt und kommt in dem Moment zum Stillstand, in dem der Diffusionsdruck dem Wasserdruck im Behälter gleichkommt, und das, obwohl noch kein Konzentrationsausgleich erreicht wurde.

Der Druck in diesem Zustand wird der „osmotische Druck" genannt. Er spielt für alle Wasserlebewesen eine lebenswichtige Rolle. Die Haut der Wasserlebewesen stellt eine Membrane im hier beschriebenen Sinne dar. Nun können wir uns leicht vorstellen, was geschieht, wenn ein Fisch aus einem Bereich normaler Salzkonzentration in einen Bereich mit niedrigerer Salzkonzentration gelangt. Aufgrund der osmotischen Verhältnisse versucht sein Körper, den Konzentrationsunterschied auszugleichen. Dies geschieht durch Wasseraufnahme, so daß der Druck im Körper ansteigt. Im besten Fall reagiert das Tier mit Unwohlsein, im Extremfall stirbt es.

Osmoregulation

Im Organismus der Tiere fallen Stoffwechselprodukte an, die nicht weiter verwertbar sind. Bei weiterer Anreicherung werden sie für das Tier zu einem Giftstoff. So entsteht beim Eiweißabbau das giftige Ammoniak, das über die Exkretionsorgane ausgeschieden wird. Mit der Ausscheidung derartiger Stoffe wird auch der osmotische Druck geregelt. Bei Fischen können verschiedene Stoffe auch über die Kiemen abgegeben werden.

Das Blut der Süßwassertiere weist eine höhere Konzentration an gelösten Stoffen auf als das Wasser, in dem sie leben. Durch Osmose dringt ständig Wasser in ihren Körper ein. Um dem hierdurch steigenden Druck entgegenzuwirken, wird ständig Wasser über die Vakuolen und Exkretionsorgane abgegeben. Süßwasserfische sind in der Lage, Salze entgegen dem Konzentrationsgefälle durch die Kiemen aufzunehmen (HAFNER & PHILIPP 1990).

Meerwasserfische weisen im Gegensatz zu den Süßwasserfischen in ihrem Körper eine geringere Konzentration an gelösten Stoffen als das sie umgebende Wasser auf. Man nennt sie deswegen auch hypoosmotisch. Sie verlieren daher durch Osmose stetig Wasser über die Kiemen. Um diesen Wasserverlust auszugleichen, müssen die Meerestiere Salzwasser trinken, das aber stets eine zu hohe Salzkonzentration in den Körper einträgt. Das überschüssige Salz wird aktiv über die Kiemen ausgeschieden. Haifische hingegen brauchen kein Meerwasser zu trinken, weil der osmotische Wert ihrer Körperflüssigkeit durch gelösten Harnstoff den des Meerwassers übersteigt.

Viele wirbellose Tiere im Meer haben keine denen der Fische vergleichbaren Austauschorgane. Sie sind darauf angewiesen, daß der Salzgehalt ihrer Körperflüssigkeit genau dem des Wassers entspricht, in dem sie leben. Wirbellose reagieren daher besonders empfindlich auf Schwankungen im Salzgehalt und können bei plötzlichem Wechsel sterben. Deshalb ist es besonders wichtig, Tiere, die umgesetzt werden, nur in Wasser mit gleichem Salzgehalt einzusetzen und auch das nur sehr schonend durch langsamen Wasseraustausch. Das wird um so deutlicher, wenn man sich anhand der Abbildung auf Seite 41 vor Augen führt, daß der osmotische Druck bis zu 30 bar (1 bar entspricht 10 mWs) betragen kann!

An diesen Beispielen kann man erkennen, daß die Wasserlebewesen aufgrund der unterschiedlichen Funktionen des Wasser- und Salzaustausches eng an ihren Lebensraum gebunden sind. Die meisten Meerwassertiere können sowenig ins Süßwasser wechseln wie Süßwassertiere ins Meerwasser. Ausnahmen bilden beispielsweise Aale und Lachse, die zur Fortpflanzung vom Meer ins Süßwasser oder in umgekehrter Richtung wandern. Eine weitere Ausnahme stellen die Krabben dar, die ihren osmotischen Druck auch im Brackwasser noch körpergerecht einstellen können, so daß sie hier ihren optimalen Lebensraum finden (LINDNER 1983).

Die genaue Steuerung des Salzgehaltes ist also für alle Wasserlebewesen von grundlegender Bedeutung und wird in unseren Aquarien leider allzuoft vernachlässigt. Die direkte Messung des osmotischen Drucks ist mit handelsüblichen Geräten aber leider nicht möglich. Wie wir jedoch in diesem Kapitel gesehen haben, hängt der osmotische Druck vor allem von den im Wasser enthaltenen Salzen ab. Der Salzgehalt kann durch Meßgeräte wie Areometer oder Leitwertmeßgeräte mit ausreichender Genauigkeit gemessen werden, so daß eventuelle Abweichungen rechtzeitig festgestellt werden können.

Organische Stoffe

Es wurden bisher bereits einige anorganische Verbindungen des Kohlenstoffs besprochen, insbesondere im Zusammenhang mit dem Karbonatzyklus. Diese Verbindungen sind allerdings von relativ einfacher Struktur. Auf dem Weg der Photosynthese werden aus dem einfach strukturierten Kohlendioxid hochkomplizierte langkettige Kohlenwasserstoffverbindungen, wie etwa Glukose, nach der folgenden Formel erzeugt.

Photosynthese

$$6\,CO_2 + 6\,H_2O + 674\,000\,cal \longrightarrow C_6H_{12}O_6 + 6\,O_2$$

Für diesen Vorgang ist allerdings die erhebliche Energie von 674 000 cal notwendig, die in der Natur von der Sonne bezogen wird. Die Formel verdeutlicht natürlich auch sofort, welche Bedeutung die Beleuchtung in unseren Aquarien einnimmt. Denn vor allem für unsere Pflanzen ist das Licht praktisch „Nahrungsmittel".

Der Kohlenstoff ist einer der wichtigsten Baustoffe allen pflanzlichen und tierischen Lebens. Die irdischen Organismen wären ohne seine zum Teil sehr komplizierten Verbindungen nicht denkbar. Man nennt sie daher auch organische Verbindungen.

Organische Stoffe kommen in der Natur sowohl im Süß- als auch im Meerwasser vor. Sie können in drei große Gruppen eingeteilt werden:

– Gelöster organischer Kohlenstoff
– Partikulärer organischer Kohlenstoff
– Lebender organischer Kohlenstoff

Als Faustregel kann man für das Mengenverhältnis der verschiedenen Formen ungefähr 100 : 10 : 1 annehmen. Die Quelle der verschiedenen Formen sind die Lebewesen selbst. Sie geben organische Substanzen in Form von Kot, Futterresten, Stoffwechselausscheidungen über die Kiemen und ihren eigenen abgestorbenen Körpern ab.

Im Meerwasser finden sich Kohlenstoffkonzentrationen in der Größenordnung von 0,4 bis 1,4 mg/l, die sich aus unterschiedlichen Verbindungen zusammensetzen, wie Eiweißen, Peptiden, Aminosäuren, Phenolen, Kresolen, Kreatinen, Kreatininen und organische Säuren, wie Glykolsäure, Essigsäure, Ameisensäure und Milchsäure, darüberhinaus Vitaminen wie Vitamin B1 (Thiamin), Vitamin B12 (Cobalamin) und Vitamin H (Auxin).

Insbesondere im Süßwasser spielen die **Huminsäuren** eine wichtige Rolle, die aus langkettigen und sehr kompliziert strukturierten Molekülen bestehen. Sie wirken häufig als Chelatbildner, enthalten also Eisen (Fe), Mangan (Mn), Kupfer (Cu) und Zink (Zn) in komplexer Bindung. Huminsäuren sind charakteristisch für die Wässer der Moor- und Humusregionen. Sie entstehen bei den Ab-

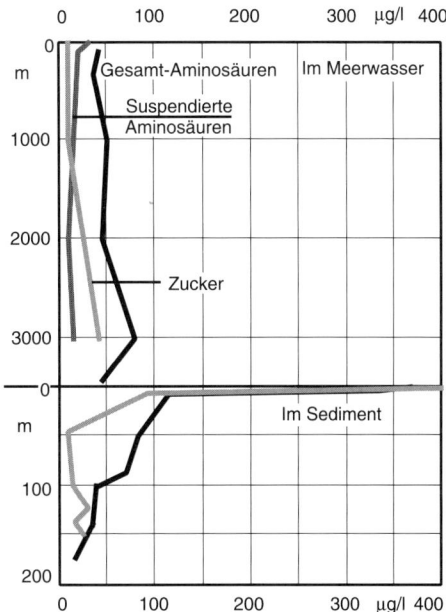

Verteilung organischer Stoffe im Wasser und im Sediment in Abhängigkeit von der Tiefe.

bauprozessen abgestorbener Pflanzensubstanz und geben dem Wasser die typische gelbe bis braune Farbe. Sie sind in biologischen Filtern praktisch nicht abbaubar. Trotzdem sind diese Verbindungen, anders als die der Eiweiße und deren Abbauprodukte, nicht als schädlich einzustufen. Im Gegenteil: Für die Bewohner tropischer Schwarzwässer bilden Huminsäuren und Gerbstoffe einen wichtigen Teil ihrer Umwelt.

Abgestorbene organische Substanz bildet in der Natur einen großen Teil der **Schweb- und Sinkstoffe**, die oft mehrfach am biologischen Futterkreislauf teilnehmen, bis sie endlich zu Boden sinken. Folglich reichern sich am Boden organische Substanzen an, wie auch obenstehende Abbildung verdeutlicht. Sinkstoffe, die sich im Meer oder auch in einem größeren See als Sediment am Boden ablagern, sind damit aus den wichtigsten und vitalsten Lebensräumen entfernt. Im

Aquarium ist das grundlegend anders, da der Boden hier aufgrund der geringen Wassertiefe eine im Vergleich zur Natur wesentlich bedeutungsvollere Rolle einnimmt. Das Verhältnis des aktiven Bodenvolumens zu der darüberliegenden Wassermenge ist in der Natur sehr gering, während es im Aquarium leicht bei 1 : 10 (5 cm Bodentiefe bei 50 cm Wasserstand) liegen kann.

Sinkstoffe werden durch Bodentiere leicht in den Boden eingearbeitet und führen dort zu einer Sauerstoffzehrung, die das Bodenmilieu leicht in den anaeroben Bereich abgleiten lassen kann. Diese Problemsituation wird dadurch verstärkt, daß im Verhältnis zur Natur die Tiere in unseren Aquarien leider allzuoft absolut überfüttert werden. Das führt dazu, daß sie oft nur einen geringen Teil des angebotenen Futters überhaupt aufnehmen können und ihn aufgrund des Überangebotes nur mangelhaft verdauen. Die Futteraufnahme wird durch den Futterneid der Tiere untereinander verstärkt, der durch den dichten Bestand gefördert wird. Schnell fressende Tiere müssen überfüttert werden, damit auch die langsameren ausreichend Futter aufnehmen können. Das alles führt zu einem stark überhöhten Anfall organischer Substanz im Vergleich zur Natur.

Oxidation und Reduktion

Oxidation

Wenn wir eine Kerze anzünden oder unser Auto starten, setzen wir Verbrennungsprozesse in Gang. Verbrennung ist immer die Verbindung eines Stoffes mit Sauerstoff. Der Kohlenstoff (im Benzin oder im Holz) verbrennt nach der Gleichung:

$$C + O_2 \longrightarrow CO_2$$

Vom lateinischen Namen des Sauerstoffs (Oxygenium) hergeleitet, nennt man Prozesse, bei denen Sauerstoff Bindungen eingeht, Oxidation. Die Sauerstoffbindung ist der geschichtliche Ursprung der Definition des Begriffs; in der Chemie definiert man ihn heute als Elektronenabgabe.

Reaktionen mit Sauerstoff laufen nun allerdings nicht nur als offensichtliche Verbrennungen ab. Wie wir im Kapitel „Wasser als Lösungsmittel" gesehen haben, sind viele der natürlichen Oberflächenwässer, insbesondere in Nähe des Wasserspiegels, stark sauerstoffhaltig. Dieser Sauerstoff dient nicht nur allen Wassertieren zur Atmung, sondern nimmt auch an bestimmten chemischen Prozessen teil. Stellen wir uns beispielsweise einen für alle Wasserlebewesen sehr giftigen Stoff vor, wie das Ammoniak (NH_3). Dieser Stoff wird durch den Einfluß von Sauerstoff erheblich verändert.

$$NH_3 + O_2 \longrightarrow HNO + H_2O$$

Der Stickstoff ist in diesem Reaktionsablauf mit dem Sauerstoff eine Verbindung eingegangen. Dabei hat der Sauerstoff den Wasserstoff (H) aus der Verbindung verdrängt. Den Vorgang einer Verbindung mit Sauerstoff nennen wir Oxidation. Eine wichtige Rolle spielen die Elektronen bei allen Oxidationsvorgängen. Bei der oben dargestellten Reaktion nehmen die Sauerstoffatome jeweils zwei Elektronen vom Stickstoff auf, während der Stickstoff vier Elektronen abgibt. Das ist nur ein Beispiel dafür, was Oxidationsvorgänge grundsätzlich ausmacht: Man definiert Elektronenabgabe als Oxidation.

Der Sauerstoff ist das wichtigste Oxidationsmittel der Natur. Andere Oxidationsmittel sind wesentlich stärker, spielen aber in der Natur keine große Rolle. Technische Oxidationsmitel sind Fluor, Chlor und dessen Verbindungen, Brom, Ozon und Wasserstoffperoxid (H_2O_2). In der Aquarientechnik kommen nur Ozon und H_2O_2 zur Anwendung, da sie bei Zerfall oder Reaktion keine biologisch bedenklichen Stoffe eintragen.

Reduktion

Der umgekehrte Vorgang findet ebenfalls statt. Wir kennen ihn in der Technik von der Herstellung von Metallen, die in der Natur in

Beurteilung verschiedener Redoxpotentialbereiche.

100 – 0 mV	Reduzierendes Milieu, anaerob	Für Fische, Wirbellose und aerobe Bakterien giftiger Bereich. Optimal für anaerobe Bakterien.
0 – 150 mV	Schwach oxidierendes Milieu	Schlecht belüftetes Wasser; eventuell starker Reduzent versteckt vorliegend. Gefahr des „Umkippens".
150 – 250 mV	Oxidierendes Milieu, aerob	Ausreichend bis gut belüftetes Wasser. Normale Bedingungen für aquatisches Leben.
250 – 350 mV	Stark oxidierendes Milieu	Sehr gute Sauerstoffversorgung. Geringe oder gar keine Anteile reduzierender Substanz.
350 – 450 mV	Überhöhtes Redoxpotential	Extrem belüftetes Wasser, bei Abwesenheit organischer Substanz. In Aquarien durch sehr hohe Ozondosierung zu erreichen.
450 – 600 mV	Extrem überhöhtes Redoxpotential	Nur durch Zugabe starker Oxidationsmittel erreichbar. Für aquatisches Leben nur noch bedingt geeignet. Oxidation der Schleimhäute. Starke keimtötende Wirkung.

der Regel als Oxid vorliegen. Wenn wir die reinen Metalle erhalten wollen, müssen wir den Sauerstoff aus der Verbindung verdrängen. Das kann mit Stoffen erfolgen, die mit Sauerstoff stärker reagieren als das Metall:

$$Fe_2O_3 + 3\ CO \longrightarrow 2\ Fe + 3\ CO_2$$

In diesem Fall hat das Kohlenmonoxid (CO) dem Eisen (Fe) den Sauerstoff entzogen. Es hat das Eisen reduziert. Man bezeichnet also den der Oxidation entgegenlaufenden Prozeß, den Sauerstoffentzug, als Reduktion. Wird ein Stoff reduziert, so nimmt er dabei Elektronen auf.

Als Reduktionsstoffe im Wasser sind vor allem die organischen Stoffe zu nennen, die als Abfallprodukte entstehen, wie Futterreste, Kot und absterbende pflanzliche Substanz. Diese sind in der Regel hochgradig eiweißhaltig und verursachen eine sehr hohe Sauerstoffzehrung. Unter ungünstigen Bedingungen können diese Stoffe in schlecht durchströmten Bodenbereichen sauerstofffreie Zonen bilden.

Da bei dem ersten Beispiel der Stickstoff Elektronen abgegeben hat, wurde er oxidiert.

Der Sauerstoff hat Elektronen aufgenommen, also wurde er reduziert! Beim zweiten Beispiel wurde das Eisen von Kohlenmonoxid reduziert, das Kohlenmonoxid selbst aber ist eine Verbindung mit Sauerstoff eingegangen; also wurde es oxidiert.

An diesen Beispielen wird deutlich, daß Oxidationsvorgänge immer mit Reduktionsvorgängen einhergehen und immer durch Elektronenaufnahme beziehungsweise -abgabe bedingt sind. Diese Zusammenhänge erinnern sehr an die Beschreibung des pH-Wertes. Während bei pH-Reaktionen Protonen aufgenommen oder abgegeben werden, handelt es sich bei Oxidations- oder Reduktionsvorgängen um Elektronen!

Das Redoxpotential

Da Oxidations- und Reduktionsreaktionen voneinander abhängig sind, hat man für sie einen eigenen Namen geschaffen. Man bezeichnet sie als **Redoxreaktionen**. In natürlichen Wässern liegen oxidierende Stoffe, meist Sauerstoff, und reduzierende Stoffe, wie organische Verbindungen in Futter oder Kot, in der Regel gleichzeitig vor. Wenn man ein

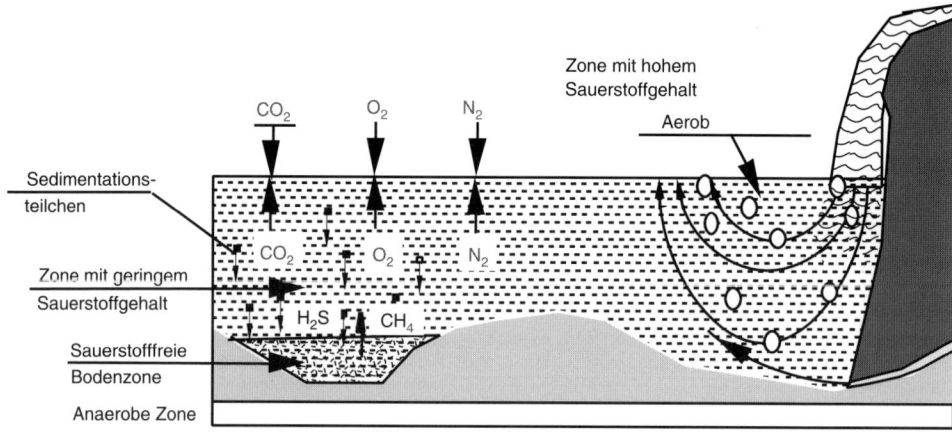

Verschiedene Zonen eines Gewässers weisen einen unterschiedlichen Sauerstoffgehalt auf.

Verhältnis der oxidierenden Stoffe zu den reduzierenden Stoffen bilden könnte, so würde es in der Nähe des Wasserspiegels einen hohen, in Bodennähe einen niedrigen Wert ergeben.

Ein solches Verhältnis ist natürlich meßtechnisch nicht zu erfassen. Wie wir aber oben gesehen haben, finden Oxidation und Reduktion unter Elektronenfluß statt. Wo Elektronen fließen, entstehen aber zwangsläufig elektrische Spannungen, die durch bestimmte Meßfühler (Redoxelektroden) aufgenommen, an elektronische Meßgeräte geleitet und dort ausgewertet werden können. Gesunde natürliche Wässer weisen Redoxpotentiale von etwa 200 mV auf, bei extremer Belüftung auch bis nahezu 300 mV. Positive Meßwerte zeigen an, daß die oxidierende, negative, daß die reduzierende Wirkung überwiegt.

Die Abbildung auf Seite 45 zeigt eine Übersicht über verschiedene Redoxpotentiale und deren Beurteilung, insbesondere in Hinblick auf das Leben im Aquarium. Technische und chemische Hilfsmittel erlauben uns heute, das Redoxpotential gezielt anzuheben. Das ist aber nur soweit sinnvoll, wie natürliche Vorgänge, die im Aquarium nicht oder nicht optimal ablaufen, nachgeahmt werden sollen. Eine Anhebung des Redoxpotentials im Übermaß dient vielleicht unserem Reinheitsempfinden, aber nicht den Tieren.

Auf die technischen Grundprizipien der Redoxmeßtechnik wird im Kapitel Meßtechnik im Detail eingegangen.

Zonen verschiedener Sauerstoffkonzentration

In jedem Wassersystem werden sich Zonen einstellen, in denen besonders hohe oder besonders niedrige Sauerstoffkonzentrationen vorherrschen. Gebiete mit hohem Sauerstoffgehalt (siehe Abbildung oben) können in der Natur sehr gut durchströmte Gebiete sein, wie eine Stromschnelle oder ein Wasserfall, aber auch normale Gewässer bei geringem Anfall von organischer Substanz, insbesondere in Nähe des Wasserspiegels. Diese Wässer haben einen ausreichend hohen Sauerstoffgehalt, um die chemischen und biologischen Umsetzungsprozesse im sauerstoffreichen Milieu ablaufen zu lassen (siehe auch Tabelle Seite 25 Mitte) Einen solchen Zustand nennt man aerob. Gewässer in aerobem Zustand haben in der Regel ein Redoxpotential von 200 bis 300 mV. Ein aerobes Milieu bildet eine besonders wichtige Grundlage für die biologische Selbstreinigungskraft eines Gewässers.

In tieferen, ruhenden Wasserzonen können leicht Bereiche entstehen, die zwar noch über ausreichend Sauerstoff verfügen, aufgrund der geringen Umwälzung und entsprechend geringer Sauerstoffzufuhr aber empfindlich auf einen plötzlichen Anfall organischer Substanz reagieren. Sie stehen in der Gefahr „umzukippen".

In bodennahem und vor allem sich im Bodengrund befindendem Wasser entstehen häufig zwei Problemsituationen (siehe Abbildung Seite 46 oben).

1. Es steht oft in ruhigen Strömungszonen oder ist ganz vom Wasseraustausch ausgeschlossen. Dadurch wird nur wenig sauerstoffreicheres Wasser nachgespeist. Die oberflächennahe Gasdiffusion ist hier nicht verfügbar.
2. Durch die Sedimentation reichert sich zwangsläufig eine Fülle organischer Substanz wie Futterreste, Kot, tote Tiere und abgestorbene Pflanzenteile am Boden ab und führt in dieser Zone geringer Sauerstoffzufuhr zu starker Sauerstoffzehrung. Der Sauerstoffgehalt sinkt unter das für Fische und Wirbellose notwendige Maß. Es entsteht ein Gebiet mit niedrigem oder gar negativem Redoxpotential, also mit reduzierendem Milieu. Ein solches Wasser bezeichnet man als anaerob.

Die Zonen, die hier für natürliche Wässer beschrieben worden sind, treten ebenso im Aquarium auf, allerdings mit dem Unterschied, daß sie nicht getrennt, sondern sehr eng nebeneinander, häufig sogar ineinander übergehend vorliegen. Die meisten Aquarien sind mit einer recht brauchbaren Belüftung ausgerüstet. Im Auslauf dieser Belüftungsaggregate liegt daher meist sauerstoffreiches Wasser vor und somit ein aerobes Wassermilieu. Das Wasser im Aquarium selbst hat schon einen etwas geringeren Sauerstoffgehalt.

Anaerobe Verhältnisse sollten im Aquarium unbedingt vermieden werden, da es zur Bildung des giftigen Schwefelwasserstoff kommen kann. Sie können in unseren Aquarien an zwei neuralgischen Stellen auftreten.

Im Bodengrund kommen zwei ungünstige Faktoren zusammen. Zum einen stellt er die Sammelstelle aller Sinkstoffe dar. Im Aquarium handelt es sich dabei meist um Futterreste, Kot oder gar verendende Tiere, also organische Substanz in Hülle und Fülle. Gleichzeitig wird der Bodengrund häufig schlecht oder gar nicht durchströmt, also mangelhaft mit Sauerstoff versorgt. Damit sind „optimale" Voraussetzungen für ein reduzierendes Milieu geschaffen.

Zum anderen bereiten leider Elemente Probleme, die eigentlich der Reinigung des Wassers dienen sollten: die mechanischen Filter. Für sie gilt das gleiche wie für den Bodengrund. Organische Substanz wird massiv im Filter angereichert. Die Sauerstoffversorgung ist zumindest in den strömungsabgewandten Zonen minimal. Auch hier besteht also die Gefahr, daß sich ein reduzierendes Milieu einstellt. Oberste Regel für mechanische Filter ist also, sie regelmäßig zu reinigen.

Noch kritischer als ein stetig reduzierendes Milieu ist ein instabiles, das sich durch den Wechsel von aeroben zu anaeroben Verhältnissen auszeichnet. Hierauf gehe ich vertieft im Kapitel Biologische Grundlagen ein.

Der Biologische Sauerstoffbedarf (BSB)

Auch ohne daß ein höheres Lebewesen in einem untersuchten Wasser lebt, findet ein bestimmter Sauerstoffverbrauch statt. Dieser Sauerstoffbedarf ergibt sich aus der Summe verschiedener Vorgänge. Es gibt anorganische Stoffe, die durch Sauerstoff oxidiert werden, wie zum Beispiel Eisen. Diese Oxidation kann relativ einfach und auf direktem Wege erfolgen, solange das Eisen nicht organisch gebunden ist. Eiweißverbindungen führen aber aufgrund ihrer oft sehr langkettigen Molekülstruktur zu einem wesentlich höheren Sauerstoffverbrauch. Für die Oxidation organischer Verbindungen wird also wesentlich mehr Sauerstoff benötigt.

Viele Stoffe sind allerdings für Sauerstoff in seiner gewöhnlichen Form gar nicht oxi-

Beispiele für BSB und CSB Werte.

Art des Wassers	BSB mg/l	CSB mg/l
Trinkwasser	0	0
Sauberes Aquarienwasser	1 – 2	2 – 10
Aquakultur-Anlage	2 – 6	5 – 50
Kläranlage Auslauf	30	75
Industrieabwasser	>> 10.000	>> 100.000

dierbar. Hier greift die Natur unterstützend ein. Es gibt Bakterien, die sich darauf spezialisiert haben, solche hartnäckigen Verbindungen zu oxidieren. Man spricht daher auch von bakterieller Oxidation. Je mehr organische Substanz sich im Wasser befindet, um so mehr Sauerstoff wird auch von den Bakterien benötigt. Der Sauerstoffbedarf der Bakterien ist also ein Maß für die Wassergüte. Weil der Sauerstoff durch die Bakterien aufgenommen wird und die Oxidation nur durch Mitwirkung der Bakterien erfolgen kann, nennen wir diesen Meßwert „**B**iologischer **S**auerstoff**b**edarf" oder abgekürzt **BSB**.

Oft findet man in der Literatur einen BSB_5-Wert. Da die Bakterien keine Maschinen sind, benötigen sie für die Oxidation der Stoffe eine gewisse Zeit. Gut abbaubare häusliche Abwässer sind nach etwa 20 Tagen vollständig biologisch oxidiert. Die Erfahrung hat gezeigt, daß nach etwa fünf Tagen die biologische Oxidation im Meßgefäß zu ungefähr 70 % abgelaufen ist. Da in der Regel Meßwerte nach 20 Tagen nicht mehr von großem Interesse sind, hat man sich auf die Messung nach fünf Tagen geeinigt. Durch moderne Meßverfahren ist es aber heute auch möglich, diese Zeit zu verkürzen.

Der Chemische Sauerstoffbedarf (CSB)

Neben den Stoffen, die durch biologische Vorgänge abgebaut werden können, gibt es eine Gruppe von Verbindungen, die der „sanften Biologie" hartnäckig Widerstand leistet und durch bakterielle Oxidation nicht abbaubar ist. Die entsprechenden Stoffe werden also weder von der natürlichen Selbstreinigungskraft noch von biologischen Filtern in Aquarienkreisläufen entfernt. Wenn sie nicht auf mechanischem Wege, in der Natur etwa durch starke Strömung und in Aquarien durch Wasserwechsel ausgetragen werden, reichern sie sich in immer stärkerem Maße an.

In der Aquarientechnik stehen uns zur Oxidation allerdings neben dem Wasserwechsel noch andere Mittel zur Verfügung, wie etwa Ozon oder H_2O_2. Um ein Maß für den gesamten Sauerstoffbedarf zu finden, hat man als sehr starkes Oxidationsmittel Kaliumdichromat ($K_2Cr_2O_7$) gewählt, mit dem man praktisch die gesamte organische Substanz oxidieren kann. Um die Oxidation während der Messung zu intensivieren, wird die Wasserprobe dabei auf etwa 140 °C erwärmt. Das Ergebnis rechnet man auf den entsprechenden Sauerstoffbedarf der Probe um. Es wird, da es mit rein chemischen Mitteln erzielt wird, als „**C**hemischer **S**auerstoff**b**edarf" oder mit dem Kurzzeichen CSB bezeichnet. Der Chemische Sauerstoffbedarf CSB ist immer größer als der Biologische Sauerstoffbedarf BSB.

Eine natürliche Gruppe von Verbindungen, die biologisch nur sehr wenig oder gar nicht abbaubar sind, sind die für Moorwässer typischen **Huminsäuren**, die als große Moleküle meist sehr kompliziert aufgebaut sind. Oft enthalten sie Metalle wie Eisen (Fe), Mangan (Mn), Kupfer (Cu) und Zink (Zn). Sie entstehen auf biologischem Weg aus abgestorbenen Pflanzenresten, Humusböden und anderem, sind aber nicht biologisch abbaubar und werden daher zwangsläufig auch nicht von der BSB-Messung erfaßt! Um also die organische Belastung eines Wassers beurteilen zu können, sollten der BSB- und der CSB-Wert gemeinsam gemessen werden.

Beurteilung von Wässern anhand von BSB und CSB

Die Meßwerte des BSB und des CSB sind eigentlich keine guten Kriterien für Aquarienwässer. Wie auch die Tabelle auf Seite 48 zeigt, sollten die Wässer in unseren Aquarien an der absolut unteren Grenze sowohl der biologischen als auch der chemischen Belastung liegen. Damit sind die für die aquaristische Praxis relevanten Werte meßtechnisch nur noch sehr schwer zu erfassen. Dennoch sollen sie hier erwähnt werden, weil wir später noch in anderem Zusammenhang auf sie zurückkommen.

Beide Meßwerte haben ihren Ursprung in der Abwasseraufbereitung. Typische häusliche Abwässer haben BSB-Werte von bis zu 500 mg/l. Typische CSB-Werte für industrielle Abwässer liegen im Bereich von 1 000 bis 100 000 mg/l, also 100 g/l oder 100 mg/ml! Man kann sich bei diesen Zahlen leicht vorstellen, daß eine geringe Menge einer solchen „Flüssigkeit" ausreicht, um ein Fischgewässer nachhaltig zu verseuchen. Ein Milliliter eines derartigen Abwassers, der in einen Liter reines Wasser mit einem CSB von 1 mg/l gelangt, läßt den chemischen Sauerstoffbedarf auf das Hundertfache hochschnellen!

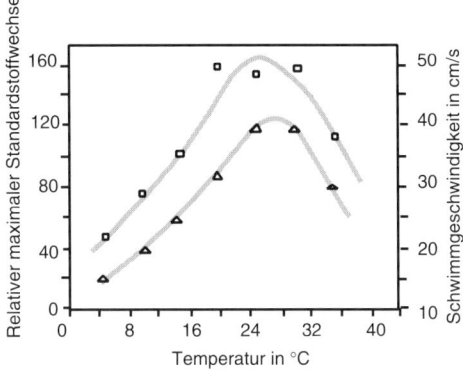

Bewegungsgeschwindigkeit und Stoffwechsel von Goldfischen stehen in direktem Zusammenhang mit der Wassertemperatur.

Die Temperatur

Die Temperatur ist für Lebewesen einer der wichtigsten Umwelteinflüsse überhaupt. Sie beeinflußt sowohl physikalische als auch chemische und biologische Abläufe in den Pflanzen und Tieren selbst, aber auch in deren Umgebung.

Die Temperatur beeinflußt die Viskosität, den Sauerstoffgehalt, die Geschwindigkeit chemischer Reaktionen, das Wachstum von Algen und Pflanzen, aber auch das Verhalten und den Stoffwechsel der Tiere. Die Abbildung oben rechts zeigt uns das Verhalten von Goldfischen bei Temperaturen zwischen 0 und 40 °C. Bei etwa 24 °C scheint die optimale Temperatur für die Tiere zu liegen. Darüber und darunter sinken sowohl die Stoffwechselaktivität als auch die Bewegungsgeschwindigkeit ab. Das Verständnis dieser Kurven ist vor allem für die Pflege von Gesellschaftsbecken extrem wichtig. Wird ein Fisch, der seine höchste Aktivität bei 28 °C

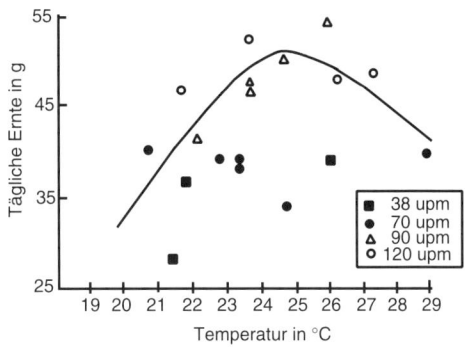

Auch die Algenernte einer *Chlorella*-Kultur hängt von der Wassertemperatur ab.

erreicht, mit einem anderen Tier vergesellschaftet, dessen Optimaltemperatur bei 22 °C liegt, dann ist der erstgenannte Fisch bei einer lebensnotwendigen Fluchtreaktion von vornherein im Nachteil.

Ähnliche Kurven mit Optimum und unteren und oberen möglichen Grenzwerten gibt es praktisch für alles pflanzliche und tierische Leben.

Dabei ist die Optimaltemperatur im wesentlichen ein Kennwert des Lebensraumes,

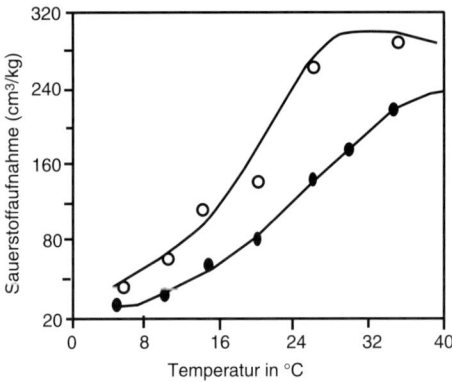

Der Sauerstoffverbrauch eines Goldfisches in Abhängigkeit von der Temperatur.

während innerhalb der Familien weite Abweichungen vorkommen. So liebt der Galapagos-Doktorfisch Temperaturen zwischen 12 °C und 15 °C, während der Kurznasen-Doktorfisch 26 bis 29 °C vorzieht. Ganz ähnliche Verhältnisse sind auch von Algen bekannt. So zeigt die Abbildung auf Seite 49 unten die tägliche Algenernte in einer *Chlorella*-Kultur in Abhängigkeit von der Temperatur.

Je höher die Temperatur liegt, um so höher steigt auch der Sauerstoffbedarf der Tiere und Pflanzen. Diese Entwicklung ist kritisch, da der Sauerstoffgehalt des Wassers sich genau umgekehrt verhält, also mit steigender Temperatur immer niedriger wird. Ein Fisch im Ruhezustand kann mit wesentlich weniger Sauerstoff auskommen als ein Fisch in voller Aktivität, also bei Jagd- oder Fluchtverhalten oder aufgrund von Streß. Das Tier gerät also in ein Sauerstoffloch, wenn es bei hoher Temperatur und damit verbundenem niedrigen Sauerstoffgehalt des Wassers aufgrund von Streß oder echter Bedrohung zu anhaltender intensiver Bewegung veranlaßt wird. In Seewasser wird es nochmals etwas kritischer als in Süßwasser, da die Sättigungsgrenze bei Seewasser deutlich niedriger liegt.

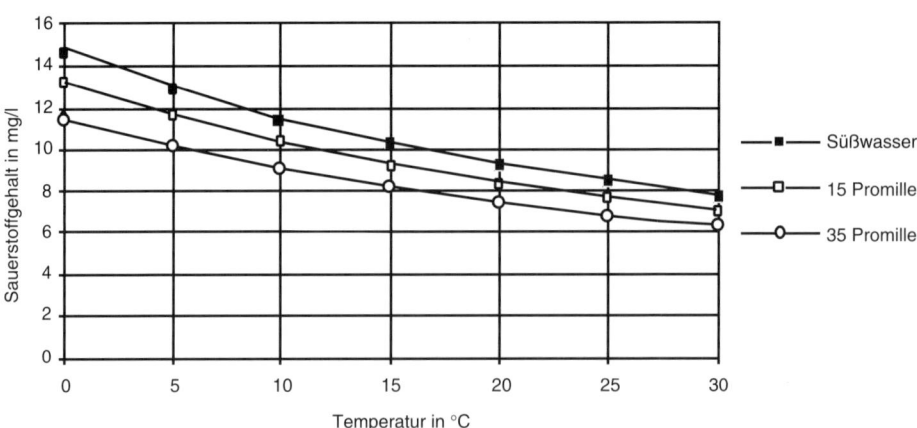

Die Grenze der Sauerstoffsättigung bei belüftetem Süß- und Seewasser hängt von der Temperatur ab.

Biologische Grundlagen

Der Kreislauf der Stoffe

Wie schon in der Einleitung verdeutlicht wurde, fallen bereits bei oberflächlicher Betrachtung von Natur und Aquarium erhebliche Unterschiede auf, die sich auf den gesamten Stoffkreislauf auswirken. Während in der Einleitung eher die äußeren Faktoren erwähnt wurden, sollen in diesem Kapitel die biologischen Abläufe im Wasser dargestellt werden.

Sicher ist Ihnen schon aufgefallen, daß ein Glas Wasser, das vielleicht sogar verschlossen gewesen ist, ohne jeden weiteren äußeren Einfluß mit der Zeit grün wurde. Aus Mineralien, CO_2 und Wasser bauen Algen und höhere Wasserpflanzen ihre organische Substanz auf, unter anderem das grüne Chlorophyll. Dieser Prozeß wird von der Sonne ermöglicht, die mit ihrem Licht den Motor der Assimilation seit Milliarden von Jahren mit Energie speist. Die organische Substanz der Pflanzen ist die Existenzgrundlage für alle anderen Lebewesen! Pflanzen sind in der Lage, die Energie des Sonnenlichtes in organischer Substanz zu speichern. Diese Substanz dient dann Lebewesen, die das Licht nicht direkt nutzen können, als Energiespender. Da die Pflanzen also an erster Stelle einer kaum zu überschauenden Futterkette stehen und ihre Substanz nicht aus anderen Lebewesen aufbauen, werden sie als **Primärproduzenten** bezeichnet.

Lebende pflanzliche Substanz wird durch Pflanzenfresser aufgenommen und somit in

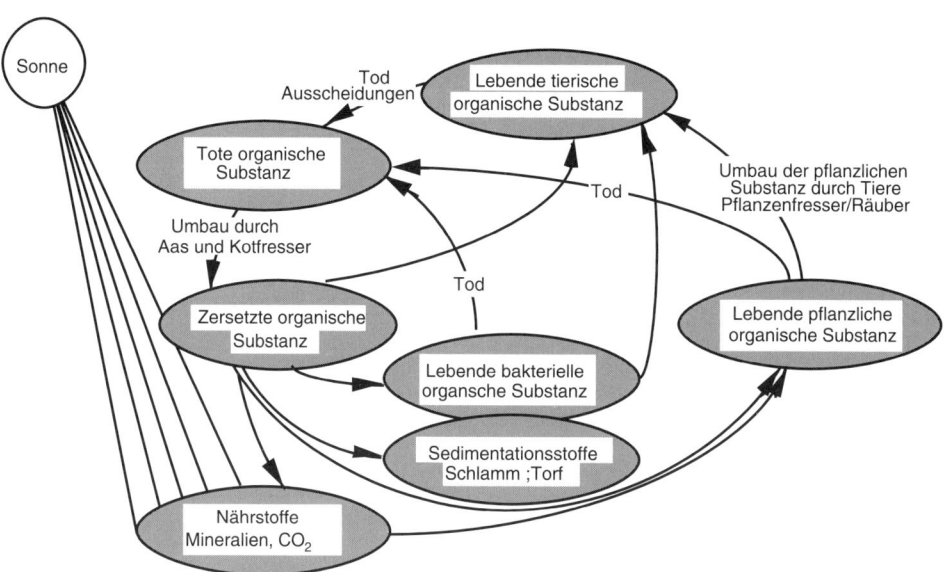

Anorganische und organische Stoffe befinden sich in einem ständigen Kreislauf.

Biologische Grundlagen

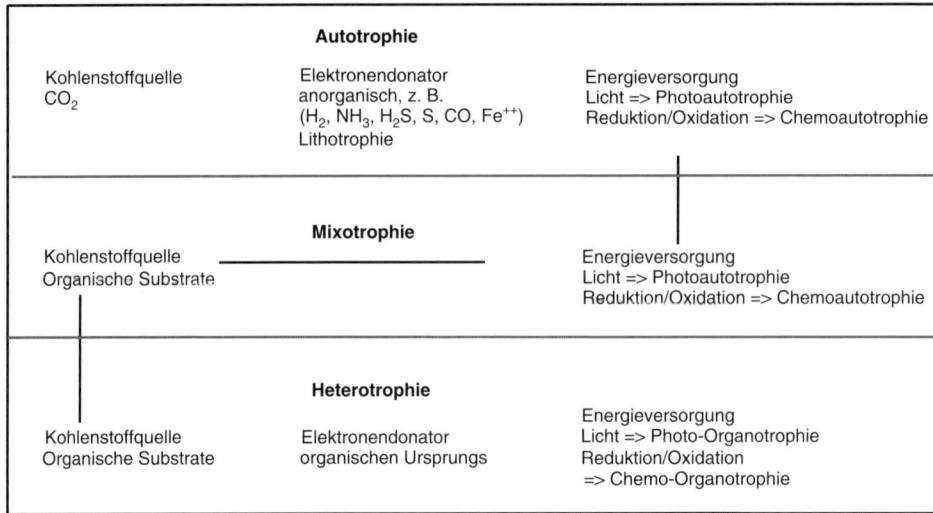

Bakterien können Energie auf verschiedene Weise gewinnen.

lebende tierische Substanz umgewandelt. Pflanzliche und tierische Stoffe werden durch Absterben oder Ausscheidungen wieder an die Umwelt abgegeben. Diese tote organische Substanz ist Energiequelle für Aas- und Kotfresser sowie Bakterien, die sie zersetzen. Auf diese Weise wird die zersetzte Substanz in die Stufen lebende bakterielle Substanz, Nährsalze und Ablagerungsstoffe wie Schlamm und Torf überführt.

Die Primärproduktion ist im Wasser auf die oberen Schichten beschränkt, die ausreichend von Licht durchströmt werden. Nur hier können sich nennenswerte Mengen von Wasserpflanzen und insbesondere von Algen bilden. Im freien Wasser wird die gebildete Substanz den oberen Schichten durch Absinken entzogen. Das betrifft vor allem abgestorbene Substanz, aber auch noch lebendes Plankton. In Ufernähe sind die abgesunkenen Stoffe jedoch noch verfügbar. So ist zu erklären, daß in vielen Fällen im Süßwasserbereich wie auch im Seewasser die Uferzonen eine größere Lebensvielfalt und Besiedlungsdichte aufweisen. Dennoch steht den Uferzonen eine riesige Wassermasse im Hintergrund zur Verfügung, so daß durch horizontale Strömungen (Fluß, Litoralströmung, Wellengang) Schadstoffe abgeführt und Nährstoffe mit frischem Wasser zugeführt werden. Dieser große räumliche Zusammenhang und der damit verbundene Stoffaustausch fehlen im Aquarien völlig.

Bisher wurde der große Kreislauf der organischen Substanz durch Leben und Tod geschildert. Er ist jedoch mit einer Vielzahl von Teilkreisläufen einzelner Stoffe verwoben, die gerade für die Aquarienwelt wichtig sind.

Die Ernährung von Mikroorganismen

Mikroorganismen werden zwei Hauptgruppen zugeordnet, die sich in ihrer Ernährungsweise unterscheiden. Man spricht von heterotrophen und autotrophen Organismen.

Unter **autotrophen Organismen** versteht man grüne Pflanzen, Algen und Mikroorganismen, die in der Lage sind, sich von anorganischen Stoffen, wie Mineralsalzen und Kohlendioxid, zu ernähren. Weitere Untergruppen werden differenziert durch die Art der Kohlenstoffquelle, der Energiegewinnung und des Elektronendonators.

Eine wichtige Untergruppe sind **lithotrophe Organismen**, die anorganische Elektronendonatoren verwerten, wie Wasserstoff, Ammoniak, Schwefelwasserstoff, Schwefel, Kohlenmonoxid oder Eisen (Fe^{2+}). Als Kohlenstoffquelle dient anorganischer Kohlenstoff, zumeist in Form von Kohlendioxid.

Die zur Fixierung des Kohlenstoffs nötige Energie kann aus Licht bezogen werden. Dieser Vorgang wird als Photoautotrophie bezeichnet. Eine andere Energiequelle sind Reduktions-Oxidationsreaktionen. Diese Ernährungsweise wird **Chemoautotrophie** oder **Chemolitotrophie** bezeichnet. Hierzu gehören die wichtige Gruppen der Nitrifikations- und Denitrifikationsbakterien.

Im Gegensatz zur Autotrophie beziehen **heterotrophe Organismen** ihren Kohlenstoff aus organischen Verbindungen. Die Mehrzahl der Bakterien gehört also in diese Gruppe. Ebenso wie bei der Autotrophie sind die Art der Energiegewinnung und die des Elektronendonators Kennzeichen verschiedener Untergruppen. Die meisten heterotrophen Bakterien gewinnen ihre Energie aus organischen Verbindungen, andere jedoch aus Licht oder durch Oxidation anorganischer Verbindungen. Eine wichtige heterotrophe Bakteriengruppe sind die Denitrifikationsbakterien, die ihren Kohlenstoffbedarf aus organischen Verbindungen wie Methanol, Ethanol, Zellulose, Melasse oder Essigsäure beziehen.

Die **Mixotrophie** steht, wie der Name schon sagt, zwischen beiden Systemen. So gibt es Mikroorganismen, die ihre Energieversorgung durch Oxidation anorganischen Materials abdecken, während der Zellkohlenstoff aus organischem Material gewonnen wird.

Mineralisation

Unter Mineralisation versteht man den Abbau abgestorbener organischer Substanz bis zu anorganischen mineralischen Stoffen. Dieser Abbau wird im wesentlichen durch Mikroorganismen vollzogen. Ausgangsstoffe der

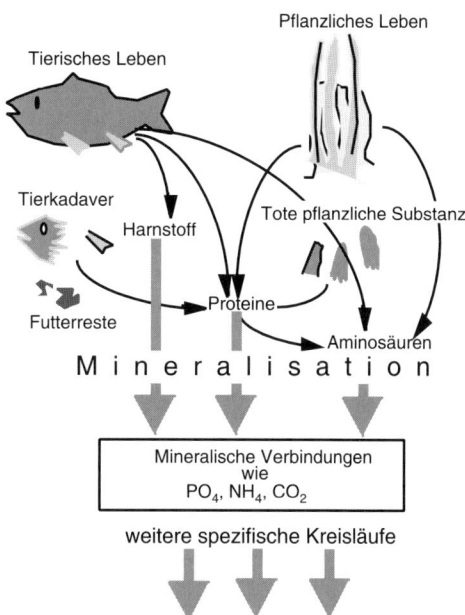

Durch Mineralisation werden organische Verbindungen zu anorganischen zerlegt.

Mineralisation liegen in unterschiedlichster Form vor. Dazu gehören abgestorbene Tiere und Pflanzen sowie deren Teile und Exkremente beziehungsweise Stoffwechselprodukte, wie Eiweißverbindungen, Aminosäuren, Harnstoff und Harnsäure.

Die Mineralisation führt zu anorganischen Grundstoffen wie Phosphor, Kohlenstoff, Stickstoff und den jeweils zugehörigen anorganischen Verbindungen. Diese Stoffe münden am Ende der Mineralisationsphase in weitere Reaktionsabläufe ein.

Der Sauerstoff-Kohlendioxid-Kreislauf

Beim Aufbau von Pflanzensubstanz aus den Nährstoffen mittels Sonnenlicht hat das Kohlendioxid eine wichtige Funktion. Auf dem Wege der Assimilation nehmen Pflanzen CO_2

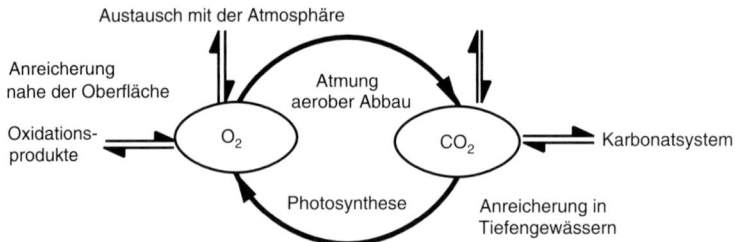

Sauerstoff und Kohlendioxid sind durch Photosynthese und Atmung in einen ständigen Kreislauf eingebunden.

auf. Sie entziehen dem CO_2 den Kohlenstoff und bauen damit ihre organischen Substanzen auf. Hierbei geben sie den überschüssigen Sauerstoff (O_2) ab. Das Wasser stark bewachsener Uferzonen ist deshalb oft sehr sauerstoffhaltig. Von diesem Sauerstoff profitieren alle anderen Wasserlebewesen. Fische atmen Sauerstoff über die Kiemen ein und atmen Kohlendioxid aus, das nun wiederum den Pflanzen als Aufbaustoff dient.

Auch beim durch Bakterien betriebenen aeroben Stoffabbau wird Sauerstoff verbraucht und CO_2 abgegeben. Sauerstoff und CO_2 verbleiben beide nicht ausschließlich in diesem Kreislauf, da sie als Gase im Austausch mit der Atmosphäre stehen. Der Sauerstoff kann bei der aeroben Oxidation im Nitrat, aber auch im Sulfat gebunden werden, während das CO_2 in das große Karbonatsystem aufgenommen wird.

Die Löslichkeit des CO_2 steigt mit dem Druck sehr stark an. Es reichert sich daher eher in großen Tiefen an. In Nähe der Wasseroberfläche ist die Kohlensäure eher Mangelware. Das führt dazu, daß Calciumkarbonat für Korallen in großen Mengen zur Verfügung steht. Gleichzeitig reichert sich der Sauerstoff leichter in Wasserspiegelnähe an. In größerer Tiefe wird er schnell durch organische Substanz aufgezehrt. Sauerstoffzufuhr erfolgt hier nur durch Tiefenströmungen. Durch Assimilation kann in größerer Tiefe kein Sauerstoff ins Wasser gelangen, da aufgrund mangelnden Lichteinfalls keine Photosynthese mehr stattfinden kann.

Wie bereits oben erwähnt, entziehen die Pflanzen dem CO_2 den Kohlenstoff und bauen daraus organische Substanz auf, vor allem Stärke und Zucker. Hieraus bauen Pflanzen ihr Zellulosegerüst auf, während Tiere diese Stoffe benötigen, um Fette zu erzeugen. Fett kann als Energielieferant durch „Verbrennung" entweder direkt in CO_2 umgebaut werden, das auf dem Wege der Atmung ausgeschieden wird, oder es wird von Bakterien zum Sumpfgas Methan verarbeitet. Dieses wird dann wiederum von anderen Bakterien zum CO_2 oxidiert. Umgekehrt sind reduzierende Bakterien in der Lage, CO_2 zu reduzieren und das Methan auf diesem Wege zu erzeugen. Bei Anwesenheit von Methan herrschen im allgemeinen so stark reduzierende Bedingungen, daß sie mit höherem Leben nicht mehr zu vereinbaren sind. Die Bildung von Methan erfolgt auch nur unter reduzierenden Bedingungen und kann somit bei gut gepflegten Aquarien ausgeschlossen werden.

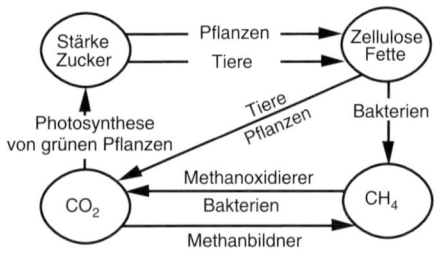

Kohlendioxid (CO_2) wird durch Atmung und den Stoffwechsel mancher Bakterien produziert und dient den Pflanzen als Kohlenstofflieferant.

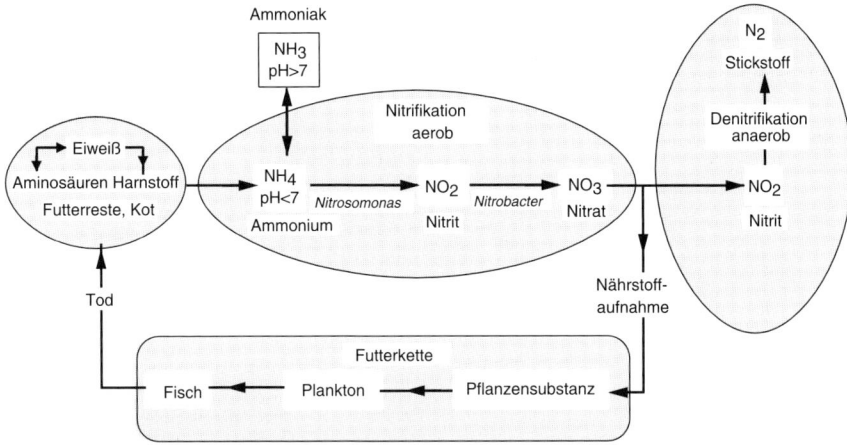

Der Stickstoffkreislauf beinhaltet den Aufbau organischer Substanz innerhalb der Futterkette und den Abbau durch Nitrifikation und Denitrifikation.

Der Stickstoffkreislauf

Bei der Bildung der Pflanzensubstanz haben wir die Bedeutung der Sonnenenergie und des CO_2 gesehen. Pflanzen benötigen aber auch Nährsalze für ihren Stoffwechsel. Ein wichtiger Nährstoff ist der Stickstoffspender Nitrat, der von den Pflanzen dem Wasser entzogen wird. Auf diese Weise gelangt der Stickstoff in den Kreislauf der Stoffe.

Auf dem Weg durch die Futterkette wird der Stickstoff in immer kompliziertere Strukturen eingebettet. So findet sich Stickstoff in Eiweißmolekülen, Peptiden, Aminosäuren, in Chlorophyll, RNS (Ribonukleinsäure), DNS (Desoxiribonukleinsäure) und zum Teil auch in Vitaminen. Stickstoff nimmt also an verschiedenen Stellen Schlüsselfunktionen des Lebens ein, so bei der Photosynthese, der Eiweißbildung und der Bildung der Erbsubstanz. So hört beispielsweise die Chlorophyllbildung auf, wenn kein Stickstoff mehr zur Verfügung steht. Für Planktonorganismen ist es recht aufwendig, sich die notwendige Menge an Stickstoff zu verschaffen. Sie müssen die Stickstoffmenge, die sie im Wasser finden um den Faktor 30 000 bis 50 000 anreichern, um den Bedarf ihres Körpers zu decken, während Kohlenstoff nur um den Faktor 2 000 konzentriert werden muß!

Durch Kot oder abgestorbene Tiere und Pflanzen gelangen die aufgebauten organischen Verbindungen, vor allem Eiweiße, in das Wasser und werden Gegenstand der biologischen Zersetzung. Wasserpflanzen und Bakterien bauen Eiweißverbindungen und andere organische Stickstoffverbindungen ab. *Bacterium coli*, *Bacterium proteus*, *Bacterium subtilis* zerlegen Eiweiße in Peptide und Aminosäuren. FRESE (1973) unterscheidet bei den Aminosäuren zwei verschiedene Arten:

„Die Gruppe der schwefelhaltigen Aminosäuren besitzt stark reduzierende Eigenschaften und kann, falls größere Mengen anfallen, das Redoxpotential herabsetzen. Unter anaeroben Bedingungen können sie mit Hilfe von Bakterien Schwefelwasserstoff (H_2S) bilden. Dem leistet meist ein zu hoher und zu feiner Bodengrund Vorschub. Die aromatischen Aminosäuren haben nur schwach reduzierende Eigenschaften, werden aber leicht oxidiert. Als Zwischenprodukte werden Phenole und Kresole gebildet, von denen die ersteren giftig sind. Phenole werden jedoch leicht zu ungefährlichen melaninartigen Farbstoffen oxidiert (HÜCKSTEDT 1963, SAEKI 1964, DE

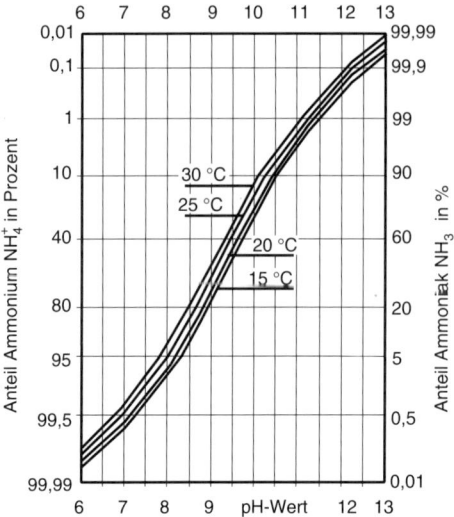

Das Verhältnis von Ammonium zu Ammoniak im Wasser ist von pH-Wert und Temperatur abhängig.

GRAAF 1969, SPOTTE 1970). Mit Hilfe von Bakterien werden die Aminosäuren in Amine aufgespalten, die wiederum von Bakterien in organische Säuren und Ammoniak umgesetzt werden. Fallen größere Mengen organischer Säuren an, so kann der pH-Wert zeitweilig absinken, bis Bakterien sie relativ schnell in Kohlensäure und Wasser umgewandelt haben (DE GRAAF 1969)."

In der nächsten Stufe entsteht zunächst das Ammonium und, in Abhängigkeit vom pH-Wert, das Ammoniak. Insbesondere bei Seewassertieren sind die Ausscheidungen stark konzentriert; sie enthalten bis zu 80 mg Stickstoff auf 100 ml. Auch hier ist Ammonium mit 25 bis 50 % der Hauptbestandteil (FRESE 1973). Das Ammonium (NH_4^+) kann auch als Ammoniak (NH_3) vorliegen; in dieser Form ist es als hochgiftig anzusehen. Es hängt vom pH-Wert ab, ob reines Ammonium, reines Ammoniak oder beide Formen vorliegen, wie es in Aquarien die Regel ist. Die Abbildung oben zeigt, wie sich das Verhältnis zwischen den beiden Formen je nach pH-Wert verschiebt. Im pH-Bereich, der für die Aquarientechnik interessant ist (bis etwa pH 9 im Seewasser), hat das giftige Ammoniak den kleineren Anteil von maximal 20 %. Allerdings muß man berücksichtigen, daß Ammoniak schon in geringsten Spuren wirksam ist. Lachse sind besonders empfindlich und reagieren bereits auf 0,006 mg/l.

Je niedriger der pH-Wert ist, um so geringer ist der Ammoniakanteil. Bereits bei pH 7 liegt er bei nur noch bei etwa 0,5 %. Erhöhte Temperatur kann allerdings den Ammoniakanteil wieder anheben. Somit wird deutlich, daß Aquarien mit warmem Seewasser besonders gefährdet sind. Bei einer Temperatur von etwa 25 °C und einem pH-Wert von 8,4 liegen bereits 10 % als Ammoniak vor. Ebenso sind harte Süßwässer gefährdet, die durchaus ähnliche Werte aufweisen können. Besonders ist zu beachten, daß die Kurven im logarithmischen Maßstab aufgetragen worden sind. Während eine Verschiebung des pH-Wertes von pH 6 auf 6,3 praktisch keine Auswirkung hat, erhöht sich der Ammoniakanteil bei einer pH-Wert Verschiebung von 8 auf 8,3 von etwa 5 auf etwa 10 %. Er verdoppelt sich also! pH-Wert-Verschiebungen dieser Größenordnung können bei Becken mit starkem Pflanzenwuchs durch den Einfluß der Assimilation ohne weiteres innerhalb eines Tages auftreten. Das gleiche gilt für Aquarien, die überwiegend mit Wirbellosen besetzt sind.

Der Abbau von Ammonium/Ammoniak führt auf dem Wege der bakteriellen Oxidation weiter zum Nitrit. Wie im Bild „Stickstoffkreislauf" zu erkennen ist, betätigen sich hier *Nitrosomonas*-Bakterien als fleißige Helfer. *Nitrosomonas* sind **aerobe Bakterien**: Sie benötigen sauerstoffreiches Wasser, um existieren zu können und um die bakterielle Oxidation des Ammonium/Ammoniak zum Nitrit durchzuführen.

Die Arbeit der Bakterien läuft nach folgender Formel ab.

$$NH_4^+ + 1{,}5\ O_2 \xrightarrow{Nitrosomonas} NO_2^- + 2\ H^+ + H_2O + Energie$$

Auch in dieser Formel wird der Sauerstoffbedarf deutlich. Diese Oxidation ist interessan-

Die Nitrifikation ist von der Verfügbarkeit von Sauerstoff abhängig!

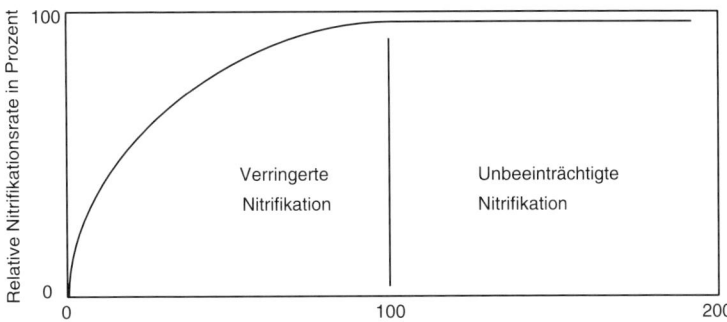

terweise nur mit Hilfe der Bakterien möglich. Der im Wasser gelöste Sauerstoff allein kann das Ammonium/ Ammoniak nicht oxidieren. Selbst das viel aktivere Ozon ist dazu nur bei hohen pH-Werten in der Lage. An dieser Gleichung wird aber auch deutlich, daß die Bakterien die Arbeit nicht ganz selbstlos durchführen: Sie leben von der freiwerdenden Energie.

Ebenso sind es aerobe Bakterien, nämlich *Nitrobacter*, die das Nitrit zum Nitrat weiterverarbeiten. So einfach die Bedingung „sauerstoffreiches Wasser" auch ist, sie wird leider allzuhäufig bei der Konstruktion von Filtern aller Art nicht berücksichtigt!
Auch wenn diese Formeln für den Laien vielleicht nicht sehr anschaulich sind, sind

$$NO_2^- + 0.5\ O_2 \xrightarrow{\text{Nitrobacter}} NO_3^-$$

sie für das Verständnis der Vorgänge im biologischen Filter von großer Wichtigkeit. Man kann auch einige Rechnungen damit anstellen. Wenn man das Ionengewicht von Ammonium (NH_4^+) ermittelt, kommt man auf 18. Um diese Masse zu oxidieren, benötigen die Bakterien 1,5 Sauerstoffmoleküle mit einer Gesamtmasse von 48. Um also 1 mg Ammonium zu Nitrit zu oxidieren, werden 2,6 mg Sauerstoff verbraucht! Stellt man die gleiche Rechnung für die Oxidation von Nitrit zu Nitrat an, so stellt man fest, daß nur 0,35 mg Sauerstoff für 1 mg Nitrit benötigt werden. Diese Reaktion stellt also geringere Ansprüche an den Sauerstoffbedarf und läuft in der Praxis auch leichter ab.

Der Zusammenhang zwischen Sauerstoffbedarf und Nitrifikationsrate ist auch in dem obigen Bild dargestellt. Wenn die Nitrifizierer weniger Sauerstoff geboten bekommen als sie für die Nitrifikation benötigen, schränken sie ihre Tätigkeit ein. Fest steht also, daß beide Reaktionen nur in **sauerstoffreichem Milieu** ablaufen!

Wenn wir uns die obere Formel noch einmal genau ansehen, so stellen wir fest, daß ein Wasserstoffatom frei wird! Keine Angst, unser biologischer Filter wird nicht explodieren. Aber wir haben in den Grundlagen gesehen, daß eine Erhöhung der Wasserstoffionenkonzentration den pH-Wert absinken läßt! Das Wasserstoffion bleibt nicht als solches bestehen, sondern reagiert entsprechend der folgenden Formel mit Bikarbonat zu Kohlendioxid und Wasser:

$$H^+ + HCO_3^- \longrightarrow CO_2 + H_2O$$

Ein gut arbeitender Biofilter kann also möglicherweise den pH-Wert geringfügig nach unten drücken. Das sollte uns allerdings keine Sorgen bereiten, da dieser Effekt im See- oder harten Süßwasser leicht aufgefangen werden kann, etwa durch Wahl eines kalkhaltigen Filtermaterials.

Nitratabbau durch anaerobe Bakterien

Wie die Abbildung Seite 55 über den Stickstoffkreislauf bereits andeutet, ist das Nitrat in der Natur durchaus nicht die Endstufe des Stoffabbaus. Neben der Verwertung durch Pflanzen dient das Nitrat als Sauerstoffspender für die sogenannten anaeroben Reaktionen, die im wesentlichen unter Sauerstoffabschluß oder bei äußerst geringem Sauerstoffgehalt stattfinden. Es gibt Bakterien, die durchaus in der Lage sind, je nach Sauerstoffgehalt zu nitrifizieren oder zu denitrifizieren. Andere können sich nur auf eindeutige Situationen einstellen, sind also rein aerob oder rein anaerob. Grundsätzlich kann man aber davon ausgehen, daß Sauerstoff eine Denitrifikation nicht zuläßt. Als Energiespender dient den aeroben Bakterien die Oxidation von organischem Kohlenstoff. Der benötigte Sauerstoff wird dem Nitrat entzogen, während der organische Kohlenstoff am besten in gelöster Form aus dem Wasser aufgenommen wird. Hierbei wird das Nitrat nicht etwa sogleich in gasförmigen Stickstoff überführt, sondern es wird zunächst wieder das giftige Nitrit erzeugt! Dies erfolgt entsprechend untenstehender Formeln (St. Amant & McCarty 1969): Der erste Schritt ist als besonders kritisch anzusehen, da das Nitrit wesentlich giftiger wirkt als das Nitrat. Es muß also gewährleistet sein, daß der Folgeschritt zum gasförmigen Stickstoff unverzüglich vollzogen wird.

Erst mit diesem zweiten Schritt wird der Stickstoff dem Kreislauf durch aufsteigende Stickstoffbläschen tatsächlich entzogen. Die Denitrifikation läuft in der Natur im wesentlichen im Sediment des Bodengrundes ab, allerdings meist nicht direkt an der Oberfläche, sondern in einigen Zentimetern Tiefe.

In eisenhaltigem Untergrund können autotrophe Bakterien (etwa *Thiobacillus denitrificans*) Eisen oxidieren und den dafür notwendigen Sauerstoff aus dem Nitrat gewinnen (siehe untenstehende Formel).

Wiederum andere autotrophe Bakterien nutzen den aus dem Nitrat gewonnenen Sauerstoff, um atomaren Wasserstoff zu Wasser zu oxidieren. Dies kann nach der folgenden Formel ablaufen:

$$2\ NO_3^- + 12\ H^+ \longrightarrow N_2 + 6\ H_2O$$

Nitratabbau durch anaerobe Bakterien

1. Schritt

$$NO_3^- + 1/3\ CH_3OH \xrightarrow{\text{anaerobe Bakterien}} NO_2^- + 1/3\ CO_2 + 2/3\ H_2O$$

2. Schritt

$$NO_2^- + 1/2\ CH_3OH \xrightarrow{\text{anaerobe Bakterien}} 1/2\ N_2 + 1/2\ CO_2 + 1/2\ H_2O + OH^-$$

Nitratabbau bei Eisenoxidation

$$NO_3^- + 5\ Fe^{2+} + 7\ H_2O \longrightarrow 0{,}5\ N_2 + 5\ FeOOH + 9\ H^+$$

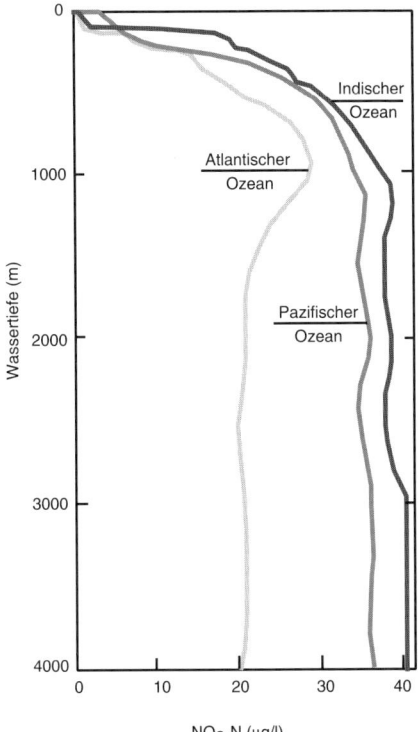

Verteilung von Nitrat in den Weltmeeren in Abhängigkeit von der Tiefe (nach Sverdrup et al. 1942).

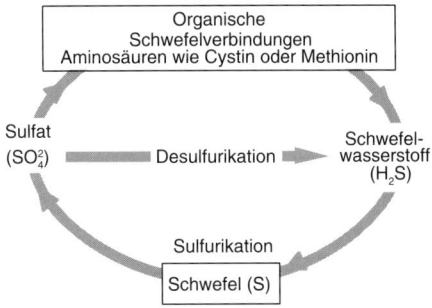

Produktion von Schwefelwasserstoff durch anaerobe Bakterien; ein Vorgang, der im Aquarium nicht auftreten sollte.

Im Aquarium sind diese Prozesse nur sehr schwer zu steuern. Insbesondere der organische Kohlenstoff, der in den nebenstehenden Formeln beispielhaft als Methanol (CH_3OH) dargestellt wird, ist in der Aquarientechnik kaum zu handhaben. Wasserstoff ist ebenfalls nicht gerade als aquarienfreundlicher Stoff bekannt. Während wir die Nitrifikation der Natur sehr leicht abschauen können, fällt uns das bei der Denitrifikation ausgesprochen schwer.

Selbst wenn in der Natur geringe Mengen an Nitrit frei werden sollten, findet dieser Vorgang am Bodengrund meist außerhalb des aktiven Lebensraumes der meisten Wasserlebewesen statt, während das Nitrit im Aquarium sofort alle Tiere beeinträchtigt

(siehe auch Kapitel Filtertechnik S. 77). Die nebenstehende Abbildung zeigt uns die vertikale Nitratverteilung in verschiedenen Weltmeeren. Hier sehen wir, daß die Nitratkonzentration von 40 µg/l, also 0,04 mg/l, im Indischen Ozean für ein Meer bereits relativ hoch ist. Und dieser hohe Wert wird auch nur in großen Tiefe erreicht. Interessanterweise sind die stark belebten Zonen nahe des Wasserspiegels praktisch nitratfrei. Entweder läuft hier die Denitrifikation unmittelbar neben der Nitrifikation in anaeroben Nischen ab oder es besteht ein starker Nitrattransport in die Tiefengewässer. Für unsere Aquarien bleibt dies leider eine Traumvorstellung.

Während die Entfernung von Nitrat eine uns willkommene Tätigkeit der Mikroorganismen ist, erzeugen anaerobe Bakterien eine Reihe anderer Stoffe, die uns sehr unangenehm sind. Manche von ihnen können ihren Sauerstoffbedarf auch aus dem Sulfat (SO_4) abdecken. Bei diesem Vorgang, Desulfurikation genannt, entsteht das Giftgas Schwefelwasserstoff, das uns Menschen vom Geruch fauler Eier her bekannt ist. Wiederum andere Bakterien entnehmen den Sauerstoff dem CO_2 und erzeugen das giftige Sumpfgas Methan. Diese bakteriellen Reduktionsvorgänge, die auch in der Natur stattfinden, sind im Bereich der Aquaristik selbst für den Profi kaum problemlos zu steuern.

Die Aufbereitung von Leitungswasser

Wie wir in den voranstehenden Kapiteln gesehen haben, stammen unsere Aquarientiere aus Lebensräumen, deren Wasser einen ganz eigenen Charakter hat. Die Fische haben sich diesen Eigenschaften durch generationenlange Auslese angepaßt. Ihr ganzer Organismus ist an diese spezifischen Bedingungen gebunden.

Die Eigenschaften des Wassers werden sowohl durch das in einen Lebensraum hineinfließende Wasser als auch durch die Bedingungen im Lebensraum selbst bestimmt. Der Lebensraum unserer Aquarienfische ist das Aquarium selbst. Wenn man von einigen seltenen Ausnahmen absieht, wo man aufgrund optimaler regionaler Gegebenheiten auf ein geeignetes Quellwasser oder gar sauberes Meerwasser zurückgreifen kann, so ist die Quelle des von außen eingespeisten Wassers in nahezu allen Fällen die Wasserleitung.

Nun sind Leitungswässer ein allseits gern diskutiertes Thema, da ihre Qualität vielerorts bereits für den menschlichen Genuß viele Fragen aufwirft. Die Lebewesen, die wir in unseren Aquarien halten, sind aber um ein Vielfaches empfindlicher als der Mensch und reagieren oft deutlich auf ein falsches Nachfüllwasser. Es kann mit gutem Grund angenommen werden, daß viele Tiere Stoffe noch in derart kleinen Spuren wahrnehmen, daß sie auch von den heutigen hochgenauen Meßgeräten nicht oder nur sehr ungenau gemessen werden können. Nicht zuletzt aus diesem Grund werden auch heute noch Aquarien mit Fischen für die Kontrolle der Wasserqualität eingesetzt.

Das wird auch an den folgenden Zahlen deutlich. Viele Stoffe liegen im Wasser in Konzentrationen der Größenordnung 10 bis 0,0001 mg/l vor, etwa Sauerstoff (O_2), Kohlendioxid (CO_2), Chlorophyll und Adrenalin. Aber noch 1000fach niedrigere Konzentrationen mancher Stoffe gehören zum normalen Lebensablauf unserer Wassertiere. Wirkstoffe wie Hormone, Sexual- und Fraßlockstoffe sowie Geruchsstoffe und vor allem Gifte sind wirksam bis zu Konzentrationen von 0,0000001 mg/l, wie Versuche ergeben haben. Fische und Wirbellose reagieren also teilweise empfindlicher und schneller auf Veränderungen als die vorhandene Meßtechnik.

Grundsätzlich kann man dennoch sagen, daß die Trinkwasseraufbereitung in den Industriestaaten einen sehr hohen Standard erreicht hat. Insbesondere die vorhandenen Normen und Regelwerke setzen sehr hohe Ziele, die jedoch leider noch nicht überall erreicht werden. Trotzdem muß gesagt werden, daß für den Menschen bedenkenlos geeignetes Wasser für Fische oder Wirbellose einfach deswegen bedenklich oder gar gefährlich sein kann, weil die Tiere mit einer anderen Sensorik ausgerüstet sind als der Mensch.

So kam es beispielsweise im Einzugsgebiet eines großen Wasserwerkes zu einem auffallend großen Fischsterben. Nachforschungen unter Mitarbeit des Wasserwerkes haben dann ergeben, daß zuvor das Pestizid Atrazin in erhöhter Konzentrtation im Wasser aufgetreten war. Dieses Pestizid wurde von der Landwirtschaft lange als Schädlingsbekämpfungsmittel auf die Felder ausgebracht, bis es endlich in seiner Anwendung stark eingeschränkt wurde. Gleichzeitig haben die Wasserwerke ihre Filtertechniken verbessert, so daß diese kritische Situation langsam gemildert werden konnte.

Aber auch schon die Gesetzgebung muß Kompromisse machen. So ist es in der BRD den Bundesländern freigestellt, aufgrund besonderer Gegebenheiten wie „Beschaffenheit und Struktur des geographischen Bereiches" oder „außergewöhnlicher Wetterverhältnisse" von den Grenzwerten der nebenstehenden Liste innerhalb eines gewissen Rahmens abzuweichen.

Mit diesen Ausführungen soll nicht etwa dargestellt werden, wie schlecht unser Trinkwasser ist, sondern es soll deutlich gemacht werden, daß Tiere des „Lebensraumes Wasser" eine wesentlich höhere Sensibilität als wir gegenüber geringsten Spuren bestimmter Substanzen aufweisen. Die Trinkwasseraufbereitung muß in erster Linie keimfreies Wasser anbieten. Um dies auch noch bei der Entnahme am weit entfernten Wasserhahn zu ermöglichen, muß das Wasser auch dann gechlort werden, wenn die eigentliche Entkeimung mit Ozon durchgeführt worden ist. Chlor wird dann ins Wasser gegeben, um auf dem Wege zum Verbraucher eine bakterizide Depotwirkung zu garantieren. Für den Chloreinsatz nach der Wasseraufbereitung gilt ein Grenzwert von 0,3 mg/l, für Chlordioxid von 0,2 mg/l. Diese Werte sinken auf dem Wege zum Verbraucher nochmals ab. Trotzdem ist es ratsam, bei empfindlichen Tieren Restchlor zu entfernen.

Enthärtung des Wassers

Große Probleme bereitet die Wasserhärte. Obwohl dieser Wert die meisten Wasserverbraucher interessiert, weil er erheblichen Einfluß auf die Funktion und Lebensdauer vieler technischer Geräte und natürlich auf die biologischen Abläufe im Aquarium hat, wird gerade die Härte in der Regel bei der Wasseraufbereitung nicht beeinflußt. Die Wasserhärte ist zunächst kein hygienischer Parameter. Eine gewisse Wasserhärte macht das Wasser sogar „schmackhaft". Im wesentlichen bleibt die natürliche Härte also erhalten, so daß in Deutschland die Werte stark variieren. Im Rahmen der Gesetzgebung der EU dürften die Grenzwerte anderer europäischer Länder nur unwesentlich anders geartet sein.

Obwohl das verwendete Wasser allen Normen und Ansprüchen der Trinkwassergesetzgebung entspricht, kann es also in verschiedener Hinsicht ungeeignet oder problematisch sein. Man muß leider auch davon aus-

Anlage 2 §2 Abs. 1 der Trinkwasserverordnung vom Dez. 1990. Grenzwerte für chemische Stoffe (periodische Untersuchungen).

Bezeichnung	Grenzwert	Berechnet als
Arsen	0,01	As
Blei	0,04	Pb
Cadmium	0,005	Cd
Chrom	0,05	Cr
Cyanid	0,05	CN^-
Fluorid	1,5	F^-
Nickel	0,05	Ni
Nitrat	50	NO_3^-
Nitrit	0,1	NO_2^-
Quecksilber	0,001	Hg
Polycyclische aromatische Kohlenwasserstoffe – Fluoranthen – Benzo-(b) Fluoranthen – Benzo(k) Fluoranthen – Benzo(a) Pyrin – Benzo (ghi) Perylen – Indeno (1,2,3- cd) Pyren	insgesamt 0,0002	C
Organische Chlorverbindungen – 1,1,1-Trichlormethan – Tetrachlorethen – Dichlormethan – Tetrachlormethan	insgesamt 0,01 0,003	 CCl_{4-}
Abschnitt II besondere Untersuchungen a) organisch chemische Stoffe zur Pflanzenbehandlung und Schädlingsbekämpfung einschließlich ihrer toxischen Hauptabbauprodukte b) Polychlorierte, polybromierte Biphenyle und Terphenyle	Einzelne Substanz 0,0001 insgesamt 0,0005	
Antimon	0,01	Sb
Selen	0,01	Se

Anlage 4 §3 Abs. 1 der Trinkwasserverordnung Dez. 1990. Grenzwerte für chemische Stoffe (periodische Untersuchungen).

Bezeichnung	Grenzwert	Berechnet als
Temperatur	258 °C	
pH-Wert	6,5 – 9,5	
Leitfähigkeit	2 000 µS/cm	
Oxidierbarkeit		
Kaliumpermanganatverbrauch	5 mg/l	O_2
Aluminium	0,2	Al
Ammonium	0,5	NH_4
Barium	1	Ba
Calcium	400	Ca
Eisen	0,2	Fe
Kalium	12	K
Kjeldahlstickstoff	1	N
Magnesium	50	Mg
Mangan	0,05	Mn
Natrium	150	Na
Phenole	0,0005	Phenol C_6H_5OH
Phosphor	6,7	PO_4^{3-}
Silber	0,01	Ag
Sulfat	240	SO_4^{2-}
Gelöste oder emulgierte Kohlenwasserstoffe; Mineralöle	0,01	
Mit Chloroform extrahierbare Stoffe	1	Verdampfungsrückstand
Oberflächenaktive Stoffe		
a) anionische	0,2	a) Methylenblauaktive Substanz
b) nichtionische		b) Bismut aktive Substanz

gehen, daß insbesondere aufgrund der länderspezifischen Abweichungen die Normen nicht immer im engsten Sinne ausgelegt werden.

Aus der Sicht des Aquarianers können die folgenden Problemsituationen auftreten:
– Das Wasser beinhaltet (in geringsten Spuren) fischtoxische Substanzen, wie Pestizide, Herbizide, Schwermetalle, Chlor, Chlordioxid.
– Das Wasser beinhaltet ungiftige Stoffe in einer Konzentration, die den Fisch in seiner Entfaltung beeinträchtigt, wie Nitrate, Härtebildner, Wasserstoffionen (pH-Wert), Salze (Leitwert).
– Dem Wasser wurden, etwa für die Entkeimung, bestimmte Oxidationsmittel zugesetzt, die sich schädlich auf Fische und vor allem Wirbellose, aber auch auf die biologische Filterung auswirken, wie Chlor, Chlordioxid und Hypochlorid.
– Dem Wasser fehlen bestimmte Stoffe, die es von Natur aus (Einzugsgebiet des Wasserwerkes) nicht hat oder die durch eine intensive Filterung entfernt wurden, etwa Vitamine, Härtebildner, Wasserstoffionen (pH-Wert), Salze (Leitwert).

Hier sieht sich der Aquarianer vor allem mit der Aufgabe konfrontiert, Stoffe, die sein „gutes Trinkwasser" mit sich führt, aus dem Wasser herauszufiltern, um für seine Pfleglinge optimale Bedingungen zu schaffen.

Prinzipiell sind hierfür verschiedene Wege möglich, die man je nach Wasserqualität und Zielvorstellung sorgfältig gegeneinander abwägen muß. Man kann beispielsweise Ionenaustauscher, Umkehrosmose, Adsorption an Aktivkohle und chemische Verfahren einsetzen.

Ionenaustauscher

Die Funktionsweise des Ionenaustauschers ist nicht etwa eine Erfindung der modernen Technologie. Ionenaustauschvorgänge sind zunächst in der Natur beobachtet worden. Sie spielen eine Schlüsselrolle bei der Nährstoffaufnahme der Pflanzen über ihre Wurzeln. Ionenaustausch in der Natur findet an

Ionenaustauscher

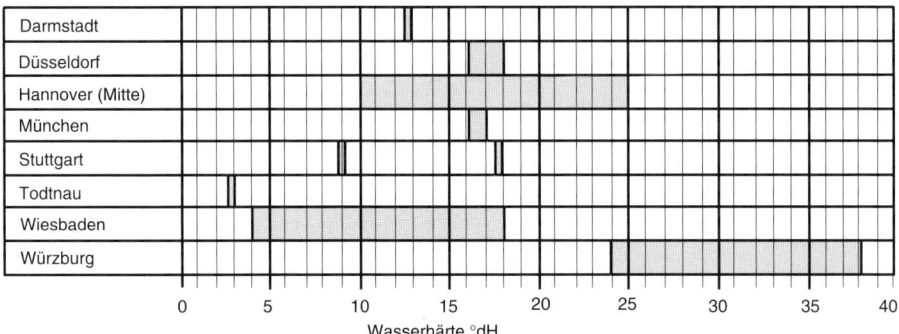

Je nach Herkunft des Trinkwassers kann seine Härte in unterschiedlichen Städten sehr verschieden sein.

Tonmineralen, organischer Substanz und freien Metalloxiden statt.

Die in der Technik verwendeten Ionenaustauschermaterialien basieren in der Regel auf Polystyrolbasis oder Polyacrylat. Die Materialien sind frei von Weichmachern oder anderen Zusätzen, die das Wasser eventuell beeinträchtigen könnten. Auf diese Basiskunststoffe werden die für den eigentlichen Ionenaustauschvorgang wichtigen und aktiven Gruppen aufgebracht. Das Austauschmaterial ist in der Regel ein körniges oder perlenförmiges Material mit Durchmessern von wenigen Millimetern. Mit den heute verfügbaren Ionenaustauschern können Gesamthärte, Karbonathärte, Gesamtsalzgehalt, Nitrat, Sulfat, organische Substanzen und Schwermetallspuren vermindert oder entfernt werden.

Ionen sind stets Träger positiver oder negativer Ladungen. Nun sind alle Ionenaustauschermaterialien so geartet, daß sie jeweils nur Ionen gleicher Ladungsart austauschen können. Ionenaustauscher, die positiv geladene Ionen (Kationen) austauschen, nennt man daher Kationenaustauscher. Ionenaustauscher, die negativ geladene Ionen (Anionen) austauschen, werden dementsprechend als Anionenaustauscher bezeichnet.

Kationenaustauscher. Die wichtigste Funktion der Kationenaustauscher ist die Enthärtung. Andere mögliche Einsatzgebiete sind

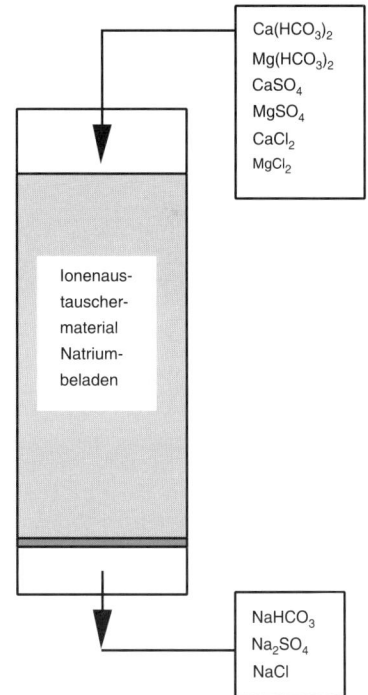

Bei der Enthärtung mit Hilfe eines Ionenaustauschers werden Calcium- und Magnesiumionen durch Natriumionen ersetzt. Obwohl keine Härte mehr gemessen wird, bleibt der Gesamtsalzgehalt gleich.

Die Aufbereitung von Leitungswasser

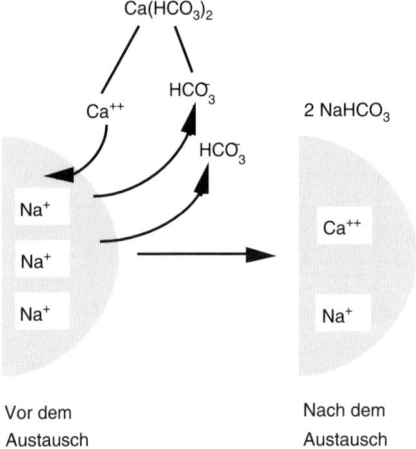

Chemische Vorgänge beim Austausch von Calcium- gegen Natriumionen.

die Entfernung von Schwermetallen oder die Entkarbonisierung.

Nehmen wir an, wir hätten ein hartes Wasser, das reich an Härtebildnern ist. Wie wir bereits gesehen haben, sind die Erdalkalimetalle und hier vor allem Calcium (Ca^{2+}) und Magnesium (Mg^{2+}) für die Wasserhärte verantwortlich. Ziel einer Wasserenthärtung braucht es also nur zu sein, die Ionen der Erdalkalimetalle durch andere Ionen zu ersetzen. Genau das geschieht in einem Ionenaustauscher. Für die Wasserenthärtung wählt man ein Austauschermaterial, das beispielsweise mit Natriumionen (Na^+) beladen ist. Wenn nun die Ionen des Karbonathärtebildners $Ca(HCO_3)_2$ am Austauscher vorbeistreichen,

so vollzieht sich ein „Bäumchen-wechsle-dich"-Spiel.

Das Austauschermaterial entnimmt dem Wasser ein Calcium-Ion (Ca^{2+}) und gibt dafür zwei Natriumionen (Na^+) an das Wasser ab. Ein Natriumion tritt nun seinerseits im Wasser an die Stelle, die das Calcium-Ion verlassen hat und bildet mit der HCO_3-Gruppe das Natriumhydrogenkarbonat, das auch Natron genannt wird. Da das Calcium (Ca^{2+}) zweiwertig ist, das Natrium dagegen nur einwertig, setzt der Austauscher für jedes aufgenommene Calciumion zwei Natrium-Ionen frei, und dementsprechend werden auch zwei Natron-Ionen-Bindungen gebildet. Durch das Natriumhydrogenkarbonat wird das Wasser allerdings alkalisch. Der pH-Wert kann nach der Enthärtung im Bereich von pH 8 bis pH 9 liegen, was für die meisten aquaristischen Anwendungen ungeeignet ist. Es wird also notwendig, den pH-Wert dieses Wassers durch Zugabe verdünnter Salzsäure auf pH 7 oder einen anderen gewünschten Wert einzustellen. Wenn dies auch nur ein leichter chemischer Eingriff ist, so ist es doch nicht jedermanns Sache, mit Säuren zu hantieren.

Ein ähnlicher Reaktionsablauf vollzieht sich mit den anderen in der Abbildung unten aufgeführten Härtebildnern.

Setzt man für das Ionenaustauschermaterial ein „R" in die chemischen Gleichungen ein, so kann man die Austauschvorgänge bei der Enthärtung folgendermaßen darstellen (siehe unten).

Bei der Wasserenthärtung mittels des Ionenaustauschers werden also nur die positiv geladenen Ionen des Calcium (Ca^{2+}) und des Natrium (Na^+) gegeneinander ausgetauscht.

Karbonathärte

Calciumhydrogenkarbonat:	$R = Na_2 + Ca(HCO_3)_2$ ⟶	$R = Ca + 2\ NaHCO_3$
Magnesiumhydrogenkarbonat:	$R = Na_2 + Mg(HCO_3)_2$ ⟶	$R = Ca + 2\ NaHCO_3$
Nichtkarbonathärte:		
Calciumsulfat:	$R = Na_2 + CaSO_4$ ⟶	$R = Ca + Na_2SO_4$
Magnesiumchlorid:	$R = Na_2 + MgCl_2$ ⟶	$R = Mg + NaCl$

Regeneration des Austauschers für die Enthärtung. Die Abbildungen und Gleichungen verdeutlichen auch, daß der Austauschvorgang der Ionen nicht unentwegt ablaufen kann. Irgendwann hat das Austauschermaterial alle Natriumionen abgegeben und ist mit den Ionen der Härtebildner gesättigt. Es muß daher durch geeignete Maßnahmen regeneriert werden. Das erfolgt im Falle des mit Natrium beladenen Austauschers durch Behandlung mit einer Kochsalzlösung bestimmter Konzentration. Dieser Vorgang ist auch von Laien relativ einfach durchzuführen. Die Kochsalzlösung entbindet die Ionen des Härtebildners aus dem Austauscher und lagert wieder Natriumionen ein.

Schwermetallbindung. Ein weiteres Beispiel für die Funktion eines Kationenaustauschers ist die Schwermetallbindung. Schwermetalle sind im Wasser, das ein Wasserwerk verläßt, nicht vorhanden. Es besteht jedoch insbesondere bei weichen Wässern die Möglichkeit, daß Metallverbindungen aus den verwendeten Rohrleitungen und Fittings herausgelöst werden. Das können Kupferrohrleitungen sein oder in seltenen Fällen auch noch Bleileitungen, die möglicherweise in sehr alten Häusern noch vorhanden sind. Blei kann allerdings auch aus bestimmten Kunststoffverbindungen freigesetzt werden. So kann es also geschehen, daß unser Leitungswasser auf dem Wege vom Wasserwerk zum Verbraucher langsam mit Schwermetallen angereichert wird. Die Hauptquelle dürfte allerdings in den Rohrleitungen des Abnehmers selbst liegen. Metalle wie Kupfer (Cu) oder Blei (Pb) liegen im Wasser auch als Kationen vor und können im Kationenaustauscher ausgeschieden werden.

Kupfersulfat:
$$R = 2\,Na^+ + CuSO_4 \longrightarrow R = Cu^{2+} + Na_2SO_4$$

Anionenaustauscher. Anionenaustauscher werden allgemein für den Austausch negativ geladener Ionen eingesetzt. Ein für die Aquaristik besonders wichtiges Einsatzgebiet ist die Nitratentfernung. Da maximal 50 mg Nitrat als Grenzwert für Trinkwasser vorgeschrieben sind, sollten die hohen Werte um oder über 100 mg Nitrat pro Liter Trinkwasser vergessen sein. Aber auch 50 mg Nitrat können für ein Aquarium bereits zuviel sein.

Nitrataustausch. Grundsätzlich erfolgt der Ionenaustausch im Anionenaustauscher nach dem gleichen Verfahren wie im Kationenaustauscher, wenn auch mit umgekehrtem Vorzeichen. Die Abbildung unten zeigt ein Nitrat-Ion (NO_3^-) aus einer Bindung mit einem Natrium-Ion. Beide liegen dissoziiert in Lösung vor. Die Nitratgruppe wird in diesem Fall als das Anion an das Ionenaustauschermaterial gebunden, während dieses gleichzeitig ein Chlorid-Ion (Cl^-) freisetzt. In der wäßrigen Lösung finden sich dann das zurückgebliebene Natriumion und das neu in die Lösung eingetretene Chlorid-Ion zum Natriumchlorid, dem wohlbekannten Kochsalz, zusammen. Das Nitrat ist ein Salz der Salpetersäure, während NaCl ein Salz der Salzsäure ist. Beim Nitrataustausch sind also Salze ausgetauscht beziehungsweise verändert worden. Die Salzfracht als solche wurde nicht geändert, sondern nur die Salzzusammensetzung.

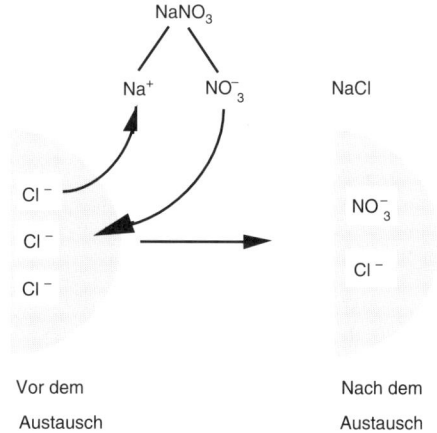

Vor dem Austausch — Nach dem Austausch

Beim Nitrataustausch werden Nitrat- gegen Chloridionen ausgetauscht. Der Gesamtsalzgehalt des Wassers verändert sich nicht.

Die Aufbereitung von Leitungswasser

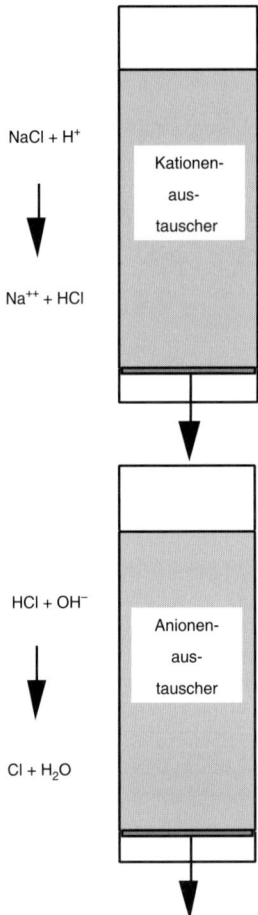

Zur Vollentsalzung werden ein Kationen- und ein Anionenaustauscher hintereinandergeschaltet.

Regeneration des Nitrataustauschers. Da der Nitrataustauscher genauso wie das Enthärtungsmaterial ein mit Natrium beladener Austauscher ist, kann er ebenso mit Kochsalzlösung regeneriert werden. Eine genaue Regenerationsbeschreibung muß jeweils der Gebrauchsanweisung entnommen werden.

Entsalzung. In vielen Fällen ist aber gerade eine Entfernung oder Verminderung des Gesamtsalzgehaltes erwünscht. Das trifft für alle Tiere zu, die besonders reine Wässer benötigen. Für solche Fälle reicht der Einsatz einer einzelnen Austauschersäule nicht mehr aus. Es werden zwei Säulen hintereinander geschaltet. Zunächst durchfließt das Wasser einen Kationenaustauscher, der, anders als bei der Enthärtung, nicht etwa mit Natrium-, sondern mit Wasserstoff-Ionen (H^+) beladen ist. Der zweite Filter ist ein Anionenaustauscher, der mit OH^--Ionen beladen ist.

Die Reaktion kann man anhand der folgenden Formel vereinfacht darstellen.

$$R–H^+ + Na^+Cl^- \longrightarrow R–Na + H^+Cl^-$$

In diesem ersten Schritt wird also im Kationenaustauscher das im Wasser dissoziierte Kation eines Salzes, also in unserem Beispiel das Natrium, an das Austauschharz gebunden, das dafür ein Wasserstoffion (H^+) freisetzt. Dieses rückt in unserem Beispiel an die Stelle des Natriums und bildet HCl, also Salzsäure. Das Wasser, das die erste Säule verläßt, wird also sauer reagieren.

Nun wird dieses Wasser in die zweite Austauschersäule übergeleitet. Hier liegt nun ein Anionenaustauscher vor, der mit OH^--Ionen beladen ist. Die Austauschreaktion kann man sich wie folgt vorstellen.

$$R–OH^- + H^+Cl^- \longrightarrow R–Cl + H_2O$$

Nunmehr wird also der Säurerest Cl^- an das Austauscherharz gebunden, und die freigesetzte OH^--Gruppe verbindet sich mit dem in Lösung verbliebenen Wasserstoff-Ion zu einem Wassermolekül! Mit diesem genial anmutenden Verfahren läßt sich eine Wasserqualität erreichen, die mit der des destillierten Wassers verglichen werden kann. Eventuell kann das Wasser, das den zweiten Austauscher verläßt, durch aufgenommenes Kohlendioxid schwach sauer reagieren, das bei Bedarf durch intensive Belüftung ausgetrieben werden kann.

Regeneration der Austauscher im Entsalzungsverfahren. Wie wir gesehen haben, sind die hier beschriebenen Austauschermaterialien anfangs nicht mit Natrium-Ionen beladen, sondern mit Wasserstoff- und Hydroxidionen. Dementsprechend wird auch ein anderes Regenerationsmittel eingesetzt. So kann der erste Austauscher (bei Lewatit S100G1) mit einer 6 %igen Salzsäure regeneriert werden. Die zweite Säule ist mit OH-Ionen zu beladen; es wird also eine Lauge benötigt. Hier kann (bei Lewatit MP 62) eine 3%ige Natronlauge gewählt werden. Nach dem eigentlichen Regenerationsvorgang sind die Säulen jeweils mit demineralisiertem Wasser zu spülen, um zu vermeiden, daß Säure oder Lauge in das Nutzwasser geraten.

Die hier notwendigen Säuren und Laugen sind sehr niedrig konzentriert. Trotzdem muß beim Umgang mit ihnen sehr vorsichtig gearbeitet werden. Eventuell kann die Regeneration auch vom qualifizierten Fachhandel durchgeführt werden. Auf jeden Fall ist im Einzelfall die Gebrauchsanweisung des Herstellers, insbesondere in bezug auf die Sicherheitsmaßnahmen, zu beachten.

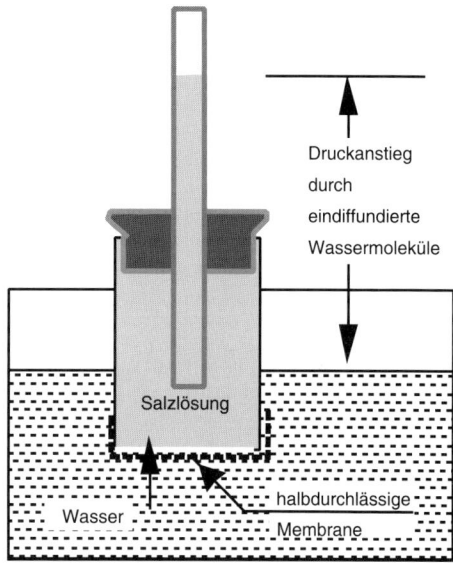

Durch die Membran dringt Wasser in die Salzlösung ein. Der osmotische Druck ist an der Wassersäule ablesbar.

Umkehrosmose

Insbesondere die Probleme der Regeneration, die in der Aquaristik anders als in der Großtechnik meist von Hand und nicht automatisch durchgeführt wird, haben den Wunsch nach einer anderen Wasservorbehandlungstechnik geweckt. Da insbesondere die chemischen Handhabungen oft unerwünscht sind, ist man auf eine physikalische Methode ausgewichen, die auf den Gesetzen der Osmose beruht.

In den physikalischen Grundlagen sind wir bereits auf die Osmose eingegangen. Wassermoleküle wandern durch eine halbdurchlässige Membrane, um ein Konzentrationsgefälle zwischen den Lösungen auf beiden Seiten auszugleichen. Hierbei entsteht durch die Einwanderung der Moleküle in einen begrenzten Raum ein bestimmter Überdruck, der in zunehmendem Maße der Osmose entgegenwirkt und sie schließlich zum Stillstand

Rückhaltevermögen von Umkehrosmoseanlagen.

Aluminium	97 – 98 %	Mangan	97 – 98 %
Ammonium	85 – 95 %	Natrium	94 – 98 %
Arsen	94 – 96 %	Nickel	97 – 99 %
Barium	96 – 98 %	Nitrate	92 – 97 %
Bicarbonate	90 – 95 %	Pestizide	85 – 99 %
Blei	96 – 98 %	Herbizide	85 – 99 %
Bromide	93 – 96 %	Phosphate	98 – 99 %
Cadmium	95 – 98 %	Quecksilber	95 – 97 %
Calcium	95 – 98 %	Selen	94 – 96 %
Chloride	90 – 95 %	Silber	95 – 97 %
Chrom	96 – 98 %	Silikate	94 – 96 %
Chromate	90 – 97 %	Strontium	98 – 99 %
Cyanide	90 – 95 %	Sulfate	97 – 98 %
Eisen	97 – 98 %	Sulfite	96 – 98 %
Fluoride	93 – 95 %	Thiosulfate	97 – 98 %
Kalium	94 – 97 %	Zink	97 – 99 %
Kupfer	97 – 98 %	Härtebildner	95 – 98 %
Magnesium	95 – 98 %	Bakterien	> 0,99 %

Die Aufbereitung von Leitungswasser

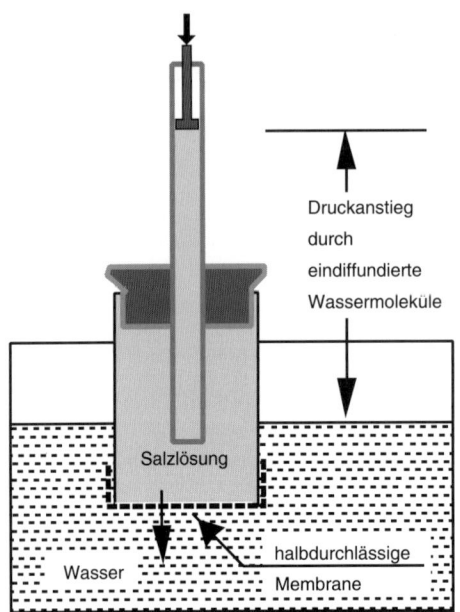

Wird auf die Wassersäule eine Kraft ausgeübt, die größer ist als der osmotische Druck, tritt reines Wasser auf dem umgekehrten Weg durch die Membran aus: das Prinzip der Umkehrosmose.

bringt. Der Druck im Gleichgewichtszustand des Systems ist der „Osmotische Druck".

Wenn nun durch äußeren Einfluß der Druck in der Kammer mit der höheren Konzentration erhöht wird, so tritt eine Rückwanderung der Wassermoleküle durch die Membrane ein. Je höher der Druck wird, um so mehr Wassermoleküle wandern durch die Membrane aus. Dadurch erhöht sich die Salzkonzentration. Soll eine weitere Wanderung von Wassermolekülen durch die Membrane veranlaßt werden, muß der Druck gesteigert werden. Die Membrane ist so gestaltet, daß nur die Wassermoleküle hindurchwandern können, während alle Salze von ihr zurückgehalten werden. Auf diese Weise entsteht, je nach Membranqualität, ein hochreines Wasser. Dieser Vorgang kehrt den natürlichen Vorgang der Osmose um, so daß das Verfahren als „Umkehrosmose" bezeichnet wird. Bei den beiden hier gezeigten Bildern muß der Prozeß der Osmose oder Umkehrosmose nach kurzer Zeit zum Stillstand kommen, da der notwendige Druck ständig steigt und schließlich die Apparatur außer Betrieb setzen wird. Technische Umkehrosmoseanlagen sind natürlich für Dauerbetrieb ausgelegt und erlauben einen stetigen Wasserzu- und ablauf.

Energieaufwand für den Betrieb der Umkehrosmose. Wie wir in der Abbildung „Osmotischer Druck von Meerwasser" gesehen haben, steigt der osmotische Druck mit dem Salzgehalt. Es ist also ein erheblicher Unterschied, ob man ein bereits relativ salzarmes Trinkwasser noch weiter entsalzen möchte, oder ob man Salzwasser zu Trinkwasser aufbereiten will. Je höher der Salzgehalt, um so höher ist der Druck, der aufgebracht werden muß. Der osmotische Druck von Salzwasser des Roten Meeres liegt etwa bei 30 bar (300 mWs). Um Wassermoleküle in großer Menge und kurzer Zeit durch die Membrane wandern zu lassen, beträgt der notwendige Druck für den Betrieb einer Wasseraufbereitungsanlage für Meerwasser ungefähr das Doppelte, also etwa 60 bar!

Diese ungeheuren Drücke sind natürlich für den Heimaquarianer nicht erreichbar; sie sind auch überhaupt nicht notwendig. Es soll ja nicht das Salzwasser gereinigt, sondern unser schon relativ reines Trinkwasser von Restsalzgehalten befreit werden. Während der Meeressalzgehalt etwa einen Leitwert von 60 mS/cm (also 60000 µS/cm) hat, weisen unsere Trinkwässer typischerweise Leitwerte zwischen 200 und 600 µS/cm auf. Auch das leider gar nicht mehr reine Regenwasser besitzt Leitwerte um 50 bis 100 µS/cm und ist damit vom destillierten Wasser weit entfernt.

Für den Betrieb einer Umkehrosmoseanlage oder eines entsprechenden Gerätes wird, wenn es mit Trinkwasser gespeist wird, ein Betriebsvordruck von etwa 3 bis 5 bar (30 bis 50 mWs) benötigt. Das entspricht etwa dem Leitungsdruck, mit dem das Wasser in der Re-

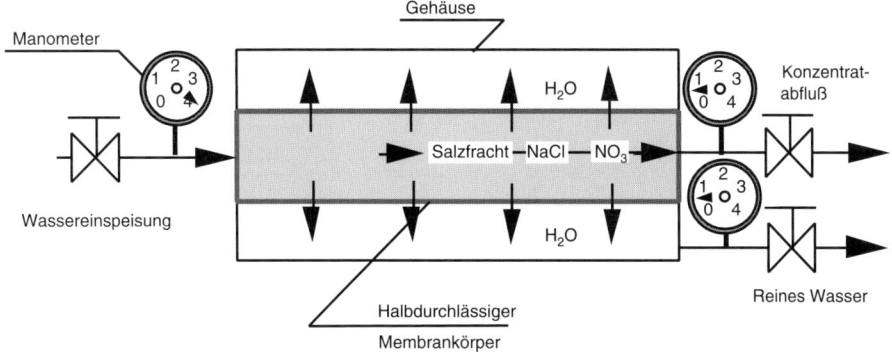

Schema des Aufbaus einer Umkehrosmoseanlage.

gel in die Haushalte gelangt. Somit kann eine Umkehrosmoseanlage relativ problemlos mit der Druckenergie des Leitungswassers betrieben werden. Das ist sehr wichtig, denn Wasserpumpen, die für sehr kleine Wassermengen hohe Drücke erzeugen, sind kaum oder gar nicht verfügbar und brächten einen erheblichen Energieverbrauch mit sich. Somit ist der Betrieb einer Umkehrosmose, von der Energieseite betrachtet, sehr sparsam und einfach zu handhaben.

Aufbau von Umkehrosmosegeräten und Anlagen. Die Membrankörper selbst sind in der Praxis recht kompliziert strukturierte Körper. Um möglichst große Flächen auf kleinem Raum zu erzeugen, sind die Membranen in der Regel in gebündelten Fasermembranen oder spiralförmigen Flächen aufgewickelt. Grundsätzlich verfügt eine Patrone über drei Anschlüsse. Ein Anschluß wird für das eintretenden Wasser benötigt, ein zweiter für den Ablauf des Reinwassers und ein dritter für

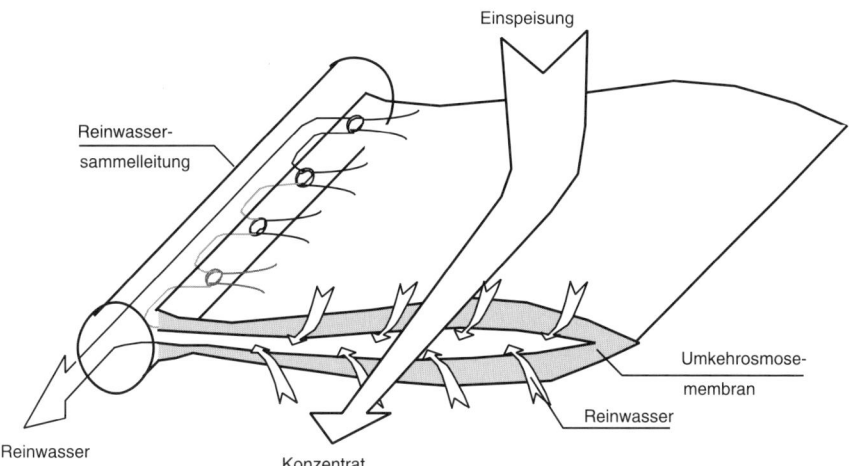

Aufbau und Fließschema eines Wickelmoduls.

Die Aufbereitung von Leitungswasser

Industriell genutzte Anlagen werden zur Erhöhung der Leistungsfähigkeit mit einer Druckerhöhungspumpe ausgestattet.

den Ablauf des Konzentrates. Der Druck des eintretenden Wassers wird in der Membrane fast vollständig abgebaut, so daß das Wasser nahezu drucklos austritt. Das Druckgefälle und die Anzahl der Membrankörper bestimmen auch das Verhältnis von Reinwassermenge und Konzentratablauf. Da der Druck durch die Wasserleitung und die Anzahl der Membrankörper durch die finanziellen Möglichkeiten begrenzt sind, wird häufig nur ein Membrankörper eingesetzt, was leider ein relativ schlechtes Verhältnis von Reinwasser zu Konzentrat bedingt. Hierbei ist der Begriff Konzentrat fast nicht anzuwenden, da das Verhältnis Konzentrat zu Reinwasser etwa bei 90 zu 10 liegt. Da aber die Wassermengen, die wirklich benötigt werden, sehr gering sind, ist auch ein schlechtes Verhältnis zu rechtfertigen.

Der Konzentratausgang wird meist direkt an einen Wasserablauf angeschlossen. Für das Reinwasser sollte ein ausreichend großer Behälter bereitgestellt werden. Die Reinheit des Wassers wird neben der Qualität der Membrane auch von dem Verhältnis von Konzentrat und Reinwassermenge bestimmt. Je größer die Konzentratwassermenge gehalten wird, desto schneller wird die aufkonzentrierte Salzfracht von der Membrane abgeführt. Frisches Wasser kann an die Membrane treten und hindurchwandern. Wird die Konzentratwassermenge über ein bestimmtes Maß erhöht, erfolgt keine weitere Verbesserung mehr.

Das Verhältnis von Konzentratwassermenge zu Reinwassermenge sollte regelmäßig überprüft werden. Hierzu reicht es in der Regel, wenn beide Wasserströme mit Uhr und Meßbecher (auch Wassereimer) ausgelitert werden.

Wesentlich komfortabler ist es, vor allem bei größeren Anlagen, beide Wasserströme durch Strömungsmesser zu kontrollieren. Man kann sich dann regelmäßig ohne großen Aufwand von der richtigen Einstellung überzeugen. Um die Wasserverteilung gegebenenfalls zu korrigieren, sind beide Wasserleitungen mit Handventilen auszurüsten.

Vorfilterung. Die Membranen sind dafür ausgelegt, gelöste Salze vom Wasser zu trennen. Sie haben also Porengrößen im Molekülbereich. Es ist einleuchtend, daß diese feinen Poren leicht von groben Verunreinigungen verstopft werden. Wenn auch das Wasser das Wasserwerk frei von Schmutzstoffen verläßt, werden doch auf dem langen Weg zum Verbraucher häufig noch feine Verschmutzungsteilchen, wie Eisenablagerungen oder Korrosionsprodukte, aus den Rohrleitungen mitgeführt. Es ist also dringend zu empfehlen, vor jedes Umkehrosmosegerät einen feinen Wasserfilter zu schalten, der die grobe Verschmutzung zurückhält und somit das empfindliche Membranmodul schützt.

Ein Aktivkohlevorfilter dient vor allem als Katalysator, mit dessen Hilfe verhindert wird, daß eventuell von den Wasserwerken eingesetztes Chlor die Membran beschädigt.

Die Vorfilter können leicht gereinigt oder ausgewechselt werden. Sie sind in der Regel auch so kostengünstig, daß man sie in ausreichender Größe installieren kann. Sinnvoll sind auch Manometer vor dem Vorfilter und vor dem Membrankörper. Sie zeigen den jeweiligen Verschmutzungsgrad anhand des Betriebsdrucks an.

Technischer Aufbau. Umkehrosmoseanlagen können mit einer eigenen Druckerhöhungspumpe (siehe Abbildung Seite 70) ausgerüstet sein, wenn Wasser aus einem Sammelbehälter entnommen werden soll oder der Wasserleitungsdruck zum Betrieb der Anlage nicht ausreicht. Kleinere Anlagen (Abbildung oben rechts) werden aber zumeist direkt an die Wasserleitung angeschlossen, die einen Druck von etwa 2 bis 6 bar liefern sollte.

Die Abbildung auf Seite 72 zeigt den technischen Aufbau einer Umkehrosmose-Anlage in einer sehr aufwendigen Form. Für die meisten Anwendungen kann der Aufwand kleiner gehalten werden; die Funktionen werden jedoch an diesem Bild sehr deutlich. Die Anlage ist mit einem Handventil an das Trinkwassernetz angeschlossen. Auf diese Weise kann sie für Reinigungs und Wartungszwecke

In der Aquaristik genutzte Anlagen arbeiten mit dem Wasserleitungsdruck.

jederzeit drucklos gemacht werden. Ein Manometer zeigt den Betriebsdruck der Anlage an. Das nachfolgende Magnetventil wird von einem Niveauschalter gesteuert. Wenn der Sammelbehälter für Reinwasser gefüllt ist, schließt sich dieses Magnetventil und stoppt auf diese Weise automatisch den Prozeß. Zwei Feinfilter sorgen dafür, daß grobe Verschmutzungsteilchen aus dem Wasser herausgefiltert werden. Ein Manometer zwischen Vorfilter und Umkehrosmosemodul zeigt den Verschmutzungsgrad der Vorfilter an. Wenn ein deutlicher Druckabfall gegenüber dem ersten Manometer zu verzeichnen ist, sollten die Vorfilter gereinigt oder gewechselt werden. Auf der Auslaufseite des Moduls sind die Leitungen für Reinwasser und Konzentrat angeschlossen.

Mit zwei Handventilen und nachgeschalteten Strömungsmessern können die jeweiligen Teilströme genau eingestellt werden. Während die Ventile auch für kleinere Instal-

Die Aufbereitung von Leitungswasser

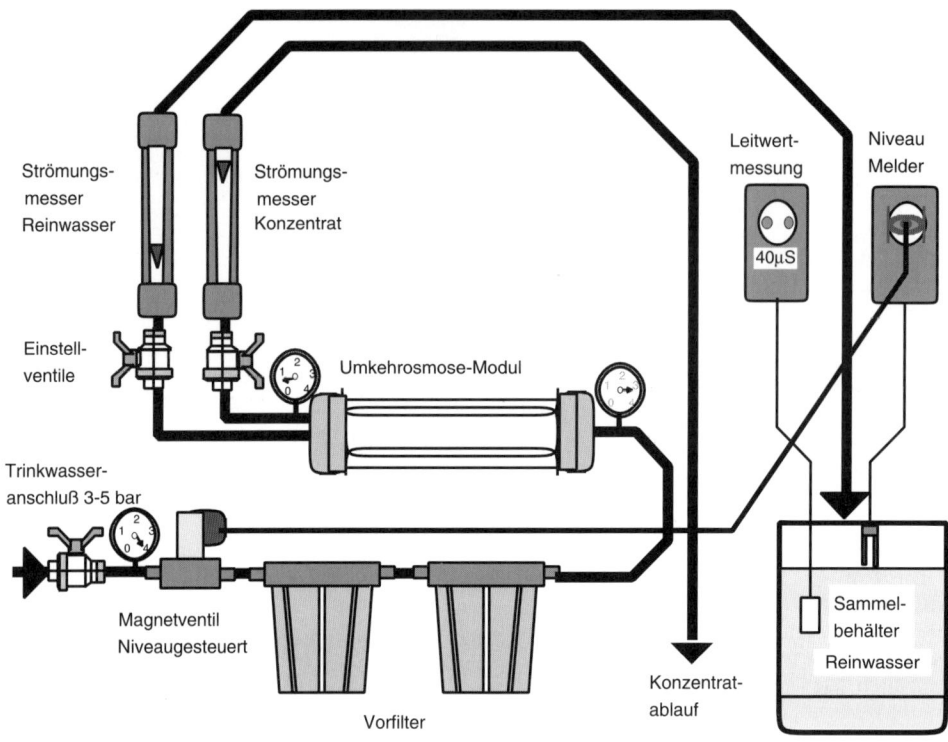

Technischer Aufbau einer aufwendigen Umkehrosmoseanlage.

lationen zu empfehlen sind, kann auf die Strömungsmesser verzichtet werden. Jedoch sind die Mengenverhältnisse dann über Uhr und Meßbecher zu ermitteln.

Das auslaufende Konzentrat wird direkt in einen Ablauf geleitet. Es kann auch für andere Haushaltszwecke durchaus noch genutzt werden. Das Reinwasser kann entweder direkt in das Aquarium oder in einen Reinwasserbehälter geleitet werden. In beiden Fällen sollte, wie schon erwähnt, eine Abschaltung über einen Niveaumelder vorgesehen werden, um unschöne Überraschungen zu vermeiden. Ein Leitwertmeßgerät zeigt die tatsächlich vorhandene Restleitfähigkeit an und kontrolliert somit permanent die Qualität des Wassers. Das Gerät ist nicht zwingend notwendig, bei größeren Anlagen aber zu empfehlen. Die gewünschte Wasserqualität kann anhand des Leitwertes direkt kontrolliert werden. Fehler, wie etwa ein Riß im Modulkern, können sofort festgestellt werden.

Wasserbehandlung mit speziellen Filtermitteln

Aktivkohle

Der Einsatz von Aktivkohle für die Wasservorbehandlung ist sicher das älteste und bekannteste Verfahren. Es hat natürlich nur eine begrenzte Einsatzmöglichkeit. Insbesondere lassen sich durch Aktivkohle Oxidationsmittel und organische Substanzen entfernen.

Zwischen den Atomen eines festen Stoffes wirken Anziehungskräfte in alle Richtungen. Im Körper selbst werden diese Kräfte von den körpereigenen Atomen aufgenommen. An den Grenzflächen von Körpern wirken sie in dem den Körper begrenzenden freien Raum und beeinflussen Atome und Moleküle, die vorbeistreichen. Die an den Grenzflächen wirksamen Kräfte können so groß sein, daß Atome und Moleküle festgehalten werden. Dieser Vorgang wird als Adsorption bezeichnet.

Die Adsorption wirkt grundsätzlich zwischen allen Körpern. Man kann sich jedoch vorstellen, daß die Anhaftung um so intensiver wird, je größer die aktive Fläche ist, die am Adsorptionsprozeß beteiligt ist. Aktivkohle hat nun die Eigenschaft, auf sehr kleinem Raum extrem große Oberflächen aufbauen zu können. Ihre hochporöse Struktur entsteht, wenn Stoffe mit hohem Kohlenstoffanteil wie Kohle, Holz oder Knochen bei etwa 500 °C unter Behandlung mit Wasserdampf verkohlt werden.

Zum Vergleich: Während ein kompakter Würfel aus Graphit mit einem Gewicht von einem Gramm eine Oberfläche von nur 4 cm^2 aufweist, hat eine schlechte Aktivkohle eine Oberfläche von vielleicht 5 bis 50 m^2/g. Besonders aktive Kohlesorten hingegen weisen wirksame Oberflächen um 800 bis 1 000 m^2/g auf! Diese Zahl besagt, daß bereits 10 g Aktivkohle etwa die Oberfläche eines Fußballfeldes (etwa 7500 m^2) in sich bergen!

Wichtig für die Beurteilung einer Kohle ist nicht nur ihre aktive Oberfläche. Je größer ein einzelnes Korn ist, desto schlechter werden die innersten Poren genutzt, und desto empfindlicher wirken sich Ablagerungen auf der Oberfläche aus. Sie verschließen das Aktivkohlekorn und machen die darunter liegenden, nur durch die Poren zugänglichen aktiven Flächen nutzlos.

Die Kohle muß also für die jeweilige Anwendung geeignet sein. Bei den relativ kleinen Wasserströmen, die in der Aquaristik im Vergleich zu technischen Anwendungen vorkommen, empfiehlt sich eine feste Kohle mit kleiner Körnung. Wenn Aktivkohle zu lose strukturiert ist, kann sie durch gegenseitigen Abrieb der Kohlekörner leicht pulverisiert werden. Hierbei wird die Aktivkohle zwar im Prinzip nicht wirkungslos; meist entstehen aber nicht von Wasser durchströmte Aktivkohlenester, die im biologischen Prozeß zur Bildung eines reduzierenden Milieus neigen. Dies sollte unbedingt vermieden werden. Außerdem kann pulverisierte Aktivkohle mit dem Wasserstrom mitgefördert werden und im Aquarium schweben, wo wir sie nun wirklich nicht haben wollen.

Neben der beschriebenen adsorptiven Wirkung der Aktivkohle sollen noch kurz zwei weitere Eigenschaften dieses Filtermaterials angeführt werden. Aktivkohle kann, da sie aus reinem Kohlenstoff besteht, auch reduzierend wirken, so bei der Reaktion mit Oxidationsmitteln wie Ozon. Außerdem sind auch katalytische Effekte bekannt, die aber im Bereich der Aquaristik nur eine geringe Rolle spielen.

Bei vorwiegend **adsorptiver Wirkung** wird die Aktivkohle in ihrer Wirkung erschöpft, und zwar in dem Maße, wie ihre aktiven Flächen durch Substanzen belagert sind. Die Kohle muß dann nach einiger Zeit ausgetauscht werden. Im großtechnischen Betrieb kann die Kohle regeneriert werden, was sich meistens für den Aquarienbereich nicht lohnt. Erschöpfte Kohle sollte verworfen werden.

Bei **vorwiegend reduzierender Wirkung** nimmt die Kohle an Menge ab, da stetig ein Teil zu CO$_2$ oxidiert wird (bei Ozon: 2 O$_3$ + CACO$_2$ + 2 O$_2$). Es muß also nach einer gewissen Zeit Aktivkohle ergänzt werden.

Bei **vorwiegend katalytischer Wirkung** kann die Aktivkohle lange erhalten bleiben, da sie per Definition in der Bilanz an keinem Prozeß selbst beteiligt ist.

Zuletzt soll noch erwähnt werden, das Aktivkohle sich aufgrund ihrer hohen spezifischen Oberfläche auch gut als Wachstumsgrund für **biologische Filter** eignet.

Selbstverständlich werden in der Praxis die hier beschriebenen Prozesse nicht getrennt voneinander ablaufen, sondern meist gleichzeitig in einem Filter stattfinden.

Torf

Seit 1952 wird in der sich mit dem Süßwasser beschäftigenden Aquarienliteratur regelmäßig über Torf und Torffilterung berichtet. Torf wird vor allem von Aquarianern und Züchtern eingesetzt, die sich mit Fischen des salzarmen, sauren Schwarz- und Klarwassers beschäftigen. Pfleger von Cryptocorynen setzen Torf oft dem Bodengrund zu. In den letzten Jahren gelegentlich veröffentlichte negative Aussagen gehen meist an der Aquarienpraxis vorbei und zielen auf die komplizierten chemischen Vorgänge ab, die mit dem Torfeinsatz einhergehen.

Viele verschiedene **Torfsorten** sind im Handel, von denen aber nur der „weiße" Hochmoortorf für das Aquarium geeignet ist. Da jedoch eine bestimmte Torfsorte oder Bezugsquelle von Aquarianern aus Erfahrung genutzt wird, gilt: „Viele Züchter haben ihren 'eigenen' Torf..." (SUTTNER 1993).

Die chemische Struktur des Torfes ist noch immer nicht in allen Einzelheiten bekannt, und das wird sicher noch lange so bleiben. Dadurch ist es schwierig, Qualitätskriterien zu formulieren und gleichbleibende Eigenschaften einer bestimmten Torfsorte zu garantieren. Es wäre aber durchaus möglich, dem Käufer mehr Informationen über Herkunft, Zusammensetzung und Reinheit zu geben als es zur Zeit üblich ist.

Andererseits werden in der Literatur und auf den Verpackungen fast 20 heilende, manchmal fast „magische" Wirkungen des Torfes beschrieben. Viele dieser Wirkungen sollten durch chemisch besser definierte Produkte und Stoffe garantiert werden. Wegen der chemischen Struktur der Torfe und Huminstoffe ist das für einige der vermuteten Effekte allerdings äußerst schwierig.

Bei **Torf und Huminstoffen** handelt es sich um ein nahezu unentwirrbares Gemisch von biologisch fast nicht mehr abbaubaren Stoffen (hauptsächlich subfossile Pflanzenreste) mit Molekulargewichten zwischen etwa 700 und 200 000. Die einzelnen Moleküle sind also recht groß und langkettig. Wenn man das Gemisch mit einer Lauge extrahiert, erhält man eine gelbe, braune oder fast schwarze Lösung von Fulvo- und Huminsäuren. Säuert man diese Lösung wiederum stark an, werden die Huminsäuren ausgefällt; die aus kleineren Molekülen bestehenden Fulvosäuren bleiben in Lösung.

Im Aquarienwasser können sowohl Fulvo- als auch Huminsäuren (zusammen als „Humussäuren" bezeichnet) gelöst vorliegen. Sie werden im Wasser oxidiert und bekommen dadurch eine dunklere Farbe.

Torf enthält neben Humusstoffen auch Teere, Minerale und weitere organische Bestandteile. Es ist jedoch unmöglich, diese Stoffe zu entfernen, ohne für den Aquarianer wichtige Bestandteile zu verlieren. Will man etwa Kalk mit Salzsäure lösen, gehen auch die wichtigen Fulvosäuren verloren. Torf sollte also unbehandelt bereits so rein wie möglich sein.

Das stark aromatische[1] Molekülgerüst aller Huminstoffe enthält sehr viele Carboxyl-, Phenol- und Aminogruppen. Der aus großen Molekülen bestehende, in Wasser nicht lösliche Teil des Materials kann daher als Kationenaustauscher funktionieren (siehe Kapitel „Ionenaustauscher", Seite 62). Für die Aufbereitung des Wassers in bezug auf die Senkung von Härte und pH-Wert sind jedoch Ionenaustauscherharze besser geeignet, da ihre Kapazität bekannt ist und sie regenerierbar sind.

Humussäuren in natürlichen Gewässern.
Gelöste Humussäuren geben dem bekannten Schwarzwasser, wie es zum Beispiel im Rio Negro vorkommt, seine Farbe. Ähnliche Substanzen verursachen den Gelbstich des küstennahen Meerwassers und färben das Man-

---

1) Unter aromatischen Stoffen versteht der Chemiker Verbindungen, die sich durch ringförmige Strukturen (Benzolring) auszeichnen. Die Bezeichnung wird hier anders als im allgemeinen Sprachgebrauch verstanden.

grovenwasser braun. Spuren solcher Substanzen spielen im Meer eine wichtige Rolle und werden auch bei der Kultur von Meeresalgen benutzt.

Torf in der Aquaristik. Auch die aus kleineren Molekülen bestehenden wasserlöslichen Humussäuren sind sehr stabil. Sie können als saure Puffersubstanzen (pH-Wert etwa 6), als Chelatbildner (Regulierung der Chemie, Biologie und Toxizität der Metalle) und als photokatalytische Reduktoren (etwa von Eisen und Mangan) dienen. Diese Eigenschaften sind vermutlich die wichtigsten für den Aquarianer; sie sind auch nicht einfach und preiswert mit anderen Produkten zu erlangen.

Wie GEISLER (1964) gezeigt hat, haben Torffilter eine bakterizide Wirkung. Da alles, was den Einsatz von Medikamenten zu vermeiden hilft, nicht nur für den Züchter von Bedeutung ist, ist diese Eigenschaft natürlich willkommen. Auf der anderen Seite hat die bakterienhemmende Wirkung des Torfes jedoch den Nachteil, daß sie die Funktionsweise eines biologischen Filters beeinträchtigt. Auch der durch Torf verursachte niedrige pH-Wert und der regelmäßige Austausch des Materials stehen im Widerspruch zu den Voraussetzungen der biologischen Filterung.

Man empfiehlt häufig, einen Liter Torf auf 100 l Aquarienwasser einzusetzen und den Torf jeden Monat auszutauschen. Es ist jedoch nicht möglich, allgemeingültige Empfehlungen zu geben. Jeder Aquarianer sollte durch eine regelmäßige Überwachung seines Aquarienwassers herausfinden, wieviel Torf er benötigt und wie oft er ihn wechseln muß.

Die **Reinheitskontrolle** stellt das wichtigste Problem beim Einsatz von Torf dar, da er häufig mit den folgenden Substanzen verunreinigt ist:
– flüchtige Säuren
– Kalk und weitere Mineralien
– Stoffwechselendprodukte (Ammonium, Nitrit, Nitrat, Phosphat)
– Gifte aus der Landwirtschaft
– biologisch noch abbaubare, stark sauerstoffzehrende Stoffe

Sowohl auf der Verpackung als auch im Moor wird man lange nach entsprechenden Hinweisen auf diese unerwünschten Stoffe suchen. Man muß daher eine neue Torflieferung genau testen, bevor man sie im Aquarium verwendet. Dazu wird der Torf zunächst durch Mahlen, Schneiden oder Reiben zerkleinert. Dann gibt man 30 ml Torf mit 150 ml demineralisierten Wassers in eine mit einem Kunststoffdeckel verschraubbare Flasche und beläßt beides dort für 72 Stunden; die Flasche wird von Zeit zu Zeit umgeschwenkt. Danach wird der klare Überstand abgegossen; seine Färbung erlaubt keine Rückschlüsse auf den Gehalt an Humussäuren!

Nun mißt man die elektrische Leitfähigkeit einer kleinen Probe der Flüssigkeit (siehe Kapitel „Messen"). Die Leitfähigkeit sollte sehr niedrig sein, da die Probe ansonsten mit löslichen Mineralien verunreinigt ist.

Dann löst man in der Probe ein wenig Kaliumchlorid (KCl) und mißt den pH-Wert mit einem elektrischen pH-Meter, da eine kolorimetrische Bestimmung in schwach gepufferten und stark gefärbten Lösungen nicht zuverlässig ist. Danach wird die Probe einige Stunden lang feinperlig belüftet (Holzausströmer). Der pH-Wert sollte kaum ansteigen (um weniger als 0,2 Einheiten), da der Torf ansonsten zu viele flüchtige und im Verhältnis dazu zu wenige Fulvo- und Huminsäuren enthält. Die stabilisierende Wirkung eines derartigen Torfes auf einen niedrigen pH-Wert wäre zu gering.

Weitere Wasserproben prüft man mit handelsüblichen Tests auf die Karbonathärte, Gesamthärte (= Calcium- und Magnesiumionen), Ammonium, Nitrit, Nitrat und Phosphat. Dabei sollte man die Eigenfärbung der Probe beachten. Alle genannten Stoffe sollten nicht oder nur in sehr kleinen Mengen zu finden sein.

Auf die aquaristischen Konsequenzen zu hoher Werte weist KRAUSE (1991) hin. In saurem, weichem und chloridarmem Wasser ist Ammonium nicht, Nitrit dagegen sehr toxisch (bereits bei Werten unter 1 mg/l). In Aquarien mit derartigen Werten kann die Denitrifikation gestört sein, so daß die Nitritkonzentration ständig überwacht werden sollte.

Wenn man keine oder nur eine geringe Belastung durch Ammonium, Nitrit, Nitrat und Phosphat gemessen hat, kann man meistens davon ausgehen, daß der Torf nicht auf oder in der Nähe von landwirtschaftlich genutzten Flächen abgebaut worden ist. Die Belastung durch Herbizide und Pestizide aus der Landwirtschaft kann daher vermutlich ausgeschlossen werden. Im umgekehrten Fall ist Vorsicht geboten, da die Belastung durch Gifte nur schwer zu messen ist. Ein von der DATZ-Redaktion vorgeschlagener Daphnien-Test (siehe KRAUSE 1991) ist für Liebhaber nicht geeignet, da es zu schwierig ist, ihn zuverlässig durchzuführen.

Ein einfacher Test für sauerstoffzehrende Substanzen im Torf ist mir leider nicht bekannt.

Die Torffilterung kann leider nicht mit Ozonisierung, UV-Licht-Bestrahlung, Aktivkohlefilterung und Ionenaustauscherharzen kombiniert werden. Ein umfangreicher Wasserwechsel mit Leitungswasser ist ebenfalls nicht möglich. Ozon und UV-Licht zerstören die Humussäuren. Umgekehrt kann UV-Licht seine sterilisierende Wirkung nicht entfalten, da es eine Lösung aus Humussäuren kaum durchdringen kann. Aktivkohle und Ionenaustauscherharze absorbieren Humussäure fast irreversibel. Das Calcium (Karbonathärte!) des Leitungswassers neutralisiert die gelösten (im Wasser) und ungelösten (im Filter) Humussäuren. Ein Wasserwechsel sollte also nur mit dementsprechend aufbereitetem Wasser erfolgen. Für diese Aufbereitung sollte man, zumindest teilweise, entmineralisiertes Wasser benutzen.

Schlußfolgerung. Torf ist für Süß- und Meerwasseraquarianer nach wie vor ein sehr interessantes Material. Wer damit experimentieren will, sollte sich aber mit Aquarienchemie und Wasseranalyse beschäftigen und den benutzten Torf vor der Verwendung untersuchen. Im Literaturverzeichnis finden Sie noch weitere Artikel, die sich mit dem Thema beschäftigen.

Filtertechnik

Luftbetriebene Innenfilter

Der luftbetriebene Innenfilter ist sicher einer der ältesten Begleiter der Aquarientechnik. Er leitet sich aus der Beobachtung ab, daß der Schwarm an Luftblasen, der einen Ausströmer oder auch nur ein offenes Rohr verläßt, eine gehörige Menge an Wasser nach oben fördert. Dieser Effekt ist auch als „Mammutpumpe" bekannt. Die Abbildung auf Seite 78 zeigt das Funktionsprinzip.

Der Vorteil des Verfahrens liegt darin, daß man lediglich eine Luftpumpe benötigt. Die Lösung ist also recht preisgünstig. Da durch die aufsteigenden Luftblasen nur eine relativ geringe Förderleistung erzielt werden kann, eignen sich diese Filter meistens nur für recht kleine Aquarien. Das Förderrohr liegt in der Mitte der Filtermasse, so daß das Wasser von den aufsteigenden Blasen durch das Filtermaterial hindurch angesaugt wird. Der Filterbehälter selbst wird meist mit Filterwatte gefüllt, aber auch andere Materialien wie Aktivkohle sind denkbar.

Wie schon oben erwähnt, ist diese Filterbauart aufgrund der geringen Umwälzleistung auf die Installation im Aquarium beschränkt. Das ist in modernen Aquarien häufig nicht mehr gewünscht, stört aber gerade den Anfänger wenig, so daß dieser Filter oft eine Erstausrüstung darstellt. Aufgrund des Konstruktionsprinzips erfolgt die Belüftung leider erst, nachdem das Wasser das Filtermaterial bereits durchlaufen hat. Die Sauerstoffversorgung des Filtermaterials hängt alleine vom Sauerstoffgehalt des Aquarienwassers ab, da es nicht aktiv belüftet wird. Es muß daher darauf geachtet werden, daß die Filter nicht anaerob arbeiten. Um das zu vermeiden, sollte das Filtermaterial nicht zu dicht gelagert werden. Dichte Lagerung bewirkt eine Verringerung der Strömungsgeschwindigkeit, so daß „tote" Strömungszonen und schlechte Sauerstoffversorgung die Folgen sind. Weiterhin sollte der Filter relativ oft gereinigt werden. Der Reinigungszyklus richtet sich nach der Größe des Beckens, nach Besatz und Fütterung. Bei der Reinigung des Filters sollte die alte Filterwatte möglichst wiederverwendet und nicht peinlich gesäubert werden. Biologisch aktive Bakterienkulturen an der Watte verhelfen dem Filter zu einem schnellen Neustart! Größere Becken können gegebenenfalls auch mit zwei Filtern betrieben werden.

Wenn die Luftblasen an die Oberfläche strömen, erzeugen sie ein intensives Plätschern durch das Zerplatzen der Blasen. Die Funktion des Filters wird dadurch nicht gestört, die „Gehörnerven" gelegentlich schon. Die Umwälzleistung reicht bei kleinen Süßwasserbecken bis etwa 50 Liter Inhalt im allgemeinen aus, so daß die Filter durchaus dem Anfänger für kleinere Becken empfohlen werden können. Der fortgeschrittene Aquarianer wird die Geräte eventuell als Zusatzelement einsetzen, sich aber ansonsten auf gehobene Technik verlassen.

Innenfilter mit Wasserpumpe

Eine Variante des oben beschriebenen luftbetriebenen Innenfilters ist ein ähnliches Gerät, das jedoch mit einer kleinen Wasserpumpe ausgerüstet ist. Der Vorteil besteht darin, daß die Geräte erheblich mehr Wasser umwälzen als ein luftbetriebener Filter. Allerdings bringen sie zunächst keinen Sauerstoff ins Wasser ein. Es empfiehlt sich daher, den Auslauf des Filters in den Bereich des Wasserspiegels oder auch etwas darüber zu legen, so daß durch den auf den Wasserspiegel fallenden Wasserstrahl Luft ins Wasser eingetragen wird.

Filtertechnik

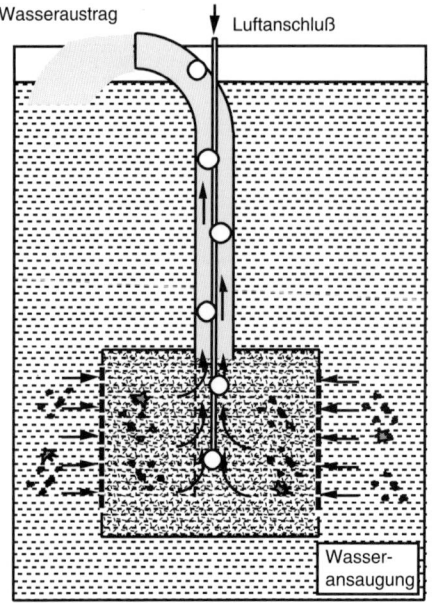

Beim luftbetriebenen Innenfilter fördern die Luftblasen das Wasser aus dem Steigrohr.

Das damit verbundene Plätschern findet nicht jeder angenehm, aber die Sauerstoffanreicherung des Wassers ist nicht zu unterschätzen.

Bei größeren Filtern gibt es auch die Möglichkeit, den Wasserauslauf mit einem Injektor (Lufteinzugsdüse) zu versehen. Dadurch wird deutlich mehr Luft eingemischt. Der Wirkungsgrad der Sauerstoffanreicherung ist besser, da die Luftblasen relativ feinblasig sind. Ein kleines Problem entsteht immer, wenn man den Innenfilter aus dem Aquarium nimmt, da dann das Filtermaterial recht langsam entwässert wird. Um zu vermeiden, daß Wasser aus der Filterkammer läuft, ist der Filter durch einen Schieber zu verschließen. Allerdings sollte man über dem guten Wohnzimmerteppich trotzdem etwas vorsichtig sein.

Der geschlossene Schnellfilter

Der geschlossene Schnellfilter ist wohl die am weitesten verbreitete Form des Aquarienfilters. Er entspricht vor allem dem dringenden Wunsch des Aquarianers, die Filtertechnik vom Aquarium zu trennen. Der Schnellfilter ist ein geschlossener Filterbehälter, der in der Regel unter dem Aquarium installiert wird und auf der Saug- oder Druckseite eine Förderpumpe hat, die im Vergleich zum luftbetriebenen Filter eine erzwungene Wasserbewegung mit relativ hohem Druck ermöglicht. Durch die Wahl geeigneter Filtergrößen und Pumpenleistungen lassen sich die handelsüblichen Filter an die Aquariengröße anpassen. Als Richtwert kann man davon ausgehen, daß der Inhalt des Aquariums in etwa einer Stunde durch den Filter gepumpt werden sollte. Für ein Aquarium mit einem Inhalt von 200 Litern wäre demnach eine Pumpenleistung von 200 l/h zu wählen.

Die meisten geschlossenen Schnellfilter sind als rein mechanische Filter anzusehen. Der Grund liegt darin, daß sie nicht aktiv mit Sauerstoff versorgt werden können! Insofern hilft auch biologisch aktives Filtersubstrat, also Filtermaterial mit hoher spezifischer Oberfläche, nur bedingt. Biologische Filterung im aeroben Milieu ist eben auf Sauerstoff angewiesen, der im geschlossenen Schnellfilter aber nur durch das Aquarienwasser zugeführt wird. Bei Aquarien, die im wesentlichen mit einem solchen Filter betrieben werden, ist also eine intensive Belüftung des Wassers im Aquarium selbst von großer Wichtigkeit. Das gilt auch für Aquarien, bei denen Kohlendioxid als Pflanzendünger zugeführt wird. Diese Aquarien werden gerne mit verminderter Sauerstoffzufuhr betrieben, um die Kohlensäure nicht zu schnell wieder auszutreiben. Sie sind bei ausschließlichem Betrieb mit einem Schnellfilter besonders gefährdet.

Ihre besondere Wirksamkeit entfalten die geschlossenen Schnellfilter im Bereich der mechanischen Filtration. Schmutzpartikel, Kot und Futterreste werden relativ schnell dem Aquarium entzogen und im Filtermaterial aufgefangen. Die Folge ist zunächst ein optisch klares Wasser, was sicher für Mensch und Fisch erfreulich ist. Das Aquarium ist aber nur die gute Stube der Fische. Der Schnellfilter selbst gehört zum Lebensraum Wasser dazu. Der Schmutz, der sich im Filter befindet, ist sozusagen nur unter den Teppich gekehrt. Dort bleibt er aber nicht ruhig liegen. In jedem Fall wird er biologisch weiter bearbeitet. Unter optimalen Bedingungen ist das Wasser sauerstoffgesättigt, und aerobe Bakterien können die gewünschten Abbauprozesse einleiten.

Weniger günstig ist es, wenn der Filter anaerob, also unter totalem Sauerstoffabschluß, betrieben wird. Theoretisch kann zwar auch das anaerobe Milieu Schadstoffabbau bewirken. Wir können aber mit Sicherheit davon ausgehen, daß wir im Schnellfilter keine stabilen anaeroben Verhältnisse erhalten können. Mit großer Wahrscheinlichkeit werden Kulturen von aeroben und anaeroben Bakterien konkurrieren. Das führt dazu, daß sich überhaupt keine stabilen Verhältnisse einstellen. Der Filter ist ständig in Gefahr, biologisch „umzukippen" und eine große Menge von Schadstoffen an das Aquarium abzugeben. Je länger er in Betrieb ist, desto größer wird die Ansammlung biologisch aktiven Materials. Hier muß dringend ein Ausweg geschaffen werden. Wie die Abbildung auf Seite 81 zeigt, kann der geschlossene Schnellfilter in einem geschlossenen Kreislauf keinen Ausweg für organische Substanz bieten.

Hier wird das Handeln des Menschen notwendig. Die Stoffe müssen entsorgt, das heißt, der Filter muß in regelmäßigen Abständen geöffnet und gereinigt werden! Das ist der einzige Ausweg aus dem Stoffkreislauf, wenn die Filterung sich im wesentlichen auf die mechanische Wirkung beschränkt. Es ist daher auch beim Kauf des Filters wichtig, darauf zu achten, daß er einigermaßen leicht zu öffnen ist. Hierzu sollte es möglich sein, ihn durch Ventile aus dem Wasserkreislauf zu entfernen. Die Zeitabstände der Reinigung müssen dem Besatz des Aquariums angepaßt werden. Feste Regeln hierfür gibt es nicht. Manche Aquarianer

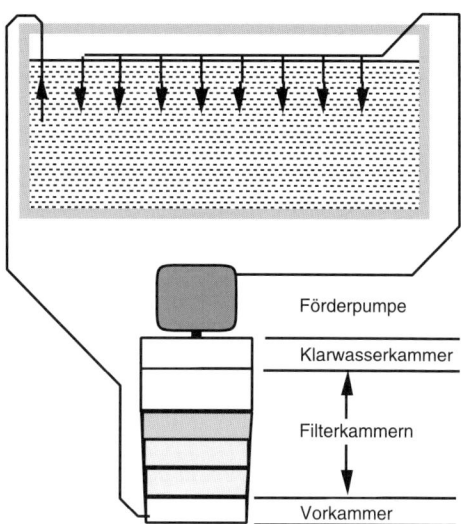

Der heute gebräuchliche Schnellfilter wird meistens als Topffilter unter dem Aquarium aufgestellt.

ziehen ein zeitlich festgelegtes Reinigungsintervall vor, andere versuchen anhand von Meßwerten den richtigen Zeitpunkt zu ermitteln. Wenn allerdings Meßwerte eine Verschlechterung des Wassers anzeigen, kann es bereits zu spät sein. Also sollte der Filter besser wöchentlich einmal oder auch öfter gereinigt werden. Wenn der Filter rein mechanisch betrieben wird, sollte die Reinigung öfter und mit äußerster Gründlichkeit erfolgen.

Besteht die Aussicht, den Filter bei sauerstoffreichem Wasser doch biologisch arbeiten zu lassen, so braucht er nach jeder Reinigung eine gewisse Zeit, um wieder voll „anzuspringen". Er sollte daher nicht zu oft gestört werden. Die Reinigung sollte zwar gründlich sein, doch es dürfen biologisch aktive Reste im Material verbleiben, um das gewaschene oder auch das neue Filtersubstrat schneller wieder zu aktivieren.

Häufig sind mechanische Schnellfilter aus einem transparenten Material gearbeitet. Mechanische Verschmutzung kann auf diese

Weise vielleicht schon optisch festgestellt werden. Allerdings sollte man sich darauf nicht verlassen. Im Inneren des Filters können sich Bakteriennester bilden, die von außen nicht sichtbar sind. Man muß sich tatsächlich die Mühe machen und den Filter öffnen.

Filtereinsätze für verschiedene Materialien

Viele Filter bieten die Möglichkeit, verschiedene Filtersubstrate in verschiedenen Abteilungen unterzubringen. Solche Kombinationsmöglichkeiten sind einerseits zu begrüßen, andererseits jedoch auch mit Vorsicht zu betrachten. Man darf von dem Einbringen verschiedener Filtermaterialien keine Wunder erwarten. In aller Regel ist das Filtervolumen der handelsüblichen Schnellfilter ohnehin knapp oder zu knapp bemessen. Wird es auf verschiedene Behältnisse mit verschiedenen Substraten verteilt, so besteht die Gefahr, daß keine Filterstufe richtig arbeitet. Weiterhin haben wir auch gesehen, daß der Filter bei vorwiegend biologischer Funktion eine andere Standzeit als bei vorwiegend mechanischer hat. Muß der mechanische Teil gereinigt werden, wird der biologische Schadstoffabbau gestört. Warten wir hingegen mit dem Reinigen der mechanischen Stufe, bis der biologische Teil ebenfalls zu reinigen ist, kann der mechanische Filter sich biologisch verselbständigt haben und bereits umgekippt sein, also Giftstoffe abscheiden.

Wie wir später noch sehen werden, sind Filterkombinationen grundsätzlich zu empfehlen. Es muß dann allerdings jede Filterstufe einzeln zu reinigen sein, ohne die andere zu stören! Dies ist bei einem einzigen Filterbehälter kaum zu erreichen, so daß man das vorhandene Filtervolumen lieber konsequent mit einem Substrat nutzen sollte. Diese Ausführungen sollen den Schnellfilter nicht schlecht machen. Er ist nach wie vor, insbesondere für Kleinaquarien, ein sehr wichtiges Gerät. Aber man muß seine Grenzen deutlich sehen.

Wie bereits oben erwähnt, wird immer eine rudimentäre Bakterienflora den Filter besiedeln, aber keine optimalen Abbauprozesse durchführen können. In der Abbildung auf der folgenden Seite wird deutlich, welche Gefahren das heraufbeschwört. Organische Verbindungen, wie Eiweißstoffe werden zunächst zum Ammonium oxidiert. Das liegt, wie im Kapitel „Biologische Grundlagen" beschrieben, je nach pH-Wert in Form des giftigen Ammoniaks vor. Die bakterielle Oxidation von Ammonium zu Nitrit ist sehr stark sauerstoffabhängig (2,6 mg O_2/mg NH_4^+). Bei unzureichender Sauerstoffversorgung erfolgt eine verzögerte Weiterverarbeitung zum Nitrit; Ammonium wird immer stärker angereichert.

Die nächste Stufe der bakteriellen Oxidation, vom Nitrit zum Nitrat, hängt nicht so stark vom Sauerstoff ab. Wenn allerdings Ammonium nur unzulänglich zu Nitrit umge-

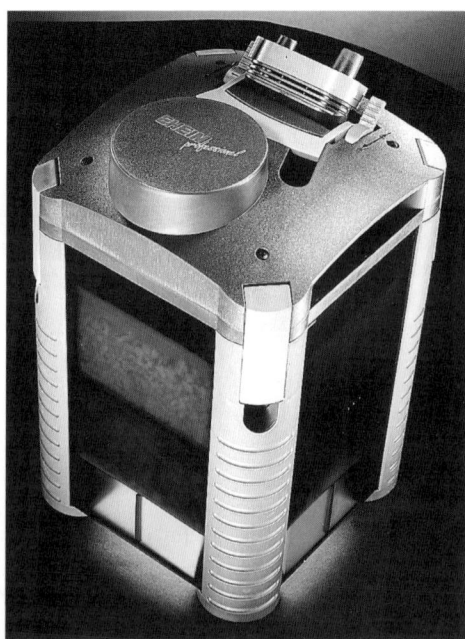

In einen Schnellfilter läßt sich eine mehrschichtige Füllung einbringen.

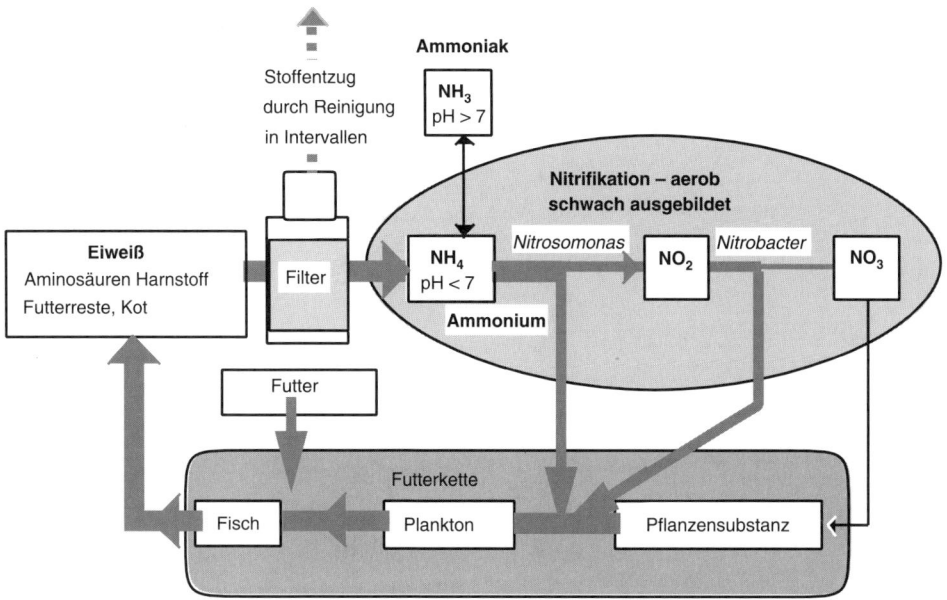

Stickstoffkreislauf in einem mit einem mechanischen Schnellfilter ausgerüsteten Aquarium.

setzt wird, fehlt den Bakterien nicht nur der Sauerstoff, sondern auch das Nitrit, so daß sie hungern. Schließlich wird sowohl das Ammonium als auch das Nitrit gefährlich hohe Konzentrationen erreichen. Die Giftstoffe werden über das Wasser aus dem Filter in das Aquarium zurückgeführt und richten hier an Fischen und Wirbellosen großen Schaden an. Auch ein erneuter Durchlauf durch den Filter kann keine Abhilfe schaffen. Selbst reichhaltiger Pflanzenwuchs trägt nicht zum Abbau dieser Stoffe bei, da die Pflanzen erst das vollständig oxidierte Nitrat als Nährstoff aufnehmen.

Abschließend möchte ich auf die treffende Aussage von HÜCKSTEDT (1963) in seinem ersten Lehrsatz verweisen: „Dreck bleibt Dreck, auch wenn man ihn nicht sieht!" So banal dieser Satz auch klingt, so wenig an Gültigkeit hat er seit seiner ersten Niederschrift verloren.

Aerob arbeitende biologische Filterung

Die biologische Filterung ist aus der mechanischen entstanden. Sehr früh hat man in der Abwasseraufbereitung festgestellt, daß das Filtermaterial biologisch aktiv ist und daß die auf dem Filtermaterial siedelnden Bakterien eine spezifische Wirkung entfalten. Daher hat man zunächst damit begonnen, mit Füllkörpern versehene Behälter mit Abwasser zu beschicken und nach einer gewissen Einwirkzeit zu entleeren. Dieses Verfahren liefert allerdings keine optimalen Ergebnisse. So ging man bald dazu über, das Füllkörpermaterial nicht mehr diskontinuierlich, sondern kontinuierlich zu beschicken. Das erfolgte dann auch nicht mehr im mit Wasser gefüllten Behälter, sondern im sogenannten Tropfkörper. Diese beiden Verfahren haben sich bis heute in der Aquarientechnik gehalten. Es werden sowohl sogenannte „nasse" als auch „trockene Biofilter" betrieben.

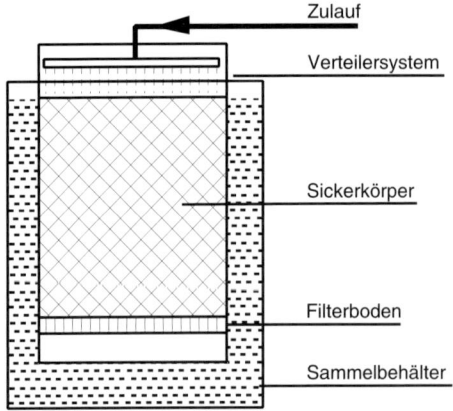

Prinzip eines untergetauchten Biofilters.

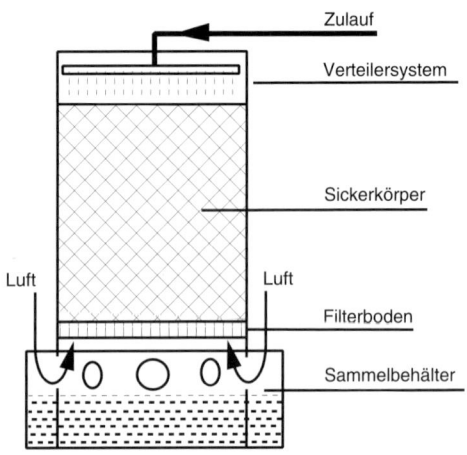

Im "trockenen" Biofilter können unerwünschte anaerobe Prozesse unterdrückt werden.

Der „nasse Biofilter"

Dieser Filtertyp ähnelt noch sehr dem mechanischen Schnellfilter. Er ist dadurch gekennzeichnet, daß das Filtersubstrat unter dem Wasserspiegel liegt. Die Filtergeschwindigkeit ist allerdings gegenüber dem Schnellfilter deutlich niedriger, und das Filtermaterial ist gröber gewählt.

Aufgrund der niedrigen Strömungsgeschwindigkeit besteht die Gefahr, daß sich Feststoffe im Filtermaterial anreichern und der Filter verschlammt. Sie erhöht sich dadurch, daß vor allem die organischen Feststoffe sehr leicht sind und eine geringe Sinkgeschwindigkeit haben. Sie lagern sich daher leicht an Filterkörnern an. Hierdurch wird der freie Strömungsweg verkleinert. Es können auch mangelhaft oder gar nicht durchströmte Zonen entstehen, die zu „Bakteriennestern" werden. Biologisch aktives Filtermaterial, das von organischen Ablagerungen überzogen ist, wird von der gleichmäßigen Sauerstoffversorgung abgeschnitten. Ohnehin steht diese Filterart immer in Gefahr, unter Sauerstoffarmut zu leiden, da der Sauerstoff nur über das fließende Wasser herangeführt werden kann. Somit besteht für diese Filter vor allem bei Aquarien mit relativ hoher Temperatur die Gefahr zu ersticken.

Der „trockene" Biofilter

Aus den Erkenntnissen und negativen Erfahrungen, die man beim mechanischen Schnellfilter und beim untergetauchten Biofilter gesammelt hat, entstand bald der „biologische Rieselfilter", der dem Rieseltropfkörper der Abwasseraufbereitung ähnelt. Diese Bauart wird häufig auch als „trockener Biofilter" bezeichnet, weil sich bei ihr das Filtermaterial nicht unter Wasser befindet, sondern an der Luft steht und von Wasser berieselt wird. Hierdurch werden zwei wesentliche Vorteile erreicht.

Sauerstoff wird aus zwei Quellen zugeführt, nämlich sowohl aus der umgebenden Luft als auch aus dem Wasser. Der Sauerstoff kann direkt aus der Luft in den Wasserfilm, der das biologisch bewachsene Filterkorn umgibt, eindiffundieren. Somit ist gewährleistet, daß stets ein sauerstoffreiches Milieu vorherrscht. Anaerobe Prozesse können unterdrückt werden.

Um die Luftzufuhr optimal zu gestalten, sollte der Filter unten nicht mit dem Wasserspiegel abschließen. Wenn der Filterboden über dem Wasserspiegel steht und seitlich Öffnungen vorgesehen werden, kann die

Aerob arbeitende biologische Filterung

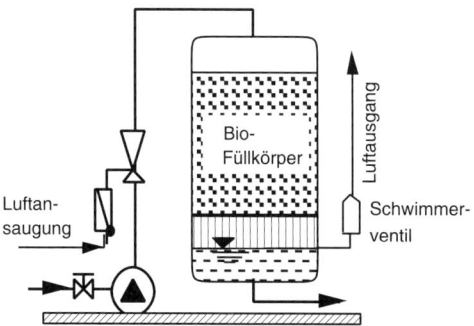

Der biologische Druckfilter: Funktionsschema, leeres Gehäuse und in Betrieb genommener Filter.

Luft nicht nur vom Wasser mitgeführt werden, sondern frei durch den Filter strömen.

Durch das Berieseln wird jedes Filterkorn nur in Intervallen von Wasser umströmt und ruht dann wieder eine gewisse Zeit. Erfolgt eine neue Beströmung, können abgelagerte Stoffe leichter wieder abgeführt werden. Einem Verstopfen des Filters wird hierdurch entgegengewirkt. Die Strömungswege bleiben frei für die Wasser- als auch für die Sauerstoffzufuhr. Bakteriennester werden vermieden.

Der biologische Druckfilter

Diese Bauart des biologischen Filters stellt eine Zwischenform zwischen dem geschlossenen Schnellfilter und dem Biofilter dar. Der Filter hat wie der Schnellfilter eine geschlossene Bauform. Um die Sauerstoffversorgung zu gewährleisten, fördert die Wasserpumpe das Wasser über einen Injektor, so daß Luft angesaugt und feinblasig mit dem Wasser vermischt wird. Die Luft wird vom Wasser mitgeführt und durch das Filtermaterial geleitet, das auf einem Filterboden liegt. Unter ihm befindet sich eine Klarwasserkammer. Erst hier trennen sich Luft und Wasser voneinander. Das Wasser strömt gereinigt und mit Sauerstoff angereichert in das Aquarium zurück, während die verbrauchte Luft durch ein Entlüftungsventil wieder nach außen geleitet wird.

Mit Kunststoff-Füllkörpern beschickter biologischer Druckfilter.

Auf diese Weise wird die Belüftung des Filters nicht dem Zufall überlassen, sondern die Frischluft wird zwangsweise durch den Filter geführt. Dadurch werden stets aerobe Zustände gewährleistet. Diese Bauweise eignet sich besonders dort, wo für eine offene Bauweise eines Biofilters kein Platz ist. Hier kann der biologische Druckfilter eine Problemlösung darstellen, da er in eine geschlossene Druckleitung installiert werden kann. Allerdings darf das Wort „Druckfilter" nicht dazu verleiten, den Filter unter großen Überdruck zu setzen, da sonst der Injektor keine Luft mehr ansaugen kann. Während die Abbildung oben einen fabrikneuen Filter zeigt, sehen wir in der Abbildung auf Seite 84 einen Filter, der seit geraumer Zeit in Betrieb ist und bereits einen guten biologischen „Rasen" ausgebildet hat. Der Biorasen ist deutlich zu sehen, ebenso wie die Verteilung von Luft und Was-

Biologischer Druckfilter im Betrieb. Die Füllung besteht aus Korallenbruch.

wird das Wasser über eine Heberkonstruktion abgesaugt und läuft in die untere Filterkammer. Der Wasserauslauf erfolgt wesentlich schneller als der gleichmäßige Wassernachlauf, so daß die obere Filterkammer zunächst nahezu trockenfällt. Hierdurch wird das gesamte Filtermaterial intensiv belüftet, so daß eindeutig aerobe Verhältnisse im Filter vorherrschen! Die untere Filterkammer läuft nun ihrerseits wieder voll, bis auch hier ein Heber anspringt und das Wasser in die Klarwasserkammer fließen läßt. Hier steht die Förderpumpe und fördert das Wasser in das Aquarium zurück. Eine Ventilkonstruktion sorgt für eine automatische Regelung.

Das System versorgt die Bakterien gleichermaßen gut mit Nährstoffen, also organischer Schmutzfracht, sowie auch mit Sauerstoff, den die Nitrifizierer für die biologische Oxidation benötigen. Der stetige Wasserwechsel vermeidet das Anlagern von Partikeln, die durch den Ebbe- und Flut-Effekt wieder ausgespült werden. Damit wird erreicht, daß der Filter ausschließlich biologisch und nicht mechanisch arbeitet. Entsprechend muß natürlich das Filtermaterial gewählt werden. Hier empfehlen sich porös strukturiertes Steinmaterial im Süßwasser und grober Korallenkies im Seewasser.

ser, die nicht nur örtlich sondern auch zeitlich schwankt und somit eine optimale Versorgung der Bakterien mit Sauerstoff und Nährstoffen gewährleistet.

Der biologische Innenfilter

Als „biologischen Innenfilter" hat die Firma EHEIM ein interessantes Produkt auf den Markt gebracht. Der Filter wird an der Seite innerhalb eines Aquariums aufgestellt und besteht aus drei übereinanderliegenden Kammern. Das Wasser läuft aus dem Aquarium in den Filter hinein. Hierfür ist hauptsächlich eine Oberflächenabsaugung vorgesehen, aber es kann auch Wasser aus dem Bodenbereich angesaugt werden.

Das Wasser läuft in die oberste Filterkammer, die zunächst bei Inbetriebnahme noch kein Wasser enthält. Wenn sie gefüllt ist,

Die Auswahl des Filtermaterials

Bei der Wahl des Filtermaterials ist in erster Linie wichtig, daß grobes Material bevorzugt wird. Während ein mechanischer Filter mit Watte oder feinem Sand einer Körnung von etwa 2 mm arbeiten kann, ist das für biologische Filter viel zu klein. Zu empfehlen ist eine Korngröße von ungefähr 5 bis 30 mm. Eine feinere Körnung führt zur Verschlammung und zum Ersticken des Filters. Die großen Abmessungen sind notwendig, um die Strömungswege freizuhalten. Rein rechnerisch wird die biologisch aktive Oberfläche um so größer, je kleiner das Filterkorn ist. Aber wie bereits im Kapitel über mechanische Filter besprochen, entstehen bei Körnern unter 5 mm in zunehmendem Maße Probleme. Gute Erfahrungen liegen mit grob

Gebräuchliche Füllkörpermaterialien für die biologische Filterung im Vergleich.

Art	Zylindrischer Keramikring				Kunststoffigel		Kunststoff-Gitterrohr	
Größe in Millimetern bzw. Zoll	5	8	10	15	40	56	5/8"	1"
Gewicht kg/m3	900	850	900	700	124	106	112	72
Spezifische Oberfläche in m^2/m^3	1 000	550	450	310	300	184	330	180
freies Volumen in Prozent	63	65	63	72	86	88	88	92

strukturiertem **Steinmaterial** vor, das allerdings für den jeweiligen Fall ausgewählt werden muß.

Im Seewasser hat sich mittlerer bis grober **Korallenbruch** sehr gut bewährt. Auf seiner porösen Oberfläche finden Bakterien optimale Wachstumsbedingungen. Außerdem stabilisiert der Korallenbruch als Kalkstein den pH-Wert des Seewassers, weswegen er für Süßwasser meistens nicht geeignet ist. Hier sollten Materialien gewählt werden, die pH-neutral sind. Es bieten sich verschiedene Arten von Lavagestein an, die aber vor dem Einbringen in den Filter unbedingt gründlich gespült werden müssen. Meist haben diese Steine einen sehr feinen Abrieb, der bei der Inbetriebnahme leicht herausgespült wird und sich im Aquarium als feiner Staub auf Pflanzen und Bodengrund verteilt. Verbleibt der Steingrus im Filter, bilden sich wiederum tote Zonen.

Gute Erfahrungen liegen auch mit **Kunststoff-Füllkörpern** vor. Ihre spezifische Oberfläche dürfte kleiner sein als bei natürlichem Gestein. Es entsteht aber kein Abrieb, und das Filtermaterial wird sehr gut durchströmt oder berieselt. Verschlammung und Verstopfung werden sicher verhindert. Biofilter mit Kunststoffkörpern sollten eher etwas größer ausgelegt sein als solche mit Steinmaterial. Für aquaristische Zwecke kommen in der Regel die kleinstmöglichen Füllkörper in Frage. Bei Kunststoffmaterial kann meist die spezifische Oberfläche errechnet werden. Sie wird in der Regel auch vom Hersteller angegeben und stellt ein wichtiges Auswahlkriterium dar. Die Form der Füllkörper ist von untergeordneter Bedeutung. Wichtig ist allerdings, daß sie beim Einbringen in den Filter gleichmäßig verteilt werden, so daß keine Strömungskanäle entstehen.

Häufig werden auch **Schaumstoffmaterialien** verwendet, die jedoch lösungsmittelfrei sein müssen. Schaumstoffe bieten meist eine sehr große spezifische Oberfläche, die auch gut von den Bakterien bewachsen wird. Allerdings haben sie in der Regel ein sehr enges Gerüst, wodurch sie zur Verschlammung neigen. Sie müssen daher häufig gereinigt werden! Ein großer Vorteil sowohl der Kunststoff-Füllkörper als auch der Schaumstoffe gegenüber den Steinmaterialien ist ihr geringes Gewicht. Man erkennt das sehr gut in der obigen Tabelle, in der verschiedene Füllkörper aufgeführt worden sind. Im Vergleich mit den Kunststoffkörpern „Igel" und „Gitterring" schneidet der Keramikring sehr gut ab, wenn man die spezifische Oberfläche betrachtet. Allerdings bringt er ein sehr großes Gewicht mit sich. Der Igel und das Gitterrohr haben etwa gleich gute Merkmale, wobei der

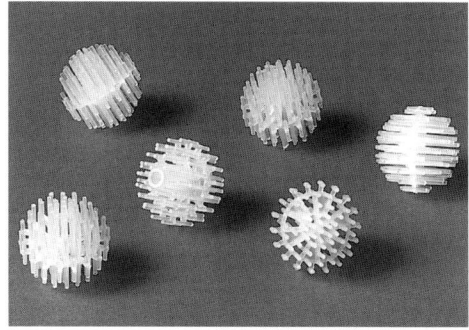

Kunststoffgitterrohre und Kunststoffigel haben sich als Filtermaterial in biologisch arbeitenden Filtern bewährt.

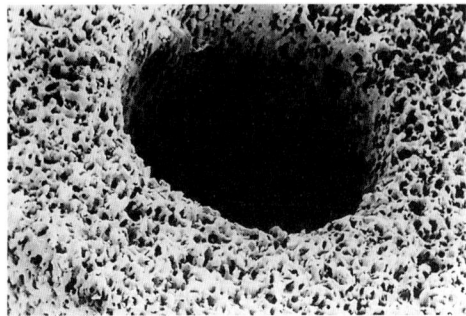

Die rasterelektronenmikroskopische Aufnahme zeigt die poröse Struktur des SIRAN-Glasfüllkörpers.

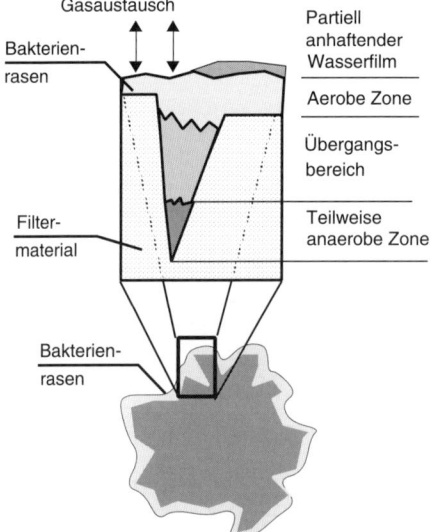

Der Ausschnitt aus einem Filterkorns stellt die an der Oberfläche ablaufenden Reaktionen dar.

werden kann. Leider sind für natürliche Gesteine, die sich sehr gut für Aquarienfilter eignen, keine Vergleichswerte verfügbar, da die spezifische Oberfläche kaum zu ermitteln ist. Für das Heimaquarium bis etwa 500 Liter Inhalt sind wohl natürliche Steinmaterialien das Mittel der Wahl, während größere Anlagen eher mit Kunststoffen als Filtermaterial ausgerüstet werden sollten.

Sehr gute Ergebnisse liefern auch Füllkörper aus **porösem Glas**. Sie haben eine extrem hohe spezifische Oberfläche, so daß etwa 0,4 m^2/g oder 90000 m^2/m^3 von Mikroorganismen besiedelbar sind. Leider ist das Material sehr teuer und findet daher nur wenig Eingang in die Aquaristik.

Auch **Aktivkohle** wird als Filtermaterial für Biofilter benutzt. Meist ist ihre Körnung jedoch viel zu klein. Einige Aktivkohlearten bieten spezifische Oberflächen von bis zu 1000 m^2/g, die aber nur zum allerkleinsten Teil biologisch aktivierbar sind. Diese Flächen werden, wenn überhaupt, nur adsorptiv in den Stoffaustausch eingreifen.

Wie die nebenstehende Abbildung zeigt, wird insbesondere die oberste Schicht des biologischen Rasens die aktiv nitrifizierende Schicht sein. Nur im äußeren Bereich ist aufgrund von Diffusion ein Sauerstoffeintrag in den Bakterienrasen hinein möglich. Je tiefer die Schichtenstruktur angelegt ist, um so geringer wird der Sauerstoffaustausch, da nicht nur die Diffusion erschwert wird, sondern auch eine starke Sauerstoffzehrung vorliegt. In tiefer gelegenen Spalten ist damit zu rechnen, daß der Sauerstoff praktisch aufgebraucht ist und anaerobe Vorgänge stattfinden. Inwiefern sie ungestört unter den aeroben Schichten ablaufen können oder ob sich die unterschiedlichen Kulturen gegenseitig stören, kann nur vermutet werden.

Unter optimalen Bedingungen fände unter der aeroben Schicht eine anaerobe Denitrifikation statt. Zu befürchten ist allerdings, daß es zu unkontrollierten Fäulnisprozessen kommt, da die anaeroben Bakterien für die Denitrifikation, wie wir noch sehen werden, besondere Anforderungen stellen. So kann vielleicht auch erklärt werden, warum Kunst-

Gitterring noch geringfügig besser zu sein scheint. Beide bieten gegenüber dem Keramikring den Vorteil des geringeren Gewichtes, was insbesondere bei großen Filteranlagen von Bedeutung ist, da die Konstruktion leichter und somit kostengünstiger gehalten

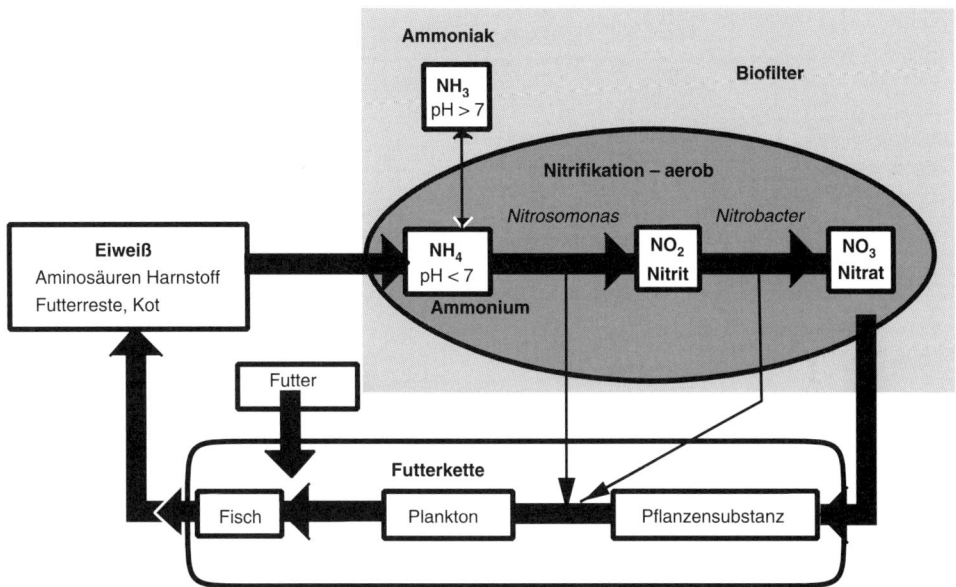

Stickstoffkreislauf in einem mit einem biologischen Filter ausgerüsteten Aquarium.

stoff-Füllkörper sehr gute biologische Werte ergeben. Ihre Oberflächenstruktur ist im Mikrobereich relativ geschlossen und erlaubt keine Ausbildung anaerober Schichten in Spalten oder anderen Tiefenstrukturen. Die Bakterienflora auf Kunststoff-Füllkörpern dürfte also meist eindeutig aerober Natur sein und somit eine ungestörte Nitrifikation erlauben.

Die Stellung der biologischen Filterung im Stickstoffkreislauf

Die wichtigsten Bewohner im Biofilter sind die Bakterien *Nitrosomonas* und *Nitrobacter*. *Nitrosomonas* oxidieren das giftige Ammonium zum Nitrit, während *Nitrobacter* das giftige Nitrit zum Nitrat verarbeiten. Der genaue Vorgang ist im Kapitel „Biologische Grundlagen", näher beschrieben. Durch ein eindeutig aerobes Milieu werden diesen Bakterienstämmen optimale Wachstumsbedingungen geboten. Der Erfolg ist, daß organische Stoffe vollständig bis zur Nitratstufe oxidiert werden. Man darf sich diesen Vorgang natürlich nicht so vorstellen, daß eine Futterportion, die nicht gefressen wurde, bei einem einmaligen Durchlauf sofort vollständig verarbeitet würde. Die Bakterien arbeiten langsam, aber stetig. Auch Giftstoffe treten nicht plötzlich auf, sondern reichern sich vielmehr langsam an, bis sie eine kritische Konzentration erreicht haben. Funktioniert der Biofilter, kann er die Giftstoffe durch bakterielle Oxidation in gleichem Maße abbauen, wie sie anfallen.

Die Endstufe der Oxidation ist das Nitrat, das von aeroben Bakterien nicht weiter verarbeitet werden kann. Die meisten Wasserlebewesen reagieren aber auf relativ hohe Nitratkonzentrationen sehr tolerant. So können Werte um 50 mg/l durchaus akzeptiert werden, während Ammoniak und Nitrit jedoch bereits bei 1 mg/l giftig wirken. Soll der Nitratwert vermindert werden, so hilft zunächst nur ein teilweiser Wasserwechsel. Im Seewasser trägt der Abschäumer dazu bei, Eiweißver-

Filtertechnik

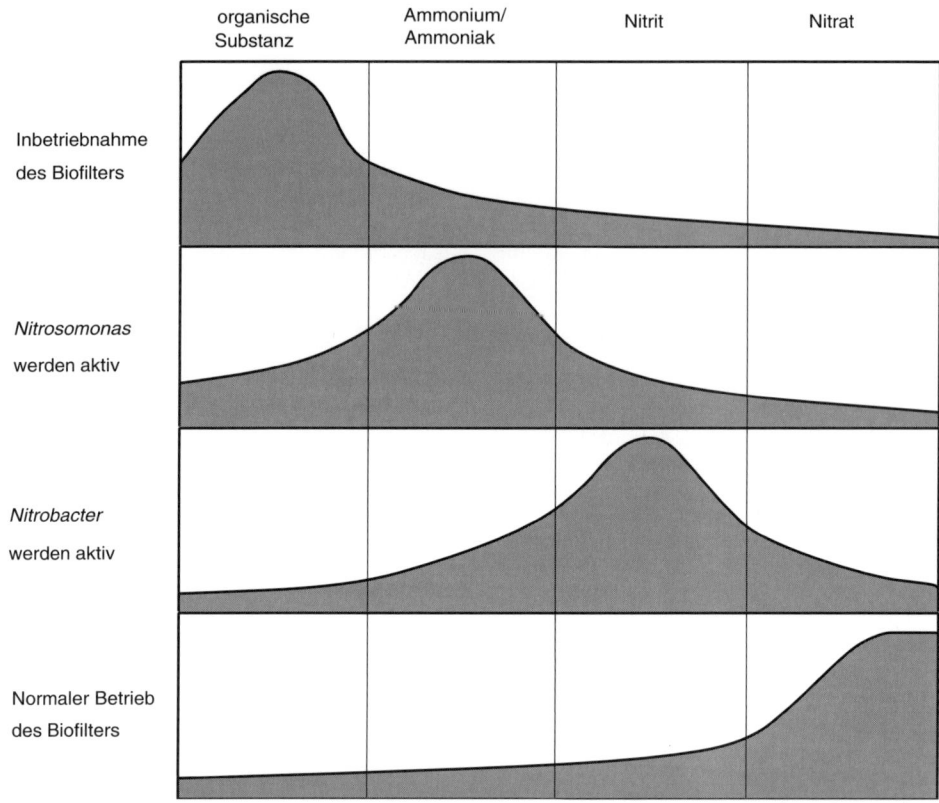

Bei der Inbetriebnahme eines Biofilters in belastetem Wasser treten nacheinander relativ hohe Konzentrationen von organischen Stoffen, Ammoniak/Ammonium, Nitrit und Nitrat auf.

bindungen aus dem Kreislauf zu entfernen, bevor sie sich weiter zersetzen. Heftig umstritten ist der Nitratabbau durch anaerobe Bakterien, mit dem wir uns später noch befassen werden.

Das Anfahren eines Biofilters

Wird ein Biofilter neu in Betrieb genommen oder wird ein Aquarium neu eingerichtet, tritt eine besonders kritische Situation ein. Durch Fütterung und Fischkot entsteht sehr schnell ein „Berg" von organischer Substanz im Wasser, die auch recht schnell bis zur Stufe Ammonium/Ammoniak zersetzt wird. An dieser Stelle ist aber der Bakterienrasen im Filter noch lange nicht ausreichend aufgebaut, um Ammonium entsprechend zügig weiterzuverarbeiten. Die Bakterien vermehren sich erst langsam und stehen schließlich einem großen Ammoniakberg gegenüber, der dann nur sehr langsam abgebaut werden kann.

Die *Nitrobacter*-Kolonien hatten bisher noch keine Veranlassung, nennenswert zu wachsen, da ihnen die Nahrung fehlte. Erst wenn *Nitrosomonas* Nitrit erzeugen, erhalten die *Nitrobacter* ihre Ernährungsgrundlage.

Nun arbeitet die erste Stufe, die das Nitrit erzeugt, schon recht ordentlich, während die zweite Stufe, die das Nitrit zum Nitrat oxidiert, erst wachsen muß. Während nun der Ammonium-/Ammoniakberg langsam abgetragen wird, erreicht der Nitritwert seinen Höhepunkt. Erst nach geraumer Zeit, wenn beide Kulturen sich eingespielt haben, erfolgt die Oxidation in beiden Stufen simultan. Während dieser Einlaufzeit gibt es nur die Möglichkeit, den Fischbesatz sehr langsam bei geringster Fütterung aufzubauen. Wenn möglich, sollten die Bakterien vor dem ersten Besatz die Möglichkeit haben, sich eine Zeitlang ungestört zu entwickeln. Gut bewährt hat sich auch das „Impfen" mit biologisch aktivem Wasser. Der volle Tierbesatz sollte erst nach einer Vorlaufzeit von vier bis sechs Wochen eingesetzt werden.

Belastungsberge, wie sie in der nebenstehenden Abbildung gezeigt werden, können aber in verminderter Form auch durchaus in eingefahrenen Becken auftreten. Biologische Systeme sind dadurch gekennzeichnet, daß sie sich auf relativ gleichmäßige Betriebsbedingungen einstellen. Tritt aufgrund einer Störsituation (zu große Futtermenge, unbemerktes Absterben eines Tieres) eine Belastungsspitze auf, so sind sie nur bedingt in der Lage, sie abzufangen, und benötigen bis zu mehren Tagen und länger, um zu reagieren und die Störsituation auszugleichen. Biologische Systeme arbeiten sehr gleichmäßig, sie reagieren aber auch sehr träge! Man könnte daher leicht dazu geneigt sein, die biologischen Filter größer zu bemessen. Es muß dabei aber bedacht werden, daß nitrifizierende Bakterien in zu großen Biofiltern durchaus verhungern können!

Der Einfluß äußerer Umstände auf die Effektivität des Biofilters

Die Wasserqualität und das Leben im Filter stehen in gegenseitiger Wechselwirkung. So ist es nicht verwunderlich, daß nicht nur die Wasserqualität von der mehr oder weniger guten Funktion des Biofilters abhängt. Vielmehr stellt auch die Bakterienflora des Filters gewisse Ansprüche an das Wasser, um optimal gedeihen zu können.

Temperatur. Ein wichtiger Faktor ist die Temperatur. Nitrifizierende Bakterien gedeihen am besten bei Temperaturen zwischen 20 und 30 °C. Damit ist der wichtige Bereich der üblichen Warmwasseraquarien gut abgedeckt. Im oberen Bereich der Temperatur wird natürlich die Sauerstoffversorgung immer wichtiger, denn die Sauerstoffsättigungsgrenze fällt mit steigender Temperatur. Andererseits sinkt unter 20 °C die Effektivität der Nitrifikation erheblich ab, wie die Abbildung unten zeigt. Die verschiedenen Kurven stellen Filtermedien mit verschieden stark bewachsenem Filtermaterial dar. Für Kaltwasseraquarien ist es also besonders wichtig, für starken Bewuchs geeignete Filtermaterialien zu wählen.

Verschiedene Autoren geben im einzelnen sehr unterschiedliche Ergebnisse an. Wenn man also im Kaltwasserbereich Filtersysteme aufbaut, die sich im wesentlichen auf den

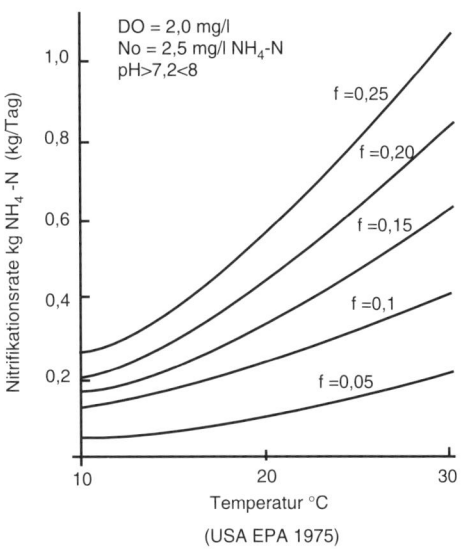

(USA EPA 1975)

Die Nitrifikationsrate ist temperaturabhängig (nach SPEECE).

Filtertechnik

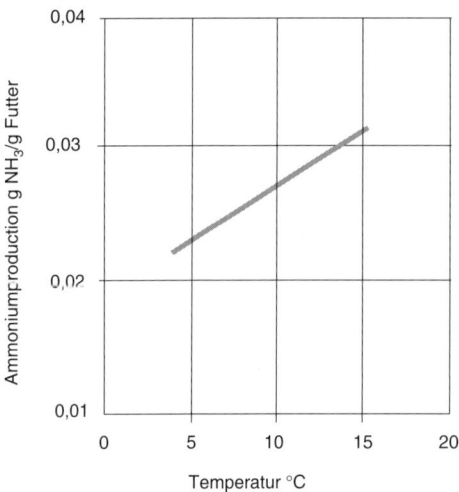

Die Ammoniumproduktion pro Futtermenge hängt ebenfalls von der Temperatur ab.

Schadstoffabbau durch Bakterien stützen, so müssen die biologischen Filter deutlich größer als im Warmwasserbereich sein. Andererseits kommt es der Filterung entgegen, daß natürlich nicht nur die Stoffwechselaktivität der Nitrifizierer, sondern auch die der anderen Organismen im Wasser herabgesetzt ist, so daß auch die Produktion organischer Substanz langsamer abläuft (siehe Abbildung oben). Trotzdem muß die verringerte Leistung der Biofilter bei Kaltwasseranlagen berücksichtigt werden, so daß man andere Anlagenteile wie mechanische Filtration oder Abschäumung entsprechend stärker auslegen muß.

Sauerstoffgehalt. In den biologischen Grundlagen haben wir gesehen, daß mehr als 3 g Sauerstoff benötigt werden, um 1 g Ammonium zu Nitrat zu oxidieren. Die Nitrifikation kann nur im eindeutig aeroben Bereich stattfinden. Dies muß entweder durch die Konstruktion des Biofilters gewährleistet sein, oder die Werte des einlaufenden Wassers müssen eine ausreichende Sauerstoffversorgung garantieren. Ansonsten besteht die Gefahr, daß das Milieu des Filters in den anaeroben Bereich umkippt. Hinzu kommt, daß natürlich die nitrifizierenden Bakterien nicht alleine unseren Biofilter besiedeln, sondern sich gegen eine ganze Anzahl anderer konkurrierender Bakterienkulturen durchsetzen müssen. Wenn der Sauerstoffgehalt angehoben wird, haben die Nitrifizierer also eher die Möglichkeit, sich gegen ihre Konkurrenz durchzusetzen.

Für den Biofilter ist es sehr wichtig, daß die Nitrifizierer nicht nur am Existenzminimum leben, sondern ihren Stoffwechsel aktiv betreiben können. WHEATON (1987) berichtet von amerikanischen Untersuchungen, die gezeigt haben, daß bei einem Sauerstoffgehalt von 2 mg/l nur 40 % der maximal möglichen

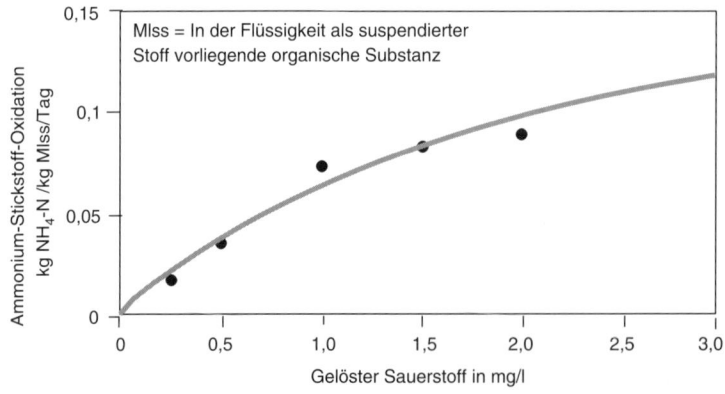

Die Ammoniumoxidation hängt vom Sauerstoffgehalt des Wassers ab (nach NAGEL & HAWORTH 1969, aus KAISER & WHEATON 1983).

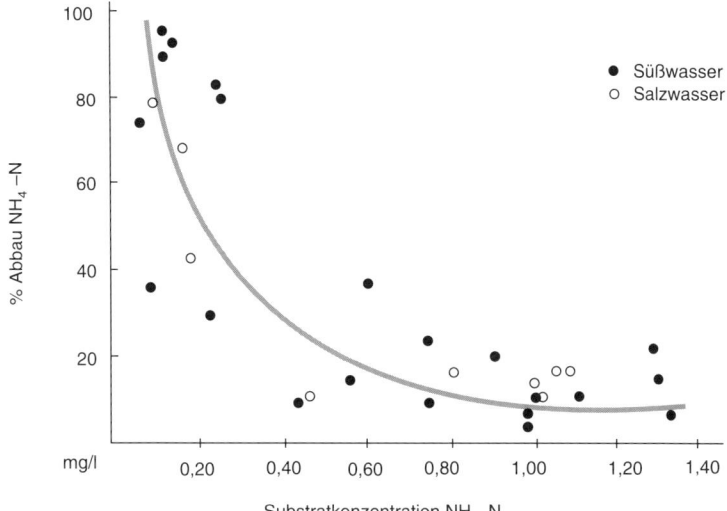

Ammoniumabbau in einem untergetauchten Biofilter als Funktion der Substratkonzentration (nach POOLE 1983).

Nitrifikation erfolgte, während bei 4 mg/l 80 % erreicht wurden. Die Abbildung unten links zeigt die Abhängigkeit der Umsetzung des Ammoniums zu Nitrit vom Sauerstoffgehalt, wenn dieser unter 3 mg/l liegt, was bereits sehr wenig ist. In gut belüfteten Aquarien dürften die Werte zumeist deutlich höher liegen. Man muß dabei natürlich bedenken, daß der Sauerstoffgehalt im Biofilter oder, besser gesagt, auf der Oberfläche des Bakterienrasens, deutlich niedriger als im Aquarium selbst sein kann.

Gehalt an organischer Substanz. Hier kann man von auf „zwei Seiten vom Pferd fallen". Ist die organische Fracht zu hoch, so kann sie der Biofilter nicht verarbeiten, so daß sehr hohe Spitzenwerte entstehen, insbesondere an Ammonium und Nitrit. Andererseits brauchen auch Bakterien etwas zu fressen. Das bedeutet, daß sie ihre Tätigkeit weitgehend einstellen, wenn sie über längere Zeit extrem sauberes Wasser bekommen haben, das nahezu frei von organischen Stoffen ist. Wenn dann ein plötzlicher Nahrungsschub in Form organischer Belastung kommt, so benötigen die Bakterien einige Zeit, um ihren Stoffwechsel wieder vollständig zu aktivieren. Also muß man berücksichtigen, daß man einen biologischer Filter nicht nach Bedarf aus- und einschalten kann. Man sollte die Belastungswerte daher möglichst gleichmäßig halten, was sowohl für die Fütterung als auch für den Wasserwechsel gilt. Die obenstehende Abbildung zeigt, wie ein Biofilter auf eine Veränderung der Ammoniumkonzentration reagiert. Steigt die Ammoniumkonzentration plötzlich von 0,2 auf 1 mg/l, fällt die Effektivität des Filters. Wenn er vorher etwa 70 % abgebaut hat, wird er jetzt nur noch ungefähr 10 bis 15 % schaffen. Ein kleines Rechenbeispiel macht dies deutlich.
70 % von 0,2 mg/l = 0,14 mg/l
14 % von 1 mg/l = 0,14 mg/l
Das heißt also, daß die Bakterien etwa 0,2 mg/l Ammonium umsetzen, unabhängig davon, wieviel ihnen angeboten wird. Daher braucht der Biofilter eine geraume Zeit, um sich umzustellen. An dieser Stelle zeigt sich auch, ob er bisher eher an seiner Leistungsgrenze gearbeitet oder ob er noch Reserven hat. Wenn die Bakterien ihre Leistung steigern sollen, können sie zwar einerseits ihren Stoffwechsel erhöhen, werden aber auch die

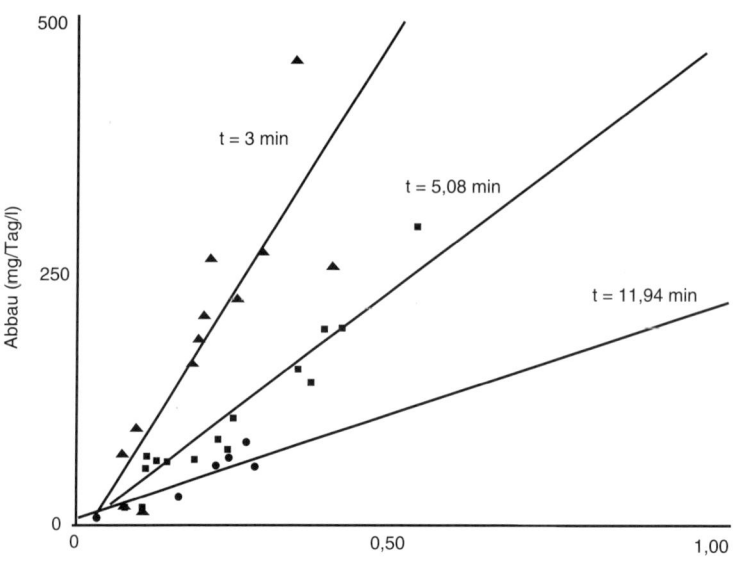

Ammoniumabbauraten in verschieden großen Biofiltern bei verschiedenen Verweildauern (nach BRUNE & GUNTHER 1981).

Besiedlungsfläche oder die Besiedlungsdichte vergrößern wollen. Wenn hier aufgrund der Größe des Biofilters Grenzen gesetzt sind, kann die erhöhte Belastung nicht abgefangen werden.

Verhalten der Bakterien bei Nahrungsmangel. Wenn eine *Nitrobacter*-Kultur über längere Zeit ohne nennenswerte Belastung gehalten wurde, so stirbt sie allerdings noch nicht ab. Die Bakterien haben eine spezielle Überlebensstrategie entwickelt, die anhand von elektronenmikroskopischen Aufnahmen festgestellt worden ist. RÖSSNER (1971) berichtet hierzu: „*Nitrobacter winogradskii* besitzt im stoffwechselaktiven Zustand polare Membrankappen, in denen die Enzyme der Nitritoxidation lokalisiert sind. Die Membranen liegen regelmäßig geordnet unter der Bakterienzellwand. Ist kein Nitrit mehr vorhanden, so sterben die Zellen nicht ab. Sie inaktivieren und bilden Dauerzellen, die mehrere Jahre am Leben bleiben. Inaktive Dauerzellen von *Nitrobacter winogradskii* haben eine besondere Feinstruktur. Die polare Membrankappe der aktiven Zelle ist verschwunden. Die Cytoplasmamembran scheint sich von der Zellwand abgehoben zu haben und ist in das Zellinnere gewandert. Sie umschließt die DNS und Reservekörper, wahrscheinlich die entwässerte Ruhezelle. Bei erneuter Zugabe von Nitrit reaktivieren die Bakterien. Bei ansteigender Aktivität wandert die Cytoplasmamembran wieder unter die Zellwand und die Membrankappen werden aufgebaut. Die Zellen beginnen zu wachsen." Wir erkennen an dieser Beschreibung, daß die Natur schon viele Probleme, die wir in unseren Aquarien haben, von vornherein gelöst hat. Andererseits dürfen wir uns das Wiederaktivieren ganzer Kulturen nicht wie das Einschalten einer Lampe vorstellen. Es gilt also nach wie vor als wichtiges Ziel, möglichst stabile Wasserverhältnisse zu schaffen.

Das Volumen des Biofilters. Mit dem vorigen Thema eng im Zusammenhang steht das Volumen des Biofilters. Auch hier gilt, daß die Regel „Viel hilft viel" nicht unbedingt richtig ist, wie in der Abbildung von BRUNE und GUNTHER (1981) deutlich wird. Hier sind die Abbauraten von Ammonium bei verschieden großen Biofiltern gegenübergestellt worden, die so bemessen waren, daß sie dem

Ammoniumoxidation in Abhängigkeit vom pH-Wert (nach Srna & Baggaley 1975).

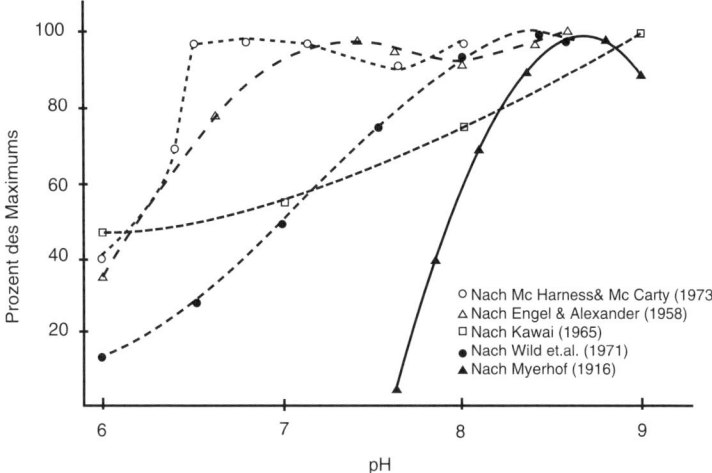

○ Nach Mc Harness & Mc Carty (1973)
△ Nach Engel & Alexander (1958)
□ Nach Kawai (1965)
● Nach Wild et.al. (1971)
▲ Nach Myerhof (1916)

Wasser eine Verweilzeit zwischen drei und fast zwölf Minuten ermöglicht haben. Das Diagramm zeigt deutlich, daß der Filter mit nur drei Minuten Verweilzeit die beste Abbauquote hat. Man muß natürlich hinzufügen, daß diese Werte nur relativ betrachtet werden dürfen und von System zu System anders sein können. In der Aquaristik ist es üblich, daß das Wasser des Aquariums etwa einmal pro Stunde umgewälzt wird. Hierauf bezogen halte ich es für realistisch, den Biofilter so zu bemessen, daß die Verweilzeit etwa zwei bis fünf Minuten beträgt. Der Ausdruck Verweilzeit ist insbesondere beim Rieselfilter etwas irreführend.

Man kann das Volumen des Biofilters auch in Prozent des Aquarienvolumens angeben. Es entspricht dann in etwa 3 bis 8 % des Aquarienvolumens. Auch hier muß natürlich nach der Art des Besatzes unterschieden werden. Ein Becken mit Wirbellosen, das mit vielen lebenden Steinen besetzt ist und in dem wenig gefüttert wird, kommt mit einem weit kleineren Biofilter aus als ein reines Fischbecken mit intensiver Nahrungszufuhr. Außerdem darf man nie nur einen Anlagenbaustein allein betrachten. Wichtig ist, daß das gesamte Konzept stimmt. Insbesondere muß auch die Temperatur berücksichtigt werden. Ein Kaltwasserbecken benötigt einen größeren Biofilter als ein Warmwasseraquarium.

Der pH-Wert. Der pH-Wert der in der Aquaristik verwendeten Wässer erstreckt sich von etwa pH 5 bis pH 8,5. Für Lebewesen, die sich auf einen bestimmten Wert einstellen, ist das ein sehr weiter Bereich. Es ist daher interessant zu wissen, ob die Nitrifikation bei den in Frage kommenden pH-Werten gleichmäßig oder zumindest ausreichend gut erfolgt. Hierzu gibt es eine ganze Reihe von Untersuchungen, die in der Abbildung oben von Srna und Baggaley (1975) zusammengestellt worden sind. Es wird deutlich, daß die verschiedenen Verfasser zu sehr unterschiedlichen Ergebnissen kommen, die wohl weitgehend davon abhängig sind, wie die jeweiligen Bakterienkulturen angesetzt wurden und wie sie den unterschiedlichen Bedingungen ausgesetzt waren. Immerhin ist abzulesen, daß die Nitrifikation zwischen pH 7,5 und 8,5 optimal abläuft, während sie darunter in geringerem Maße stattfindet.

Weitere Untersuchungen (Huang und Hopsor 1975) haben ergeben, daß die Nitrifikation bei pH 6,6 etwa 85 % des bei einem pH-Wert von 8,4 bis 9 liegenden Optimums erreicht. Plötzliche pH-Wert-Senkungen werden von den Bakterien übelgenommen, wobei etwa eine Veränderung von pH 7,2 zu 6,4 noch vertragen wird, während ein Sprung von pH 7,2 nach 5,8 eine signifikante Störung der Nitrifikation zur Folge hat. In der umgekehrten Richtung zeigt es sich, daß die Bakterien pH-Verschiebungen nach oben durch Leistungssteigerung beantworten. Das ist auch ein Zeichen dafür, daß der niedrige pH-Wert die Nitrifizierer zwar nachhaltig im Stoffwechsel behindert, aber nicht abtötet.

Einfluß von Medikamenten. Medikamente werden in der Regel verabreicht, um einer starken Belastung des Wassers mit Krankheitserregern entgegenzuwirken. Es ist natürlich nicht verwunderlich, wenn die Medikamente nicht nur die Krankheitserreger, sondern auch die Bakterien im Filter nachhaltig schädigen. Die folgende Tabelle zeigt eine Übersicht verschiedener Medikamente und deren Einfluß auf die Nitrifikation.

Wenn auch unter Einwirkung einiger Medikamente die Verringerung der Nitrifikation unter 25 % liegt, so wird doch deutlich, daß ihre Gabe immer einen Risikofaktor darstellt. Man sollte sich also hier nicht auf einzelne Zahlen- oder Konzentrationsangaben festlegen, sondern die Medikamentengabe auf ein absolut notwendiges Minimum reduzieren. Die in der Tabelle aufgeführten Angaben können ohnehin nicht von allgemeiner Gültigkeit sein, da jedes System anders auf Medikamente ansprechen wird.

Einfluß von Mineralstoffen. Inhaltsstoffe des Wassers können in der Lage sein, die Nitrifikation positiv oder negativ zu beeinflussen. Hier liegen Untersuchungen von LAI und KLONTZ (1980) vor.
Calcium. Ein hoher Calciumgehalt ist wichtig für den Stoffwechsel von *Nitrosomonas*.
Magnesium. Ein hoher Magnesiumgehalt ist wichtig für die Stoffwechsebiologische Filterunglaktivität von *Nitrobacter*. Magnesiumkonzentrationen von 75 mg/l behindern weder die Oxidation von Ammonium zu Nitrit noch die Oxidation von Nitrit zu Nitrat.
Sulfat. Sulfate blockieren die Nitrifikation weder bei *Nitrosomonas* noch bei *Nitrobacter*.
Eisen. Eisen kann die Umwandlung von Nitrit zu Nitrat bei einer Konzentration von 10 mg/l behindern, während die Oxidation von Ammonium zu Nitrit bis zu einem gewissen Grad unterstützt wird.
Kalium. Die Zugabe von Kalium scheint einen positiven Einfluß auf die Oxidation von Ammonium durch *Nitrosomonas* zu haben.
Phosphat. Die Zugabe von Phosphationen scheint einen positiven Einfluß auf die Oxidation von Ammonium durch *Nitrosomonas* zu haben.
Mangan. Mangan hat einen positiven Einfluß auf die Oxidation von Ammonium und Nitrit.
Chlorid. Chlorid hat einen positiven Einfluß auf die Oxidation von Ammonium und Nitrit.
Molybdän. Molybdän hat einen positiven Einfluß auf die Oxidation von Ammonium und Nitrit.
Kobalt. Kobalt hat einen negativen Einfluß auf die Oxidation von Nitrit zu Nitrat.
Kupfer. Kupfer hat einen negativen Einfluß auf die Oxidation von Nitrit zu Nitrat.
Zink. Zinkkonzentrationen von unter 0,48 1 mg/l scheinen einen negativen Einfluß auf die Oxidation von Nitrit zu Nitrat zu haben. Die hier aufgeführten Aussagen werden im wesentlichen von anderen Verfassern bestätigt. So sind vor allem Phosphor und Spurenelemente wie Magnesium, Calcium und Kalium wichtige Stoffe, die die Nitrifikation positiv beeinflussen. Als wichtig wird auch ein bestimmtes Verhältnis von BSB zu N zu P (Biologischer Sauerstoffbedarf zu Stickstoff zu Phosphor) angesehen. Ein Verhältnis von 100 : 5 : 1, wie es für die Abwasseraufbereitung angestrebt wird, kann sicher in der Aquaristik nicht realisiert werden. Dennoch scheint aber insbesondere die Phosphatkomponente (siehe RÖSSNER 1971) wichtig für den Stoffwechsel der Nitrifizierer zu sein.

Anaerob arbeitende biologische Filterung

Wie wir in den obigen Ausführungen gesehen haben, ist Nitrat die Endstufe der Nitrifikation, also der bakteriellen Oxidation. Obwohl es, anders als Ammoniak und Nitrit, kein eigentlicher Giftstoff ist, kann es in höherer Konzentration doch einige empfindliche Tiere schädigen. So kann Nitrat im Körper der Tiere durchaus wieder zu Nitrit reduziert werden. Daher liegt der Gedanke nahe, anaerobe Bakterien zu nutzen, um auf dem Wege der Denitrifikation das Nitrat biologisch zu entfernen.

Typische Denitrifikationsbakterien sind *Flavobacterium*, *Pseudomonas aeruginosa* und *P. denitrificans*, *Thiobacillus denitrificans*, *Rhodopseudomonas sphaeroides*, *Bacillus licheniformis* oder *Paracoccus denitrificans*. Diese Bakterien gedeihen nur unter sauerstofffreien, also anaeroben Bedingungen. Nun ist allerdings der Betrieb eines definiert anaerob arbeitenden Filters eine heikle Angelegenheit. Wie wir in den biologischen Grundlagen gesehen haben, ist es der Sinn der Denitrifikation, das Nitrat chemisch so zu reduzieren, daß Stickstoffgas entsteht, das schadlos aus dem Wasser entweichen kann. Dies zeigt uns auch die Abbildung auf Seite 96. Dieser Weg ist um so wichtiger, als in vielen Aquarien aufgrund mangelnden Pflanzenwachstums der Kreislauf, bei

Einfluß verschiedener Medikamente auf die Nitrifikation nach Spotte (1992).

Medikament	Quelle	Konzentration in mg/l	Art des Wassers	Einfluß
Chloramphenicol	1	13,30	KSW	+
Chloramphenicol	3	50	SW	0
Chloramphenicol	5	50	SW	+
Chlorotetracyclines		10	SW	+
Kupfersulfat	1	1,2	KSW	+
Kupfersulfat	2	1	SW	0
Kupfersulfat	4	0,2–0,8	NSW	+
Kupfersulfat	5	5	SW	0
Erythromycin	2	50	SW	+
Formalin	2	25	SW	0
Formalin	5	15	SW	+
Formalin + Malachitgrün	2	25 + 0,1	SW	0
Gentamycinsulfat	1	5,3	KSW	0
Malachitgrün	2	0,1	SW	0
Methylenblau	1	8	KSW	+
Methylenblau	2	5	SW	+
Methylenblau	5	1	SW	+
Neomycinsulfat	1	66,7	KSW	+
Nifurpirinol	1	0,1	KSW	0
Nifurpirinol	3	1	KSW	0
Nifurpirinol	5	4	SW	0
Oxytetracycline	2	50	SW	0
Kaliumpermanganat	2	4	SW	0
Kaliumpermanganat	5	1	SW	+
Quinacrinehydrochlorid	1	12	KSW	0
Sulfamerazine	3	50	SW	0
Sulfanilamid	5	25	SW	+

0 = Vermindert die Nitrifikation um weniger als 25 Prozent
+ = Deutlich vermindernder Einfluß auf die Nitrifikation
KSW = Künstliches Seewasser
NSW = Natürliches Seewasser
SW = Süßwasser

Quellen:
1 = BOWER and TURNER (1982)
2 = COLLINS et al. (1975)
3 = COLLINS et al. (1976)
4 = KABASAWA and YAMADA (1971)
5 = LEVINE and MEADE (1976)

Filtertechnik

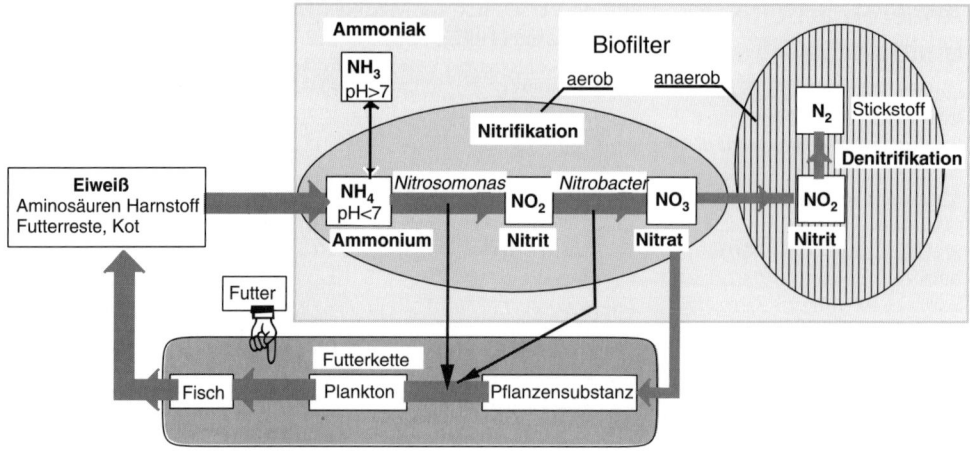

Stickstoffkreislauf in einem Aquarium mit aerobem und anaerobem biologischen Filter.

dem das Nitrat in Pflanzensubstanz eingebunden wird, ganz unterbrochen oder nur minimal vorhanden ist.

Leider findet der Nitrifikationsprozeß nicht immer so eindeutig statt, wie in obiger Abbildung gezeigt wird. Es besteht die große Gefahr, daß das Nitrat zwar zum Nitrit reduziert wird, das Nitrit aber nicht weiter zum Stickstoff. In diesem Fall haben wir eine gefährliche Nitritquelle in unserem System.

Das technische Problem beim Betrieb eines Nitratfilters besteht darin, ihn mit einem Kohlenstoffspender zu versehen. Der Kohlenstoff wird von den Bakterien als Nahrungsgrundlage benötigt, während der Sauerstoffbedarf nicht etwa aus gelöstem Sauerstoff,

sondern aus dem Nitrat (NO_3) gedeckt wird. Nicht als Kohlenstoffspender kann etwa Aktivkohle dienen. Der Kohlenstoff muß in gelöster Form vorliegen, um von den Bakterien als Nährstoff akzeptiert zu werden.

Ein guter Kohlenstoffspender ist dagegen Methanol. Dieser früher als Methylalkohol bezeichnete Kohlenwasserstoff wirkt jedoch auf Fische giftig. Das Problem liegt daher vor allem in einer richtigen Dosierung. Gemäß den Gleichungen in den Grundlagen werden etwa 1,9 mg Methanol pro Milligramm Nitrat-Stickstoff benötigt. Nun ist diese Aussage leider für die Praxis wenig relevant, da Nitrat mit einfachen Mitteln bisher nicht kontinuierlich gemessen werden kann. Wird zuwenig Methanol zugegeben, können die denitrifizierenden Bakterien ihre Arbeit nicht bis zum

Redoxpotential im anaeroben biologischen Filter.

Redoxpotential	Zustand
über + 50 mV	es erfolgt keine Denitrifikation
0 bis – 50 mV	Kohlenstoffquelle unterdosiert (Nitritgefahr)
–50 bis – 200 mV	Optimale Denitrifikation
unter – 300 mV	Bildung von Schwefelwasserstoff

Oxidation	CO_2 + Wasser ◄ Methanol
Reduktion	Nitrat ⟶ Nitrit ⟶ Stickstoff

Die Reduktion des Nitrat zum gasförmigen Stickstoff setzt die Zugabe eines Kohlenstoffspenders voraus, der gleichzeitig oxidiert wird.

Stickstoff verrichten. Der Prozeß bleibt beim giftigen Nitrit stehen, so daß wir nun statt des wenigen, relativ harmlosen Nitrats vermehrt giftiges Nitrit erhalten (WHEATON 1987).

Wird Methanol überdosiert, kann es zu direkten Schäden an Fischen oder Wirbellosen kommen. Es können aber auch sonst unterdrückte anaerobe Bakterienkulturen entstehen, wie etwa Sulfatreduzierer, die ihren Sauerstoffbedarf aus dem Sulfat (SO_4^{2-}) beziehen und dabei den giftigen Schwefelwasserstoff (H_2S) erzeugen. SPOTTE (1992) berichtet, daß das Verhältnis von Kohlenstoff zu Stickstoff in engen Grenzen konstant gehalten werden muß, was weder im Heimaquarium noch in größeren Hälterungsbecken möglich ist. Für die Praxis scheint bisher keine vernünftige Denitrifikationsstufe verfügbar zu sein. Will man es trotzdem versuchen, sollte man sehr vorsichtig verfahren. Auf jeden Fall muß das Redoxpotential (siehe Seite 44 ff.) beachtet werden. Da positive Redoxpotentiale auf ein Überwiegen der oxidierenden Reaktionen hindeuten, muß das Redoxpotential in den negativen Bereich gedrückt werden. Die Tabelle unten links kann hier Anhaltspunkte geben.

Wichtig ist, daß es nicht reicht, einen Filter mit geringer Wassermenge langsam durchströmen zu lassen in der Annahme, daß sich der Sauerstoff im Filter verbraucht und so anaerobe Verhältnisse die Denitrifikation einleiten. Eine anaerobe Umgebung wird sich tatsächlich auch einstellen. Es kann aber nicht zu einer kontrollierten und vollständigen Denitrifikation kommen, weil der Kohlenstoffspender fehlt. Im Gegenteil, es ist mit unkontrollierten bakteriellen Reaktionen zu rechnen, die Giftstoffe erzeugen, wie wir sie vorher mühsam entfernt haben.

Die Formeln zur Denitrifikation sind im einzelnen in den biologischen Grundlagen aufgeführt. Es handelt sich um zwei Stufen, die absolviert werden müssen, nämlich erstens die Reduktion vom Nitrat zum Nitrit und zweitens die Reduktion vom Nitrit zum gasförmigen Stickstoff. Für beide Stufen ist die Dosierung von Methanol notwendig. Das Methanol wird in diesem Prozeß zu CO_2 und Wasser oxidiert, während der Reduktionsvorgang im gasförmigen Stickstoff endet. Beide Gase steigen als Gasblasen aus dem Wasser auf.

AIVASIDIS und WANDREY (o.J.) von der Kernforschungsanlage Jülich schlagen aufgrund von Untersuchungen mit Glasschwamm einen anderen Reaktionsablauf vor: „Die organischen Substanzen wie Eiweiß, Fette und Kohlenhydrate werden zunächst mit Hilfe der fermentativen Bakterien hydrolysiert. Die Hydrolyseprodukte Aminosäuren, Fettsäuren und Fettalkohole werden weiter durch die acetogenen Bakterien in Essigsäure, Wasserstoff und Kohlendioxid umgewandelt, bevor diese zum guten Schluß von den methanogenen Bakterien zu Methan und Kohlendioxid metabolisiert werden. Wenn auch ausgewogene Co-Existenzverhältnisse zwischen allen drei Gruppen von Mikroorganismen garantiert sein müssen, damit ein ökologisches System einwandfrei funktioniert, so kommt doch den acetogenen und methanogenen „Teilnehmern" ein ganz besonderer symbiontischer Aspekt zu. Das Stoffwechselprodukt Wasserstoff bewirkt nämlich eine thermodynamische Hemmung des mikrobiellen Abbaus von Fettsäuren, wenn sein Partialdruck im System eine kritische Grenze (10^4 bar) überschreitet. Wird durch die Methanbakterien nicht für einen schnellen Verbrauch gesorgt, so kommt es zu einer Akkumulation von Buttersäure und insbesondere von Propionsäure („Sauerwerden von Abwasserreaktoren"). In Wirklichkeit sind die Vorgänge bei weitem komplizierter und nur durch eine abgestimmte Kooperation der beteiligten Mikroorganismen wird eine Limitierung von Substraten bzw. eine Anhäufung von Zwischenprodukten vermieden."

Neben Methanol können auch andere Stoffe als Kohlenstoffspender zugegeben werden. Für heterotrophe Denitrifizierer können die Stoffe, wie in Tabelle Seite 98 oben angegeben, dosiert werden, die als Quelle für organischen Kohlenstoff dienen. Gleichzeitig reduzieren sie den im Wasser gelösten Sauer-

Heterotrophe Denitrifikation.

Zusatzstoff	pro 10 mg/l NO$_3$	pro mg/l O$_2$
Methanol	5,6	0,67
Ethanol	4	0,48
Glucose	7,8	0,94
Methan	2,1	0,25
Essigsäure	7,9	0,94

stoff und sorgen so dafür, daß das Redoxpotential in den negativen Bereich geschoben wird.

Ein anderer Reaktionsablauf erfolgt bei autotrophen Bakterien. Sie beziehen Ihre Energie aus der Oxidation von Wasserstoff oder Schwefel, während im Wasser befindlicher natürlicher organischer Kohlenstoff als Kohlenstoffquelle dient. Dieser Reaktionsverlauf wäre für die Aquaristik optimal, da keine organischen Stoffe dosiert werden müssen, die bei unvollständiger Umsetzung das Wasser stark belasten können. Aber auch eine genaue Dosierung von Wasserstoff kann wohl für die Aquaristik ausgeschlossen werden.

Bei beiden Reaktionsabläufen wird der für die Oxidation der organischen Substanz benötigte Sauerstoff dem Nitrat entzogen und somit der Stickstoff als Gas freigesetzt.

Der Aufbau eines anaeroben Filters

Die folgende Abbildung zeigt eine Möglichkeit auf, wie ein anaerober Filter möglicherweise in ein Filtersystem integriert werden kann. Der Hauptwasserstrom wird über den aeroben Filter geleitet. Ein kleiner Teilwasserstrom wird hiervon abgezweigt und auf die anaerobe Bakterienstufe geleitet. Die Durchströmung im Biofilter muß sehr langsam erfolgen. Das bedeutet, daß die Verweilzeit des

Autotrophe Denitrifikation.

Zusatzstoff	pro 10 mg/l NO$_3$	pro mg/l O$_2$
Wasserstoff	0,8	0,06
Schwefel	3,4	0,67

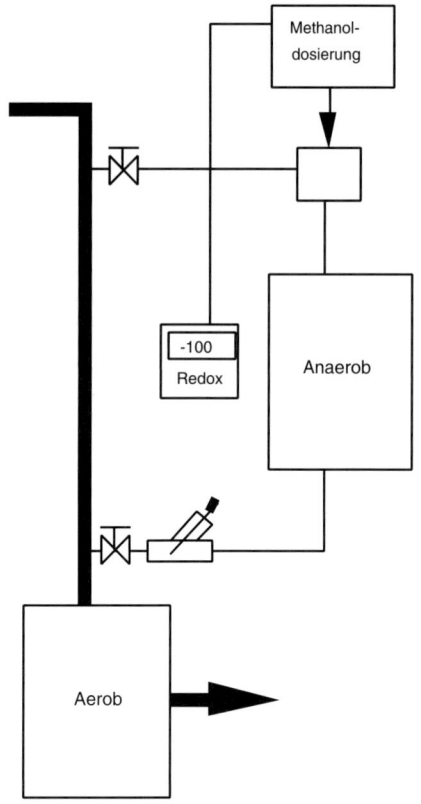

Mögliche Integrierung eines anaeroben Filters in den Aquarienwasserkreislauf.

Wassers hier wesentlich größer ist. Wenn wir bei aeroben Biofiltern von etwa drei bis acht Minuten ausgehen, sollte die Verweilzeit im anaeroben Filter bis zu einigen Stunden betragen. Am Eingang zum anaeroben Filter wird in geringer Menge Methanol zugegeben. Die Dosierungsmenge wird kontinuierlich von einem Redoxmeßgerät gesteuert. Dieses Meßgerät muß in der Lage sein, im negativen Redoxbereich zu messen und zu regeln! Die Dosierung selbst kann über eine Dosierpumpe oder über ein Magnetventil erfolgen. Der Auslauf aus dem anaeroben Filter sollte in den aeroben Filter eingeleitet werden, damit

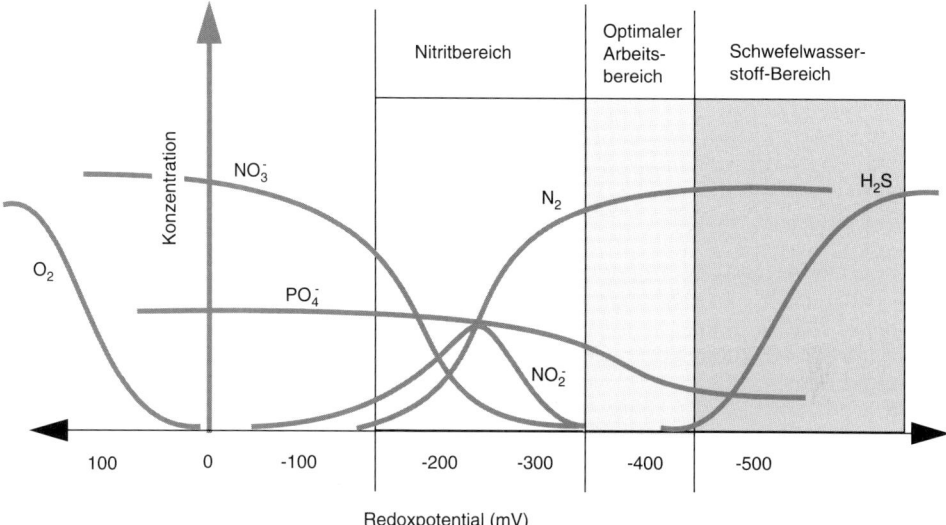

Abbau organischen Materials in Wasser nach AIVASIDIS und WANDREY (o.J.). Lediglich in einem schmalen Bereich des Redoxpotentials arbeitet der Denitrifikationsfilter optimal.

nicht ein völlig sauerstofffreier Teilstrom ins Aquarium zurückgelangt. Außerdem wird das Aquarium so vor eventuellen Entgleisungen im anaeroben Filter geschützt.

Für die praktische Anwendung werden im Handel verschiedene Systeme angeboten. Wichtig erscheint mir in jedem Fall die Messung des Redoxpotentials in Verbindung mit einer Nitritmessung. Die Abbildung oben zeigt die prinzipielle Änderung einiger gelöster Stoffe im Wasser. Beim Beginn einer Denitrifikation muß zunächst langsam der verfügbare Sauerstoff gebunden werden. Dadurch sinkt das Redoxpotential ab in Richtung Null. Durch weitere Zugabe eines organischen Kohlenstoffspenders als Elektronendonator sinkt das Redoxpotential weiter in den negativen Bereich ab. Dieser Vorgang wird begleitet durch den Rückgang der aeroben Bakterien und die Zunahme der anaeroben oder fakultativ anaeroben Bakterien. Diese verarbeiten nicht mehr den im Wasser gelösten Sauerstoff, sondern den in den Ionen Nitrat (NO_3^-), Nitrit (NO_2^-) oder Phosphat (PO_4^-) enthalten. Der Vorgang erfolgt auch etwa in dieser Reihenfolge.

Bei einem Redoxpotential bis etwa –300 mV wird dem Nitrat zunächst nur ein Sauerstoffatom entzogen. Dadurch entsteht aus dem Nitrat das giftige Nitrit. Dies ist die erste gefährliche Phase beim Starten eines Denitrifikationsfilter. Man muß den Wasserkreislauf so lange auf den Filter selbst beschränken, bis er die Nitritphase vollständig durchlaufen hat. Erst wenn das Nitrat nahezu vollständig abgebaut ist (NO_3^- weniger als 2,5 mg/l), wird auch das Nitrit reduziert. Der vollständige Abbau von Nitrat und Nitrit wird auch durch die Bildung von Stickstoffblasen (N_2) deutlich. Es ist wichtig, daß Nitratfilter so konstruiert werden, daß das Stickstoffgas gut entweichen kann. Ist das nicht der Fall, kann es zu einer deutlichen Störung des bakteriellen Stoffwechsels kommen.

Für die Praxis kann dringend empfohlen werden, den Auslauf des Filters regelmäßig durch eine Nitritmessung zu überwachen. Liegen das Redoxpotential etwa bei –300 mV und der Nitritwert unter 0,1 mg/l, ist auch das Nitrat nahezu vollständig abgebaut und der Biofilter arbeitet optimal. Nun ist es wichtig, darauf zu achten, daß das Redoxpotential nicht weiter abfällt. Geschieht dies trotzdem, suchen sich die Bakterien andere Sauerstoffquellen. Es wird zunächst geringfügig das Phosphat abgebaut, aber in zunehmendem Maße auch das Sulfat (SO_4^{2-}), wobei der giftige Schwefelwasserstoff entsteht.

Zwischen dem optimalen Betriebspunkt für den Nitratabbau und dem Beginn der Schwefelwasserstoffproduktion liegen nur etwa 100 mV an Redoxpotential-Differenz. Der gefährliche Bereich fängt etwa bei –400 mV an. Die Redoxpotentialwerte sollen hier nur einen Anhaltspunkt darstellen. Sie können von System zu System unterschiedlich sein (hierzu siehe auch Tabelle Seite 96 unten. In jeden Fall sollte auf die kombinierte Kontrolle durch eine kontinuierliche Redoxpotentialmessung und eine regelmäßige Nitritmessung nicht verzichtet werden.

Abschließend kann man zu diesem Thema nur sagen, daß auf dem Gebiet des Nitratabbaus im Aquarium noch einiges geleistet werden muß, damit dieser Vorgang wirklich zuverlässig gesteuert werden kann. Von Nitratwerten, wie wir sie im Meer selbst finden (siehe Nitratverteilung, biologische Grundlagen) sind wir in den meisten Aquarien noch weit entfernt.

Natürliche und technische Gase

Blasenerzeugungssysteme

Von Anbeginn der Aquaristik war die Einbringung von „Sauerstoff" ins Aquarium eins der zentralen Probleme. Die klassische Methode, Luft feinblasig in Wasser einzutragen, ist der Holzausströmer. Hinzugekommen sind verschiedene Injektionssysteme und der Dispergator. Der gute alte Holzausströmer begleitet auch heute noch die Aquaristik, auch wenn im Laufe der Zeit immer wieder neue Materialien ausprobiert worden sind. Ich stelle daher zunächst die Ausströmer vor.

Ausströmer

Anwendungsgebiete für den Ausströmer sind Sauerstoffeintrag, Erzeugung feiner Luftblasen zum Zwecke der Abschäumung und Erzeugung von Luftblasen zwecks Wasserbewegung (Wasserwalzen, Mammutpumpen).

Während für die dritte Anwendung auch relativ große Luftblasen gut eingesetzt werden können, liegt es nahe, daß der Sauerstoffeintrag und die Abschäumung um so besser funktionieren, je feiner die Blasen sind. Man hat daher große Anstrengungen unternommen, um durch Auswahl optimaler Materialien bessere Blasenfeinheiten zu erzielen. Vor

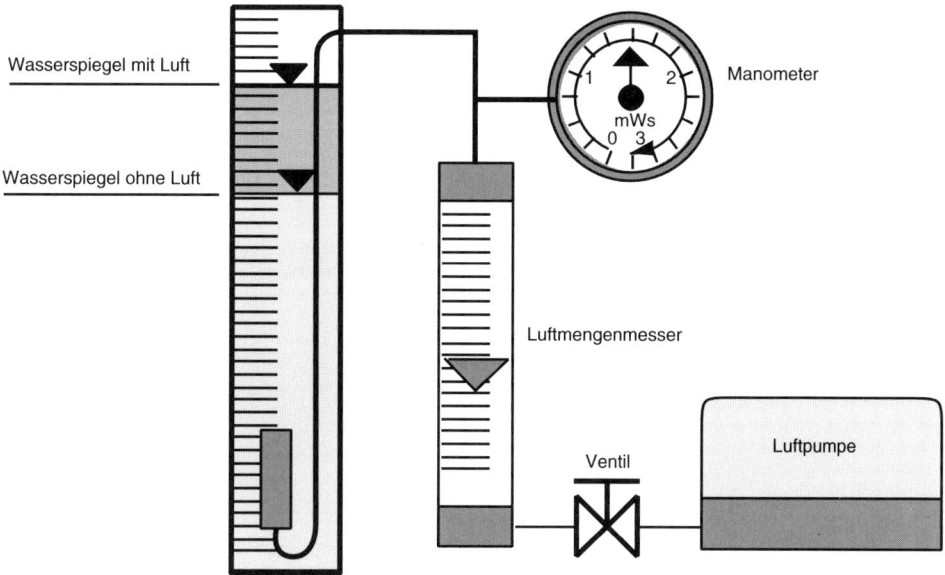

Versuchsaufbau zur Messung einer Belüftungsanlage mit Luftmengenmesser, Druckmesser (Manometer) und Wassersäule zur Ermittlung der Blasengröße (siehe Text).

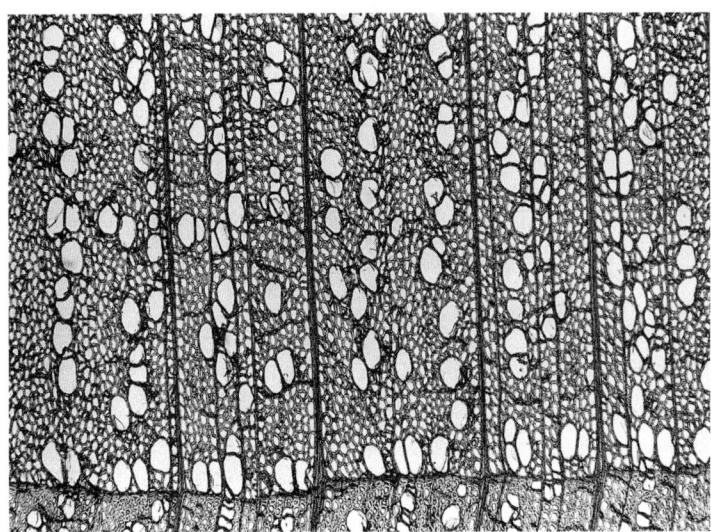

Der Querschnitt durch Lindenholz zeigt die feinen Kanäle, die das Material zum Bau feinporiger Ausströmer geeignet werden lassen.

allem sind hier verschiedene Materialien zum Einsatz gekommen. Neben Holzausströmern werden Ausströmer aus Glas, Keramik und Stein angeboten. Alle Materialien erzeugen akzeptable Blasengrößen, wobei sicher der Holzausströmer die feinsten liefert.

Beim Vergleich verschiedener Ausströmertypen ist jedoch nicht nur die Blasenfeinheit zu beachten, sondern auch der für den Betrieb notwendige Druck. Hierbei ist eine einfache Apparatur sehr hilfreich, die aus einer Luftpumpe besteht, die über ein Ventil mit einem Luftmengenmesser verbunden ist. Aus dem Luftmengenmesser strömt die Luft in den Ausströmer, der sich in einem Meßzylinder befindet. Ein Manometer ermöglicht die Messung des Luftdruckes. Die verschiedenen Ausströmer werden bei gleicher Luftmenge und gleichem Wasserstand in den Meßzylinder eingesetzt. Hierbei werden neben der Luftmenge der für den Eintrag benötigte Luftdruck und die Anhebung des Wasserspiegels gemessen. Diesem Meßaufbau liegt die Tatsache zugrunde, daß große Blasen eine hohe Aufstiegsgeschwindigkeit haben, kleine Blasen dagegen nur eine geringe. Verbleibt etwa die einzelne Luftblase eines Blasenschwarmes kleiner Blasen bei einer Luftmen-

ge von 100 l/h ungefähr fünf Sekunden in der Wassersäule, so ergibt sich eine Volumenvergrößerung um etwa 130 ml, die sich an einem entsprechenden Wasserspiegelanstieg bemerkbar macht. Größere Blasen mit doppelter Steiggeschwindigkeit bewirken nur die halbe Volumenvergrößerung und daher auch nur den halben Wasserspiegelanstieg.

Auf diese einfache Weise erhält man ein relatives Vergleichsmaß für die Blasendurchmesser. Führt man den Versuch mit verschiedenen Ausströmern durch, so stellt sich heraus, daß der Holzausströmer die feinsten Blasen erzeugt und gleichzeitig den geringsten Druckverlust aufweist. Diese Tatsache prädestiniert ihn insbesondere für die Sauerstoffanreicherung und für Abschäumer im kleinen Leistungsbereich. Es soll allerdings nicht verschwiegen werden, daß der Holzausströmer ein Naturprodukt ist und sich somit im Wasser verändert. Der Erfahrung nach beträgt die Nutzungsdauer etwa vier bis acht Wochen. Allerdings müssen auch Stein- und Keramikausströmer nach einer gewissen Zeit ausgewechselt werden, da ihre Poren ebenfalls verschmutzen und nur schwer gereinigt werden können. Der geringe Druckverlust des Holzausströmers ist insbesondere für den Liebha-

Blasenerzeugungssysteme

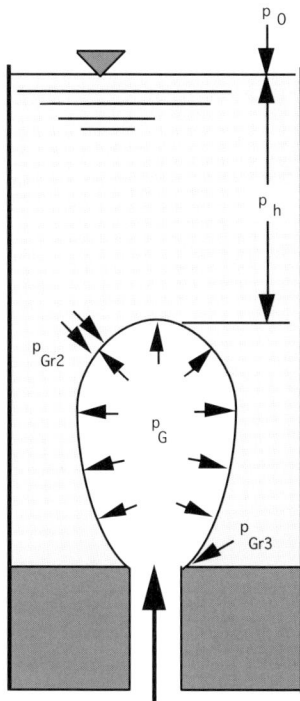

Während auf die Luftblase von innen der von der Luftpumpe erzeugte Druck wirkt, spielen außen die Grenzflächenspannungen Wasser/Luft (Gr2) und Wasser/Luft/Ausströmer (Gr3) sowie der Auftrieb eine Rolle.

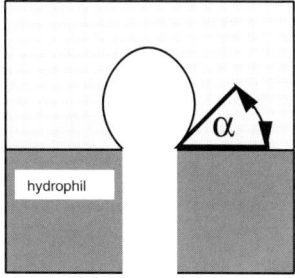

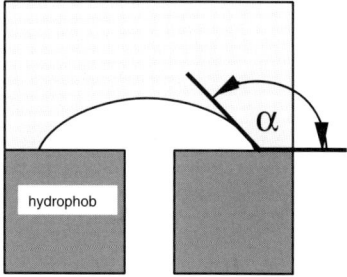

Die Blasengröße ist auch davon abhängig, ob das Material des Ausströmers hydrophil oder hydrphob ist.

ber von Interesse, da eine preisgünstige kleine Luftpumpe mit geringem Energiebedarf ausreicht.

Der Hauptgrund für die feine Blasenbildung ist in der Porenstruktur des Holzes zu suchen. Der Holzausströmer weist eine feine und homogene Faserung auf, während alle anderen Materialien aus einer körnigen Substanz gesintert (verschmolzen) sind. Ein weiterer Grund wird darin liegen, daß Holz ausgesprochen hydrophil (wasserliebend) ist.

Die Abbildung oben links zeigt, welche Kräfte bei der Bildung der Blase maßgebend sind. Von innen wirkt der Gasdruck, der vom Kompressor oder der Luftpumpe erzeugt wird, von außen dagegen die Grenzflächenspannung im Dreiphasensystem Wasser/Luft/Ausströmer, die Grenzflächenspannung im Zweiphasensystem Wasser/Luft an der Oberfläche der Luftblase und der hydrostatische Druck in Form der daraus resultierenden Auftriebskraft.

In bezug auf die Grenzfläche Wasser/Luft/Ausströmer ist vor allem wichtig, ob das Material des Ausströmers hydrophobe (wasserabstoßende) oder hydrophile (wasserliebende) Eigenschaften aufweist. Liegt ein hydrophiler Stoff wie etwa Holz vor, hat das Wasser das Bestreben, die Luftblase von der Holzoberfläche möglichst schnell abzuscheren. Bei hy-

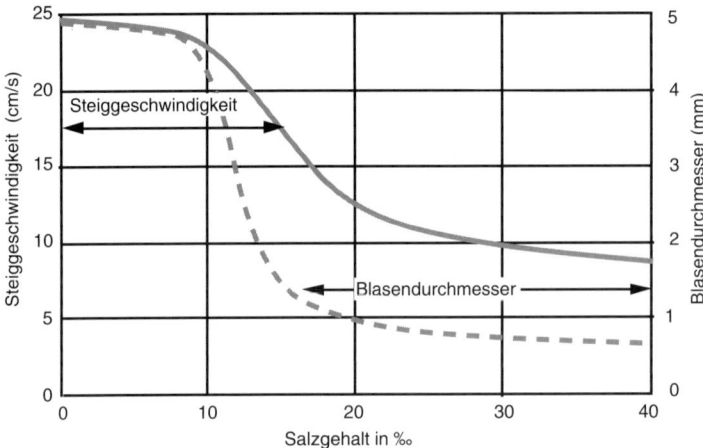

Blasendurchmesser und -steiggeschwindigkeit hängen wesentlich vom Salzgehalt des Wassers ab.

drophoben Stoffen hingegen läßt das Wasser die Luftblase möglichst lange auf dem Ausströmer haften. Je länger die Haftzeit auf der Oberfläche ist, desto länger wird die Luftblase „aufgeblasen", und desto größer wird sie.

Bezüglich der Grenzfläche Wasser/Luft läßt sich leicht nachvollziehen, daß bei hoher Viskosität und daraus resultierender hoher Oberflächenspannung entsprechend große Blasenvolumina vor dem Ablösen gebildet werden können.

Häufig werden die Viskosität und die Oberflächenspannung auch herangezogen, um die feine Blasenbildung im Seewasser zu erklären.

In Salzwasser werden mit einfachen Mitteln Blasengrößen von nur etwa 0,5 mm Durchmesser erzielt, während im Süßwasser mit den gleichen technischen Mitteln 5 mm große Blasen entstehen.

Feine Blasen, die eine gute bis ausreichende Abschäumung gewährleisten, werden schon im recht niedrig aufgesalzenen Ostseewasser gebildet. So konnte auch 1972 mit gutem Erfolg die Wasseraufbereitung für Ostseewasser im Aquarium Kiel in Betrieb genommen werden. Es ist allerdings ein Trugschluß zu glauben, die Art der Blasenbildung sei auf die Viskosität oder die Oberflächenspannung des Wassers zurückzuführen. Betrachtet man die Abbildung für die Viskosität (siehe Abschnitt Viskosität Seite 22), so sieht man, daß zwischen 20 und 25 °C ein Unterschied in der Größenordnung von 0,1 besteht. Eine ähnliche Werteverschiebung erfolgt zwischen 0 und 30 ‰ Salzgehalt. Ähnlich fällt der Vergleich bei der Oberflächenspannung aus (siehe Abbildung Seite 21). Die Unterschiede bei 10 °C Temperaturverschiebung entsprechen in etwa dem Unterschied zwischen 0 und 30 ‰.

Da bei einer Temperaturverschiebung in dieser Größenordnung kein Unterschied zu bemerken ist, kann man mit großer Wahrscheinlichkeit davon ausgehen, daß weder die Oberflächenspannung noch die Viskosität für die Bildung feiner Blasen im natürlichen Seewasser verantwortlich sind.

Der einzige Meßwert, der sich deutlich mit dem Salzgehalt ändert, ist der Leitwert. Es kann vermutet werden, daß im Salzwasser elektrostatische Aufladungen auf der Blasenoberfläche eine Blasenverbindung zu großen Blasen verhindern. Dies ist aber nur eine Hypothese. Vielleicht können auf diesem Gebiet noch wissenschaftliche Lorbeeren geerntet werden.

Der hydrostatische Druck ist nur insofern von Interesse, als daß er bei der Blasenbildung vom Luftverdichter überwunden wer-

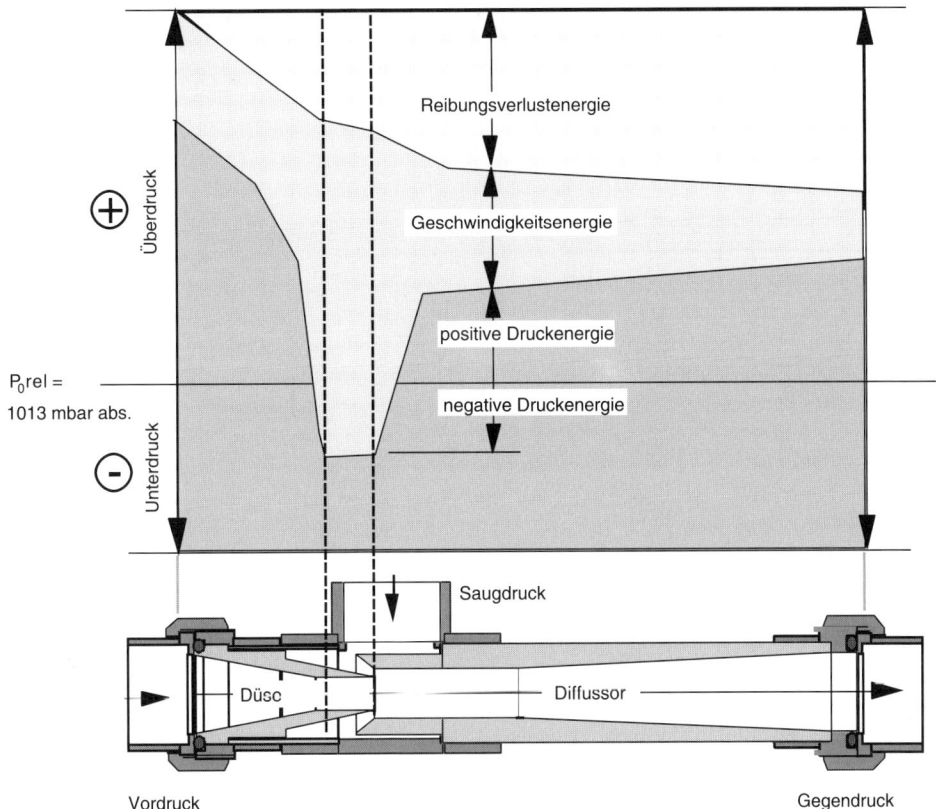

Längsschnitt durch einen Injektor mit Energiediagramm.

den muß. Das ist eine selbstverständliche Aussage, die jedoch leider sehr häufig beim Kauf und bei der Planung von Belüftungsanlagen übersehen wird.

Injektor

Die physikalische Funktion eines Injektors, der oft auch als Lufteinzugsdüse bezeichnet wird, ist vielen Aquarianern nicht ganz klar. Vor allem ist es der zunächst offensichtliche Widerspruch, daß man für den Betrieb eines Injektors einen sehr hohen Druck benötigt, um ein Vakuum zu erzeugen, der manchen am Injektor zweifeln läßt. Es ist allerdings auch nicht sehr einfach, einen Injektor so zu konzipieren, daß er bei möglichst geringem Wasserdurchsatz und möglichst geringem Druckverlust eine ausreichend hohe Luftmenge ansaugt und auch noch feinblasig vermischt, unter Umständen bei einem Gegendruck von einem bis mehreren Metern Wassersäule.

Am besten verdeutlicht man sich die Funktion des Injektors an einem Energielängsschnitt. Hierbei sind die drei Energieformen Reibungsverlustenergie, Geschwindigkeitsenergie und Druckenergie zu betrachten. Wichtig für die folgende Betrachtung ist die Erkenntnis, daß die Gesamtenergie des Sy-

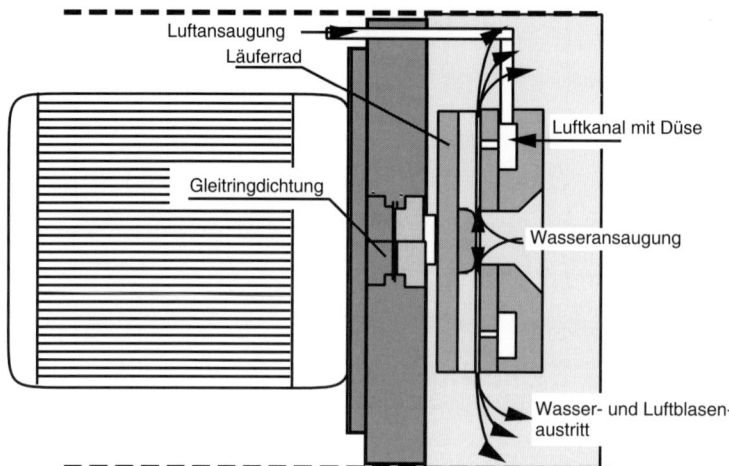

Der Dispergator vereinigt Wasserpumpe und Injektor in einem Gehäuse.

stems gleichbleibt, die Größen der verschiedenen Energieformen aber durchaus variieren und ineinander übergehen können.

Am Eingang des Injektors haben wir eine bestimmte Geschwindigkeitsenergie, die vor allem durch den Querschnitt der Rohrleitung und die Wassermenge definiert ist. Um diese Wassermenge durch den Injektor zu fördern, wird eine bestimmte Druckenergie benötigt. Am Anfang des Injektors befindet sich eine relativ kurz gehaltenen Düse. Der vom Wasser durchflossene Querschnitt verändert sich also innerhalb dieser Düse auf ein Minimum. Da die Wassermenge in jedem Punkt des Injektors gleich ist, muß sich entsprechend der einfachen Gleichung $v = Q/A$ die Strömungsgeschwindigkeit entsprechend dem verkleinerten Querschnitt enorm erhöhen. Je höher die Geschwindigkeit, um so höher wird natürlich auch die Reibungsverlustenergie. Diese beiden Energieformen müssen also in der engsten Stelle der Düse extrem anwachsen. Da nun aber die Gesamtenergie gleichbleibt, während zwei der uns bekannten Energieformen rasant ansteigen, muß es einen Energiewert geben, der erheblich abnimmt. Das ist die Druckenergie.

Ziel der Konstruktion ist es, den Injektor so auszulegen, daß der absolute Druck in der Düse so klein wird, daß er den der umgebenden Atmosphäre unterschreitet. Wird das erreicht, entsteht eine Druckdifferenz, die durch den Eintritt einer entsprechend großen Luftmenge in den Injektor ausgeglichen wird. Am Austritt des Injektors tritt dann ein Wasser-Luft-Gemisch aus, das eine ähnliche Geschwindigkeitsenergie wie beim Rohreintritt, aber eine deutlich verminderte Druckenergie hat. Dieses Phasengemisch ist eine sogenannte „Nicht-Newtonsche-Flüssigkeit", sie ist also nicht mit den relativ einfachen Standardformeln der Hydrodynamik zu berechnen. Es ist aber leicht einzusehen, daß aufgrund der turbulenten Austauschvorgänge in einem solchen Phasengemisch erheblich größere Reibungsverluste vorliegen als bei normaler Flüssigkeit. Hinzu kommt, daß die Luftblasen in Rohrleitungen die Tendenz aufweisen, sich zu größeren Blasen zusammenzuballen. Es ist also aus diesen Gründen dringend angeraten, die Rohrleitung hinter dem Injektor möglichst kurz zu halten.

In der Praxis konnten wir die Erfahrung sammeln, daß der Energieverbrauch eines Injektors nicht wesentlich höher liegt als die des Ausströmerbetriebs und daß die Blasenfeinheit vergleichbar ist. Ein erheblicher Vorteil, der vor allem bei größeren Anlagen für den Injektor spricht, liegt darin, daß er praktisch keiner Abnutzung unterliegt und immer gleichmäßig feine Blasen erzeugt. Der Wartungsaufwand entfällt weitgehend im Vergleich mit dem Ausströmer.

Dispergator

Die Wirkungsweise des Dispergators beruht auf den gleichen physikalischen Gesetzen wie die des Injektors. Das Wasser wird derart hoch beschleunigt, daß an einer definierten Stelle ein Vakuum entsteht und dadurch Luftblasen in das Wasser eingesaugt werden. Beim Dispergator sind die Funktionselemente Treibwasserpumpe und Injektor in einem Aggregat vereinigt. Ein Läuferrad, das speziell für die Dispergierfunktion ausgebildet ist, wird wie bei einer Kreiselpumpe direkt von einem Motor angetrieben. Während sich das Läuferrad dreht, entsteht in Achsennähe ein Unterdruck. Wasser wird angesaugt und von den Stegen des Läuferrades mit erhöhtem Druck und hoher Geschwindigkeit nach außen gefördert. Durch die hohe Wassergeschwindigkeit zwischen Läuferrad und Saugplatte entsteht, ähnlich wie beim Injektor, auch hier ein Unterdruck, so daß Luft aus dem Ringkanal in das Wasser eingesaugt und sehr feinblasig vermischt wird.

Dies ist nur ein Beispiel für Dispergatoren, von denen es eine Vielzahl ähnlicher Konstruktionen gibt. Die bekannteste und einfachste ist die direkte Einleitung von Luft in den Ansauganschluß einer Kreiselpumpe.

Die Wirkungsweise derartiger Dispergatoren ist in den meisten Fällen sehr gut und überzeugend. Es entsteht jedoch ein Problem, das technisch bisher nur sehr unzulänglich gelöst ist. Wie bereits oben erwähnt, ist das Gemisch aus Wasser und Blasen eine „Nicht-Newtonsche Flüssigkeit". Es entstehen im Läufergehäuse nicht definierte Druckzustände, die Schwingungen erzeugen, die sich vom Läuferrad über die Welle auf die Gleitringdichtung oder auf die Lagerwelle des Magneten übertragen. Diese Schwingungen führen häufig zu Schäden am Dichtungs- oder Lagersystem.

Sauerstoffanreicherung

Das eigentliche Ziel der Belüftung, gleich welcher Art, ist fast immer die Sauerstoffanreicherung. Nun werden Belüftung und Sauerstoffanreicherung oft gleichgesetzt. Es besteht aber ein großer Unterschied, da Luft nur zu etwa 21 % aus Sauerstoff besteht.

Wenn wir also unser Aquarium mit einer Luftmenge von 200 l/h belüften, so beträgt die Sauerstoffzufuhr nur etwa 40 l/h. Trotzdem führt dieser relativ geringe Anteil in Aquarien kaum zu Problemen. Im Vergleich zu Abwasseranlagen hat das Wasser im Heimaquarium nur eine sehr geringe Sauerstoffzehrung. Etwas anders sieht es schon im Speisefischbereich aus. Nutzfischsysteme sind sowohl in der Zucht als auch in der Hälterung meist wesentlich stärker besetzt, so daß sehr viel mehr organische Substanz durch Kot und Futterreste anfällt. Die Futterzugabe erfolgt auch in wesentlich größeren Mengen, da der Fisch ja nicht gehalten, sondern gemästet wird. Je mehr Futter vom Fisch nicht verwertet wird, um so mehr organische Substanz fällt direkt auf den Boden und verbraucht dort Sauerstoff.

Während bei intensiv besetzten Becken die organische Fracht im Wasser sehr hoch sein kann, können wir sie in Aquarienfischbecken meist vernachlässigen. Jedoch haben wir auch hier erhebliche Ablagerungen organischer Substanz sowohl auf dem Bodengrund als natürlich auch im Filter, vor allem dann, wenn es sich um einen mechanischen Filter handelt. Diese Ablagerungen bewirken eine zum Teil erhebliche Sauerstoffzehrung. Die Sauerstoffanreicherung dient also nicht nur der Sauerstoffversorgung der Tiere, sondern auch dem Zweck, die Sauerstoffsenke, die durch die organische Substanz erzeugt wird, wieder aufzufüllen.

Befindet sich ein biologischer Filter im Filtersystem, so gewinnt die Sauerstoffversorgung eine zusätzliche Bedeutung. Biologische Filter funktionieren nur unter aeroben, also sauerstoffreichen Bedingungen. Fehlt den nitrifizierenden Bakterien Sauerstoff, können sie nicht zufriedenstellend arbeiten, oder der

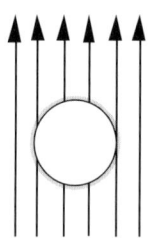

Aufsteigende Blase in aufsteigendem Wasser. Laminare Strömung. Sauerstoffreicher Grenzfilm wird nicht abgetragen. Schlechte Sauerstoffanreicherung.

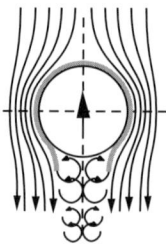

Aufsteigende Blase in abwärtsströmendem Wasser. Turbulente Strömung. Sauerstoffreicher Grenzfilm wird schnell abgetragen. Gute Sauerstoffanreicherung.

Wirbel

Strömt das Wasser abwärts, tritt mehr Sauerstoff aus der Luftblase in die Flüssigkeit über als bei zur aufsteigenden Luftblase gleichgerichteter Strömung.

Filter kann sogar ins anaerobe Milieu „umkippen". Wenn also für die Fische ein Sauerstoffgehalt von etwa 4 mg/l als minimaler Wert angesehen wird, so ist das ein Wert, der als Grenzwert für die Atmung zu verstehen ist. Wird er unterschritten, ersticken die Fische. Dieser Grenzwert ist aber bei weitem nicht ausreichend, um das gesamte biologische System des Aquariums aufrechtzuerhalten. Ziel der Belüftung sollte es also sein, möglichst die Grenzen der Sauerstoffsättigung zu erreichen. Um den eingetragenen Sauerstoff nun auch in die entlegenen Winkel zu tragen, ist eine intensive Wasserumwälzung wichtig. Vor allem sollte die Wasserbewegung so gestaltet sein, daß „tote Ecken" vermieden werden.

Welche Faktoren beeinflussen die Sauerstoffanreicherung?

Wie wir im Kapitel über die Blasenfeinheit gesehen haben, beeinflußt sie natürlich die Sauerstoffanreicherung in hohem Maße. Je feiner die Blasen sind, desto besser ist der Sauerstoffübergang. Versuche haben ergeben, daß mit feinblasiger Belüftung (Porendurchmesser etwa 0,1 mm) eine Sauerstoffanreicherung von etwa 10 g Sauerstoff pro Kubikmeter Luft und Meter Eintauchtiefe erreicht werden konnte, während mit grobblasiger Belüftung (2 mm große Bohrungen) dieser Wert etwa auf die Hälfte absinkt (Knop et al.). Die Blasenfeinheit läßt sich allerdings nur schwer kontrollieren.

Wenn man sich eine Blase im Wasser denkt, kann man sich vorstellen, daß der Sauerstoff aus der Blase zunächst in den angrenzenden Wasserfilm hinein diffundiert. Wird dieser Wasserfilm nicht abgeführt, steigt die Sauerstoffkonzentration in ihm so lange an, bis ein Gleichgewichtszustand erreicht ist. Die Diffusion kommt zum Stillstand. Wird die sauerstoffreiche Grenzschicht jedoch gleichmäßig abgeführt, diffundiert stetig Sauerstoff nach. Luftblasen, die in einem Blasenschwarm aufsteigen, nehmen etwas angrenzendes Wasser mit. Das Ergebnis ist, daß eine aufwärtsgerichtete Wasserbewegung entsteht. Das aufwärtsströmende Wasser hat ziemlich genau die Geschwindigkeit der Luftblasen.

Zwischen Wasser und Luftblase besteht eine sehr geringe Geschwindigkeitsdifferenz. Die Blase bewegt sich in einer sehr gleichmäßigen Strömung. Je stärker die **Turbulenz** im Blasenschwarm ist, um so besser wird die Grenzschicht an der Blase, die bereits sauerstoffreich ist, wieder abgetragen. Sauerstoffarmes Wasser wird schnell an die Blasenoberfläche herangeführt und mit Sauerstoff angereichert. Wenn die Möglichkeit besteht, sollte das Wasser daher in einer Säule von oben nach unten, also im Gegenstrom zu den Blasen, geführt werden. Hierdurch wird der Wasserfilm, der an der Blase anhaftet, optimal ausgetauscht.

Mit Zunahme des **Drucks**, dem die Luftblase ausgesetzt ist, sobald sie sich im Wasser befindet, geht entsprechend mehr Sauerstoff in Lösung. Je tiefer der Ausströmer ins Wasser eintaucht oder je höher die Reaktionssäule ist, desto besser ist die Sauerstoffanreicherung. Der Sauerstoffeintrag erfolgt proportional zur Höhe der Wassersäule. Dieser Effekt kann noch zusätzlich gesteigert werden, wenn man das Reaktionsrohr mit Überdruck betreibt. Solche Sauerstoffreaktoren sind auch bereits im Handel erhältlich. Man muß allerdings einigen technischen Aufwand in Kauf nehmen. Es wird eine Wasserpumpe benötigt, die das Wasser mit erhöhtem Druck in den Sauerstoffreaktor fördert. Ebenso muß die Luft mit dem entsprechendem Überdruck in den Reaktor eingetragen werden. Da die herkömmlichen Aquarienpumpen zumeist nur einen Druck von etwa 2 bis 3 mWs liefern, ist hier ein Kleinkompressor zu empfehlen. Sauerstoffreaktoren können als Blasensäulen oder als Füllkörper betrieben werden.

Anstelle eines Reaktors kann natürlich auch eine Sauerstoffdruckflasche angeschlossen werden. Damit wird eine erhebliche Leistungssteigerung erzielt. Pro Liter Gas liegt jetzt etwa die fünffache Sauerstoffmenge gegenüber Luft vor. Reiner Sauerstoff diffundiert auch schneller in das Wasser ein. Diese Betriebsweise ist natürlich sehr aufwendig, da die Flaschen recht schwer sind und natürlich auch ihren Preis haben. Es entfallen aber auch die Stromkosten für den Kompressor. Wenn Sauerstoff eingesetzt wird, sollte man den Reaktor als Füllkörperreaktor betreiben. Bei geschickter Einstellung kann der Sauerstoff so dosiert werden, daß er sich vollständig löst. Das bedeutet, daß das Wasser den Sauerstoffreaktor blasenfrei verläßt und kein Verlust durch aufsteigende Sauerstoffblasen erfolgt.

Wenn man mit reinem Sauerstoff arbeitet, besteht allerdings die Gefahr, daß man das Wasser übersättigt. Auch hierauf können Tiere sehr empfindlich reagieren. Man muß also mit reinem Sauerstoff sehr vorsichtig umgehen.

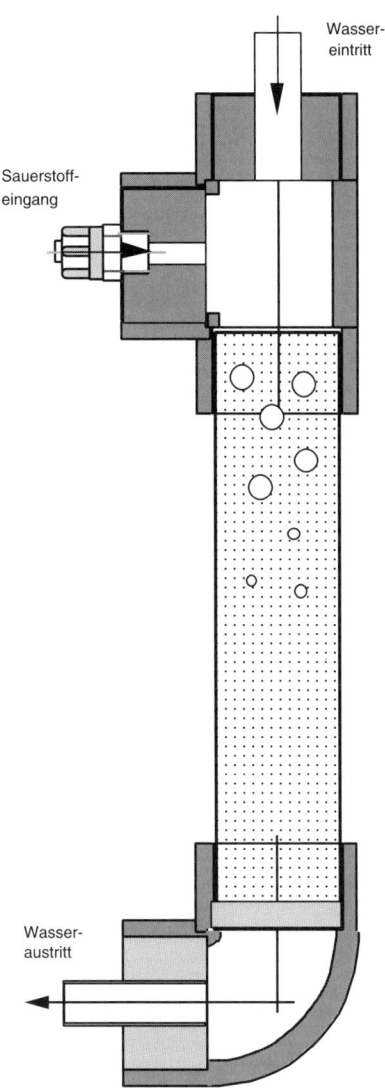

Im Sauerstoffreaktor werden das Gegenstromprinzip und ein erhöhter Druck zum besseren Sauerstoffeintrag genutzt.

Wassertemperatur und Sauerstoffsättigungsgrad

Je niedriger die Wassertemperatur ist, desto höher liegt die Sauerstoffsättigungsgrenze. Je größer der Unterschied des vorhandenen

Natürliche und technische Gase

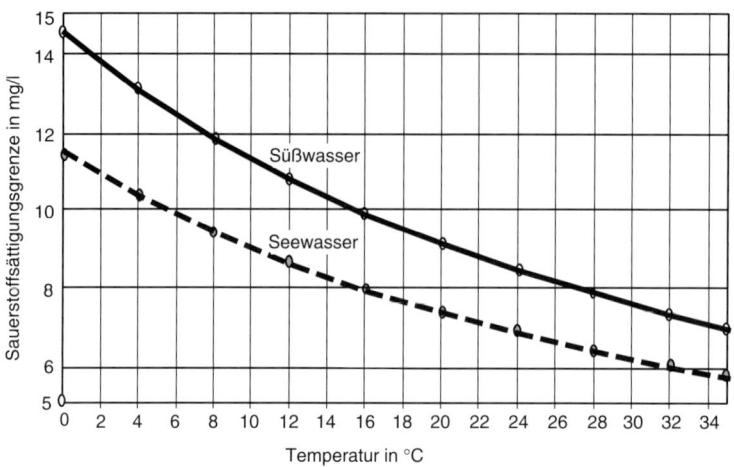

Je niedriger die Temperatur ist, desto mehr Sauerstoff läßt sich im Wasser lösen.

Sauerstoffgehalts zur Sättigungsgrenze wird, desto besser erfolgt der Sauerstoffeintrag.

Kaltwasserbecken sind also wesentlich leichter mit Sauerstoff zu versorgen als Warmwasserbecken. Das verdeutlicht auch die Abbildung oben. Nehmen wir einmal zwei extreme Beispiele. Ein kaltes Süßwasserbecken mit einer Temperatur von etwa 16 °C hat seine Sauerstoffsättigungsgrenze bei etwa 10 mg/l. Ein warmes Seewasseraquarium mit einer Temperatur von 24 °C hat eine Sauerstoffsättigungsgrenze von etwa 7 mg/l. Beide sollen einen Sauerstoffgehalt von etwa 6 mg/l haben. Das bedeutet für das Süßwasserbecken, daß es einen Sättigungsgrad von ungefähr 60 % erreichen muß, während das Seewasseraquarium bereits einen Sättigungsgrad von etwa 85 % aufweist. Wenn wir einmal annehmen, unser Aquarium hätte eine ähnlich gute Sauerstoffanreicherungsrate wie ein schnell fließendes Gewässer, so sehen wir, daß das kalte Süßwasser etwa 6 g Sauerstoff pro Quadratmeter und Tag aufnimmt, während das Seewasser nur etwa 1,5 g erhalten kann. Es wird also deutlich, daß beim warmen Aquarium nicht nur die Sauerstoffsättigungsgrenze niedriger liegt, sondern auch die Sauerstoffzufuhr wesentlich schwieriger ist. Des weiteren nimmt mit steigender Temperatur die Aktivität der meisten Lebewesen zu, und entsprechend steigt auch der Sauerstoffbedarf der Tiere. Auch der Stoffwechsel der Mikroorganismen steigert sich, so daß auch sie mehr Sauerstoff verbrauchen.

Wir erkennen also zwei gegenläufige

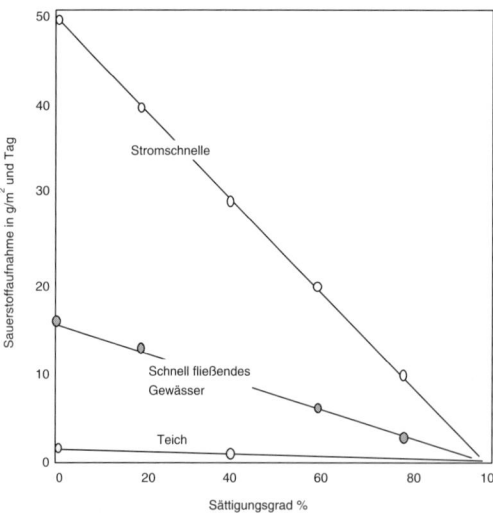

Die Sauerstoffanreicherung hängt in der Natur von der Oberflächenbewegung des Wassers ab.

Sauerstoffanreicherung

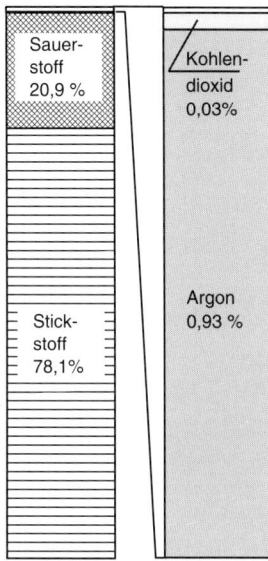

Zusammensetzung der Luft.

Stickstoff	78 %
Sauerstoff	21 %
Edelgase	1 %
Kohlendioxid	0,03 %

Gasanteile der Luft. Die rechte Säule stellt die Verhältnisse in dem etwa ein Prozent großen Abschnitt der linken dar.

Trends: das Absinken der Sättigungsgrenze und das Ansteigen des Sauerstoffbedarfes. Je höher also die Temperatur ist, desto wichtiger wird die Sauerstoffversorgung für das gesamte biologische System im Aquarium. Kritische Situationen können vor allem auftreten, wenn etwa an warmen Sommertagen die Temperatur in Warmwasseraquarien nochmals erheblich ansteigt.

Sauerstoffkonzentration und Partialdruck

Die Tabelle oben rechts verdeutlicht nochmals die verschiedenen Gasanteile an der uns umgebenden Luft. Es wird sofort deutlich, daß Stickstoff alleine bereits 78 %, Stickstoff und Sauerstoff zusammen 99 % ausmachen. Wenn man sich die linke Säule als eine Art Gasbehälter vorstellt, in der die Gase übereinander geschichtet sind, so können wir uns vorstellen, daß aufgrund der Brownschen Molekularbewegung die Moleküle regelmäßig mit hoher Geschwindigkeit gegen die Behälterwand prallen. Hierdurch entsteht in dem Behälter ein bestimmter Druck. Wir nehmen jetzt aus dieser Flasche genau soviel Gas heraus, daß nur noch der Sauerstoff übrigbleibt. Die Sauerstoffmoleküle haben jetzt erheblich mehr Platz gewonnen. Sie stoßen weniger oft an die Behälterwand, der Druck ist gesunken. Der Druck, den der Sauerstoff dann alleine einnimmt, nennt man den Partialdruck des Sauerstoffs. Er beträgt nur ungefähr ein Fünftel des Gesamtgasdruckes.

Nun füllen wir in Gedanken die Säule vollständig mit Sauerstoff auf. Es sind jetzt genausoviele Gasmoleküle im Behälter wie zu Anfang unseres Gedankenexperimentes. Es prallen ebensoviele Moleküle gegen die Behälterwandung, aber jetzt sind es nur Sauerstoffmoleküle. Der Sauerstoffdruck ist jetzt etwa auf das Fünffache gestiegen! Wir gehen in unserem Gedankenexperiment noch etwas weiter. Wir nehmen den Behälter, der vollständig mit Sauerstoff gefüllt ist, tauchen ihn in Wasser und öffnen ihn jetzt an der Unterseite. Da der Druck nach allen Seiten gleich wirkt, stoßen die Sauerstoffmoleküle jetzt mit dem fünffachen Druck im Vergleich zu normaler Luft auf die Wasseroberfläche. Im Gegensatz zur Behälterwand ist der Wasserspiegel für Sauerstoffmoleküle keine feste Begrenzung. Aufgrund des fünffachen Teilchendruckes (Partialdruckes) ist nun die Lösungsgeschwindigkeit von Sauerstoff wesentlich beschleunigt. Der Sauerstoffeintrag in das Wasser erfolgt bei reinem Sauerstoff also sehr viel schneller. Wie wir im Kapitel über den osmotischen Druck gesehen haben, finden Diffusionsvorgänge so lange statt, bis ein Gleichgewichtszustand erreicht worden ist. Nun haben wir auf die eine Seite der Waage reinen Sauerstoff gelegt

Natürliche und technische Gase

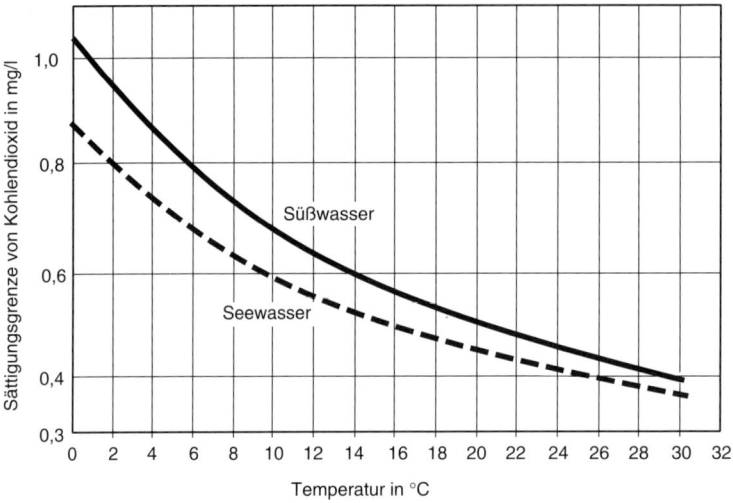

Kühles Wasser kann größere Kohlendioxidmengen aufnehmen als warmes.

und auf die andere Seite sauerstoffarmes Wasser. Da wir den Teilchendruck gegenüber normaler Luft stark erhöht haben, steigt nicht nur die Geschwindigkeit der Sauerstoffanreicherung, sondern auch der maximale Gehalt an Sauerstoff, den wir in Wasser lösen können!

Der Stickstoff

Obwohl wir bisher nur die Sauerstoffanreicherung im Wasser betrachtet haben, ist uns natürlich auch der Stickstoff nicht verborgen geblieben. Mit 78 % hat er den Löwenanteil an der Luft. Man muß sich darüber im klaren sein, daß man bei der Belüftung auch immer den Stickstoff mit einträgt. Nun ist das eigentlich weder ein Vor- noch ein Nachteil, denn das molekulare Stickstoffgas ist so reaktionsträge, daß es praktisch keinen Einfluß auf die chemischen Reaktionen im Wasser hat. Auch der Stickstoffkreislauf wird nicht durch das Stickstoffgas beeinflußt. Man bezeichnet Stickstoff daher auch als Inertgas. Inertgase sind Gase, die im jeweils vorliegenden chemischen System keine Reaktion eingehen. Das sind vor allem auch die Edelgase Helium, Neon, Argon. Trotzdem kann uns dieses Stickstoffgas böse Überraschungen bringen. Wenn Luft unter Überdruck gelöst wird, gelangt der Stickstoff in sehr hohem Maße in Lösung und wird von Fischen bei der Atmung mit aufgenommen. Es entstehen in den Blutbahnen der Fische Stickstoffbläschen, die zu Embolien führen können.

Kohlendioxid

Die Bedeutung von Kohlendioxid für den Stoffkreislauf ist in verschiedenen Kapiteln beschrieben worden. Es ist tatsächlich überraschend, wie wichtig das Kohlendioxid für die Wasserchemie und die Biologie ist, wenn man sieht, daß sein Anteil an der Luft nur 0,03 % beträgt, also etwa ein Siebenhundertstel des Sauerstoffgehaltes. Entsprechend niedrig würde man den Kohlendioxidgehalt im Wasser vermuten. Das entspräche einer Kohlendioxidkonzentration von etwa 0,01 mg im Süßwasser bei etwa 20 °C. Tatsächlich liegt aber die Sättigungsgrenze für Kohlendioxid im 20 °C warmen Wasser bei etwa 0,5 mg/l, also etwa fünfzigmal so hoch, wie wir erwartet haben! Aus diesen Zusammenhängen wird klar, daß Kohlendioxid wesentlich besser als Sauerstoff in Wasser zu lösen ist. Paradoxerweise wird das Kohlendioxid aber auch genauso schnell entbunden, wenn das Wasser turbulent durchmischt oder durchlüftet wird. Kohlendioxid läßt sich also sowohl zur Wasserphase wie auch zur Gasphase relativ leicht verschieben.

Wie beim Sauerstoff gilt natürlich auch hier, daß bei höherer Temperatur weniger Gas gelöst werden kann. Süßwasser kann deutlich mehr Kohlendioxid aufnehmen als Seewasser. Kohlendioxid wird jedoch vor allem in stark mit Pflanzen besetzten Becken zur Mangelware. In der Natur sind zumeist nur geringe Anteile der Wasseroberfläche mit Grünpflanzen bewachsen, so daß ein recht günstiges Verhältnis der Gesamtwasseroberfläche, die Kohlendioxid aufnehmen kann, zur bewachsenen Fläche, auf der Kohlendioxid verbraucht wird, besteht. Stark mit Pflanzen besetzte Süßwasseraquarien benötigen also sehr viel mehr Kohlendioxid als durch die Belüftung oder die Wasseroberfläche aufgenommen werden kann. Es wird also eine zusätzliche Kohlendioxiddosierung notwendig.

Kohlendioxiddosierung

Während die Sauerstoffanreicherung mit normaler Luft ganz ordentlich funktioniert und selbst Ozon mit einem Ozonisator aus Raumluft erzeugt werden kann, so ist die Kohlendioxidanreicherung nicht so einfach zu bewerkstelligen. Es wird ein Kohlendioxidspender benötigt. Hier gibt es verschiedene Möglichkeiten, die im folgenden vorgestellt werden sollen.

Gärung mit Hefe. Diese Form der Kohlendioxidentstehung ist aus der Technik der Alkoholherstellung bekannt. Man setzt eine Zuckerlösung an und gibt etwas Hefe zu. Auf einen Liter Wasser nimmt man etwa 100 g Zucker und 10 g Hefe. Nach einiger Zeit beginnt die Lösung zu gären, wobei neben Alkohol Kohlendioxid entsteht. Der auftretende Gasdruck reicht aus, um die Kohlensäure in ein Reaktionsgefäß im Aquarium zu leiten oder durch einen Ausströmer ausperlen zu lassen. Der Nachteil dieser Methode liegt darin, daß keine kontinuierliche Kohlensäureversorgung entsteht. Wenn die Gärung abgelaufen ist, muß die Lösung neu angesetzt werden. Die Gaszufuhr kann auch schlecht geregelt werden, da man natürlich den Stoffwechsel der Hefe nicht einfach abschalten kann!

Der oben beschriebene Ansatz reicht für etwa eine Woche aus. Die Temperatur beeinflußt die Gärung natürlich maßgeblich. Je wärmer der Gärbehälter steht, desto schneller erfolgt die Gärung und desto schneller muß natürlich neue Flüssigkeit angesetzt werden. Diese Methode wurde bereits 1962 vom Dänen Jørgen SCHEEL (1967) beschrieben. Das Verfahren kann auch so durchgeführt werden, daß durch den Luftraum des Gärbehälters stetig etwas Luft gepumpt wird, die das entstandene Kohlendioxid mitnimmt und ins Aquarium einträgt.

Reaktion von Kalkstein mit Salzsäure. So wie das Kohlendioxid im Kalkstein ($CaCO_3$) chemisch gebunden wird, kann man es selbstverständlich auch wieder freisetzen:

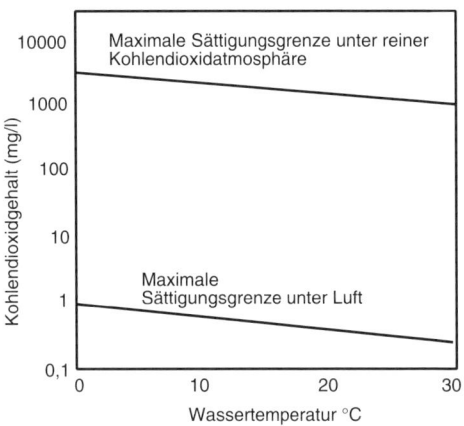

In einer Kohlendioxidatmosphäre liegt die Sättigungsgrenze des Wassers für CO_2 deutlich höher als bei normaler Luft.

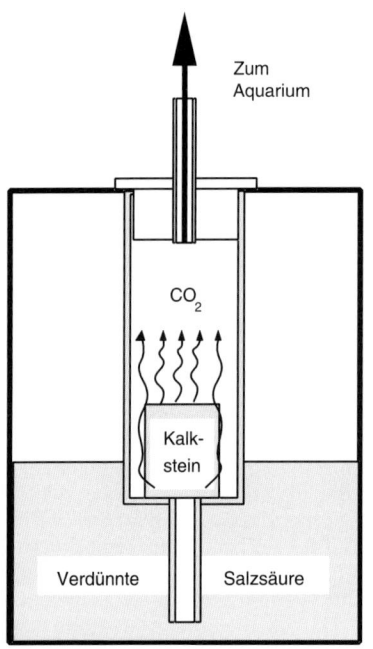

Gerät zur Erzeugung von Kohlendioxid mit Kalkstein und Salzsäure.

$$CaCO_3 + 2\,HCl \longrightarrow CO_2 + CaCl_2 + H_2O$$

Wenn wir also Salzsäure (HCl) über Kalkstein gießen, setzt eine spontane Reaktion ein. Das Calcium (Ca^{2+}) verbindet sich mit zwei Chlorid-Ionen (Cl^-) zum Calciumchlorid ($CaCl_2$). Der Wasserstoff aus der Salzsäure reagiert mit einem Sauerstoffatom aus dem Kalkstein ($CaCO_3$) zu Wasser (H_2O). Stark sprudelnd macht sich das entstehende Kohlendioxid (CO_2) bemerkbar. Orientiert man sich an der Reaktionsgleichung, so findet man, daß etwa 100 g reiner Kalkstein benötigt werden, um ungefähr zwei Liter Kohlendioxid zu erzeugen. Dabei entsteht eine Salzmenge von etwa 111 g Calciumchlorid. Um die Reaktion in Gang zu bringen, werden etwa 73 g reine Salzsäure benötigt. Da die Säure in der Konzentration sehr gefährlich ist, sollte man mit etwa 25%iger Salzsäure arbeiten, so daß entsprechend mehr Flüssigkeit anfällt.

Im Handel sind Reaktionsgefäße verfügbar, die diesen Reaktionsablauf geschickt steuern. Wenn die Salzsäure an den Kalkstein gelangt, entsteht Kohlendioxid, das entweicht und sich seinen Weg ins Aquarium sucht. Dabei muß es einen bestimmten Druck aufbauen. Dieser Druck verdrängt im Reaktionsgefäß die Salzsäure, so daß die Bildung weiteren Kohlendioxids unterbunden wird. Wenn das Kohlendioxid im Aquarium verbraucht worden ist, sinkt der Druck im Reaktionsgefäß. Die Salzsäure kann wieder zum Kalkstein aufsteigen und die Reaktion wird aufs neue eingeleitet. Auf diese Weise entsteht ein gewisser Selbstregelungseffekt. Die Regelung richtet sich aber nur nach dem Reaktionsablauf im Gefäß und nicht nach dem Kohlendioxidbedarf im Aquarium. Denkbar wäre auch eine Steuerung über ein Magnetventil. Dies wird aber dadurch erschwert, daß Magnetventile einen hohen Vorsteuerdruck benötigen, um sicher zu öffnen und zu schließen. Der beschriebene Weg der chemischen Kohlendioxiderzeugung ist also recht einfach und wohl auch kostengünstig. Allerdings ist der Umgang mit Salzsäure nicht jedermanns Sache. Auch die bedarfsabhängige Regelung ist nur bedingt möglich.

Die oben dargestellten Dosiermöglichkeiten haben nach einer einfachen und unkomplizierten Kohlendioxiddosierung laut werden lassen. Es werden von verschiedenen Herstellern Geräte angeboten, bei denen das Kohlendioxid nicht erst erzeugt werden muß, sondern aus einer Vorratsflasche entnommen werden kann. Hierzu gibt es die folgenden Möglichkeiten:

Kohlendioxid in der Sprühdose. Bei dieser Ausführung wird das Kohlendioxid einer Sprayflasche entnommen. Die Sprayflaschen sind mit einen Druck von etwa 8 bis 10 bar gefüllt. Das Raumvolumen dieser Flaschen liegt etwa bei 0,5 bis 0,65 l. Wenn man den Druck von 8 bar mit dem Raumvolumen von 0,65 Liter multipliziert, errechnet sich ein nutzbare Gasmenge von etwa 5 l. Dies entspricht etwa 10 g Kohlendioxid.

Kohlendioxid

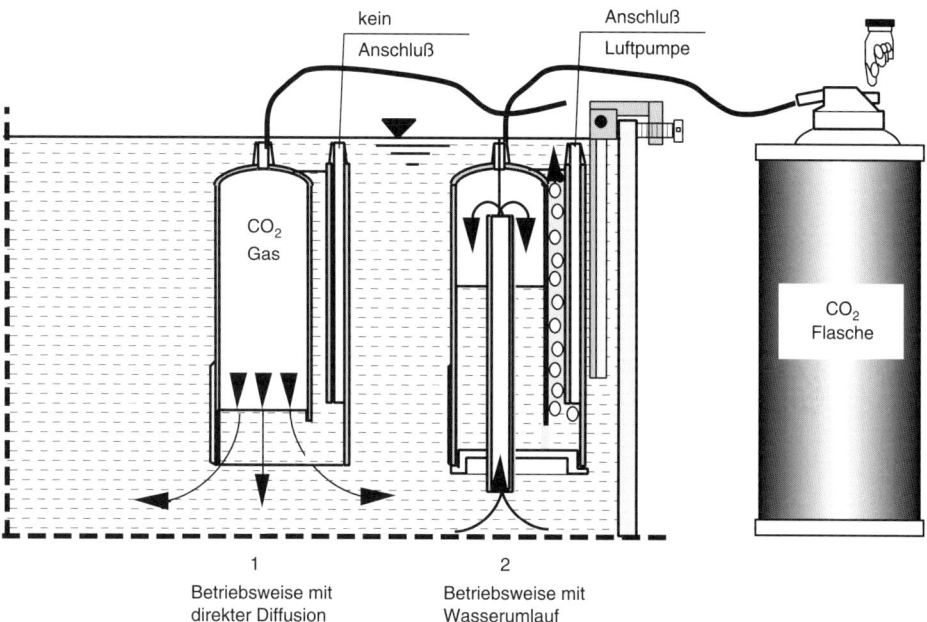

Zwei verschiedene Kohlendioxidreaktoren.
1 Betriebsweise mit direkter Diffusion
2 Betriebsweise mit Wasserumlauf

Die Bedienung der Kohlendioxid-Sprayflasche ist denkbar einfach. Das CO_2-Reaktionsgefäß wird im Aquarium installiert und mittels eines Mikroschlauchs mit der Sprayflasche verbunden. Nun drückt man einfach auf das Ventil der Sprayflasche, so daß Kohlendioxid in das Reaktionsgefäß eingeleitet wird. Man besitzt hiermit eine einfache und verlustfreie Kohlendioxiddosierung. Der Nachteil besteht allerdings darin, daß die Anwendung auf relativ kleine Becken bis etwa 100, maximal 200 Liter Inhalt beschränkt bleibt. Die Dosierung kann nicht automatisiert werden. Der Anschluß an Regelgeräte ist nicht möglich. Die Nachdosierung erfolgt jeweils von Hand, wenn das Kohlendioxid-Reaktionsgefäß geleert ist. Die Spray-Dosen können nicht wiederbefüllt werden, so daß die Flasche selbst leider ein Wegwerfartikel ist.

Kohlendioxid in der Druckgaskapsel. Für den Haushaltsbedarf gibt es kleine Kohlendioxidpatronen, die sehr viel kleiner als die Spraydosen sind, dafür aber mit etwa 16 g CO_2 ein etwas höheres Nutzvolumen beinhalten, da das Gas unter sehr hohem Druck steht. In der Praxis hat es nachhaltige Probleme gegeben, preisgünstige und doch sehr genau regelnde Entnahmeventile zu konstruieren. Bei unsachgemäßer Handhabung kommt es zu erheblichen Verlusten an Kohlendioxid. Insbesondere für das Heimaquarium schien die Kohlendioxidkapsel zunächst eine gute Lösung darzustellen, doch sind die Ventilprobleme schwerwiegend.

Kohlendioxid in der Druckgasflasche. Kohlendioxid wird in vielen Bereichen der Technik und der Getränkeindustrie benötigt. Es sind daher von diesen Industriebereichen Druckflaschen in den verschiedensten Größen entwickelt worden, die auch für die Aquarientechnik sehr gute Anwendungsmöglichkeiten bieten. Das Kohlendioxid hat gegenüber anderen Gasen den Vorteil, daß es

Übersicht über marktübliche CO₂-Flaschen.

Gasinhalt kg	Gasinhalt m³	Fülldruck bar	Rauminhalt l	Spezifisches Gewicht kg/m³
0,15	0,07	57,6	0,20	1,97
0,35	0,17	57,6	0,50	1,97
1,5	0,76	57,6	2,0	1,97
10,0	5,07	57,6	13,0	1,97
20,0	10,15	57,6	27,0	1,97
25,0	12,69	57,6	33,0	1,97
27,0	13,70	57,6	40,0	1,97

bereits bei relativ geringen Überdrücken zu verflüssigen ist. So ist es möglich, Kohlendioxid bei einer Umgebungstemperatur von 20 °C bei etwa 55 bar zu verflüssigen und in Druckflaschen in den Handel zu bringen. Dadurch, daß das Gas flüssig in der Flasche vorliegt, kann ein erhebliches Nutzvolumen aus einer recht kleinen Flasche entnommen werden. Die Entnahme erfolgt mittels eines Druckminderungsventils, das auf den Flaschenkopf aufgesetzt wird.

Das Druckminderungsventil wird mit einer speziellen Gasgewindeverschraubung mit

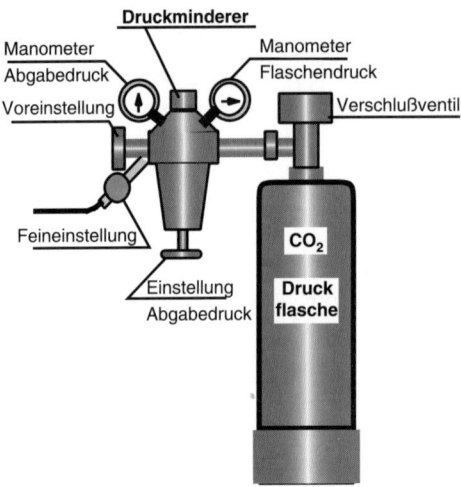

Aus einer Druckgasflasche darf Kohlendioxid niemals ohne vorgeschalteten Druckminderer entnommen werden!

dem Flaschenkopf verschraubt. Diese Verschraubung sollte sehr sorgfältig mit einem Schraubenschlüssel vorgenommen werden. Die Dichtung ist aber in aller Regel so genau, daß die Überwurfmutter nicht zu stark angezogen werden braucht. Zunächst sollte der Abgabedruck des Ventils ganz auf Null gestellt werden, was man durch Linksdrehung an der Einstellung „Abgabedruck" erreicht. Die Abgabeventile sollten geschlossen sein. Jetzt kann man das Flaschenverschlußventil vorsichtig öffnen. Ist die Verschraubung unsachgemäß angebracht, macht sich das zumeist durch ein deutliches Zischen bemerkbar. In diesem Fall sollte das Flaschenventil nochmals verschlossen werden und die Ventilverschraubung mit Gefühl nachgezogen werden. Bei einer neuen Flasche sollte das erste Manometer zwischen 55 und 60 bar stehen und das zweite auf 0 bar.

Jetzt wird an der entsprechenden Einstellung der Abgabedruck durch Rechtsdrehung eingestellt. Er kann am zweiten Manometer abgelesen werden. Der nötige Druck hängt von den nachgeschalteten Geräten ab. Ist ein einfacher CO_2-Reaktor angeschlossen, reicht ein Abgabedruck von etwa 0,2 bar aus. Ist ein Magnetventil anzusteuern, so sind vielleicht 2 bis 4 bar angebracht, da die meisten Magnetventile einen Vorsteuerdruck benötigen, um sicher öffnen oder schließen zu können. Wenn derartig hohe Drücke eingestellt werden, muß darauf geachtet werden, daß druckfeste, eventuell gewebeverstärkte Schläuche eingesetzt werden. Nachdem die Druckminderungsarmatur so angebracht wurde, sollte das Feineinstellventil geöffnet werden. Dieses Ventil regelt nicht den Abgabedruck, sondern im wesentlichen nur die Strömungsmenge des Kohlendioxidgases. Manche Druckminderungsarmaturen verfügen an dieser Stelle über zwei Ventile. Mit einem wird die Strömungsmenge grob vorgewählt und mit einem zweiten fein nachjustiert.

Bei einigen Anwendern dieser Armaturen besteht ein gehöriger Respekt vor den hohen Drücken, die an den Ventilen anliegen. Die Armaturen sind aber so gearbeitet, daß sie ein hohes Maß an Sicherheit gewährleisten und auch vom Nichtfachmann sicher bedient werden können. Selbstverständlich dürfen die Druckflaschen niemals ohne Druckminderungsarmaturen betrieben werden!

Kohlendioxid-Druckgasflaschen. Die eigentlichen Kohlendioxid-Druckgasflaschen sind in den verschiedensten Varianten erhältlich. Zur Verfügung stehen sie in jedem Handel für technische Gase. Aber auch viele Aquarienfachhändler sind darauf eingestellt und haben meist zwei oder drei verschiedene Flaschengrößen zur Auswahl. Der Gang zum Zoofachhandel ist immer zu empfehlen, da der technische Gashandel auch andere Gasqualitäten zur Verfügung hat und Verwechselungen vermieden werden sollten. Der Zoofachhandel kann auch in vielen Einzelfällen detaillierte Fachberatung geben.

Um zu vermeiden, daß Fremdgase oder Feuchtigkeit in die Flasche eindringen, sollten Druckgasflaschen nie vollständig geleert werden. Die Flaschen dürfen nur transportiert werden, wenn die Schutzkappe aufgeschraubt ist, niemals mit aufgesetzter Armatur! Am Aufstellungsort sollte die Flasche sicher aufgestellt werden, so daß vermieden wird, daß sie eventuell auf die Armatur fällt. Die Flasche darf auch während der Entnahme nicht auf den Kopf gestellt werden. Das Kohlendioxid liegt in der Flasche als Flüssigkeit vor. Wenn die Flasche auf dem Kopf steht und die Armatur geöffnet wird, entströmt flüssige Kohlensäure, und es entsteht Kohlensäureschnee. Das kann zu Verstopfungen in den Ventilen und Schläuchen führen und sie eventuell zerstören.

Kohlendioxiddosiervorrichtungen. Aufgrund seiner hervorragenden Löslichkeit in Wasser und seiner sehr guten Diffusionseigenschaften kann das reine CO_2 sehr schnell in Wasser eingetragen werden. Unter optimalen technischen Bedingungen kann man bis zu 1 700 mg CO_2 in 20 °C warmem Wasser lösen. Das ist natürlich im Aquarium nicht erstrebenswert. Die Zahl zeigt aber, daß wir mit recht einfachen Mitteln schon einen sehr guten Gaseintrag erreichen können.

Es gibt einen deutlichen Unterschied zwischen der Anreicherung des Wassers bei reiner Kohlendioxidatmosphäre und unter Luft. Es hat sich gezeigt, daß wir mit reiner Belüftung keine weitere Kohlendioxidanreicherung erwarten können.

Natürlich ist es auch nicht machbar, das ganze Aquarium unter eine Kohlendioxidatmosphäre zu setzen, um die gewünschten höheren Werte zu erzielen. Zu Beginn des Kohlendioxideinsatzes hat man sprichwörtlich von der „Kohlendioxidbelüftung" gesprochen, was natürlich ein Widerspruch in sich ist. Aber tatsächlich hat man das Kohlendioxid einfach über Holzausströmer ins Wasser gebracht. Dadurch ergibt sich ein relativ großer Verlust, weil während der kurzen Steigzeit der Blase von etwa 1 bis 5 sec (Blasen haben in Wasser eine Steigzeit von etwa 15 bis 30 cm/sec, also in einem 60 cm hohen Aquarium eine Verweilzeit von etwa 2 bis 4 sec) nicht alles Gas ins Wasser eindiffundieren kann.

Ein erheblicher Anteil wird mit der Blase an den Wasserspiegel geführt und ausgetragen. Hier kann es eventuell auf dem Wasserspiegel verbleiben. Sicher wird es sich bald mit Luft vermischen, so daß die Konzentration schnell verdünnt wird. Dennoch kann es bei Luftatmern (Labyrinthfische, verschiedene Welse) zu erschwerter Atmung kommen. Dies muß unbedingt vermieden werden. Es sollten also Kohlendioxideintragsverfahren gewählt werden, die ein direktes Ausperlen an die Oberfläche nach Möglichkeit ausschließen. Das wird am besten erreicht, indem man reine Diffusionsgeräte einsetzt. Sie haben den großen Vorteil, daß sie einen kleinen Ausschnitt einer Wasseroberfläche unter reines Kohlendioxid setzen und somit die oben gezeigte hohe Anreicherung erzielen, wie erwünscht, allerdings nur bezogen auf eine kleine Fläche. Hier haben sich zwei verschiedene Varianten bewährt.

Diffusionsgeräte zum Kohlendioxideintrag

Die Abbildung unten zeigt ein Diffusionsgerät, das aus einem Rohr besteht. Dieses Rohr ist auf einer Seite mit einer Kappe verschlossen, die ein kleines Loch aufweist. Auf der anderen Seite ist das Rohr mit einer halbdurchlässigen Membrane versehen. Diese Membrane ist so bemessen, daß sie von Wassermolekülen nicht durchdrungen werden kann. Andererseits sind aber die Kohlendioxidmoleküle sehr wohl in der Lage, sie zu durchwandern. Da im Wasser eine sehr geringe Kohlendioxidkonzentration im Vergleich zum Rohrinneren besteht, gelangen die CO_2-Moleküle ziemlich rasch durch die Membrane ins Wasser hinein. Da die Anzahl der Gasmoleküle im Raum geringer wird, steigt langsam Wasser durch die Öffnung in der Bodenkappe in das Rohrinnere. Am Wasserstand im Rohr kann man somit auch ablesen, wann es sinnvoll erscheint, Kohlendioxid nachzudosieren.

Da sich in der Nähe der Membrane das Kohlendioxid mit der Zeit anreichert, ist es

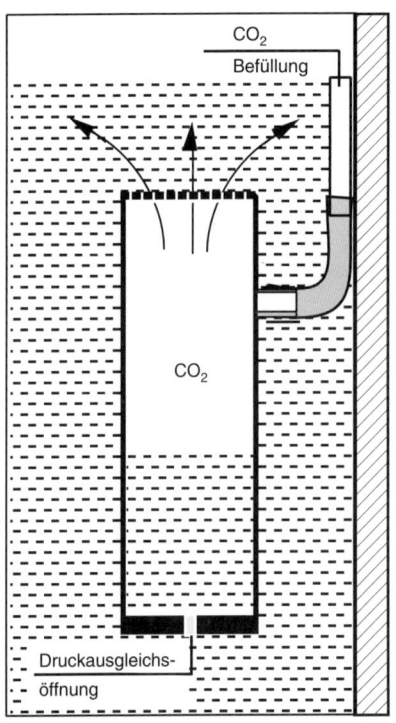

Das Kohlendioxid diffundiert über eine Membran in das Wasser hinein.

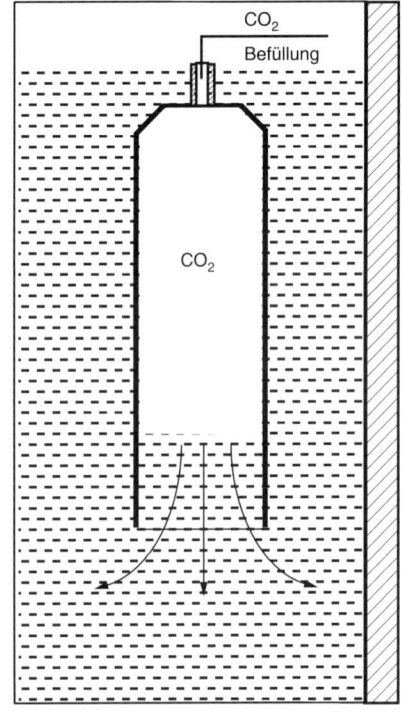

Hier erfolgt die Diffusion des CO_2 an der im Rohr befindlichen Wasseroberfläche.

wichtig, daß eine ausreichende Wasserbewegung herrscht, um das kohlendioxidreiche Wasser abzuführen. Denn je größer das Gefälle der Kohlendioxidkonzentrationen ist, um so schneller erfolgt der Diffusionsvorgang.

Die Abbildung auf Seite 118 unten rechts zeigt ein Diffusionsgerät ohne Membrane. Die Kohlendioxidzufuhr des Rohres erfolgt von oben; ansonsten ist seine Oberseite verschlossen. An der Unterseite ist das Rohr offen. Beim Einsetzen des Rohres wird der Schlauch für die Kohlendioxidzufuhr abgenommen, so daß es während des Eintauchens vollständig entlüftet wird. Ist das Rohr untergetaucht und vollständig mit Wasser gefüllt, wird die Kohlendioxidzufuhr angeschlossen. Dabei wird das Wasser verdrängt.

Das Rohr enthält nunmehr Kohlendioxid, so daß eine Phasengrenzfläche entsteht, an der sich Kohlendioxidgas und Wasser direkt berühren. Man kann sich leicht vorstellen, daß sich in diesem Fall eine noch schnellere Diffusion einstellt, da auch eine halbdurchlässige Membrane einen gewissen Widerstand bietet, der bei dieser Konstruktion völlig entfällt. Membranen haben auch die Eigenschaft, zu verschmutzen oder zu veralgen, was bei der offenen Bauweise nicht geschehen kann. Allerdings verhindert die Membrane, daß Tiere direkt in die Kohlendioxidglocke eintauchen können. In der Praxis hat das jedoch nie zu Problemen geführt. Beide Verfahren haben den Vorteil, daß die Kohlendioxiddosierung absolut verlustfrei erfolgt. Das ermöglicht ein sparsames Arbeiten und läßt keine Gasschicht aus Kohlendioxid auf der Wasseroberfläche auftreten.

Neben diesen reinen Diffusionsgeräten gibt es eine Reihe von anderen Systemen, die im wesentlichen den Gasaustausch mit Gasblasen bewerkstelligen. Bei allen diesen Gasblasensystemen ist natürlich erkannt worden, daß man mit dem einfachen Ausströmen des Kohlendioxids über einen Ausströmer denkbar schlechte Ergebnisse erzielt. So hat man versucht, der Blase auf ihrem Weg an den Wasserspiegel möglichst viele Hindernisse in den Weg zu stellen. Das Kohlendioxid wird in Rohre geleitet, die mit den verschiedensten Füllkörpern versehen worden sind. Beim Aufsteigen haftet die Blase an den Füllkörpern an, so daß eine längere Verweilzeit im Wasser erreicht wird. Hierbei kommt es vor allem darauf an, daß eine sehr feine Einstellung des Dosierventiles vorgenommen wird.

Durchlaufreaktoren. Wesentliche Vorteile und vor allem erhöhte Leistung bieten Kohlendioxidreaktionssysteme, die von Wasser durchströmt werden. Sie sind sowohl für die Installation im Aquarium als auch bei größeren Anlagen für die Installation außerhalb des Behälters gedacht. Es handelt sich hierbei um ein Rohr, das Füllkörper beinhaltet, die dazu dienen, optimalen Kontakt zwischen Kohlendioxid und Wasser zu gewährleisten.

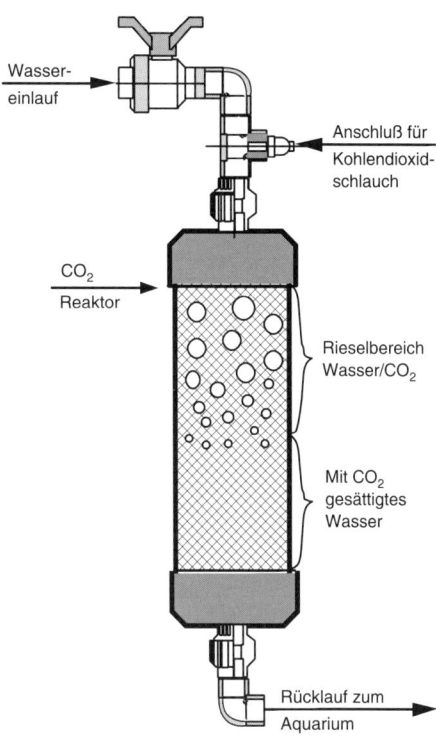

Durchlaufreaktoren bieten einen höheren Kohlendioxideintrag in das Wasser als die üblichen Diffusionsgeräte.

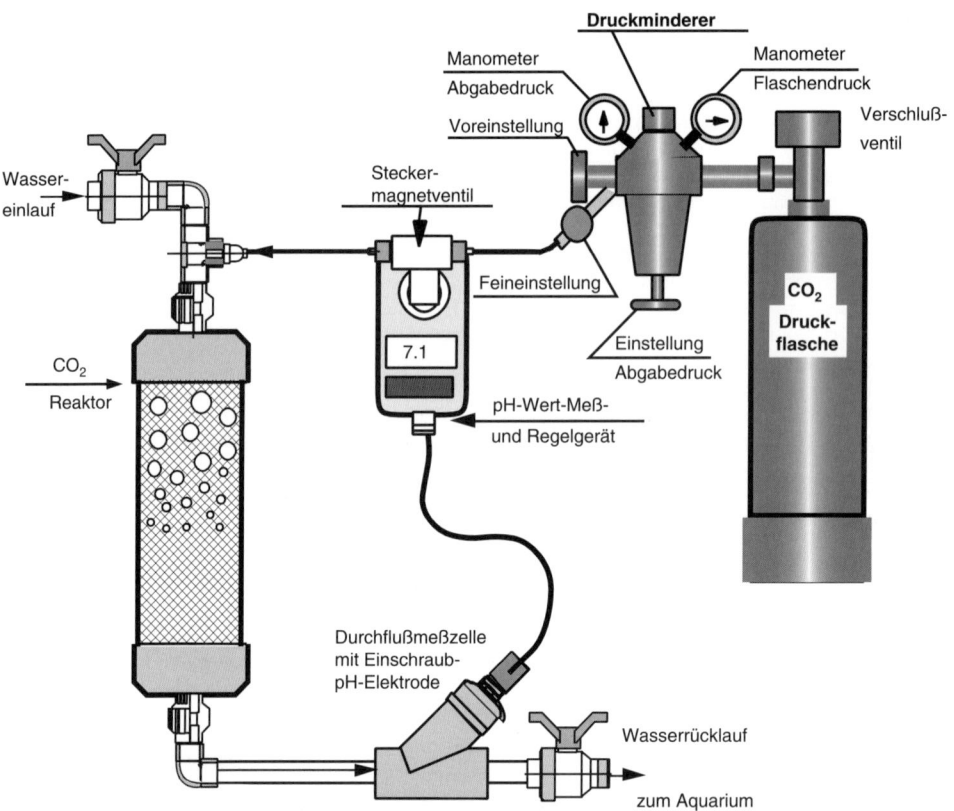

Über ein pH-Wert-Meß- und Regelgerät und ein Magnetventil ist es möglich, die Kohlendioxidzufuhr vollautomatisch zu regeln.

Von oben wird als Teilstrom des Filterkreislaufs Wasser durch das Reaktionsrohr geleitet. Der Auslauf des Rohres wird in das Aquarium zurückgeführt. Ebenfalls am oberen Ende wird das Kohlendioxidgas eingeleitet. Es strömt also mit dem Wasser in das Reaktionsrohr hinein. Der obere Teil des Rohres füllt sich mit Kohlendioxid, so daß das Wasser praktisch durch eine reine Kohlendioxidatmosphäre über die Füllkörper rieselt. Hierbei wird es sehr schnell mit dem Gas gesättigt. Mit dem Feineinstellventil am Druckminderer wird die Strömungsmenge des Kohlendioxids so eingestellt, daß das Rohr etwa zur Hälfte bis maximal zwei Dritteln mit Gas gefüllt ist. Im unteren Teil sollte blasenfreies Wasser zu sehen sein. Damit dies kontrolliert werden kann, müssen die Reaktionssäulen aus transparentem Material gefertigt sein. Die Einstellung kann sehr genau vorgenommen werden, so daß Kohlendioxidverluste sicher vermieden werden können.

Kontrolle der Kohlendioxiddosierung.

Da wir mit der Kohlendioxiddosierung aktiv in die Chemie unseres Aquarienwassers eingreifen, ist es wichtig, daß wir das Wasser regelmäßig kontrollieren. Das geschieht am besten über den pH-Wert. Die Kontrollen sollten zumindest einmal täglich, besser jedoch kontinuierlich durchgeführt werden. Kontinuierliche Messungen sind nur mit elektrischen Meßgeräten sinnvoll durchzuführen. Aber auch dann muß der Meßwert noch abgelesen und aus der Ablesung der richtige Schluß gezogen werden. Zu empfehlen sind also vor allem bei leistungsstärkeren Anlagen automatische Meß- und Regelsysteme.

Die Abbildung links zeigt uns eine solche automatische Dosieranlage. Das Kohlendioxid wird mit einer Gasarmatur einer Druckgasflasche entnommen. Am Feineinstellventil wird die Strömungsmenge des Gases eingestellt. Das CO_2 wird durch ein Magnetventil geleitet, das von einem pH-Wert-Meßgerät gesteuert wird. Vom Magnetventil fließt das CO_2 in den Kohlendioxidreaktor, wo es mit dem Wasser vermischt wird. Direkt hinter dem Reaktor befindet sich eine pH-Meßelektrode, die sofort die durch die Kohlendioxidzugabe erfolgte Änderung des pH-Werts erfaßt. Der geänderte Meßwert wird vom Meßgerät ausgewertet, das mit einer Schaltfunktion versehen sein muß. Hierbei wird dem Meßgerät der gewünschte pH-Wert als Sollwert eingegeben. Nun vergleicht das Meßgerät kontinuierlich den Meßwert und den eingestellten Sollwert. Ist der eingestellte Sollwert erreicht, betätigt das Meßgerät einen Kontakt, das Magnetventil wird geschlossen und die Kohlendioxiddosierung somit unterbrochen.

Nach einiger Zeit wird die pH-Elektrode wieder steigende Meßwerte verzeichnen. Steigt der Wert wieder über den Sollwert an, wird das Magnetventil automatisch wieder geöffnet und gibt Kohlendioxid frei. Auf diese Weise wird eine ausreichende Kohlendioxidversorgung gewährleistet, ohne daß die Gefahr einer Überdosierung bestünde.

Da Wasserpflanzen nur am Tage während der Lichteinwirkung assimilieren und Kohlendioxid aufnehmen, kann die Dosierung während der Nacht abgestellt werden. Das kann von Hand oder über eine Zeitschaltuhr erfolgen.

Ozon

Ozon ist ein Stoff, der uns heute nahezu alltäglich in den Zeitungen und Nachrichten begegnet. Das Verwirrende ist, daß er zum einen als überlebensnotwendig geschildert wird, wenn es etwa um den Ozongürtel geht, der die gefährliche UV-Strahlung der Sonne abfängt und uns somit schützt. Ein anderesmal wird Ozon als eher bedrohlich bezeichnet, wenn sich im Sommer in Verbindung mit Photo-Oxidation aus den Abgasen der Autos und der Schornsteine eine schädliche Ozonkonzentration bildet, der wir, da sie sehr großräumig auftritt, nicht ausweichen können.

Wiederum im positiven Sinne begegnet uns das Ozon als technisches Oxidationsmittel im Schwimmbad oder auch bei der Trinkwasseraufbereitung. Hier kann es ganz oder teilweise Chlor oder Chlorverbindungen ersetzen, die teilweise gesundheitlich bedenkliche Stoffe im Wasser hinterlassen. Auch im Umweltschutz, etwa in der Abluft- und Abwasserreinigung, wird Ozon mit großem Erfolg eingesetzt. Nun begegnet uns Ozon auch in der Aquaristik, und wir wollen es uns etwas genauer ansehen.

Ozon ist eine besondere Form des Sauerstoffs. Normalerweise verbinden sich zwei Sauerstoffatome zu einem Sauerstoffmolekül.

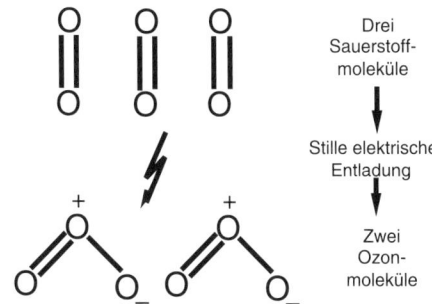

Anstelle der üblichen zwei Sauerstoffatome eines Sauerstoffmoleküls verbinden sich zur Bildung eines Ozonmoleküls drei Atome miteinander.

Das Ozonmolekül dagegen besteht aus einer losen Verbindung von drei Sauerstoffatomen. Wenn dieses Molekül zerfällt, suchen sich die einzelnen Atome neue Reaktionspartner. Alle Einflüsse, die Ozon auf den biochemischen Reaktionsablauf im Aquarium ausübt, beruhen auf dieser starken oxidierenden Wirkung. Ozon ist das stärkste technisch verfügbare Oxidationsmittel. Gleichzeitig ist es das umweltfreundlichste, denn es besteht nur aus drei Atomen Sauerstoff und trägt keine andere Chemikalie ins Aquarienwasser ein.

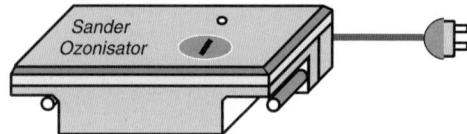

Blick in die Ozonelektroden während der Entladung (SANDER Ozonerzeuger 500 g/h).

von Ozon dem Aquarianer Lösungsansätze an, die im folgenden genauer beschrieben werden sollen.

Anwendungsgebiete von Ozon in der Aquaristik

Trotz einer guten Filteranlage, die aus mechanischen und biologischen Filtern oder im Seewasser mit einer Abschäumung ausgerüstet ist, kann es in einem Aquarium zu Situationen kommen, in denen uns Ozon helfen kann, wie etwa
- dem Auftreten von plötzlichen Spitzenbelastungen bei Ammonium und Nitrit
- der Anreicherung von biologisch nicht abbaubaren Stoffen
- epidemieartig auftretenden Krankheitserregern
- trübem Wasser
- zu niedrigem Redoxpotential

Für diese Problemfelder bietet der Einsatz

Wie wird Ozon erzeugt?

Wie in der Natur beim Blitzschlag wird Ozon in der Ozonelektrode durch Funkenentladung aus dem Sauerstoff der Luft erzeugt. Die Abbildung unten gewährt uns einen Blick auf die Ozonelektroden während der Entladung. Dieser Vorgang läuft wie in der Natur bei sehr hoher elektrischer Spannung ab, die im Ozonisator von einem Hochspannungstransformator erzeugt wird. Die Ozonelektrode selbst besteht aus einer röhrenförmigen Konstruktion, das Innenrohr aus Glas.

Das Innenrohr ist mit einer elektrisch leitenden Masse gefüllt, die an die Hochspannung angeschlossen wird. Die Gegenelektrode wird vom außenliegenden Mantelrohr gebildet. Zwischen dem Glasrohr und dem

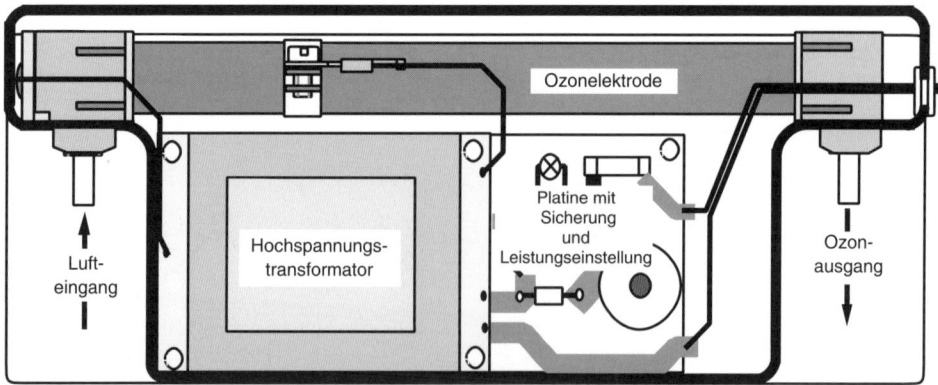

Beispiel für einen in der Aquaristik üblichen Ozonisator.

Ozon

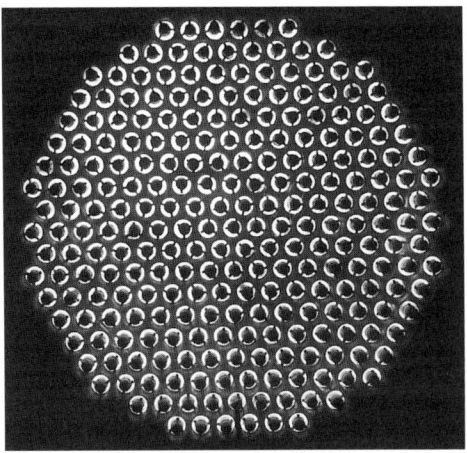

Blick in die Ozonelektroden während der Entladung (SANDER Ozonerzeuger 500 g/h).

Mantelrohr befindet sich ein Spalt, durch den Luft strömt. Der kontinuierlichen Elektronenfluß, der zwischen den Röhrenelektroden besteht, bildet aus dem normalen Sauerstoff- das Ozonmolekül.

Der Gehalt an Ozon in der Luft, die aus dem Ozonisator strömt, ist um so höher, je höher die Spannung an der Elektrode ist. Verändert man also die Betriebsspannung des Ozonisators mit einem Drehwiderstand (Potentiometer), kann man auf einfache Weise die erzeugte Ozonmenge einstellen.

Leider wird im Ozonisator nicht nur der Sauerstoff zu Ozon umgeformt. Auch der Wasserdampf, der immer in geringen Spuren in der Luft enthalten ist, wird in geringem Umfang zerlegt. Hierbei geht er eine Reaktion mit Stickstoff ein, so daß sich nach längerer Betriebszeit Salpetersalze auf der Glaselektrode niederschlagen können, die zu einer deutlichen Leistungsminderung führen. Die Elektrode sollte also in regelmäßigen Abständen gereinigt werden. In der Regel reicht es aus, wenn die Reinigung etwa alle acht bis zwölf Wochen erfolgt.

Wie wird ein Ozonerzeuger angeschlossen?

Da der Ozonisator Hochspannungs führt, sollte darauf geachtet werden, daß er so in-

VORSCHLAG A

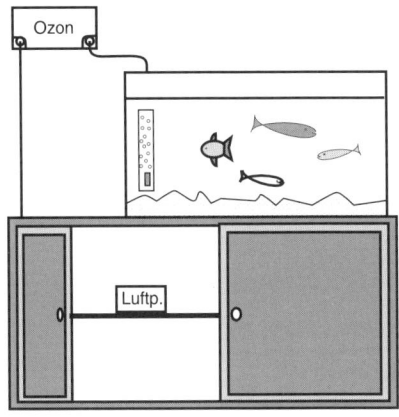

VORSCHLAG B

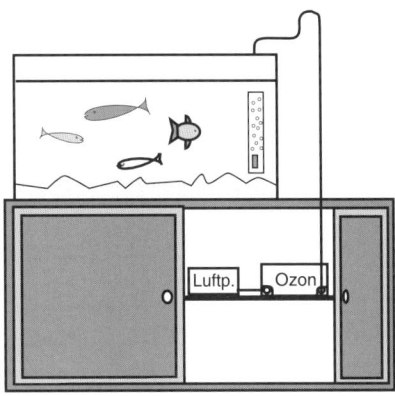

Da der Ozonisator ein Hochspannungsgerät ist, sollte er oberhalb des Wasserspiegels angebracht werden (A). Falls das nicht möglich ist, muß eine Schlauchschleife (B) vorgesehen werden, um ein unbeabsichtigtes Eindringen von Wasser zu verhindern.

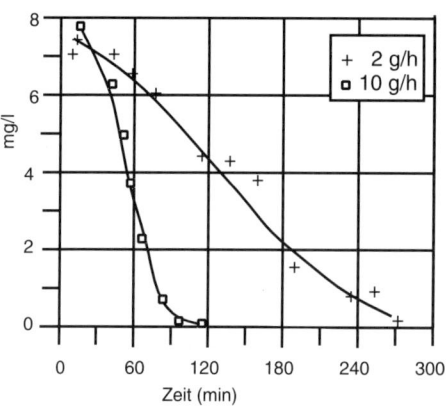

NH_4^+ Ammoniakabbau mit Ozon

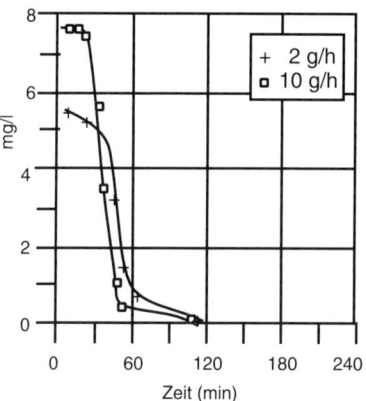

NO_2^- Abbau mit Ozon

Sowohl Ammoniak- als auch Nitritoxidation werden durch Ozoneinsatz deutlich beschleunigt.

stalliert wird, daß kein Wasser aus dem Aquarium in das Gerät zurückfließen kann. Hier gibt es zwei Möglichkeiten. Das Gerät kann an der Wand über dem Wasserspiegel installiert werden (siehe Seite 123). Wenn das nicht möglich ist, also das Gerät beispielsweise im Schrank unter dem Aquarium aufgestellt werden soll, so muß eine Schlauchschleife vorgesehen werden. Der Ozonisator darf nicht auf der Abdeckung des Aquariums stehen.

Der Ozonisator besitzt zwei Anschlüsse für Luftschläuche. Der linke Anschluß wird mit einem Luftschlauch mit der Luftpumpe verbunden, der rechte dagegen mit einem Luftschlauch an einen Luftausströmer, der sich im Wasser befindet. Am besten führt man das Ozon im Seewasser über einen Abschäumer und im Süßwasser über einen luftbetriebenen Kleinfilter zu. Sind die Schläuche angeschlossen, kann der Netzstecker eingesteckt werden, und das Gerät ist bereits in Betrieb. Jeder Ozonisator ist mit einem Regelwiderstand ausgerüstet, so daß die Ozonleistung stufenlos dem Bedarf angepaßt werden kann. Eine Kontrolleuchte zeigt den funktionsgerechten Betrieb des Ozonisators an.

Einfluß von Ozon auf den Stickstoffkreislauf

Ozon übt einen starken Einfluß auf den Stickstoffkreislauf aus. Es oxidiert bei pH-Werten über 7, also vor allem im Seewasser bei einem pH-Wert von etwa 8,2, das giftige Ammonium über die Nitritstufe zum Nitrat. Bei pH-Werten im Bereich von 7, also vor allem im Süßwasser, wird das giftige Ammonium/Ammoniak von Ozon nicht oxidiert. Hier ist man für diese Oxidationsstufe auf die bakterielle Oxidation angewiesen.

Das besonders giftige Nitrit wird in jedem Fall von Ozon zu Nitrat oxidiert, wobei diese Reaktion pH-Wert-unabhängig ist, also im Seewasser ebenso abläuft wie im Süßwasser. Das ist besonders wichtig, da Nitrit schon in geringsten Spuren ein tödlich wirkendes Fischgift ist. Wie aus der oben stehenden Abbildung ersichtlich ist, erfolgt der Abbau von Nitrit und Ammoniak um so schneller, je höher die Ozonleistung ist. Die folgende Abbildung veranschaulicht diesen Zusamenhang am Beispiel einer Anlage des Kieler Aquariums. In dieser Anlage sind zwei Abschäumer hintereinandergeschaltet. Der erste Abschäumer wird nur mit Luft betrieben, während dem zweiten Abschäumer auch Ozon zugeführt wird.

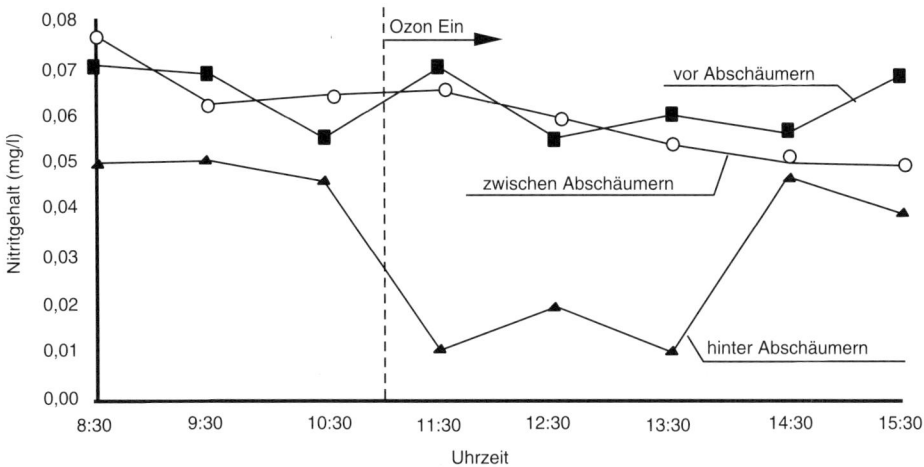

Nitritmessung im Ostseekreislauf des Kieler Aquarium. Gemessen wurde vor, zwischen und hinter zwei Abschäumern, von denen der zweite unter Ozoneinsatz betrieben wird. Die Nitritkonzentration hinter diesem Abschäumer (untere Kurve) ist deutlich niedriger als die vor oder zwischen den Abschäumern gemessene (nach KÖTTERS 1991).

Das Bild zeigt deutlich, daß der Nitritpegel hinter diesem Abschäumer deutlich niedriger liegt. Der Unterschied von etwa 0,02 mg/l zur Kurve vor den Abschäumern stellt den Nitriteintrag der Tiere dar! Da das Wasser etwa einmal pro Stunde umgewälzt wird, kann man davon ausgehen, daß dies der stündliche Eintrag ist. Innerhalb von 48 Stunden wird also eine Nitritmenge von 0 48 mg/l in das Wasser eingetragen. Da es sich bei dem hier beschriebenen Kreislauf um Ostseewasser handelt, das bei einer Temperatur von nur etwa 15 °C gehalten wird, ist der Nitritabbau mit Ozon besonders wichtig, da biologische Filter bei dieser Temperatur nur recht schlecht arbeiten und vor allem sehr langsam auf Veränderungen reagieren.

Insbesondere bei der Nitritoxidation mit Ozon sollte aber auch daran gedacht werden, daß Ozon nur ein Hilfsmittel bei der Aquarienwasseraufbereitung sein kann. Bei plötzlich auftretenden Nitritspitzen sollte man nicht nur das Ozongerät auf volle Leistung stellen, sondern vor allem nach der Ursache suchen. Liegt es vielleicht an einem unbemerkt verendeten Tier, finden im Bodengrund unkontrollierte Fäulnisprozesse statt oder liegt es gar am Filter, der nicht mit Sauerstoff versorgt wird und in dem sich daher keine nitrifizierenden Bakterien ansiedeln können? Häufig arbeiten insbesondere Schnellfilter anfangs durchaus gut aerob. Je mehr Schmutz sie herausgefiltert haben, desto mehr Sauerstoff wird innerhalb des Filters verbraucht. Die aeroben Bakterien sterben langsam ab, und der Filter „kippt um". Die Folge kann eine sehr hohe Nitritspitze im Wasser sein, da der Filter jetzt nicht mehr Nitrit abbaut, sondern, ganz im Gegenteil, Nitrit abgibt! Zu empfehlen ist also eine regelmäßige Filterreinigung oder besser der Einsatz eines belüfteten Rieselfilters.

Der Einfluß von Ozon auf organische Belastung

Die allgemeine Belastung eines Wassers mit organischer Verschmutzung kann man, ohne näher auf die einzelnen Verbindungen einzugehen, mit dem biologischen Sauerstoffbedarf (BSB-Wert) beschreiben. Wie bereits oben erwähnt, reichern sich im Aquarium Stoffe an, die von der biologischen Oxidation nicht erfaßbar sind. Dabei handelt es sich vor allem um langkettige Moleküle, die zum Teil auch für die unschöne Gelbfärbung des Aquarienwassers verantwortlich sind.

Gelbstoffe sind in ihren optischen Eigenschaften den Huminstoffen ähnlich, die wir in natürlichen Gewässern finden. Sie werden in Aquarienanlagen ständig angereichert, weil sie in den herkömmlichen Filtern nicht abgebaut werden können. Sie entstehen im wesentlichen aus dem Futter und den Exkrementen der Fische. Gelbstoffe haben ihren Namen daher, daß sie dem Wasser einen gelblichen Stich verleihen. Man kann sie daher auch am einfachsten messen, indem man den Verlust an Lichtintensität eines Lichtstrahles mißt, der durch eine Wasserprobe fällt. Dieser Verlust an Lichtintensität ist die Extinktion*. Die Entfernung von Gelbstoffen mit Ozon hat natürlich neben dem

---

* Extinktion = spektrales Absorptionsmaß log (Io/I). Ein Maß für den Lichtstrom, der vom Wasser absorbiert (zurückgehalten) wird. Je höher die Extinktion um so mehr Licht wird vom Wasser zurückgehalten, um so weniger Licht ist für die Tiere verfügbar.

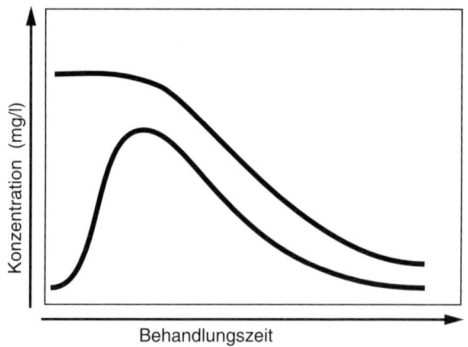

Neben den durch den biologischen Sauerstoffbedarf (BSB) angezeigten Stoffen werden auch die schwer abbaubaren des chemischen Sauerstoffbedars (CSB) durch Ozon oxidiert.

Abbau der organischen Belastung auch einen ästhetischen Effekt. Gelbstoffe stehen hier nur exemplarisch für Stoffe, die biologisch nicht abbaubar sind und somit auch vom BSB-Wert nicht erfaßt oder wiedergegeben werden.

Während die Bakterien nicht in der Lage sind, Gelbstoffe abzubauen, ist das mit Ozon sehr wohl möglich. Die Abbildung unten zeigt exemplarisch den Abbau von Gelbstoffen mit Ozon. Es wird deutlich, daß die Lichtextinktion bei Einsatz von Ozon deut-

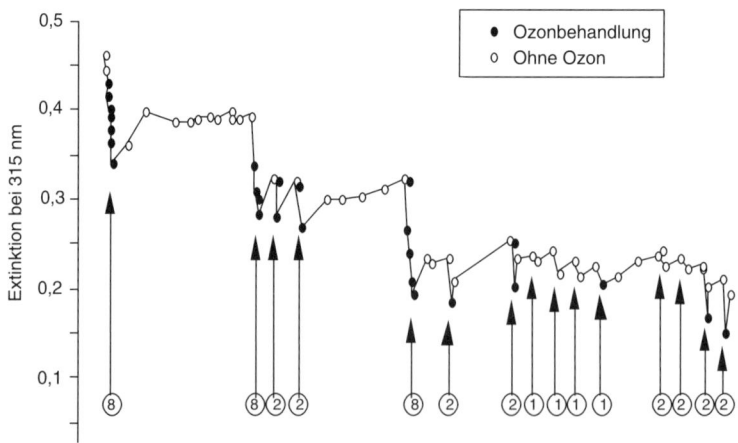

Mit der Lichtextinktion wird der Verlust an optischer Durchlässigkeit des Wassers gemessen. Da Ozon Gelbstoffe abzubauen hilft, nimmt die Extinktion durch Ozonbehandlung ab (nach OTTE et al. 1977).

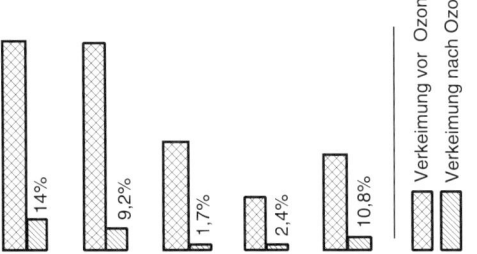

Durch den Ozoneinsatz sank die Keimkonzentration in verschiedenen Becken des Kieler Aquariums deutlich (nach SCHLESNER 1979).

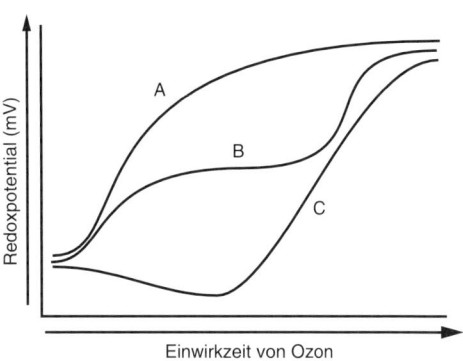

Je nach Vorbelastung des Wassers kann sich das Redoxpotential bei Ozoneinsatz verschieden verhalten (nähere Erläuterung im Text).

lich abnimmt, während sie ohne Ozon wiederum deutlich ansteigt. Die Zahlen in den Kreisen geben die Behandlungsdauer an. Es läßt sich also auch erkennen, daß der Abbau von Gelbstoffen um so intensiver ist, je länger die Ozonbehandlung andauert.

Es ist daher sehr wichtig, neben dem biologischen Sauerstoffbedarf (BSB) auch den chemischen Sauerstoffbedarf (CSB) zu betrachten, der auch schwer abbaubare Stoffe erfaßt. Die Abbildung auf Seite 126 oben zeigt einen sehr wichtigen Zusammenhang beim Einsatz von Ozon zur Verminderung der organischen Belastung. Da Ozon langkettige Moleküle oxidiert, fällt der CSB-Wert zunächst langsam und mit fortschreitender Oxidation immer schneller. Die Oxidation wird aber nicht sofort bis zur Endstufe (CO_2) durchgeführt, sondern es werden zunächst Zwischenstufen in Form kürzerer Ketten erzeugt. Diese kleineren Moleküle sind aber wiederum biologisch abbaubar. Das führt zu dem zunächst überraschenden Effekt, daß der BSB unter Umständen ansteigt, da biologisch bisher nicht verwertbare Substanz von Ozon so umgeformt wurde, daß sie nun von den Bakterien weiter abgebaut werden kann. Die Oxidation mit Ozon muß daher nicht fortgesetzt werden, so daß nur relativ wenig Ozon benötigt wird.

Der Einfluß des Ozons auf den Keimgehalt

Eine sehr wichtige Eigenschaft des Ozons ist seine entkeimende Wirkung. Ozon ist in der Lage, schon bei sehr geringer Konzentration eine keimtötende Wirkung gegenüber Viren, Bakterien sowie anderen Krankheitserregern zu entfalten (SCHLESNER 1979). In einem Aquarium kann es allerdings nicht der Sinn der Ozonanwendung sein, ein steriles Wasser zu erreichen, da das für Fische und Wirbellose nicht erträglich wäre. Die für die Aquarientechnik gelieferten Ozonisatoren sind so ausgelegt, daß überschießende Kulturen von Krankheitserregern abgetötet werden, ohne allerdings eine totale Sterilität zu erreichen, wie auch die Abbildung nach SCHLESNER oben links zeigt. Auf diese Weise lebt der Fisch in einem gesunden, aber doch biologisch belebten Wasser. Der restliche Keimgehalt von etwa 2 bis 15 % ist natürlich und kann von den Tieren verkraftet werden.

Der Zusammenhang von Ozon und Redoxpotential

Das Redoxpotential ist ein Meßwert, der Auskunft über das Oxidations- beziehungsweise Reduktionsverhalten von Wässern gibt.

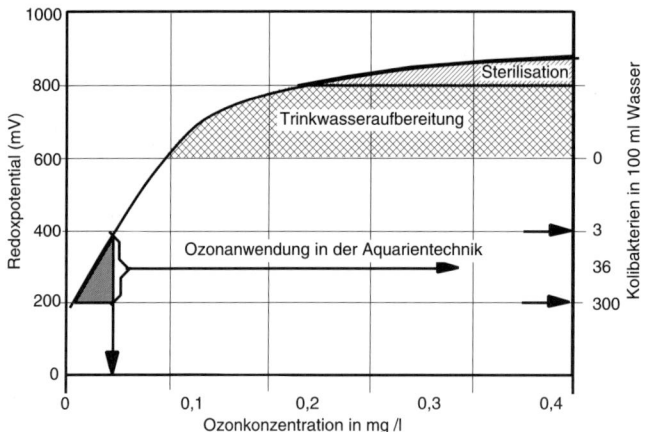

Mit der Steigerung der Ozonkonzentration wird das Redoxpotential erhöht und die Bakterienkonzentration bis hin zur Sterilisation abgesenkt.

Reduzierende Stoffe sind Sauerstoffzehrer, zu denen alle organischen Substanzen, Eiweißverbindungen, Kot, Futter und Blut gehören. Diese Stoffe führen sehr schnell zu giftigen Verbindungen wie Ammoniak und Nitrit und neigen zur Fäulnisbildung. Reduzierende Stoffe lassen das Redoxpotential absinken; die Wasserqualität wird schlechter.

Oxidierende Stoffe sind Sauerstoff oder eben in noch höherem Maße Ozon. Je mehr reduzierende Stoffe im Wasser enthalten sind, desto niedriger wird das Redoxpotential fallen. Je mehr oxidierende Stoffe vorliegen, desto höher wird es ansteigen. Wir haben also mit Ozon die Möglichkeit, der negativen Wirkung reduzierender Stoffe durch Anhebung des Redoxpotentials entgegenzuwirken.

Wenn man Ozon in einem Aquarium einsetzt, so erwartet man, daß das Redoxpotential unverzüglich ansteigt. Das ist aber meistens nicht der Fall. In der Abbildung auf Seite 127 oben rechts sehen wir drei typische Kurvenverläufe. Betrachten wir zunächst die Kurve A. Diese Kurve zeigt den Verlauf bei einem bereits relativ sauberen Wasser. Zunächst bleibt das Redoxpotential nahezu konstant oder steigt nur sehr schwach an. Erst nach einer gewissen Vorlaufzeit steigt das Redoxpotential, dann aber recht schnell und stetig, bis ein stabiles Endniveau erreicht ist, das auch bei fortschreitender Ozondosierung nicht mehr überschritten wird.

Die Kurve B zeigt zunächst einen ganz ähnlichen Kurvenverlauf. Nach einer gewissen Zeit stagniert das Redoxpotential jedoch; es wird ein recht stabiles Zwischenniveau erreicht. Erst nach längerer Weiterdosierung von Ozon steigt es wieder an und erreicht schließlich ein ähnlich hohes Niveau wie bei Kurve A. Wie kann dieser Kurvenverlauf erklärt werden? Während es sich bei Kurve A um ein bereits relativ sauberes Wasser handelt, liegt beim Wasser der Kurve B eine bestimmte Verschmutzung vor. Diese Stoffe werden von Ozon aber erst dann erfaßt, wenn das Wasser bereits ein bestimmtes Oxidationspotential erreicht hat. Ein weiterer Anstieg des Redoxpotentials ist erst dann möglich, wenn sie oxidiert worden sind.

Die Kurve C zeigt einen vollständig anderen Verlauf. Hier liegt eine organische Verschmutzung vor, die eine erhebliche Belastung für das Wasser darstellt. Häufig sind Inhaltsstoffe dieser Art biologisch nicht abbaubar. Wenn man nun ein solches Wasser mit Ozon behandelt, werden diese Stoffe relativ schnell in kürzere Molekülketten zerlegt, die leichter abbaubar sind. Jetzt wird in kurzer Zeit ein große Menge organischer Substanzen für die Redoxreaktion verfügbar, die nun bewirkt, daß das Redoxpotential zunächst deutlich fällt. Erst wenn die nun aufgeschlossene organische Substanz oxidiert ist, kann das Redoxpotential wieder ansteigen. Wenn das Abfallen des Redoxpotentials auch zunächst irritiert, so ist es dennoch ein wichtiger Schritt, da hier Substanz erschlossen wird, die sonst das biologische System im Aquarium langfristig belastet hätte.

Die hier vorgestellten Kurvenverläufe sollen nur typische Varianten vorstellen. Natürlich kommen sie derartig eindeutig meistens nicht vor. In der Regel finden wir eine Mischung der drei Kurvenverläufe.

Redoxpotential und Entkeimung

Die Abbildung rechts oben macht die Größenordnung der Ozondosierung in der Aquarientechnik deutlich. Während wir etwa bei der Flaschensterilisation mit einem Redoxpotential von etwa 900 mV und bei der Trinkwasseraufbereitung mit ungefähr 700 mV arbeiten, reicht für die Aquaristik ein Wert von etwa 350 mV vollständig aus, wie an der Keimabtötung deutlich wird.

Während bei einem Redoxpotential von 200 mV eine 100 %ige Keimbelastung besteht, vermindert sich die Verkeimung beim Anheben des Redoxpotentials von 200 auf 300 mV um 90 % auf 10 % der Anfangsverkeimung. Wird ein Redoxpotential von etwa 400 mV erreicht, so ist nur noch etwa 1% der Anfangsverkeimung vorhanden. Absolute Sterilität wird erst bei einem Redoxpotential von 700 mV erreicht. Ein solch extrem hoher Wert ist aber mit den Aquarienozonisatoren nicht zu erzielen. Aus diesen Betrachtungen ergibt sich eindeutig, daß für die Aquarientechnik ein Redoxpotential von höchstens 400 mV nicht überschritten werden sollte. Werte um etwa 350 mV können empfohlen werden. Insbesondere für Wirbellose kann möglicherweise ein niedrigeres Redoxpotential um 300 mV vorteilhaft sein. Das Diagramm macht auch deutlich, daß wir im Aquarium schon mit geringsten gelösten Ozonmengen (etwa 0,05 mg/l) wichtige Resultate erzielen können.

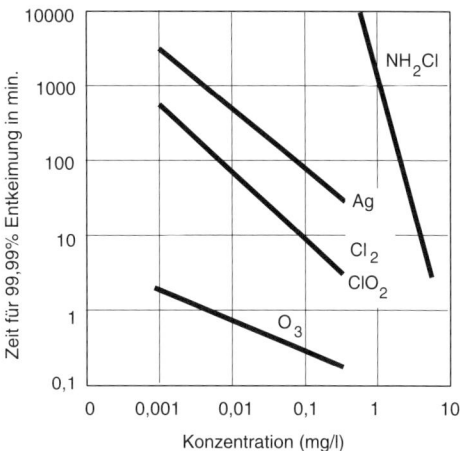

Vergleich verschiedener Oxidationsmittel in bezug auf die Einwirkungszeit, die für eine fast vollständige Entkeimung notwendig ist (Versuch mit *E. coli* bei 12 °C und pH 7). Ozon zeichnet sich durch eine besonders starke Wirkung aus (nach Hübner 1972).

Wenn die Ozondosierung kontinuierlich betrieben werden soll, so ist vor allem bei größeren Ozonerzeugern eine automatische Regelung über ein Redox-Meß- und Regelgerät zu empfehlen, das die Ozondosierung an die Wasserbelastung kontinuierlich anpaßt und eine Überdosierung vermeidet.

Einfluß auf Bakterien und Viren. Bakterien und Viren sind gegenüber der oxidierenden Wirkung von Ozon sehr anfällig. Frese 1973 beschreibt die Wirkung von Ozon wie folgt:

„Der Bakterienkörper ist trotz seiner oft nur wenig ausgeprägten Struktur ein System sehr verschiedener stofflicher Bestandteile, die zu den unterschiedlichsten chemischen Reaktionen fähig sind. Das Grundgerüst der Zellwand ist die dünne Stützmembran, hauptsächlich aus Mucopeptiden bestehend, der weitere Schichten aus Lipopolysacchariden und Lipoproteiden aufgelagert sind. Häufig ist noch eine Schleimhülle vorhanden, die aus unterschiedlich zusammengesetzten Polysacchariden und Polypeptiden

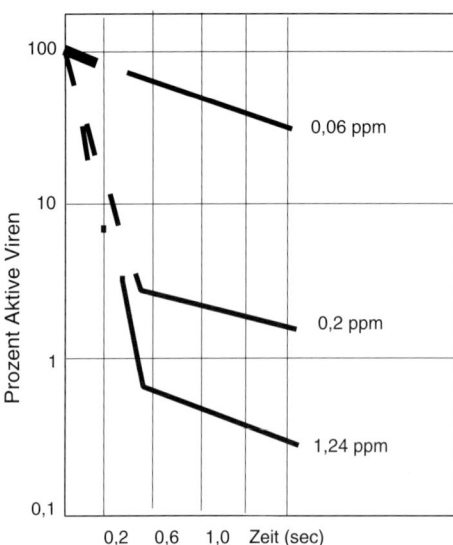
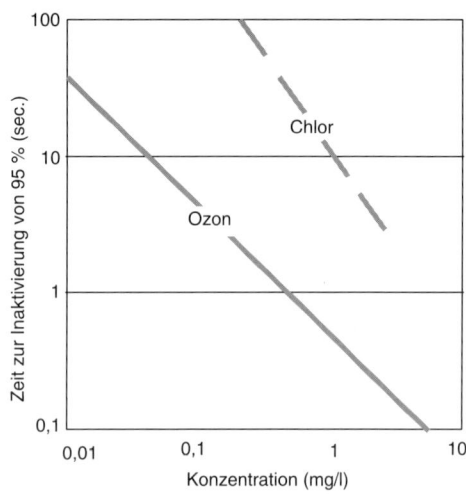

Selbst Polioviren werden durch Ozoneinwirkung inaktiviert (nach Sontheimer 1977).

Bei gleicher Dosierung ist mit Ozon eine zehnfach schnellere Inaktivierung von Viren als mit Chlor zu erreichen (nach Sontheimer 1977).

besteht. Das Zytoplasma ist unstrukturiert und beinhaltet neben dem nicht scharf begrenzten Kernmaterial zum größten Teil Ribosomen und Reservestoffe.

Der Lebensprozeß in der Bakterienzelle wird durch ein spezifisches enzymatisches System gesteuert, an dem hochmolekulare, u. a. schwefel- oder phosphathaltige, organische Stoffe beteiligt sind, die besonders leicht mit Oxidationsmitteln reagieren. Ozon oder andere Oxidationsmittel greifen in den Stoffwechsel der Bakterien ein, indem sie wahrscheinlich entweder die Struktur der Zellwand verändern oder aber das enzymatische Regelsystem behindern oder ganz blockieren (Holluta 1963)."

An anderer Stelle wird berichtet, daß Ozon Bakterienzellen durch Oxidation freier Sulfhydrylgruppen ihres Protoplasmaeiweißes inaktiviert. Ozon tötet Bakterien wesentlich schneller als Chlor oder Chlorverbindungen, wie die Abbildung auf Seite 129 eindrucksvoll zeigt (Hübner 1972).

Ozon trägt keine Fremdstoffe in das Wasser ein. Sein Zerfallsprodukt ist der Sauerstoff. Andere Oxidationsmittel, vor allem Chlorverbindungen, hinterlassen teilweise Rückstände, die eine Verschlechterung der Wasserqualität oder des Sterilisationsgutes zur Folge haben, wie Chloride oder Haloformverbindungen. Nicht zuletzt hat sich die Ozondesinfektion und -sterilisation auch wegen ihrer Umweltfreundlichkeit durchgesetzt. Das ist auch der Grund, warum wir Ozon auf schonende Weise auch in unseren Aquarien einsetzen können.

Viren werden ebenfalls sehr effektiv durch Ozon abgetötet. Aufgrund von Untersuchungen von Shuval und Sontheimer an Aminosäuren wie Cystin und Cystein liegt die Vermutung nahe, daß die schnelle Vireninaktivierung auf einer chemischen Umsetzung beruht, die vorwiegend auf die schnelle Oxidation der Schwefelgruppen zurückzuführen ist.

Nach Coinn gewährt ein Gehalt von 0,4 mg/l Ozon bei einer Kontaktzeit von etwa vier Minuten ausreichende Sicherheit zur Inaktivierung von Polio-Viren. Neuere Untersuchungen von Sontheimer (1977) bestätigen im wesentlichen diese Werte, geben jedoch wesentlich kürzere Reaktionszeiten an.

Man erkennt, daß bei einem Ozongehalt über 1 mg/l bereits nach einer Sekunde 99 % der Polioviren inaktiviert worden sind. Aber auch sehr geringe Konzentrationen, wie wir sie etwa mit unseren Aquarienozonisatoren erreichen können, haben bereits eine deutliche, abtötende Wirkung auf Viren. Diese sehr kurze Reaktionszeit ist auch in der nebenstehenden Abbildung, einer Zusammenfassung mehrerer Meßwerte als Gegenüberstellung von Dosis und Wirkung, sehr gut zu erkennen. An diesem Bild wird auch der gravierende Unterschied im Reaktionsablauf zwischen Chlor und Ozon deutlich. Bei gleicher Dosierung erreicht Ozon eine bis zu zehnfach schnellere Inaktivierung als Chlor.

Die in diesen Untersuchungen angeführten extrem kurzen Reaktionszeiten geben einen guten Einblick in den Reaktionsablauf bei der Vireninaktivierung. In unseren Aquarienanlagen kommt uns der Umstand zu Hilfe, daß wir einen geschlossenen Kreislauf haben, so daß einmal vorgeschädigte Viren bei einem zweiten Durchlauf vollends abgetötet werden. Aber auch im Aquarium kann das Ozon noch seine Wirkung entfalten, wenn man ohne Aktivkohle arbeitet.

Heilende Wirkung von Ozon. Daß Ozon eine unmittelbar heilende Wirkung auf Tiere hat, ist nur in wenigen Fällen eindeutig nachzuweisen. An dieser Stelle möchte ich aus der Diplomarbeit von FRESE (1973) zitieren:

„Geringere Ozonkonzentrationen (ca. 0,5 mg/l), über mehrere Tage konstant in das Wasser geleitet, zeigten hingegen ein Abklingen der Flossenfäule bei Tieren, die durch den Fang beschädigt worden waren, ohne Schädigungen des Kiemenepithels erkennen zu lassen. Bei nicht mit Ozon behandelten Tieren besserte sich die Flossenfäule nicht, sondern führte konsequent zum Sterben der Fische. Wie aus den vorhergegangenen Ausführungen ersichtlich ist, werden geringere Ozonmengen über Zehrungsprozesse sofort verbraucht. Dennoch hat hierbei das eingeleitete Ozon das Redoxpotential – begünstigt durch die Bildung von Peroxiden und Ozoniden auf einer weit höheren Stufe. Dies bewirkt zwar keine völlige Abtötung der Keime, genügt aber, um die Vermehrungsrate soweit herabzusetzen, daß die körpereigene Abwehr der Tiere die pathogenen Keime mit Erfolg bekämpfen kann.

Meine Beobachtungen an den im Kieler Aquarium gehaltenen Lippfischen scheinen die eben beschriebene Wirkung einer ständigen schwachen Ozonisierung zu bestätigen. Eine größere Anzahl aus Schweden mitgebrachter Lippfische zeigten leichtere und stärkere vom Fang herrührende Verletzungen, so daß bei allen Fischen mit großer Anfälligkeit gegen Infektionen zu rechnen war. Bei der Hälterung der Tiere – das Wasser wurde von der zentralen Ozonisierungs- und Abschäumanlage gereinigt – zeigte sich, daß nur bei den übermäßig stark verletzten Tieren Infektionen auftraten. Obwohl keine Chemikalien oder Medikamente angewandt wurden, heilten die Verletzungen innerhalb von ca. 20 Tagen weitgehend ab. Auch das durch Infektion hervorgerufene Schwären der Wunden klang ab, und der Heilprozeß verlief positiv."

Aus der Fischgruppe, die FRESE hier als nahezu geheilt bezeichnet, gingen Fische an zwei Aquarien, die ohne Ozon arbeiteten. Dort zeigten die Tiere bald wieder das volle Krankheitsbild, während die Verletzungen der Tiere in Kiel vollständig ausheilten.

Grundsätzlich ist für das Ausheilen von Wunden das Gesamtbild des Wassers und der Tiere maßgeblich. Aber mit Ozon kann man natürlich die Gesamtbelastung des Wassers mit Keimen stark reduzieren und so den Tieren die Möglichkeit geben, die eigene Körperabwehr zu aktivieren. Wie hier von FRESE beschrieben, handelte sich bei den Fischen um oberflächliche Wunden, zu denen das Ozon direkten Zutritt hatte. Innere Krankheiten können von Ozon nicht geheilt werden! Ozon kann kranke Tiere lediglich dadurch entlasten, daß es das Wasser, in dem sie leben, gesund erhält.

Wenn man bei der Behandlung von Krankheiten auch Medikamente einsetzen muß, sollte man während dieser Zeit die Ozondosierung einstellen, da sie eventuell zu direkter Oxidation der Medikamente und damit zu unkontrollierbaren Reaktionen führen kann.

Ozon in Süß- und Seewasser

In Seewasseraquarien ist die Ozonisierung eine weitgehend eingeführte Methode, während sich Süßwasseraquarianer damit zurückhalten. Dabei kann gesagt werden, daß sich Ozon im wesentlichen im Süßwasser genauso einsetzen läßt wie im Seewasser. Es gibt lediglich eine Ausnahme, die sich auf die Oxidation von Ammonium bezieht. Sie ist leider nur im Seewasser möglich, da die Reaktion wahrscheinlich über das im Seewasser reichlich vorhandene Brom abläuft. Alle anderen Ozonmerkmale wie Keimtötung, Nitritoxidation, Entfernen von Gelbstoffen und andere können auch im Süßwasser genutzt werden. Darüber hinaus ist die Reaktion von Ozon, insbesondere was die Geschwindigkeit betrifft, vom pH-Wert abhängig. Bei hohen pH-Werten zerfällt Ozon relativ schnell und wird dadurch auch sehr schnell zur Reaktion gezwungen. Bei niedrigen pH-Werten ist Ozon relativ lange stabil, so daß es recht langsam zur Reaktion kommt. Bei niedrigen pH-Werten steigt auch das Redoxpotential deutlich schneller an.

Ozoneinwirkung auf den Menschen

Die typische Einsatzweise eines Ozonerzeugers ist die, daß die ozonhaltige Luft über einen Ausströmer in das Wasser eingeleitet wird. Im Seewasser empfiehlt es sich, grundsätzlich so zu verfahren. Ozon ist in Wasser wesentlich höherem Maße löslich als normaler Sauerstoff. Man kann daher davon ausgehen, daß etwa 90 bis 95 % des Ozon im Wasser verbleiben. Es ist allerdings nicht ganz zu vermeiden, daß Ozon in die umgebende Raumluft gelangt. Die menschliche Nase ist gegenüber Ozon äußerst empfindlich. Sie verspürt Ozon bereits bei etwa einem Zehntel des MAK-Wertes (Maximale Arbeitsplatzkon-

Eckdaten für Berechnung der Ozonkonzentration im Raum.

Raumvolumen	m^3	50,00
Ozonisator	mg/h	50,00
Ausnutzung	%	95
Restozon	%	5
Restozon	mg/h	2,50
Ozonkonzentration	mg/m^3	0,05
MAK-Wert	mg/m^3	0,20

zentration bei einer täglichen Exposition von acht Stunden oder 40 Stunden pro Woche). Wenn man also Ozon in der Raumluft riecht, sollte man den Ozonerzeuger auf eine kleinere Leistungsstufe einstellen. Um die unnötige Überdosierung zu vermeiden, kann man das Ozongerät auch über ein Redoxpotentialmeßgerät oder eine Zeitschaltuhr steuern. Wird ein Ozongerät über ein Redoxmeßgerät automatisch gesteuert, läuft es erfahrungsgemäß nur für einige Minuten pro Stunde. Dauerbetrieb ist also nicht notwendig!

Ozon reichert sich auf Dauer nicht im Raum an, da es sehr schnell zerfällt. Die obige Tabelle zeigt Berechnungsdaten für einen typischen Einsatzfall. Ein Ozonisator läuft in einem Wohnzimmer mit einer Grundfläche von etwa 4 × 5 m. Der Raum hat also einen Inhalt von ungefähr 50 m^3. Das Ozon wird vom Wasser zu etwa 95 % aufgenommen. Die 5 % Restozon bauen somit im Raum eine Konzentration von etwa 0,05 mg/m^3 auf. Das ist nur ein Viertel des zulässigen MAK-Wertes. In der Praxis werden allerdings deutlich niedrigere Werte eingehalten. Als natürliche Ozonkonzentrationen können Werte um etwa 0,08 mg/m^3 (Fuhrer & Achermann 1994) angenommen werden.

Der Betrieb eines Ozonisators bedeutet also keine Beeinträchtigung für die menschliche Gesundheit. Trotzdem sollte man immer mit Sorgfalt mit einem Ozongerät umgehen.

Abschäumung

Bevor die Abschäumung in der Aquaristik eingesetzt wurde, war sie in der Abwasseraufbereitung und in der Erzgewinnung bereits seit langem als Flotation eingeführt worden. Unter Flotation versteht man die Anlagerung von Gasblasen an Feststoffe, die in einer Flüssigkeit suspendiert sind, sowie die anschließende Trennung des Feststoffteilchens aus der Flüssigkeit in einer Schaumphase.

Auch wenn RICKARD (1977) die Anfänge der Flotation in Herodots Schriften entdeckt haben will, wo dieser ein Verfahren der Goldgewinnung beschreibt, so ist doch sicher der Beginn ihrer technischen Nutzung in das beginnende 20. Jahrhundert zu legen. Während nach GAUDIN (1932) ein Engländer 1860 die Feststofftrennung aus Suspensionen noch durch aufschwimmende Öle oder Fette vorsah, sind die ersten Versuche mit Gasen wohl zwischen 1901 und 1905 in Australien durchgeführt worden. Weitere Patente aus den USA und Großbritannien sind aus den Jahren 1902 und 1903 bekannt. Hier wurden die Gasblasen durch chemische Reaktion mit starken Säuren erzeugt. Sehr bald danach entstanden Flotationsanlagen, bei denen Maschinen die Luft bereits aktiv eingetragen. Elektroflotation wurde kurz darauf ebenso angewandt wie auch die Vakuumflotation, die bereits das HENRY-DALTONsche Gesetz ausnützte.

Die Anfänge der Flotation fanden durchweg auf dem Gebiet der Erzaufbereitung statt. Hier ergab sich sehr schnell ein wirtschaftlicher Nutzen. Erst später erkannte man die Bedeutung der Flotation für die Abwasseraufbereitung im Bereich der öl- und fettverarbeitenden Industrie, vor allem aber auch in der Papierindustrie.

Die Abschäumung oder auch **Eiweißabschäumung** ist ein Mittel zur Wasseraufbereitung, das etwa seit den 60er Jahren in der Aquaristik eingesetzt wird. Zu Anfang waren die Abschäumer sehr stark mit dem negativen Ruf der „Schaumschlägerei" belegt, bis sich langsam aufgrund besserer Geräte und eines weiter verbreiteten Einsatzes der nutzbringende Effekt herausstellte. In der Abwasseraufbereitung ist das Verfahren seit Anfang des Jahrhunderts als Flotation bekannt. Hierbei wird zur Blasenerzeugung die sogenannte Druckentspannungsflotation eingesetzt, die auch im Süßwasser extrem kleine Blasen (wenige Hundertstel Millimeter Durchmesser) erzeugen kann. Das Verfahren ist allerdings für die Aquarientechnik viel zu aufwendig. Daher ist es von großem Vorteil, daß im Seewasser aufgrund des hohen Salzgehaltes bereits mit herkömmlichen Mitteln ausreichend feine Blasen erzeugt werden können. Die wesentlichen Elemente des Abschäumers sollen hier im folgenden besprochen werden.

Funktionselemente des Abschäumers

Die Abbildung auf Seite 134 zeigt die wichtigsten Bau- und Funktionselemente eines Abschäumers: das Blasenerzeugungssystem mit darunter liegendem Abstromraum und darüber befindlichem Kontakt- und Reaktionsraum, die Schaumtransportzone und den Schaumsammelraum. Der Abstromraum ermöglicht, das gereinigte Wasser weitgehend blasenfrei ins Aquarium zurückzuleiten.

Wir haben bisher immer stillschweigend vorausgesetzt, daß es wichtig und erstrebenswert ist, möglichst feine Luftblasen zu erzeugen. Dies sagt einem das „gesunde Gefühl", aber auch die Erfahrung, daß eben aufgrund der groben Blasenbildung im Süßwasser keine Abschäumung möglich ist. Unser Gefühl

Abschäumung

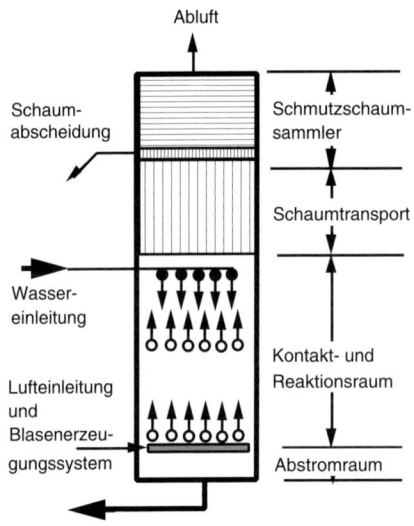

Die wichtigsten Bau- und Funktionselemente eines Abschäumers.

blasen sich im Kontaktraum befinden. Die folgende Tabelle verdeutlicht hier einige Zusammenhänge. Wenn man sich die drei markierten Zeilen ansieht, so sieht man sofort, welche zahlenmäßige Bedeutung der Blasendurchmesser auf die Funktion der Abschäumung ausübt. Stellt man sich ein Luftvolumen von einem Liter vor, so kann man daraus etwa 10 000 Blasen mit 5 mm, eine Million Blasen mit 1 mm oder aber eine Milliarde Blasen von 0,1 mm Durchmesser erzeugen. Sehr anschaulich ist die Betrachtung der hierbei erzeugten Gesamtoberfläche der Luftblasen, wiederum auf nur einen Liter Luft bezogen. Blasen mit 5 mm Durchmesser haben eine Gesamtoberfläche von 1,2 m^2, Blasen mit 1 mm Durchmesser eine von 6 m^2 und Blasen mit 0,1 mm Durchmesser eine von 60 m^2.

Man braucht kein Physiker zu sein, um sich vorstellen zu können, daß feine Blasen allein aufgrund dieser mathematischen Zusammenhänge eine wesentlich bessere Kontaktmöglichkeit besitzen als vergleichsweise grobe Blasen. Feine Blasen treten bei gleichem eingegebenen Luftvolumen in erheblich größerer Menge auf und haben gleichzeitig eine wesentlich größere Kontakt- und Austauschoberfläche. Es kommen aber noch zwei weitere physikalische Zusammenhänge ins Spiel, die von Interesse und Wichtigkeit sind.

leitet uns zwar durchaus in die richtige Richtung, läßt aber auch wichtige Zusammenhänge offen.

Ziel der Abschäumung ist es, einen Kontakt zwischen Luftblase, Eiweißverbindungen und Schmutzpartikeln herzustellen. Hierbei wird es natürlich deutlich, daß dieser Kontakt um so leichter möglich ist, je mehr Luft-

Zusammenhang zwischen Blasendurchmesser und korrelierten Parametern.

Blasendurch-messer mm	Volumen der Einzelblase mm^3	Blasenzahl pro Liter Luft	Oberfläche der Einzelblase mm^2	Gesamtober-fläche m^2 pro Liter Luft
0,10	**0,0005**	**1,91 E + 09**	**0,0314**	**60,00**
0,25	0,0082	1,22 E + 08	0,1963	24,00
0,50	0,0654	1,52 E + 07	0,7854	12,00
0,75	0,2209	4,53 E+ 06	1,7671	8,00
1,00	**0,5236**	**1,91 E + 06**	**3,1416**	**6,00**
1,50	1,7671	5,66 E + 05	7,0686	4,00
2,00	4,1888	2,39 E + 05	12,5664	3,00
3,00	14,1372	7,07 E + 04	28,2743	2,00
4,00	33,5103	2,98 E + 04	50,2655	1,50
5,00	**65,4498**	**1,52 E + 04**	**78,5398**	**1,20**

Die Blasensteiggeschwindigkeit

Die Abbildung unten zeigt die Abhängigkeit der Blasensteiggeschwindigkeit vom Blasendurchmesser über einen Durchmesserbereich bis etwa 30 mm. Für unsere Betrachtungen im Bereich der Abschäumung ist nur der Bereich bis ungefähr 5 mm von Interesse. Blasen über 5 mm Größe werden von den üblichen Blasenerzeugungssystemen auch im Süßwasser nicht erzeugt. Aber gerade in diesem Bereich werden von verschiedenen Verfassern stark unterschiedliche Kurvenverläufe geliefert. Nach unserer Auffassung kommt

Die Steiggeschwindigkeit der Luftblasen hängt stark von ihrem Durchmesser ab.

Der Bereich intensiver Abschäumung ist zum einen vom Salzgehalt des Wassers, zum anderen von der Blasensteiggeschwindigkeit und damit dem Blasendurchmesser abhängig.

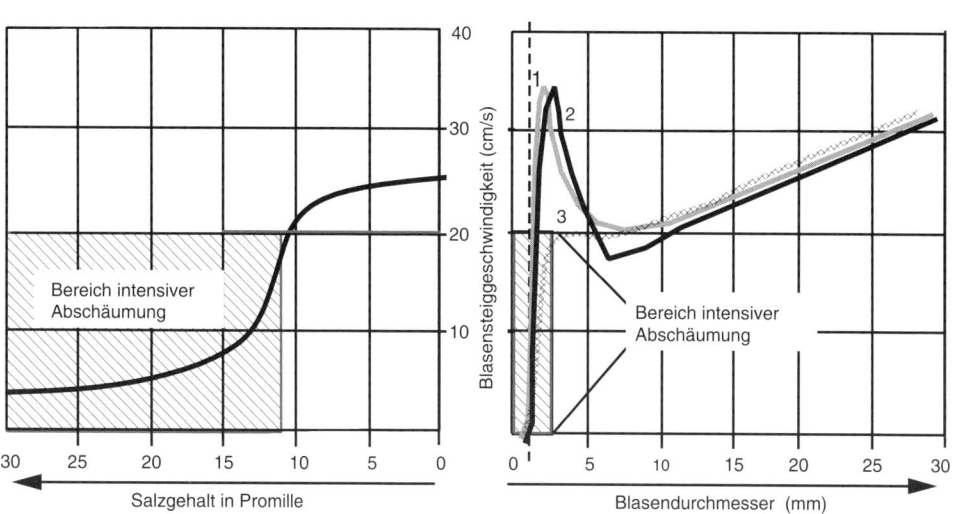

die Kurve 3 den Vorgängen in Blasenschwärmen sehr nahe, während die Kurven 1 und 2 eher für einzeln aufsteigende Blasen zutreffen. Blasen bis zu Durchmessern von etwa 1 mm können praktisch als feste Kugeln betrachtet werden. Sie steigen stetig auf, in der Regel einer geraden Linie folgend. Blasen ab etwa 2 mm bilden aufgrund der quer zur Strömumgsrichtung auftretenden Druckverhältnisse eine Ellipse aus, die eine spiralförmige Aufstiegsbewegung und teilweise ein Vibrieren der Blase bewirkt. Diese Vibration wird durch Wirbelablösung auf der Unterseite der Blase erzeugt. Man kann sich leicht vorstellen, daß derartige Wirbelablösungen dem Kontakt mit Feststoffteilchen entgegenwirken oder bereits angelagerte Teilchen wieder abreißen lassen. Die Abbildung auf Seite 135 unten zeigt eine Zusammenstellung. Auf der linken Seite ist die bereits oben gezeigte Abhängigkeit der Blasensteiggeschwindigkeit vom Salzgehalt aufgetragen, auf der rechten noch einmal die der Blasensteiggeschwindigkeit vom Blasendurchmesser.

Wenn man davon ausgeht, daß nur Blasen unter 2 mm Durchmesser für die Abschäumung in Frage kommen, so entspricht das einer Steiggeschwindigkeit von unter 20 cm/sec. Sieht man bei diesem Wert im linken Diagramm nach, so stellt man fest, daß diese Geschwindigkeit bei einem Salzgehalt von etwa 10 ‰ erreicht wird. Wie bereits oben erwähnt, ermöglicht das eine Abschäumung mit geringem Aufwand und gutem Erfolg bereits in Ostseewasser.

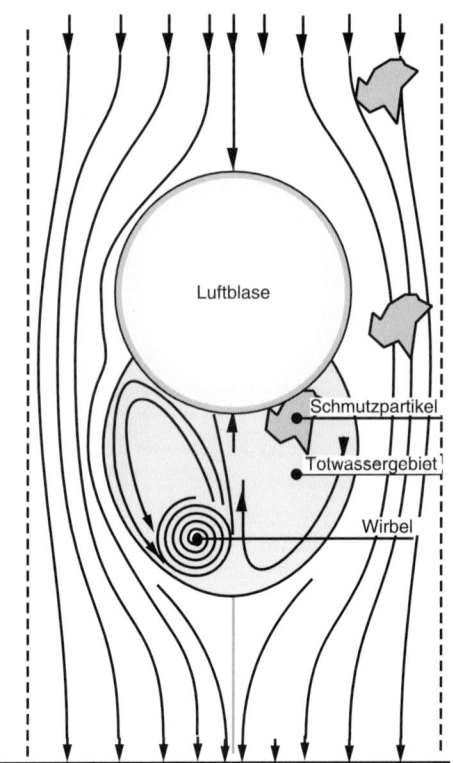

Strömungsverhältnisse an einer Luftblase. Im Totwassergebiet unter der Blase können Schmutzpartikel mitgeführt werden (nach Spetl & Dedek).

Der Kontakt von Blase und Feststoffteilchen

Hydrodynamische Aspekte

Wenn sich eine Luftblase durch eine Wassersäule bewegt, baut sie um sich herum ein für ihren Strömungszustand spezifisches Strömungsbild auf. Die vor der Blase liegenden Strömungsfäden werden aufgeteilt und zu den Rändern der Blase hin verdichtet. Verdichtete Bereiche führen aber immer auch zu Zonen geringeren Druckes. So befindet sich also vor und hinter der Blase ein relatives Hochdruck- und an den Seiten ein relatives Niederdruckgebiet. Bei hohen Steiggeschwindigkeiten führt das zu der bereits oben erwähnten Formveränderung von der Kugel zum Ellipsoiden. Hinter der Blase bilden sich Wirbel aus, die sich in regelmäßigen Abständen wechselseitig ablösen. Sie versetzen die Blase in Schwingungen und zwingen ihr eine entsprechend unstabile Bewegungsform auf.

Bei kleineren Blasen bleibt die Kugelform im wesentlichen erhalten. Hier entsteht hin-

Ein im Absinken begriffenes Kohleteilchen wird im Totwasserbereich einer Blase mitgeführt, um schließlich zu kontaktieren.

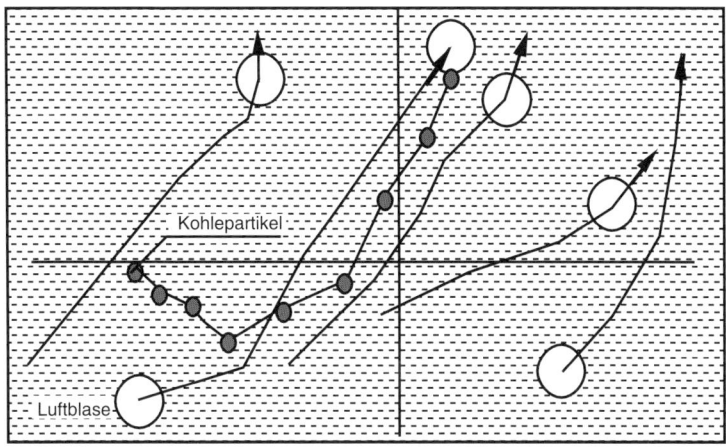

ter der Blase ein Gebiet relativer Strömungsruhe, das sogenannte Totwassergebiet, das für die Kontaktbildung eine wichtige Bedeutung hat. Ein Feststoffteilchen, das sich auf eine Blase zubewegt, wird aus dem Gebiet vor der Blase, in dem ein relativ hoher Druck herrscht, neben die Blase geführt und hier in den Bereich der Stromfadenverengung gezogen. Unter günstigen Strömungsbedingungen, wenn also nicht zu turbulente Strömung herrscht, kann das Feststoffpartikel aus diesem blasennahen Bereich in das Totwassergebiet hinter der Blase gelangen. Hier kann es zunächst von der Blase mitgeführt werden, um dann unter relativ ruhigen Bedingungen zu kontaktieren. Der Vorgang wird in der nebenstehenden Abbildung von SPETL und DEDEK sehr deutlich, die den Kontaktvorgang im Labor fotografisch festgehalten und grafisch dargestellt haben. Hier ist es ein Kohleteilchen, das zunächst im Absinken begriffen ist, dann im Totwassergebiet einer Blase eingefangen und von ihr mitgeführt wird, um wenig später zu kontaktieren.

Es wird hier deutlich, daß der Kontakt von Blase und Feststoffteilchen eine gewisse Strömungsruhe voraussetzt. Wenn Abschäumer von einer zu großen Wassermenge durchflossen werden, treten turbulente Strömungsverhältnisse auf, die hinter der Blase zu starker Wirbelbildung führen und somit eine Kontaktierung von Schmutzteilchen an die Blasenoberfläche erschweren oder sogar bereits angelagerte Teilchen wieder abreißen lassen!

Es ist also nicht sinnvoll, möglichst große Wassermengen durch einen Abschäumer zu fördern. Es muß vielmehr versucht werden, den Blasen eine möglichst gleichmäßiges Aufsteigen zu ermöglichen. Wird der Wasserdurchsatz über ein bestimmtes Maß hinaus gesteigert, fällt der Wirkungsgrad eines Abschäumers wieder ab.

Der Blasenrandwinkel

Wie bereits beim Ausströmer beschrieben, bildet sich bei der Haftung von Blasen an Feststoffen eine Grenzfläche aus, die durch das Dreiphasensystem bestimmt wird. Hierbei ist es von großer Bedeutung, ob der Stoff hydrophile oder hydrophobe Eigenschaften besitzt. Ein hydrophober Stoff wird den Kontakt mit der Luftblase dem Kontakt mit dem Wasser vorziehen. Eine Luftblase, die mit einem hydrophoben Stoff kontaktiert, wird leicht eine relativ große und stabile Haftfläche aufbauen können.

Es handelt sich allerdings in der Regel um hydrophile Stoffe, die wir als Schmutzpartikel entfernen wollen. Hier ist der Sachverhalt genau umgekehrt. Die Luftblase wird nur schwer einen Kontakt herstellen können. Bei

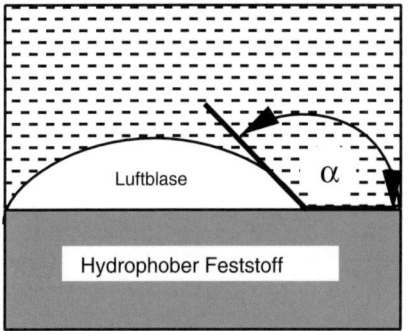

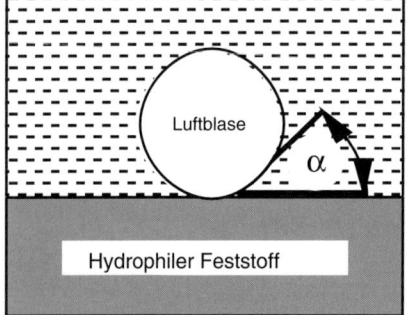

An einem hydrophoben Feststoff bildet eine Luftblase eine große Kontaktfläche aus, an einem hydrophilen eine kleine.

einem bestehenden Kontakt wird das Wasser fortwährend bestrebt sein, die relativ lose Verbindung wieder zu brechen. Auch in diesem Zusammenhang ist die Blasengröße maßgeblich. Wie die beiden Abbildungen oben zeigen, bilden hydrophobe Stoffe große Randwinkel, hydrophile dagegen nur sehr kleine. Es konnte durch ausgiebige Messungen festgestellt werden, daß kleine Luftblasen bei wesentlich kleineren Randwinkeln noch besser haften als große Blasen.

Sammler

In der Abwasseraufbereitung werden dem Wasser auch Hydrophobierungsmittel zugegeben, die die Feststoffoberfläche entsprechend freundlich für die Abschäumung aufbereiten. Das ist natürlich in biologischen Systemen nicht möglich. Im Aquariensystem gibt es aber einen Effekt, der uns gleich zweimal hilft. Nach WALDSCHMITZ-LEITZ entsteht an der Grenzfläche von Luft und Wasser eine Anreicherung von Proteinmolekülen (Eiweißmolekülen), die zur Bildung eines monomolekularen (ein Molekül dicken) Filmes auf der Blasenoberfläche führt. Hierbei erfolgt eine Streckung und Ausrichtung der geknäulten Peptidketten, aus denen die Moleküle bestehen, in der Form, daß die hydrophile polare Gruppe gegen das Wasser, der hydrophobe Kohlenwasserstoffrest gegen die Luftblase gerichtet ist.

Durch die Umstrukturierung des Eiweißmoleküles auf der Blasenoberfläche ist es möglich, gelöste Eiweißverbindungen auf der Blasenoberfläche stabil zu binden. Dies ist von äußerster Wichtigkeit, denn das Eiweiß zersetzt sich im biologischen Abbauprozeß zu den Stoffen Ammonium/Ammoniak und Nitrit, die schon in geringster Konzentration giftig für Fische und Wirbellose sind.

Die Eiweißmoleküle bleiben aber nicht nur mit ihrem hydrophoben Ende an der Luftblase haften, sondern sie strecken das hydrophile Ende in das die Blase umgebende Wasser. Hier lagern sich nun mit guter Haftfestigkeit Feststoffe an, die aufgrund ihrer hydrophilen Oberfläche wohl kaum mit der Blase in Kontakt getreten wären. Die sonst schädlichen Eiweißmoleküle entwickeln also hier eine natürliche Sammlerfunktion, wie sie in der Abwassertechnik sonst nur durch Zugabe von Chemikalien erreicht werden kann. Auf diese Weise entstehen Konglomerate aus Luftblasen, Eiweißverbindungen und Schmutzteilchen, die mit den aufsteigenden Luftblasen an die Wasseroberfläche getragen werden. Die sammelnde Wirkung von Eiweißmolekülen ist so stark, daß sie sogar zum Teil die schlechte Abschäumwirksamkeit großer Luftblasen kompensieren kann.

So können auch Abschäumer in Süßwasserkreisläufen betrieben werden, allerdings nicht in Heimaquarien, in denen eine Abschäumung wirklich nicht möglich ist. Es handelt sich vielmehr um intensiv besetzte

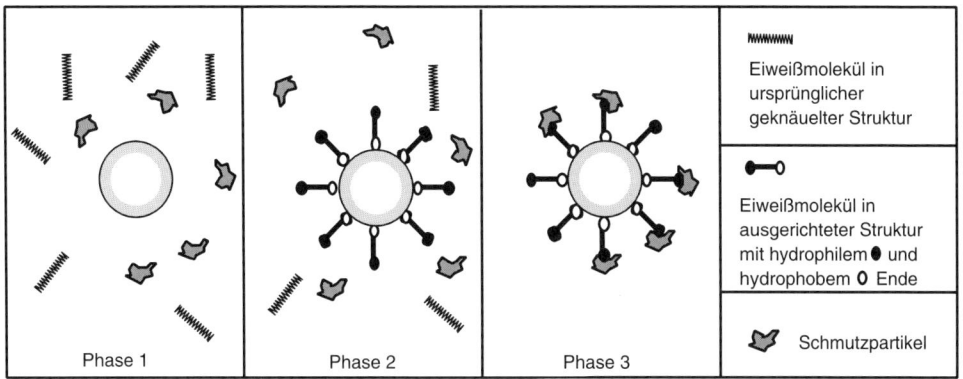

Eiweißmoleküle richten sich an Luftblasen so aus, daß ihr hydrophobes Ende zur Blase, ihr hydrophiles zum Wasser zeigt. Am hydrophilen Ende lagern sich wiederum Schmutzpartikel an, so daß die Eiweißmoleküle eine Sammlerfunktion übernehmen.

Aquakulturkreisläufe mit sehr hohen Fütterungsraten. Hier sind die Eiweiß- und Schmutzfrachtquoten so hoch, daß eine durchaus akzeptable Abschäumung entsteht.

Hydratation

Unter Hydratation versteht man die Anlagerung von Wassermolekülen an in der Lösung befindliche Ionen, aber auch an die Feststoffoberfläche und die Grenzphase der Gasblase. Je stärker die Hydratation ist, je intensiver also die Wassermoleküle an die jeweilige Grenzfläche gebunden werden, desto mehr behindern sie den Kontakt der Gasblase mit dem Feststoffteilchen. Es muß für den Kontakt eine Energieschwelle überwunden werden, die um so höher ist, je hydrophiler das Feststoffteilchen ist.

Elektrische Doppelschicht

Die elektrische Doppelschicht bildet sich auf einer Feststoffoberfläche aus, wenn sie der Träger einer elektrostatischen Ladung ist. Es kommt dann nach SCHUBERT aufgrund der resultierenden COULOMBschen Kraftwirkung zur Anreicherung entgegengesetzt geladener und zur Verarmung gleich geladener Ionen.

Das Potential, das zwischen der an das Feststoffteilchen gebundenen Hydrathülle und der Lösung besteht, nennt man das „Zeta-Potential". Es spielt für die Flotation eine praktische Rolle, wenn Flockungsmittel zugegeben werden sollen. Diese dürfen nur so lange zugeführt werden, bis das Zeta-Potential Null wird, also ein „isoelektrischer Punkt" erreicht ist. Wird dieser Punkt überschritten, wirkt sich die weitere Zugabe von Flockungsmitteln negativ aus.

Welche Wirkung in diesem Zusammenhang die Ozonisierung hat, wäre von hoher Wichtigkeit und sollte uns näher untersucht werden. Das Zeta-Potential ändert sich dementsprechend auch bei Variation des Salzgehaltes (NaCl).

Die Schaumzone

Die oben beschriebenen Eiweißmoleküle spielen auch eine wichtige Rolle bei der Schaumbildung. Wenn die mit Eiweißmolekülen und Schmutzteilen befrachtete Luftblase an die Oberfläche gelangt, gibt sie ihre Schmutzfracht entweder durch Aufplatzen oder durch Verschmelzen mit anderen Blasen ab. Hierbei entstehen zunächst kleine, feuch-

Abschäumung

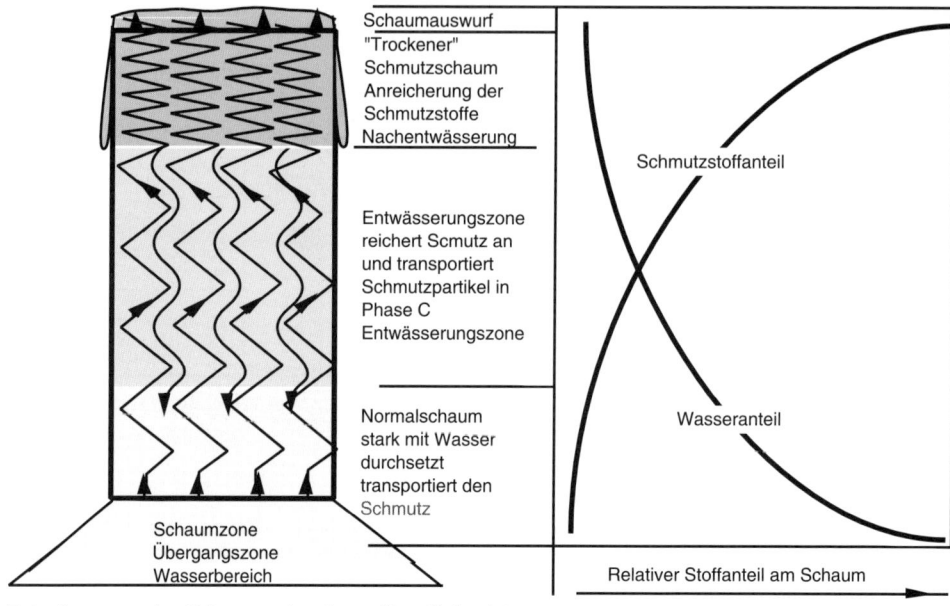

Entwässerung des Schaumes in einem Eiweißabschäumer.

te Schaumblasen. Die Schmutzstoffe werden mit Restwasser und Eiweißverbindungen in den Schaumlamellen abgelagert.

Die unterste Schaumschicht A wird in der Literatur oft als „Normalschaum" bezeichnet. Hier findet im wesentlichen die Schaumbildung statt. Der Name Normalschaum rührt wohl daher, daß diese Schaumzone auch dann gebildet wird, wenn das Wasser unbelastet ist. Tatsächlich ist sie stark wasserhaltig und ihre Schmutzkonzentration sehr gering. Der anfallende Schmutz wird schnell in die darüber liegende Schaumzone B abgegeben.

Schaumzone B können wir als Entwässerungs- und Transportzone bezeichnen. Sie sollte nicht zu schmal sein. Ihr ist es zu verdanken, daß der Schaumbereich immer etwas über das Aquarium hinaus ragt. Die Entwässerung des Schaumes ist ein sehr wichtiges Vorgang. Gerade in kleinen Aquarienanlagen sollte tunlichst ein Wasserverlust durch den Abschäumer vermieden werden. Hand in Hand mit der Entwässerung verläuft die Aufkonzentration des Schaumes. Die Lamellen enthalten mehr und mehr Eiweiß und Schmutzpartikel. Der Schaumtransport wird vor allem durch die aufsteigende Luft bewirkt. Um die Schaumzone wirkungsvoll zu gestalten, ist vor allem das Verhältnis von Luftstrom zu Schaumrohrquerschnitt richtig zu wählen.

Die Schaumzone C ist innerhalb des Schaumrohres im wesentlichen eine Anreicherungszone. Hier werden die Schmutzstoffe im Schaum stark konzentriert; es wird nochmals Restwasser ausgeschieden. Je nach Einstellung und Schmutzanfall kann der Schmutzschaum stark konzentriert bis fast trocken an den Schaumbecher abgegeben werden. Der Ausstoß aus der Zone C muß widerstandsfrei erfolgen können. Daher ist hier unbedingt ein großzügig ausgelegter Schaumbecher vorzusehen. Schaumrohrverengungen, etwa zum Schaumauswurf in ein nebenstehendes Sammelgefäß, sollten vermieden werden. Sie verstopfen schnell und

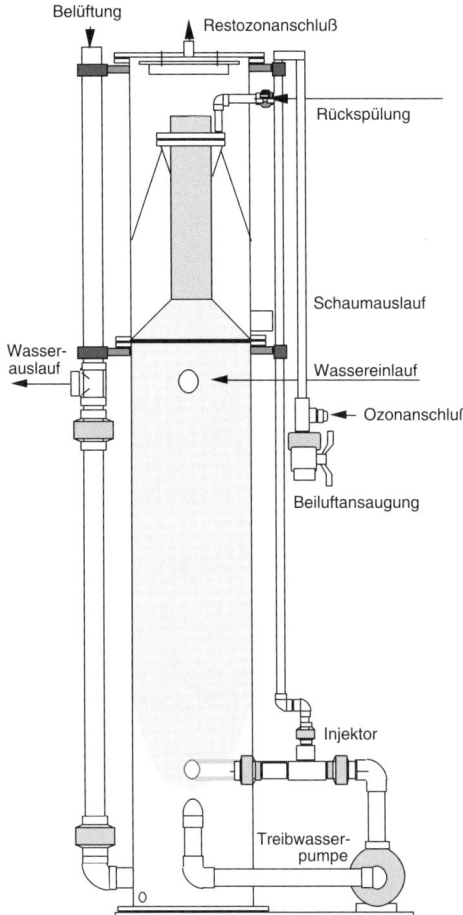

Aufbau eines für sehr hohe Leistungen ausgelegten Eiweißabschäumers (Modellreihe Helgoland, SANDER).

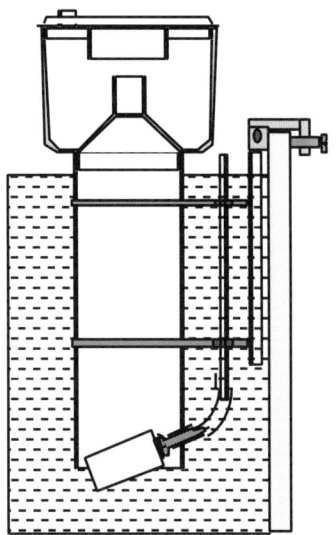

Einfacher Abschäumer mit Reaktionsrohr und Schaumtopf.

setzen den Wirkungsgrad des Abschäumers stark herab.

Die Beschreibung der drei Schaumzonen soll einen Einblick in die Bedeutung des Schaumrohres geben. In der Praxis sind diese drei Zonen nicht getrennt zu erkennen, sondern gehen ineinander über.

Die hier dargestellten theoretischen Grundlagen und Erkenntnisse lassen sich nicht in jedem Fall vollständig in die Praxis umsetzen. Weitgehend optimal sind sie bei der Baureihe der Helgoland-Abschäumer verwirklicht worden. Die linke Abbildung zeigt ein Schema dieser leistungsfähigen Geräte.

Jedoch sollen im folgenden auch andere Abschäumertypen, die vor allem für das Heimaquarium geeignet sind, vorgestellt werden.

Luftbetriebene Abschäumer

Die Abbildung oben zeigt einen einfachen Abschäumer der ersten Stunde, wie er aber auch heute durchaus noch eingesetzt wird. Vorbeiströmendes Wasser wird von den Luftblasen, die aus dem Ausströmer aufsteigen, erfaßt und in das Reaktionsrohr eingetragen.

Im Reaktionsrohr kommt es zu einem innigen Kontakt zwischen Wasser, den Luftblasen und den Inhaltsstoffen des Wassers. Die aufsteigenden Luftblasen bilden über dem Wasserspiegel einen Schaumpegel, der je nach Intensität in einen Schaumtopf weiter-

Abschäumung

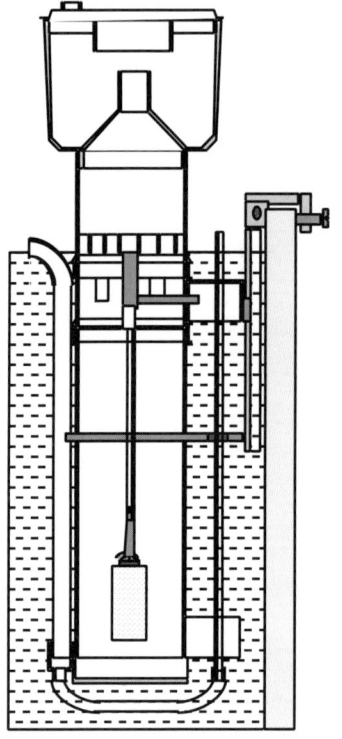

Weiterentwickelter Abschäumer, bei dem bereits das Gegenstromprinzip verwirklicht worden ist.

gefördert wird. Der Nachteil dieses Gerätes besteht darin, daß keine definierte Wasserumwälzung gewährleistet ist. Es besteht die Gefahr, daß das Gerät zur Zufriedenheit des Anwenders immer kräftig schäumt, in Wirklichkeit aber nicht „abschäumt", da es nur im Kreis läuft.

Die Abbildung oben zeigt ein weiterentwickeltes Prinzip. Kurz unterhalb der Wasseroberfläche befinden sich Eintrittsöffnungen, durch die das Wasser in das Reaktionsrohr eintreten kann. Die Wasserumwälzung wird durch das Mammutpumpenprinzip erzielt. In einem kleinen Röhrchen aufsteigende Luftbläschen führen Wasser mit nach oben und sorgen somit für den Wasseraustausch.

Am unteren Ende des Reaktionsrohres befindet sich wiederum ein Holzausströmer, der die für die Abschäumung notwendigen feinen Blasen erzeugt. Bei diesem kleinen Gerät sehen wir bereits das Gegenstromprinzip verwirklicht, das heute auch bei der Konstruktion von Abschäumern im großen Maßstab anwendet wird. Das Wasser tritt oben in das Reaktionsrohr ein und strömt nach unten im Gegenstrom zu den aufsteigenden Luftblasen. Auf diese Weise wird die vom Wasser mitgeführte Schmutzfracht gezielt in den Blasenstrom hineingelenkt.

Das Gerät weist somit schon einige Vorteile auf. Seine Leistungsfähigkeit bleibt jedoch aufgrund des Mammutpumpeneffektes auf kleine Wassermengen beschränkt. Wir setzen diese Abschäumer als Ergänzung zu einer gut funktionierenden Filteranlage in Becken bis zu etwa 200 l Inhalt ein.

Pumpenbetriebene Abschäumer

Für Abschäumer mit stärkerem Wasserdurchsatz empfehlen sich mit Wasserpumpen betriebene Abschäumer. Die Wirkungsweise entspricht grundsätzlich der bereits bei dem luftbetriebenen Abschäumer beschriebenen Prinzip. Die Wasserpumpe ermöglicht jedoch größere Wasserumwälzleistungen. Es ist hierbei wichtig, daß man der großen Umwälzleistung durch ein entsprechend großes Reaktionsrohr gerecht wird; sonst wird der Wirkungsgrad wieder erheblich verschlechtert.

Die Abbildung auf Seite 143 oben zeigt einen sogenanten Kraftabschäumer, der zur Installation innerhalb eines Aquariums konzipiert ist und wahlweise mit Holzausströmern oder mit Injektor zur Blasenerzeugung betrieben werden kann.

Mit den immer größer werdenden Leistungsanforderungen an den Abschäumer zeigen sich bei der Konstruktion drei Entwicklungstendenzen: Außenabschäumer, Horizontal-Abschäumer und solche, bei denen andere Blasenerzeugungssysteme verwendet werden.

Die Abschäumer im Stoffkreislauf des Aquariums

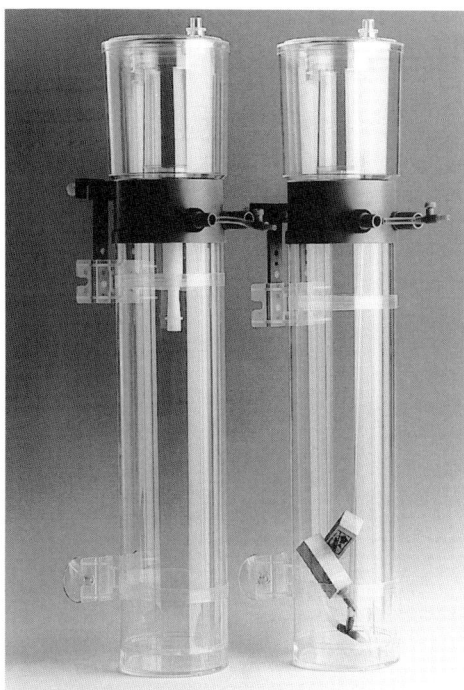

Pumpenbetriebener Kraftabschäumer.

Außenabschäumer

Mit der immer höher werdenden Leistung müssen die Abschäumer immer größer konzipiert werden. Der Aquarianer ist deshalb darauf angewiesen, die Geräte außerhalb des Beckens aufzustellen. Aus diesem Grund wurden Außenabschäumer gebaut, die direkt neben dem Aquarium oder auch in größerer Entfernung installiert werden können. Sie haben den Vorteil, daß ihr großes Volumen selbst bei größeren Wassermengen eine ausreichende Verweilzeit ermöglicht und daß somit die Luftblase genügend Ruhe hat, um Eiweißmoleküle und Schmutzpartikel zu kontaktieren. Die Geräte können somit eine optimale Abschäumleistung erbringen. Allerdings benötigen sie neben dem Becken einen gewissen Platz. In Wohnräumen kann dies manchmal Probleme bereiten.

Horizontal-Abschäumer

Um dem Wunsch „keine Technik im Aquarium" nachzukommen, wurden die Geräte immer kompakter und flacher konzipiert, so daß sich das Volumen in die Horizontale ausdehnt. Der Abschäumer hat im wesentlichen die Höhe der Abdeckung. Man versucht, einen besseren Wirkungsgrad durch intensivste Verwirbelung zu erreichen. Hierbei besteht allerdings immer sehr schnell die Gefahr, daß die Verweilzeit im Abschäumer zu knapp bemessen ist, dadurch die Turbulenzen stark zunehmen und der Wirkungsgrad des Gerätes deutlich vermindert wird.

Weitergehende Blasenerzeugungssysteme

Während für kleinere Abschäumer der Ausströmer der optimale Blasenerzeuger zu sein scheint, wird man bei größeren Geräten oder Geräten mit höherer Leistung nach Alternativen suchen. Das liegt an der Blasenqualität, aber auch an der begrenzten Lebensdauer der Ausströmer. Hier bieten sich zwei Alternativen an, nämlich Dispergatoren und Injektoren, die bereits im Kapitel „Natürliche und technische Gase" beschrieben worden sind.

Nach dieser Kurzübersicht über die verschiedenen Abschäumertypen möchte ich eine vertiefte Betrachtung der Grundlagen der Abschäumung anbieten, die eine sachgerechte Beurteilung eines Abschäumermodells für ein Aquariensystem ermöglichen soll.

Der Abschäumer im Stoffkreislauf des Aquariums

Die Abbildung auf Seite 55 gibt vereinfacht den Stickstoffkreislauf in der Natur wieder. Da in unseren Aquarien das Gleichgewicht der Natur nicht gewahrt bleibt, müssen wir hilfreich eingreifen. Gründe des Ungleichgewichtes sind beispielsweise Überbesetzung, zu starke Fütterung und zu kleiner „Biologieraum".

Das Schema auf Seite 146 oben verdeutlicht schematisch, wie wir mit unserer Tech-

Abschäumung

a)

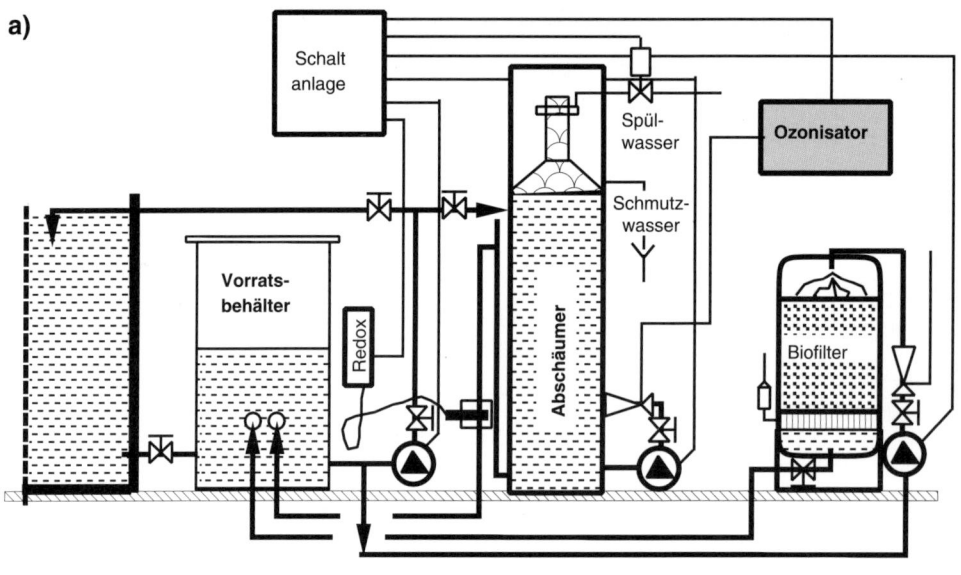

b)

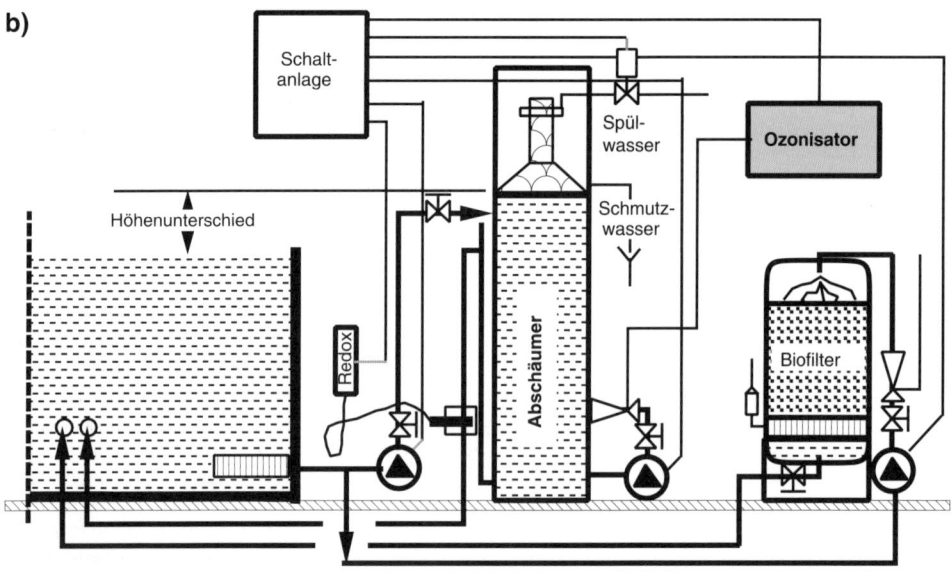

c)

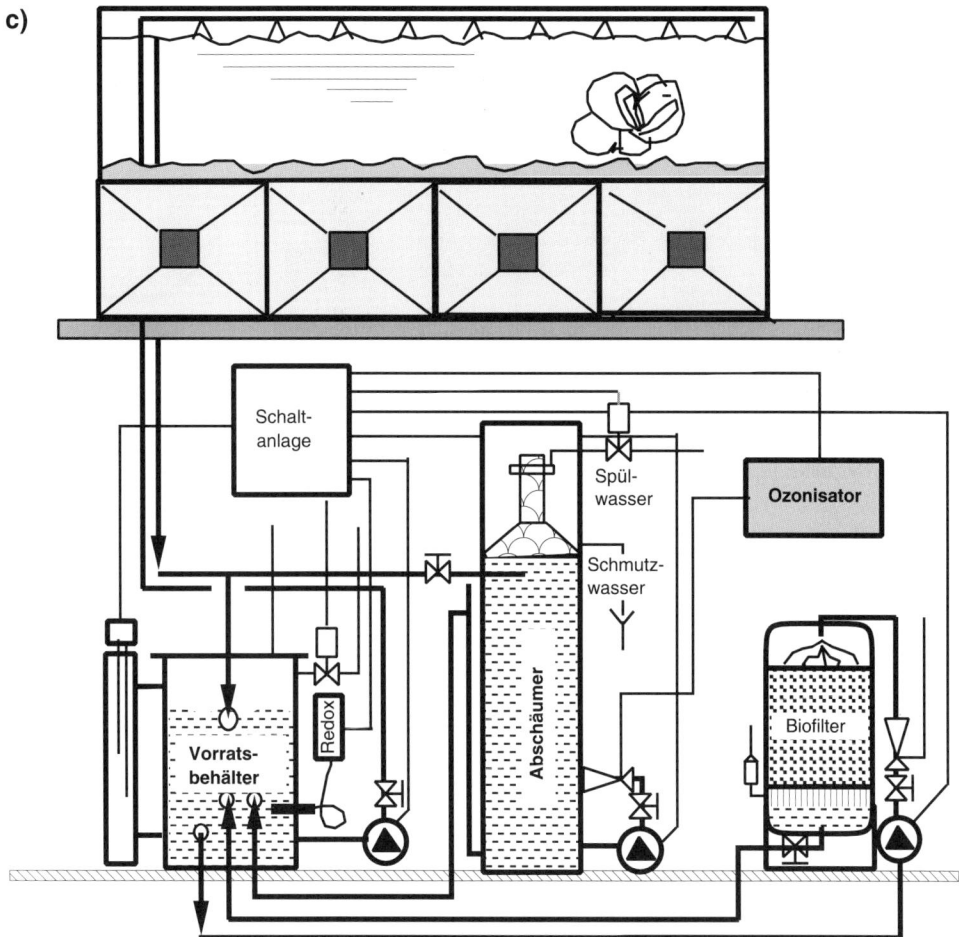

Schema einer großen Anlage mit Außenabschäumer und biologischem Druckfilter.
a) Der Abschäumer steht auf dem gleichen Niveau wie das Aquarium. Sein Wasserspiegel entspricht dem des Aquariums.
b) Der Abschäumer steht auf dem gleichen Niveau wie das Aquarium. Sein Wasserspiegel ist höher als der des Aquariums.
c) Der Abschäumer steht unter dem Aquarium.

Abschäumung

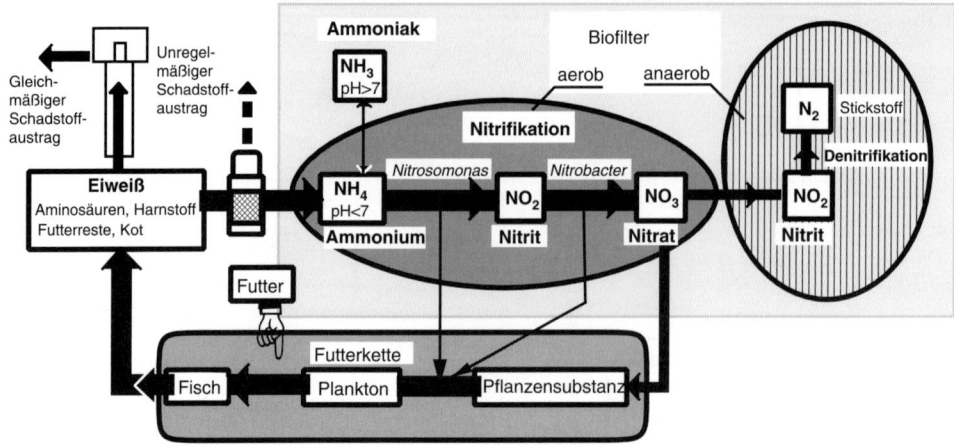

Stickstoffkreislauf im Aquarium mit eingezeichneten zusätzlichen Einflüssen.

nik in den Stickstoffkreislauf eingreifen. Hierbei wird deutlich, daß der Abschäumer in diesem geschlossenen Kreislauf ein Fenster öffnet. Schmutzstoffe und giftige Verbindungen werden in ihm aus dem geschlossenen Kreislauf entfernt und in den Schaumtopf gefördert, der mit dem Wasserkreislauf keine Berührung mehr hat. Das ist ein grundlegender Unterschied zu einem mechanischen Filter, wie auch aus dem Bild deutlich

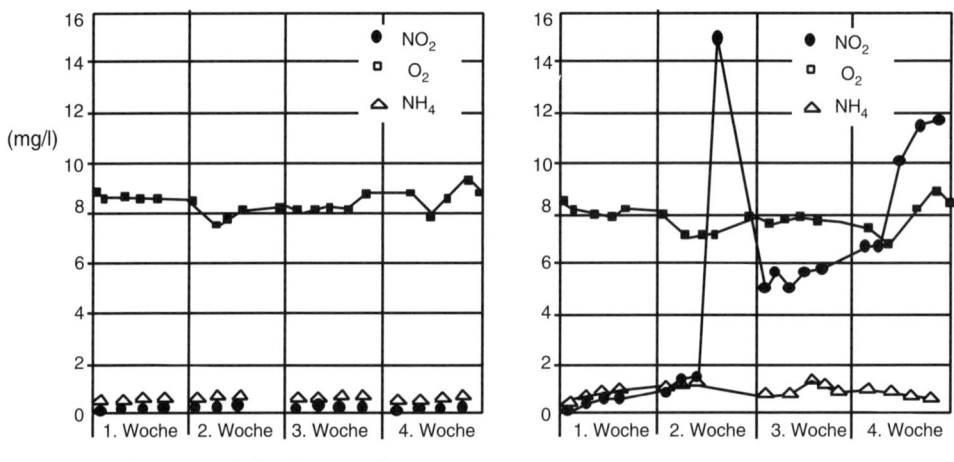

System 1 mit Abschäumer, Ozon, biologischer Stufe

System 2 konventioneller Filter

Vergleich eines Filtersystems mit Abschäumer, Ozon und biologischer Stufe mit einem konventionellen Filter. Beim konventionellen Filter kommt es zu deutlichen Spitzenwerten in der Nitritkonzentration.

wird. Der Filter ist zwar in der Lage, Schmutzstoffe aus dem Wasser herauszufiltern; sie verbleiben aber zunächst im Filter und somit im Wasserkreislauf. Es finden hier unkontrollierte biologische Prozesse statt, die sogar zu einer weiteren Anreicherung von Giftstoffen sowie zu Sauerstoffentzug führen können.

Der Abschäumer hingegen entfernt nicht nur Schmutz und Giftstoffe, sondern reichert das Wasser auch noch mit Sauerstoff an, der sowohl für unsere Wasserlebewesen als auch für eine eventuell nachgeschaltete Bakterienkultur wichtig ist.

Die wichtigste Abbaustufe für unsere Aquarien ist die aerobe. Es handelt sich hierbei um nitrifizierende Bakterien, die in möglichst sauerstoffreichem Wasser stickstoffhaltige Verbindungen über die Stufen Ammonium und Nitrit zum relativ harmlosen Nitrat oxidieren. Der Abschäumer bietet den Bakterien mit seiner gleichmäßigen Sauerstoffzufuhr eine wichtige Lebensgrundlage. Die Bakterien ihrerseits erzeugen Stoffwechselprodukte, die sie an das Wasser abgeben. Der Abschäumer nimmt diese Stoffwechselprodukte wieder auf und bringt sie endgültig aus dem Kreislauf heraus. Diese gegenseitige funktionelle Unterstützung wird augenfällig, wenn man einen Abschäumer an unbelebtes Wasser oder zum Vergleich an Wasser mit regem Bakterienwachstum anschließt. Die Abschäumung an dem biologisch gefilterten Wasser ist wesentlich intensiver.

Die Abbildung links unten gibt das Ergebnis eines interessanten Versuches wieder, der in der Kernforschungsanlage in Jülich durchgeführt worden ist (AIVASIDIS und WANDREY, o. J.). Das linke Diagramm zeigt die Werte einer Anlage, die mit Abschäumung, Bakterienkulturen und Ozonzufuhr ausgerüstet worden war.

Zu Vergleichszwecken wurde ein Becken mit einem herkömmlichen luftbetriebenen Schnellfilter ausgerüstet und dann nach einer gewissen Zeit aus dem großen Kreislauf ausgekoppelt. Das Ergebnis ist auf dem rechten Bild zu sehen. Während das Ammonium (NH_4^+) nur schwach ansteigt, sind beim Nitrit (NO_2^-) nach einer Woche bereits deutliche Spitzen zu verzeichnen.

In der Vergangenheit fanden oft Diskussionen mit den Fragestellungen „Abschäumung oder biologische Filterung" oder „Kann Ozon mit biologischer Filterung gleichzeitig eingesetzt werden?" statt. Wenn man sich intensiv mit der Materie befaßt, erkennt man, wie wichtig es ist, die Synergieeffekte zu verstehen, die entstehen, wenn Abschäumung, bakterieller Abbau und Ozon sinnvoll kombiniert werden. Solche kombinierten Systeme zeigen die Schaltbilder von bereits gebauten Anlagen auf Seite 144 und 145.

Der Kalkgehalt des Meerwassers

Die Seewasseraquaristik hat etwa seit Anfang der 70er Jahre eine Kehrtwende vom reinen Fischbecken, das zur Dekoration mit einzelnen toten Korallen bestückt war, zum von Wirbellosen, lebenden Korallen, höheren Algen und wenigen ausgewählten Fischen besetzten Aquarium vollzogen. Vor allem lebende Korallen sind naturgemäß stetige Verbraucher von Calcium und Hydrogenkarbonat. Dies wird an den beiden folgenden Abbildungen deutlich. Das Schema nach BARNES aus DELBEEK und SPRUNG (1994, S. 48–49) zeigt im wesentlichen den äußeren Stoffwechsel einer Koralle. Zooxanthellen, als Symbionten in den Korallen lebende Algen, nutzen die Lichtenergie, um mittels Photosynthese Hydrogenkarbonat in Kohlenhydrate umzuwandeln. Diese Kohlenhydrate, die von der Algenzelle abgegeben werden, liegen hauptsächlich in Form von Glycerol und Glucose vor. Weitere Produkte der Algen sind Fettsäuren und Aminosäuren. Zum Ablauf

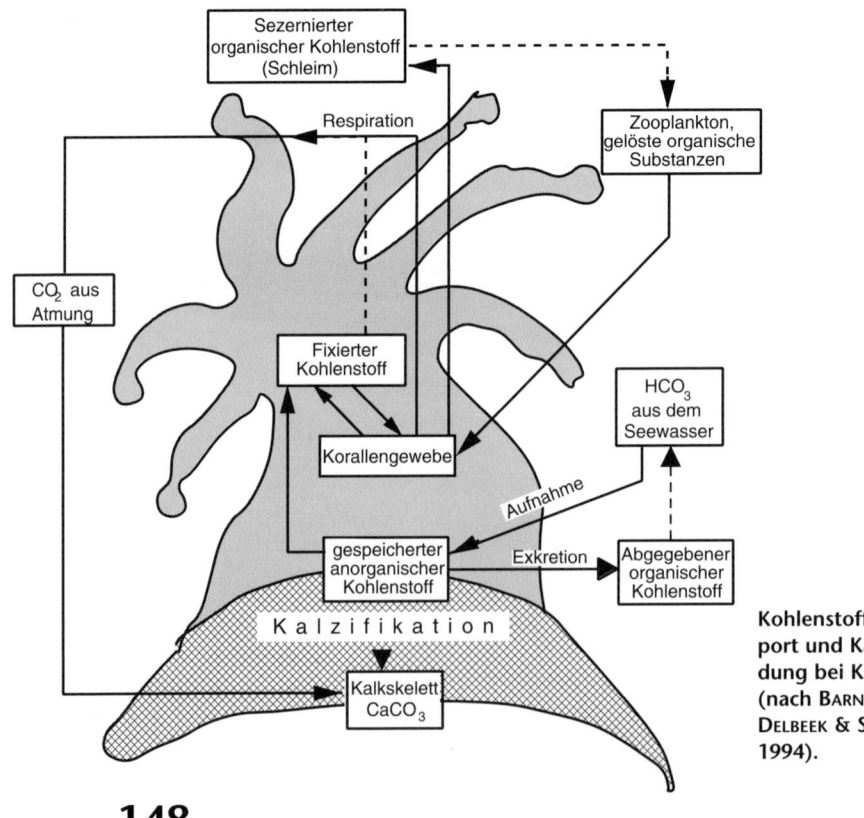

Kohlenstofftransport und Kalkbildung bei Korallen (nach BARNES aus DELBEEK & SPRUNG 1994).

Stoffwechselprozesse in der Koralle, die unter Mitwirkung der Zooxanthellen zur Kalkausfällung führen (nach SCHUHMACHER aus DELBEEK & SPRUNG 1994).

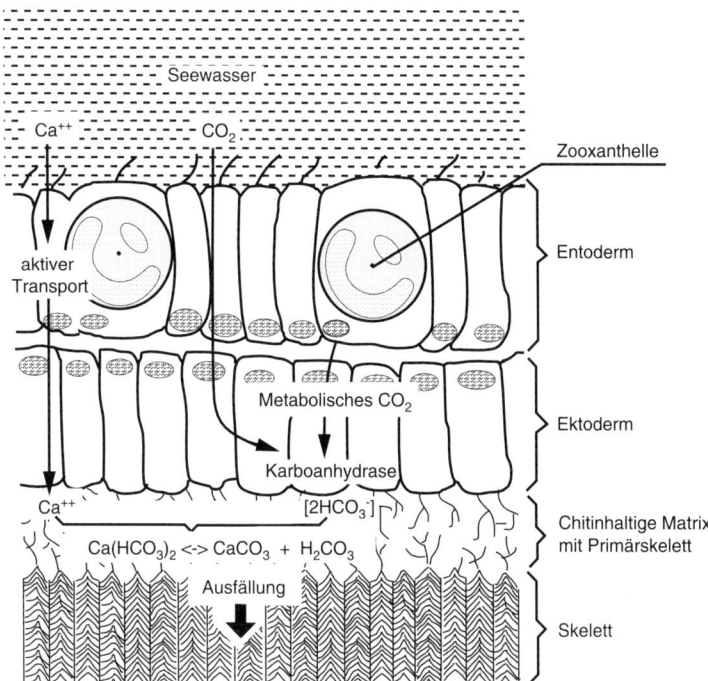

dieses Vorgangs werden Stickstoff und Phosphor benötigt.

Als Stickstoffquelle nutzen die Zooxanthellen das Ammonium aus dem Stoffwechsel ihres Wirtstieres. Das ist im übrigen ein schönes Beispiel dafür, daß Stoffe, die wir im allgemeinen als Schadstoffe ansehen, bei näherem Ansehen auch als Nährstoffe ihre Aufgabe erfüllen. Verschiedene Stickstoff- und Phosphorverbindungen werden zwischen dem Wirt und der Symbiosealge ausgetauscht.

Dieser Vorgang, der im Einzelnen von DELBEEK und SPRUNG beschrieben wird, läuft nach KINNE (1972) ähnlich auch bei marinem Plankton ab. So bildet beispielsweise *Coccolithus huxleyi* unterstützt durch Photosynthese komplexe geometrische Skelettstrukturen aus, die aus $CaCO_3$ bestehen. Die Photosynthese und folglich die Ausbildung der Skelettstruktur werden bei überschüssigem Kohlendioxid unterbunden.

In der zweiten Abbildung nach SCHUHMACHER (1991) aus DELBEEK und SPRUNG (1994, S. 51) ist der in der Koralle ablaufende Prozeß der Bildung von Kalkstein deutlich beschrieben. Ca^{2+}-Ionen und CO_2 werden auf unterschiedlichen Transportpfaden über mehrere Ebenen (Entoderm, Ektoderm, chitinhaltige Matrix) hinweg befördert und reagieren an der Grenzfläche zum bereits bestehenden Kalksteinskelett zu $CaCO_3$. In vielen Veröffentlichungen wird beschrieben, daß Korallen eine Calciumdosierung benötigen; andere Autoren sprechen von Kalkzugaben. In der Abbildung wird auch deutlich, daß sowohl das Anion (HCO_3^-) wie auch das Kation (in der Regel Ca^{2+}) gleichermaßen von der Koralle benötigt werden und also auch entsprechend dosiert werden müssen.

Nun liegen im Meerwasser die Ionen Mg^+ und Ca^+ in einem Molverhältnis von 1 : 5,16 vor. Es bildet sich daher bei 25 °C am häufig-

Reaktionen zur Beschreibung des „Kalk-Kohlensäure-Gleichgewichtes".

0	H_2O	↔	H^+	+	OH^-
1	$CO_2 + H_2O$	↔	HCO_3^-	+	H^+
2	HCO_3^-	↔	CO_3^{2-}	+	H^+
3	$CaHCO_3^+$	↔	Ca^{2+}	+	HCO_3^-
4	$CaCO_3$	↔	Ca^{2+}	+	CO_3^{2-}
5	$CaSO_4$	↔	Ca^{2+}	+	SO_4^{2-}
6	$MgHCO_3^+$	↔	Mg^{2+}	+	HCO_3^-
7	$MgCO_3$	↔	Mg^{2+}	+	CO_3^{2-}
8	$MgSO_4$	↔	Mg^{2+}	+	SO_4^{2-}

sten $Mg_{0,14}Ca_{0,86}CO_3$ aus der Lösung (FALBE & REGITZ 1989 – 1993, Seite 2144). Das bedeutet also, daß das Calcium sicher das wichtigste Kation für die Kalksteinbildung ist, daß aber andere Ionen wie das Magnesium durchaus auch eine Rolle spielen.

Es hat sich allerdings auch gezeigt, daß die tatsächlichen Vorgänge im Kalk-Kohlensäure-Gleichgewichtssystem in natürlichen Wässern noch weitaus komplizierter sind. Es ergeben sich insbesondere Komplexierungsreaktionen zwischen Calcium- und Magnesium-Ionen und Hydrogenkarbonat-, Karbonat- oder auch Sulfationen. Eine Zusammenstellung der für Trinkwässer wichtigen Reaktionen enthält die nebenstehende Tabelle nach ROHMANN (1993, Seite 193). Auch ROHMANN betont, daß wohl die Reaktionen nach den Gleichungen 0 bis 2 die wichtigsten Basisreaktionen darstellen, daß aber die anderen Reaktionsabläufe daneben bestehen und im Einzelfall sehr wichtig werden können.

Man kann sich leicht vorstellen, daß die Reaktionen im Meerwasser noch weitaus komplexer ablaufen. Aus diesem Zusammenhang wird deutlich, daß zur Beurteilung der Notwendigkeit, ob nun eine „Kalkdosierung" – in welcher Form auch immer –, notwendig sei oder nicht, die Messung des Calciumge-

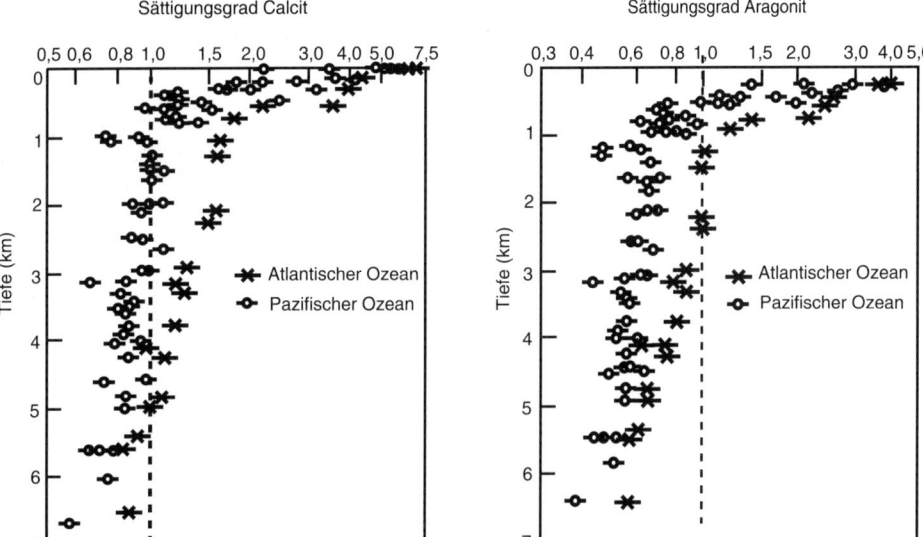

Sättigungswerte von Calcit und Aragonit im Atlantik und Pazifik in Abhängigkeit von der Wassertiefe. Die Sättigung ist mit "1" bezeichnet, Werte darunter stellen Unter-, Werte darüber übersättigung dar (nach Li et al. aus RILEY & CHESTER 1971).

haltes zwar hilfreich ist, aber nicht die letzte Wahrheit verkündet.

Neben den hier beschriebenen chemischen Zusammenhängen gibt es auch physikalische Aspekte, die zumindest kurz beleuchtet werden sollen. Es können nämlich bei der Kalksteinbildung zwei unterschiedliche Kristallisationsformen, Calcit und Aragonit, ausgebildet werden. Beide kommen in den Weltmeeren in unterschiedlicher Ausprägung vor.

In der Nähe der Oberfläche besteht bis zu fünffache Übersättigung. Beide Formen sind aber bis zu Tiefen von mehreren Kilometern vertreten. Calcite stellen gegenüber Aragoniten die stabilere Form dar.

Es bleibt nun die Frage, wie wir den Korallen das Calcium und das Hydrogenkarbonat so zur Verfügung stellen können, daß es für sie biologisch umsetzbar ist und für die anderen Bewohner des Aquariums nicht schädlich wird. Hierzu gibt es verschiedene Ansätze.

Das Verfahren nach Hückstedt

HÜCKSTEDT (1963, S. 58–59) gibt ein Verfahren zur Anhebung des pH-Wertes an. Er empfiehlt, sechs Teile Natriumhydrogencarbonat (NaHCO$_3$, früher auch Natriumbicarbonat oder Natron genannt) mit einem Teil Natriumcarbonat (Na$_2$CO$_3$, auch als Soda bekannt) in Wasser zu lösen. Mit diesem Rezept wird der pH-Wert auf etwa 8,3 bis 8,4 gepuffert. Diese Vorgehensweise wird auch von LANGE (1986, S. 15) empfohlen. Allerdings weist LANGE bereits darauf hin, daß diese Rezeptur zwar gut geeignet ist, um den pH-Wert anzuheben, aber zwangsläufig zu einer Ionenverschiebung zugunsten des Natrium führen muß. Das bedeutet, daß sich der für Korallen wichtige Calciumanteil wiederum verringert. Als Ausgleich empfiehlt LANGE die Dosierung von Calciumhydroxid (Ca(OH)$_2$). Die im Zusammenhang damit auftretenden Probleme werden im nächsten Abschnitt abgehandelt.

Erwähnt werden soll hier aber noch, daß LANGE einer der wenigen ist, die darauf hin-

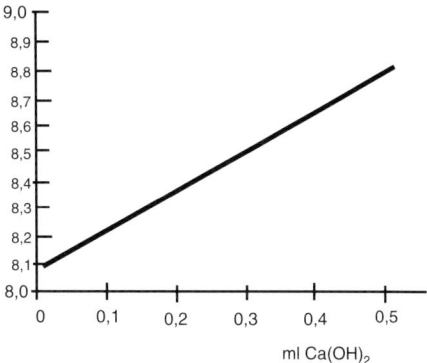

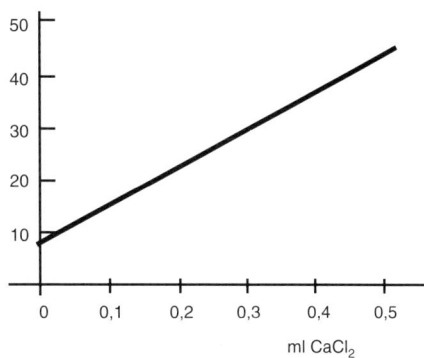

Mit der Zugabe von Calciumchlorid (rechts) läßt sich die vier- bis fünffache Menge an Calcium wie mit der Zugabe von Calciumhydroxid (links) ins Wasser einbringen (beachte die verschiedenen Maßstäbe; nach LARSSON aus FOSSÁ & NILSEN 1996).

weisen, daß es sinnvoll sein könnte, Magnesiumkarbonat (MgCO$_3$) zu dosieren. Wie wir oben gesehen haben, beträgt die im Meerwasser enthaltene Menge an Magnesium zwar nur etwa ein Fünftel der des Calciums, hebt sich aber damit immer noch deutlich von den Spurenelementen ab, über die in Aquarianerkreisen sehr viel mehr gesprochen wird.

BROCKMANN (1995, S. 55) schlägt vor, als Ergänzung Calciumchlorid einzusetzen, da damit auch die fehlende Calciumkomponente ergänzt würde. Insgesamt erscheint diese Methode als recht einfach nachzuvollziehen; es bleibt jedoch der Nachteil, daß die Chlorid- und die Natrium-Ionen im Überschuß dosiert werden. Probleme sind in diesem Zusammenhang zwar nicht bekanntgeworden, jedoch kann man sich vorstellen, daß Wirbellose eventuell empfindlich reagieren könnten.

Die Abbildung auf Seite 151 zeigt einen interessanten Vergleich zwischen der Anreicherung von Calcium bei der Dosierung von Calciumhydroxid und der Dosierung von Calciumchlorid. Es wird deutlich, daß mit der gleichen Dosis bei Calciumchlorid die vier- bis fünffache Calciumanreicherung erzielt werden kann. Auch hieraus kann man seine Schlüsse ziehen in bezug auf eventuelle Ionenverschiebungen.

Zugabe von Kalkwasser

Bei diesem Verfahren werden entweder Calciumhydroxid ($Ca(OH)_2$) oder Calciumoxid (CaO) in Wasser bis zur Sättigung zur Lösung gebracht. Welchen von beiden Stoffen man verwendet, ist völlig gleichgültig, da sich Calciumoxid in Wasser zu Calciumhydroxid umsetzt. Diesen Vorgang bezeichnet man im allgemeinen als „Kalklöschen". Befindet sich der Kalk noch in Suspension, entsteht eine milchige Eintrübung, auch Kalkmilch genannt.

Bei der Zugabe von Calciumoxid ist es nicht wichtig, genau den Sättigungspunkt zu finden, sondern es wird in der Regel reichlich überdosiert. Nicht gelöstes Material lagert sich am Boden des Lösungsbehälters ab. Die Lösung reagiert in jedem Fall stark basisch; sie reizt Haut und Schleimhäute. Der pH-Wert der gesättigten wässerigen Lösung liegt bei pH 12,4.

Die klare Lösung wird als Kalkwasser bezeichnet. Der Gehalt an $Ca(OH)_2$ liegt bei etwa 1,3 bis 1,65 g/l. Gibt man diese Lösung in das Aquarienwasser, so bilden sich ein Ca^{2+}-Ion und zwei OH^--Ionen. Infolgedessen steigt der pH-Wert bei Zugabe dieser Lösung deutlich an. Es muß also recht vorsichtig mit dem Kalkwasser umgegangen werden. Eine Überdosierung ist leicht möglich. Es sollte unbedingt ein pH-Meßgerät im System vorhanden sein, um den pH-Wert im Aquarium zu kontrollieren.

Zunächst gibt man, wie man sieht, nur Calcium zum Wasser hinzu. Es bilden sich weder Karbonat noch Hydrogenkarbonat, da diese erst unter Einwirkung von Kohlendioxid entstehen, das entweder durch die Wasseroberfläche, die Belüftung oder eine gezielte CO_2-Dosierung in das Wasser eintritt. Um 1 g Calciumhydroxid ($Ca(OH)_2$) in $CaCO_3$ zu überführen, sind etwa 0,6 g CO_2 notwendig.

$$Ca^{2+} + 2\,OH^- + CO_2 \longrightarrow CaCO_3 + H_2O$$

Diese Menge an CO_2 ist etwa in 1200 l Luft enthalten oder in 300 ml reinem CO_2-Gas. Um die Reaktion zum für die Wirbellosen verfügbaren Calciumhydrogencarbonat weiterzuführen, wird genau die doppelte Menge benötigt.

$$CaCO_3 + CO_2 + H_2O \longrightarrow Ca(HCO_3)_2$$

Die Zufuhr von CO_2 wird natürlich den gewünschten Effekt der pH-Wert Anhebung wieder leicht rückgängig machen. Auf diese Zusammenhänge weisen auch BAENSCH et al. (1992, S. 143) hin: „Lange mit Kalkwasser behandelte Becken weisen nur noch eine KH von unter 5 auf! Die Methode funktioniert nur unter gleichzeitiger Zugabe entsprechender Mengen CO_2." Als CO_2-Dosiersystem kann ein übliches eingesetzt werden, wie im Kapitel über CO_2-Dosierung (siehe Seite 113) näher beschrieben.

Insgesamt erscheint mir die Kalkwassermethode nicht ganz so einfach zu sein, wie sie hin und wieder dargestellt wird. Sie erfordert schon einiges an Geschick und Augenmaß. Richtig angewendet hat sie aber nachweislich gute Erfolge in wunderbaren Korallenbecken gebracht. FOSSÅ und NILSEN haben sich sehr

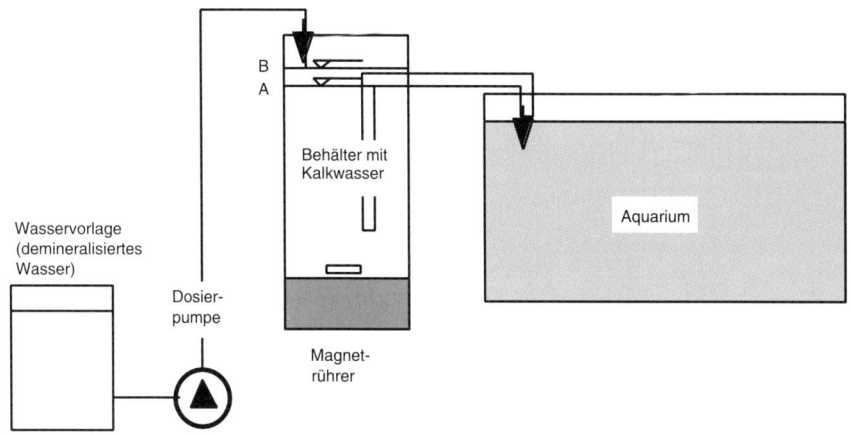

Dosiervorrichtung für Kalkwasser nach FOSSÅ & NILSEN.

mit diesem Verfahren beschäftigt. Sie weisen vor allem darauf hin, daß möglichst nur Kalkwasser mit sehr hohen pH-Werten Verwendung finden sollte. Optimal sind Kalkwasserwerte über pH 12. Liegt der pH-Wert bei etwa 10, ist es für das Aquarium eigentlich nicht mehr zu gebrauchen.

Die Abbildung oben zeigt eine Dosierungsvorrichtung, die FOSSÅ und NILSEN für Kalkwasser empfehlen. Eine Dosierpumpe saugt beispielsweise demineralisiertes Wasser aus einem Vorlagebehälter an und fördert es in den Behälter mit Kalkwasser, der zweckmäßigerweise auf einem Magnetrührer steht, so daß das Calciumhydroxid oder Calciumoxid stetig umgerührt werden können. Durch Zugabe von Wasser steigt der Wasserspiegel im Behälter an; eine entsprechende Menge Kalkwasser läuft in das Aquarium über. Auf diese Weise wird eine Kalkausfällung in der Dosierpumpe vermieden. Andererseits wird das Kalkwasser ständig durch das zugegebene Wasser verdünnt, so daß Calciumhydroxid nachdosiert werden muß. Die Verwendung einer Dosierpumpe gewährleistet bei diesem System, daß der Zulauf an Kalkwasser langsam erfolgt.

Bei der Dosierung von Kalkwasser ist als Nebeneffekt zu berücksichtigen, daß es in der Abwasseraufbereitung sowohl als Fällmittel wie auch als Flotationshilfsmittel eingesetzt wird. Beide Funktionen kommen auch im Aquarium zum Tragen. Bekannt ist die Kalk-Phosphat-Fällung, wobei Hydroxylapatit (Ca_5PO_4OH) (PÖPPINGHAUS et al. 1994, S. 799) gebildet wird, das sich absetzt oder im Filter oder Abschäumer entfernt wird.

Des weiteren flocken Aluminium und Eisen(III)-Ionen nach den unten stehenden Gleichungen aus (PÖPPINGHAUS et al. 1994, S. 593).

Diese Thema soll hier nicht weiter vertieft werden. Wer sich aber Gedanken darüber macht, ob ein Abschäumer eventuell geringste Anteile an Spurenelementen austragen könnte, der sollte die fällende Wirkung einer Hydroxidflocke erst recht nicht vergessen.

Bei der Abschäumung handelt es sich einfach um eine große Hydroxidflocke, an die sich andere Stoffe angelagert haben, die den

$$Al_2(SO_4)_3 + 3\ Ca(HCO_3)_2 \longrightarrow 2\ Al(OH)_3 + 3\ CaSO_4 + 6\ CO_2$$
$$2\ FeCl_3 + 3\ Ca(HCO_3)_2 \longrightarrow 2\ Fe(OH)_3 + 3\ CaCl_2 + 6\ CO_2$$

Der Kalkgehalt des Meerwassers

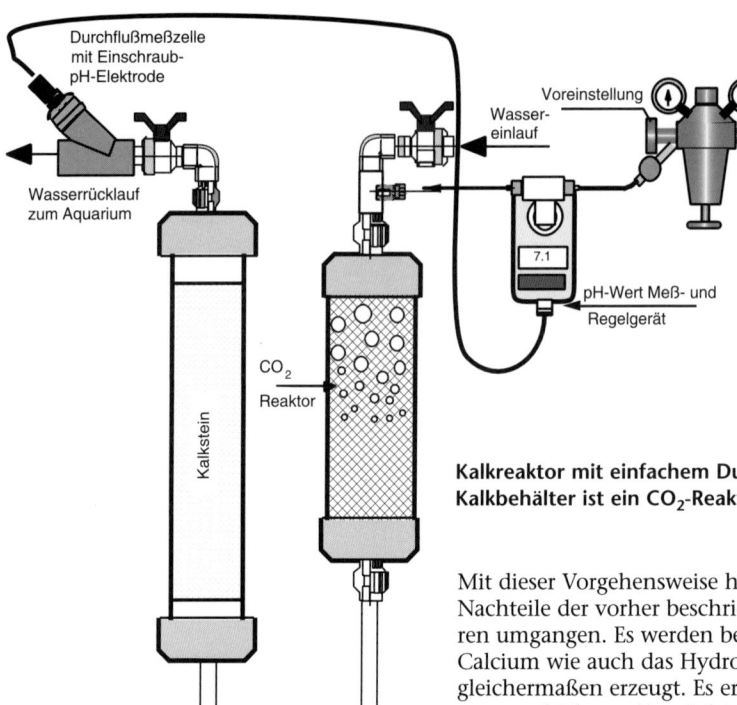

Kalkreaktor mit einfachem Durchfluß. Dem Kalkbehälter ist ein CO₂-Reaktor vorgeschaltet.

Vorgang bei der Kontaktbildung wie auch bei der Schaumbildung unterstützt.

Kalkreaktor mit einfachem Durchlauf

Beim sogenannten Kalkreaktor handelt es sich eigentlich um eine Vorrichtung zur Herstellung von Calciumhydrogenkarbonat. Das Prinzip beruht darauf, daß ein Reaktionsbehälter mit Kalkgestein gefüllt und gleichzeitig mit kohlendioxidhaltigem Wasser durchströmt wird. Dabei wird der Kalkstein gelöst und Calciumhydrogenkarbonat entsteht.

$$CaCO_3 + CO_2 + H_2O \longrightarrow Ca(HCO_3)_2$$

Mit dieser Vorgehensweise hat man die Nachteile der vorher beschriebenen Verfahren umgangen. Es werden beide Ionen, das Calcium wie auch das Hydrogencarbonat, gleichermaßen erzeugt. Es erfolgt keine Ionenverschiebung. Das Calciumhydrogenkarbonat ist die Form, die für alle Lebewesen, die Kalk benötigen, am schnellsten verfügbar ist.

Für die Bauweise von Kalkreaktoren sind die verschiedensten Variationen vorgeschlagen worden. Hier sollen nur zwei davon vorgestellt werden; andere sind denkbar.

Die Abbildung oben zeigt ein System mit einfachem Durchfluß. Das Wasser tritt am oberen Anschluß eines CO₂-Reaktors gemeinsam mit dem zudosierten Kohlendioxid ein. Die CO₂-Blasen werden nach unten mitgeführt und im ersten Reaktionsbehälter in Lösung gebracht. Es entsteht H_2CO_3. Das Wasser verläßt den ersten Behälter frei von Blasen, aber mit einem hohen Gehalt an gelöstem CO₂ und mit einem relativ geringen pH-Wert.

Anschließend durchläuft das Wasser einen weiteren Reaktionsbehälter, der mit Kalkgestein gefüllt ist. Hier reagieren das gelöste CO₂ beziehungsweise H_2CO_3 mit dem Kalkgestein, und es entsteht Calciumhydrogencarbonat, Ca(HCO$_3$)$_2$.

Um zu gewährleisten, daß bei diesem Verfahren der pH-Wert nicht zu tief absinkt, befindet sich im Auslauf eine pH-Elektrode, die den pH-Wert ständig mißt. Ein Meßgerät wertet den Meßwert aus und vergleicht ihn mit einem eingestellten Sollwert. Ist der Sollwert unterschritten worden, wird die CO$_2$-Dosierung durch ein Magnetventil automatisch abgestellt. Die Konzentration an gelöster Kohlensäure läßt nach, der pH-Wert steigt nach einiger Zeit wieder über den Sollwert an und das Meßgerät gibt die CO$_2$-Dosierung wieder frei.

Somit verfügt man über ein sich selbst regelndes und überwachendes System, das regelmäßig Calciumhydrogenkarbonat an das Wasser abgibt. Der Kalkreaktor kann entweder mit normalem Kalkgestein oder mit Korallensand gefüllt werden. Im zweiten Fall ist von Vorteil, daß man Spurenelemente, die eventuell im Korallensand gespeichert sind, für die lebenden Korallen wieder verfügbar macht.

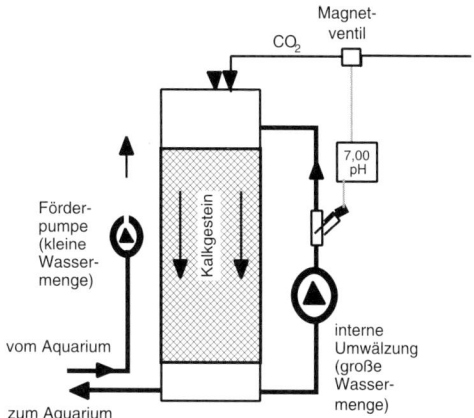

Bei dem nur aus einem Reaktionsgefäß bestehenden Kalkreaktor sorgt eine zweite Pumpe für eine interne Wasserumwälzung.

Kalkreaktor mit internem Kreislauf

Die nebenstehende Abbildung zeigt eine alternative Konstruktion, die aber auf demselben Prinzip beruht. Zwei wesentliche Konstruktionsmerkmale unterscheiden diesen Reaktor aber vom ersten.

Dieses System verfügt nur über einen Reaktionsbehälter, der mit Kalkgestein gefüllt ist und gleichzeitig der Kohlendioxidaufnahme dient. Die Strömungsrichtung ist ebenfalls abwärts. Damit wird erreicht, daß das CO$_2$ sich optimal löst. Eine Förderpumpe mit relativ kleiner Leistung fördert Wasser aus dem Aquarium durch den Reaktor und wieder zurück. Eine zweite Förderpumpe mit deutlich höherer Leistung bewegt das Wasser in einem ständigen Kreislauf im Kalkreaktor selbst. Die pH-Meßsonde liegt ebenfalls in diesem Kreislauf.

Durch diese Konfiguration wird erreicht, daß ständig optimale Bedingungen im Kalkreaktor bestehen und die Kalklösung gleichmäßig erfolgt. Der Wasserdurchlauf zum Aquarium wird dabei klein gehalten, um die Zufuhr an calciumhydrogenreichem Wasser langsam, aber stetig erfolgen zu lassen.

Mit diesen Systemen können Probleme, wie sie Fosså und Nilsen beschreiben, insbesondere daß in den Morgenstunden der pH-Wert im Aquarium zu niedrig ist, vermieden werden, da der pH-Wert nicht nur überwacht, sondern auch geregelt wird. Ein solches System sollte man niemals ohne pH-Messung und Regelung einsetzen!

Fosså und Nilsen erwähnen, daß in Aquarien mit Kalkreaktoren der Phosphatgehalt höher sei als in anderen Becken. Denkbar wäre, daß der Phosphatgehalt in Becken mit Kalkwasserdosierung durch die Phosphatfällung deutlich gegenüber anderen Becken abgesenkt wird. Dies könnte ein Vorteil der Kalkwasserdosierung sein. Es muß aber die Frage gestellt werden, ob die Phosphatfällung durch Kalkwasser kontrolliert durchgeführt werden kann. Phosphat kann in bestimmten Grenzen auch sehr wichtig für das biologische System sein.

Licht

Das Sonnenlicht ist der Energielieferant der Natur. Während alle Baustoffe des Lebens im wesentlichen vom Wasser selbst angeboten und teilweise aus der Atmosphäre eingespeist werden, so ist doch das Licht die eigentliche und primäre Energiequelle der Natur.

$$6\ CO_2 + 6\ H_2O + \text{Energie} \xrightleftharpoons[\text{Atmung}]{\text{Photosynthese}} C_6H_{12}O_6 + 6\ O_2$$

Wie die obige Gleichung zeigt, ist für die Bildung von Glucose aus Kohlendioxid und Wasser eine Energie von 674000 Kalorien notwendig, die in der Natur vom einfallenden Licht bezogen wird. Die in der Gleichung aufgeführte Glucose ist nur einer von vielen aufgebauten organischen Stoffen. Glucose ist sehr reaktionsfähig. Sie kann auf dem Wege der **Atmung** wieder abgebaut werden und somit dem Lebewesen die gewonnene Energie wieder zur Verfügung stellen. Als Primärproduzenten sind insbesondere Wasserpflanzen von der Sonnenenergie abhängig.

Was ist Licht?

Sichtbares Licht ist ein schmales Band im Spektrum der elektromagnetischen Wellen, die nach ihren Wellenlängen unterschieden werden. Die Wellenlänge ist definiert als Abstand zwischen zwei Wellenbergen oder -tälern.

Die elektromagnetische Strahlung erstreckt sich von der kosmischen Strahlung über das sichtbare Licht bis in den Langwellenbereich. Das Licht, das wir mit dem Auge wahrnehmen, befindet sich im Wellenlängenbereich von 380 bis 780 nm. Wir empfinden es in der Mischung verschiedener Wellenlängen als weißes Licht. Wenn aufgrund von Filterung oder Absorption bestimmte Wellenlängen ausgeblendet werden, ist das Licht jedoch nicht mehr weiß; es ergibt sich vielmehr eine bestimmte Farbe. Diese Farben sind bestimmten Wellenlängen fest zugeordnet.

Die Entstehung der Farben erfolgt eigentlich erst in unserem Gehirn, das mit den verschiedenen Wellenlängenbereichen entsprechende Farbempfindungen verbindet. Die sechs Grundfarben, auch Spektralfarben genannt, sind entsprechend der untenstehenden Tabelle nach Wellenlängen eingeteilt: Violett an der Grenze zum unsichtbaren UV-Bereich, dann mit zunehmenden Wellenlängen Blau, Grün, Gelb, Orange und Rot an der Grenze zum unsichtbaren, langwelligen Infrarot. Diese Grundfarben kennen wir auch als Regenbogenfarben. Sie entstehen, wenn das Licht in Regentropfen in die verschiedenen Farben aufgegliedert wird.

Gliederung der elektromagnetischen Strahlung im Bereich des Lichtes.

Wellenlänge in Nanometern	Bezeichnung
100 – 280	Ultraviolett C
280 – 315	Ultraviolett B
315 – 380	Ultraviolett A
380 – 436	Violett
436 – 495	Blau
495 – 566	Grün
566 – 589	Gelb
589 – 627	Orange
627 – 780	Rot
780 – 1 500	Infrarot–A
1500 – 3 000	Infrarot–B
3 000 – 10 000	Infrarot–C

Der Weg des Lichtes auf die Erde

Die Sonne ist von der Erde etwa acht Lichtminuten entfernt. In diesen acht Minuten bewegt sich das Licht weitgehend unverändert durch das Vakuum des Weltraumes. Erst am Ende der Reise, kurz bevor es auf die Erdoberfläche trifft, wird das Sonnenlicht durch die Atmosphäre merklich beeinflußt. Die Intensität der Sonnenenergie auf der Erdoberfläche hängt in erster Linie vom geographischen Standort ab. Je weiter sich der Standpunkt des Beobachters vom Äquator wegbewegt, desto flacher ist der Einfallswinkel der Sonnenstrahlen und desto niedriger ist der höchste Sonnenstand zur Mittagszeit.

Im Tagesverlauf sinkt der Sonnenstand jeweils noch weiter ab. Je flacher die Sonne über dem Horizont steht, desto länger ist die Strecke, die die Lichtstrahlen durch die als Filter wirkende Atmosphäre zurücklegen müssen. In etwa 10 bis 50 Kilometer Höhe liegt die mittlerweile jedem bekannte Ozonschicht. Hier entsteht aufgrund der Bestrahlung des Sauerstoffs mit UV-Licht eine geringe Ozonkonzentration, die aber aufgrund der hohen Schichtdicke ausreicht, um nunmehr die ultraviolette Strahlung weitgehend zu absorbieren. Dadurch wird jede Art von Leben vor dieser gefährlichen Strahlung geschützt, die nicht nur den Sauerstoff zu Ozon umbilden, sondern auch lebende Zellen zerstören kann. Neben der UV-Strahlung wird auch das langwellige Infrarotlicht von der Atmosphäre weitgehend absorbiert.

Aufgrund der Schrägstellung der Erdachse zur Ekliptik verändert sich in nördlichen und südlichen Breiten die Tageslänge und zwar um so stärker, je weiter der Beobachter sich vom Äquator entfernt. Am Äquator ist der Tag während des ganzes Jahres mit 13 Stunden etwa gleich lang. Nördlich und südlich davon werden in den Sommermonaten die Tage länger, in den Wintermonaten dagegen kürzer, wie es auch in der folgenden Abbildung dargestellt wird.

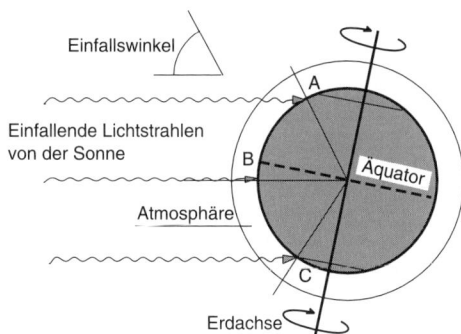

Oben: Der Einfallswinkel des Lichtes ist von der geographischen Position auf der Erde abhängig.

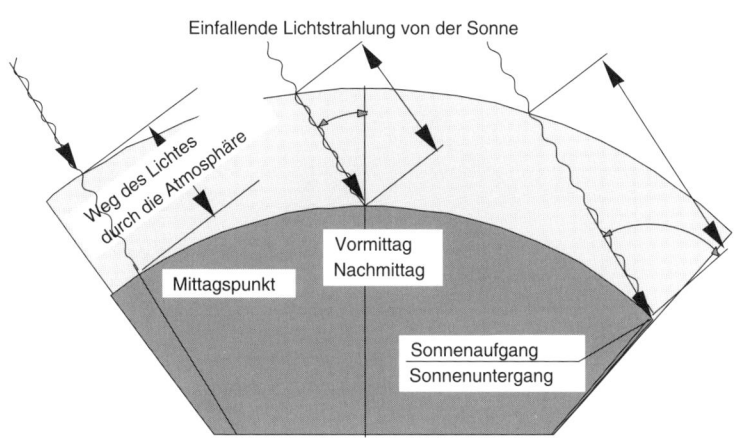

Rechts: Außer vom Ort hängt der Lichteinfallswinkel auch von der Tageszeit ab.

Licht

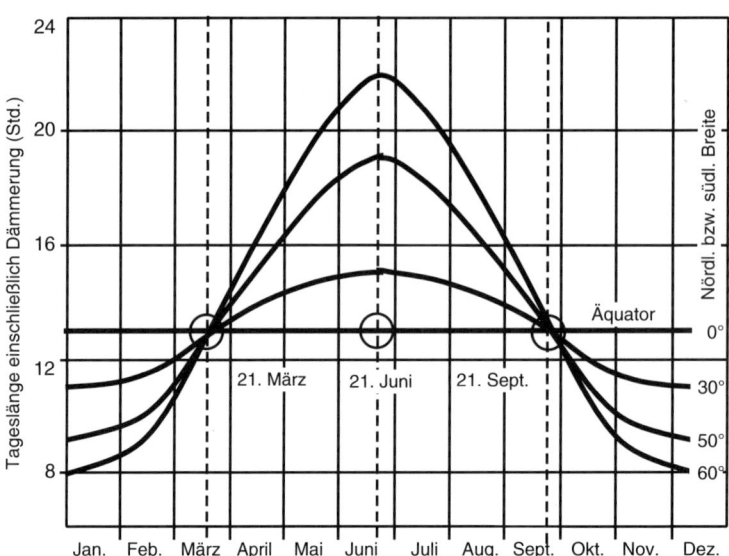

Die jeweilige Tageslänge hängt vom Breitengrad und von der Jahreszeit ab.

Die Sonnenscheindauer hat natürlich auch Auswirkungen auf die biologischen Abläufe im Wasser. Einerseits ist das Licht in hohen Breiten weniger intensiv, andererseits dauert die Lichteinstrahlung länger an. Mit der Höhe der Sonne über dem Horizont verändert sich außerdem die Spektralverteilung des Lichtes, das auf die Erde oder die Wasseroberfläche auftrifft. Wir alle kennen die blutrote Sonne am Morgen- und am Abendhimmel, die einen Hinweis darauf gibt, daß sich die Strahlung bei niedrigem Sonnenstand zu längeren Wellenlängen hin verschiebt. Das bedeutet, daß weniger Blau- und dafür mehr Rotanteile auf die Wasseroberfläche auftreffen. Wie wir noch sehen werden, hat dies eine erhebliche Auswirkung auf die Tiefenwirkung des Lichtes.

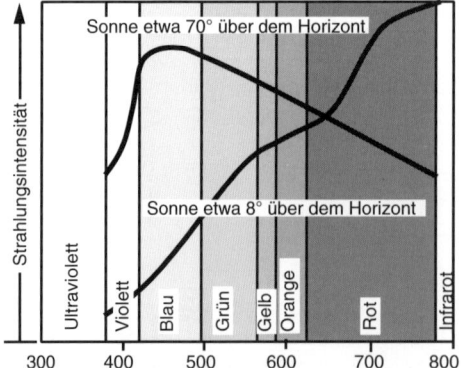

Mit der Tageszeit verändert sich auch die Spektralverteilung des Lichtes.

Der Übergang des Lichtes aus der Luft ins Wasser

Wenn das Sonnenlicht aus der Atmosphäre in das Wasser eindringt, erfolgt ein Phasenübergang. Hierbei wird es auf verschiedene Weise beeinflußt.

Reflexion: Ein Teil des Sonnenlichtes wird direkt an der Wasseroberfläche reflektiert; es steht also den unter ihr befindlichen Lebewesen nicht zur Verfügung. Das Reflexionsvermögen hängt vom Einfallswinkel des Lichtes, dem Brechungsindex des Wassers und von seiner Oberflächenbedeckung ab. Der Einfallswinkel des Lichtes wird durch den Stand

Der Übergang vom Licht ins Wasser ist vom Einfallswinkel abhängig.

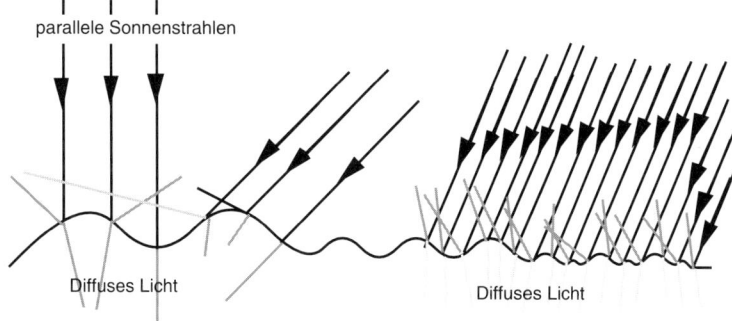

der Sonne beeinflußt, der jeweils vom geographischen Ort, also dem Breitengrad und der Uhrzeit abhängt. Diese beiden Faktoren sind Ortskonstanten, auf die sich die Lebewesen zuverlässig einstellen können. So erfolgt am Äquator bei fast senkrechter Lichteinstrahlung zur Mittagszeit eine sehr geringe Reflexion, während auch hier zur Abendzeit die Sonne flach über dem Wasser steht und ein sehr hoher Anteil des Lichtes an der Wasseroberfläche gebrochen und in die Atmosphäre zurückgestrahlt wird.

Sehr viel höher ist die Reflexion des Lichtes in Breiten, die weit oberhalb oder unterhalb des Äquators liegen. Hier strahlt die Sonne auch zur Mittagszeit unter einem flacheren Winkel auf die Wasseroberfläche, so daß selbst unter optimalen Bedingungen sehr viel weniger Licht ins Wasser eindringen kann. Der Einfallswinkel, der vom Sonnenstand abhängt, wird aber auch wesentlich durch den gerade herrschenden Wellengang beeinflußt, wobei es hier nicht nur auf die hohen Wellen, sondern auch auf die kleinen ankommt, die für uns das Meer wie ein Brett erscheinen lassen. Je nach Einfallswinkel wird nun das Licht jeweils mehr reflektiert oder mehr ins Wasser eingeleitet. Da der Winkel praktisch für jeden Strahl ein anderer ist, entsteht sowohl über dem Wasser als auch im Wasser ein ausgesprochen diffuses Licht. Da die Wellenbewegung in erster Linie vom Wind bestimmt wird, hat man das Reflexionsvermögen von Wasseroberflächen in Abhängigkeit von der Sonnenhöhe und von

der Windgeschwindigkeit gemessen. Dies wird in der untenstehenden Abbildung dargestellt. Bis zu einem Sonnenstand von über 30° bleibt die Reflexion bei unter 5 %, und zwar weitgehend unabhängig von der Windgeschwindigkeit. Unter 15° nimmt sie deutlich zu; auch der Einfluß der Windgeschwindigkeit steigt deutlich.

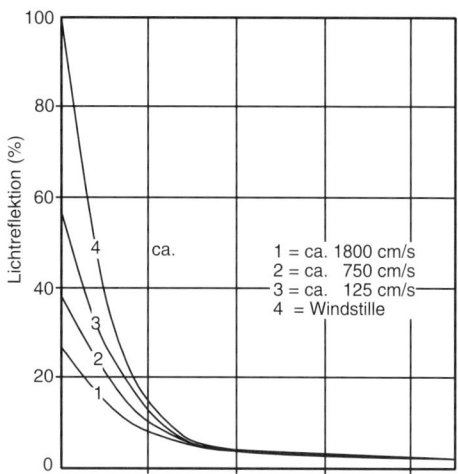

Bedingt durch die Bewegung der Wasseroberfläche, hängt ihr Reflexionsvermögen nicht nur vom Sonnenstand, sondern auch von der Windgeschwindigkeit ab.

Das Licht im Wasser

Auch wenn das Licht ins Wasser eingedrungen ist, nimmt es keineswegs ungestört seinen Weg. Vor allem die Inhaltsstoffe des Wassers sind es, die den Lichtstrahl beeinflussen. Trifft ein Lichtstrahl auf ein im Wasser suspendiertes Teilchen, so kann das Licht am Partikel reflektiert oder auch absorbiert werden. In der Praxis laufen wohl beide Vorgänge gleichzeitig ab. Es wird also ein Teil des Lichtes beim Auftreffen in seiner Richtung abgelenkt (gestreut), während ein anderer Teil in Form von Wärmeenergie vom Partikel aufgenommen (absorbiert) wird. Reflexion und Absorption sind Strahlungsverluste, die man in der Summe als Attenuation (auch Extinktion) bezeichnet.

Bezeichnet man den Absorptionskoeffizienten mit „a", den Reflektionskoeffizienten mit „b" und deren Summe, den Attenuationskoeffizienten, mit „c" so gilt die Gleichung $c = a + b$. Der Attenuationskoeffizient, also der Lichtverlust im Wasser, verändert sich erheblich mit der Wellenlänge des Lichtes. Man kann grob sagen, daß das Licht um so weiter ins Wasser eindringen kann, je kürzer seine Wellenlänge ist. Natürlich spielen neben der Wellenlänge des Lichtes auch noch andere Faktoren eine wichtige Rolle. Die Abhängigkeit der Eindringtiefe von der Wellenlänge zeigt uns die Grundkurve unter optimalen Bedingungen an. Die tatsächlichen Verhältnisse in der Natur und natürlich auch im Aquarium müssen zwangsläufig immer deutlich schlechter sein.

Die nebenstehende Abbildung zeigt uns, wie stark der Einfluß von suspendierten Partikeln im Wasser ist. Während das trübe Wasser eine Lichtschwächung um etwa 60 % bei 400 nm, also im Blaubereich, erfährt, wird das Licht im gefilterten Wasser nur um etwa 40 % abgeschwächt. Obwohl nun keine partikuläre Substanz mehr im Wasser vorliegt, ist hier die Lichtschwächung noch deutlich stärker als im klaren Wasser, wo sie etwa bei 5 % liegt. Der Grund hierfür liegt darin, daß das Licht nicht nur an Partikeln, sondern auch an gelöster Substanz, die nicht filtrierbar ist, absorbiert wird. Dabei handelt es sich vor allem um Huminstoffe, oft auch als Gelbstoffe bezeichnet, die langlebige, biologisch schwer abbaubare Stoffwechselprodukte sind. Sie werden deswegen als Gelbstoffe bezeichnet, weil sie das gelbe Licht reflektieren, während die kurzwelligen Strahlen stark absorbiert werden. Durch das nach oben zur Wasseroberfläche reflektierte Licht bekommt das Wasser eine leicht gelbliche Färbung, die, wie bereits erwähnt, typisch für die Küstengewässer der Meere sowie für huminstoffreiche Süßwasserzonen ist. In den Auftriebsgebieten und Schelfgebieten der Meere wechselt die Farbe ins Grün, weiter zum Blaugrün in höheren Breiten bis hin zum tiefen Blau der tropischen und subtropischen See.

Außer den suspendierten Stoffen spielt vor allem die Wasseroberfläche eine erhebliche Rolle. Im Süßwasser ist der Wasserspiegel ein Lebensraum für sich. Er ist häufig von zahlreichen Schwimm- und Blattpflanzen bedeckt, die ihre Blätter großflächig der Sonne entgegenstrecken und somit weite Wasserbereiche beschatten. Aber auch im Seewasser

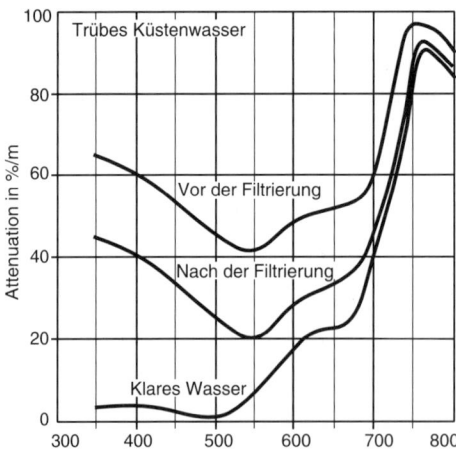

Trübes Küstenwasser vor und sogar nach der Filtrierung schwächt das Licht vor allem im blaugrünen Bereich stärker als klares Wasser (nach CLARKE et al. 1939).

finden sich oft Algenkulturen in Oberflächennähe, die viel Lichtenergie absorbieren. Die Lichtverteilung in der Tiefe hängt also von zahlreichen örtlichen Gegebenheiten ab. Das oft erwähnte tiefe Blau der Ozeane ist nur typisch für tiefe und sehr reine Gewässerzonen, in denen praktisch kein Stoffwechsel stattfindet. Sie sind mit den Sandwüsten oder Eisregionen des Festlandes zu vergleichen. Man bezeichnet deswegen das tiefe Blau der Meere auch als die Wüstenfarbe des Wassers.

Maßeinheiten des Lichtes

Um die Einwirkung des Lichtes beurteilen zu können, ist das Verständnis verschiedener Meßwerte wichtig.

Die **Lichtstärke** wird in Candela (cd) gemessen. Ein Candela ist definiert als die Lichtstärke, die eine Strahlungsquelle, die bei 555 nm arbeitet, in eine bestimmte Richtung aussendet, in der die Strahlungsstärke 1/683 Watt pro Raumwinkel beträgt. Die Wellenlänge 555 nm ist die, bei der das menschliche Auge die höchste Empfindlichkeit besitzt.

Der **Raumwinkel** von 1°, auch als 1 Steradiant (sr) bezeichnet, entspricht einem räumlichen Winkel, der als gerader Kreiskegel mit der Spitze in der Mitte einer Kugel mit dem Radius von 1 m aus der Kugeloberfläche eine Kuppe von 1 m^2 ausschneidet (beleuchtet).

Der **Lichtstrom** wird in Lumen gemessen. Ein Lumen (1 lm) ist gleich dem Lichtstrom, den eine punktförmige Lichtquelle mit einer Lichtstärke von 1 Candela (1 cd) gleichmäßig nach allen Richtungen in den Raumwinkel von 1 Steradiant (1sr) aussendet.

Man erhält den Lichtstrom in Lumen, wenn man die Lichtstärke in cd mit dem Raumwinkel in sr multipliziert: lm = cd × sr

Die **Leuchtdichte** bezeichnet den Wert, mit dem eine bestimmte Lichtstärke auf eine bestimmte Fläche auftrifft, wie etwa die Aquarienoberfläche oder eine Kreisfläche. Wie die Beschreibung schon nahelegt, wird sie in Candela pro Quadratzentimeter (cd/cm^2) gemessen.

Die **Beleuchtungsstärke** wird in Lux gemessen, wobei ein Lux (1 lx) der Beleuchtungsstärke entspricht, die auf einer Fläche herrscht, wenn auf einen Quadratmeter dieser Fläche gleichmäßig verteilt ein Lichtstrom von einem Lumen fällt: 1 lx = 1 lm/m^2.

Die **Leistung** wird in Watt (W) gemessen und ist bis heute immer noch das übliche Kriterium, um die Lampenstärke anzugeben. Dabei gibt die Leistungsaufnahme natürlich nur den Wert an, den die Lampe an elektrischer Leistung verbraucht und nicht die Lichtenergie, die sie abgibt. Ein sehr großer Teil des Leistungsbedarfes geht in Wärme über. Die Folge ist, daß der Wärmeanteil nicht in Licht umgesetzt wird und daß wir Wärme an einer Stelle ungezielt ins Wasser eintragen, wo wir sie oft nicht gebrauchen können.

Aus dem oben Beschriebenen wird deutlich, daß es ist sehr wichtig ist, auf das Verhältnis von Lichtstrom zu aufgenommener elektrischer Energie zu achten. Dieses Verhältnis wird als die **Lichtausbeute** bezeichnet. Je höher bei gleichem Leistungsbedarf der Lichtstrom ist, desto höher ist die Lichtausbeute und desto geringer ist die freiwerdende Wärmemenge. Die Lichtausbeute wird in lm/W gemessen. Die nachstehende Tabelle zeigt hierzu einige Beispiele.

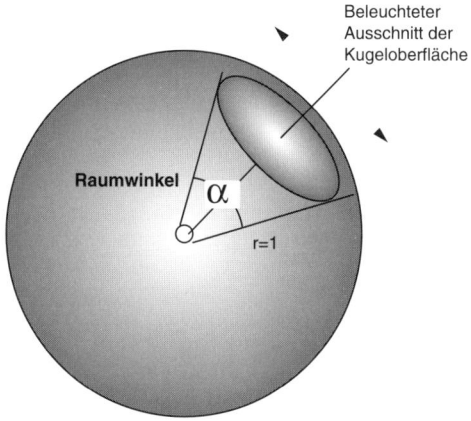

Darstellung des im Zusammenhang mit der Beleuchtung oft angegebenen Raumwinkels.

Licht

Vergleich der Lichtausbeute verschiedener Lampentypen am Beispiel von Lampen des Herstellers OSRAM.

Lampentyp	Leistungsbedarf W	Lichtstrom lm	Lichtausbeute lm/W
Standardlampe	40	430	10,75
Standardlampe	100	1 380	13,80
Leuchtstofflampen L18/11 Tageslicht L18/11	18	1 300	72,22
Tageslicht Hellweiß	18	1 450	80,56
L36/21 Hellweiß	36	3 450	95,83
L58/21 Hellweiß	58	5 400	93,10
HQL 50 Super DE Luxe	50	1 600	32,00
HQL 80 Super DE Luxe	80	3 400	42,50
HQL 125 Super DE Luxe	125	5 700	45,60
HQL 50 de Luxe	50	2 000	40,00
HQL 125 de Luxe	125	6 500	52,00
HQL 400 de Luxe	400	24 000	60,00
HQI TS 70 WDL	75	5 200	69,33
HQI TS 150 WDL	150	12 000	80,00

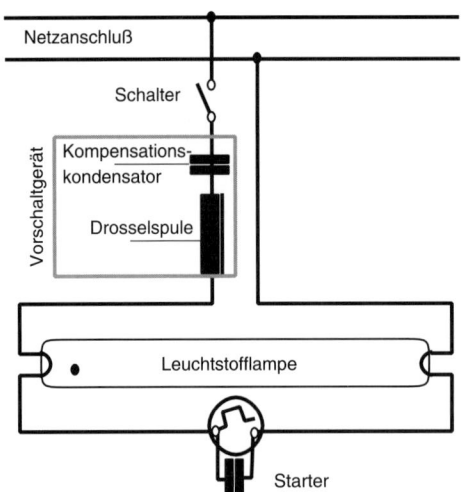

Schaltschema einer Leuchtstoffröhre mit Vorschaltgerät und Starter.

Lampentypen

Die wichtigsten in der Aquarientechnik eingesetzten Lampen sind Leuchtstofflampen, Quecksilber-Hochdrucklampen (HQL) und Halogen-Metalldampflampen (HQI). Andere in der Beleuchtungstechnik vielfach eingesetzte Lampen wie Glühlampen und Mischlichtlampen finden in der Aquarientechnik nur geringe Anwendung.

Leuchtstofflampen

Leuchtstofflampen sind mit Quecksilberdampf und einer Edelgasmischung unter relativ niedrigem Druck gefüllt. Ihr Prinzip beruht darauf, daß die im Gasraum befindlichen Atome elektrisch angeregt werden.

Für den Betrieb der Lampe sind sowohl ein Starter als auch ein Vorschaltgerät notwendig (siehe nebenstehende Abbildung). Der Starter erzeugt die Zündspannung, die die Lampe beim Einschalten benötigt. Kurz nach der Zündung flösse ein sehr hoher Strom durch die Lampe, der sie in sehr kurzer Zeit zerstören könnte. Daher wird das Vorschaltgerät zur Strombegrenzung benötigt. Das Vorschaltgerät hat einen eigenen Leistungsbedarf, der bei konventioneller Bauart etwa 20 % von dem der Lampe beträgt. Elektronische Vorschaltgeräte haben mit etwa 10 % Anteil einen deutlich geringeren Eigenbedarf.

Die angeregten Gasatome senden ein Licht aus, das im wesentlichen im UV-Spektralbereich liegt. Nur etwa 2 % entfallen auf sichtbares Licht. Etwa 60 % der Energie gehen in Strahlungsenergie im UV-Bereich über; der Rest wird in Wärme umgewandelt. Nun ist natürlich eine Lampe, die nur im UV-Bereich leuchtet, für Beleuchtungszwecke uninteressant. Daher wird die Innenwand der Leuchtstoffröhren mit einem speziellen Leuchtstoff beschichtet, der die UV-Strahlung durch Fluoreszenz in sichtbares Licht umwandelt, und zwar ohne nennenswerte Leistungsverluste. Die Zusammensetzung der Leuchtstoffe auf der Innenwand bestimmt wesentlich die sogenannte Lichtfarbe der Lampen. So kann man also ebenso ein warmweißes Licht erzeugen, was in etwa dem natürlichen Abendlicht entspricht, wie auch das dem Tageslicht entsprechende blauweiße Licht. Während also im Inneren der Leuchtstoffröhre „gefährliche" UV-Strahlung vorherrscht, bekommen wir im Außenbereich ein angenehmes, auf unsere Wünsche abgestimmtes Licht.

Wirtschaftlichkeit. Leuchtstofflampen haben sich in zunehmendem Maße in der Beleuchtungstechnik einen führenden Platz erobert. Sie erzeugen in etwa 70 % des gesamten Lichtes in der Bundesrepublik. Dafür nehmen sie aber nur etwa 50 % der für die Beleuchtung benötigten Energie in Anspruch. Sie sind somit eine sehr wirtschaftliche Alternative zu den herkömmlichen Glühlampen, wie auch in der Tabelle auf Seite 164 deutlich wird. Während zur Erzeugung eines Lichtstromes von etwa 1300 lm eine Glühlampe mit einer Leistungsaufnahme von 100 W notwendig ist, leistet eine Leuchtstofflampe mit einer Leistungsaufnahme von nur 18 W dasselbe. Sie hat also gut die fünffache Lichtausbeute! Dies ist für die allgemeine Anwendung und natürlich auch für den Aquarianer sehr wichtig, weil bei gleichem Lichtstrom geringere Kosten anfallen. Hinzu kommt noch, daß aufgrund der geringen Leistungsaufnahme nur sehr wenig Verlustwärme auftritt. Die Wärmebildung von Aquarienlampen kann insbesondere in den Sommermonaten zur Übertemperierung des Wassers führen.

Leuchtstofflampen gibt es in verschiedenen Baulängen, meistens etwa 590, 1 200 und 1 500 mm. Während ältere Lampen mit einem Durchmesser von 38 mm gefertigt wurden, beherrschen heute Lampen mit einem Durchmesser von 26 mm den Markt. Sie zeichnen sich durch einen hochwertigen Leuchtstoff aus, der Strahlungsmaxima im Rot-, Grün- und Blaubereich hat. Diese Röhren geben gegenüber den älteren 38-mm-Röhren etwa den 1,4fachen Lichtstrom ab.

Anbringung. Aufgrund ihrer Bauform und ihrer geringen Leuchtdichte, die bei etwa 0,5 bis 1 cd/cm^2 liegt, müssen Leuchtstofflampen in der Regel dicht über der Wasseroberfläche installiert werden. Bekannt sind Lampenkonstruktionen, bei denen die Leuchtstoffröhre in die Aquarienabdeckung integriert ist. Damit ist aber die Lampe sehr häufig im Bereich der bewegten Wasseroberfläche. Insbesondere die Lampenfassung ist unbedingt vor Wasserkontakt zu schützen, da es hier sonst zu Kurzschlüssen kommen kann, oder im „günstigeren" Fall die Lampe durch Korrosion zerstört wird. Dies ist ganz besonders bei Seewasser eine kritische Situation. Häufig, insbesondere bei größeren Anlagen, möchte man auch die Oberfläche für eventuelle Arbeiten im Becken frei behalten.

Helligkeitsregelung. Während einfache Glühlampen mit einem sogenannten Dimmer geregelt werden können, sind diese Regelgeräte für Leuchtstofflampen nicht geeignet, da die Lampe eine konstante Spannungsversorgung benötigt. Trotzdem sind Leuchtstofflampen regelbar und zwar mittels einer sogenannten Phasenanschnittsteuerung. Dabei handelt es sich um weitgehend verlustfreie Leistungssteuerungen, die im Handel erhältlich sind.

Auswahl der Lichtfarbe. Die Lichtfarbe gehört vielleicht zu den beliebtesten Themen an Aquarianerstammtischen. Um hier einen Überblick zu bekommen, wurde vom Lampenhersteller OSRAM ein Lichtfarbentest bei über hundert Fachhändlern und Aquarianern durchgeführt, der zu einem recht überraschenden Ergebnis führte. Getestet wurden Leuchtstofflampen mit den Lichtfarben Tageslichtweiß, Neutralweiß und Warmweiß. Hierbei hat sich herausgestellt, daß bei den Aquarianern im Süßwasserbereich wie auch im Seewasserbereich die Lichtfarbe Neutralweiß von 43–48 % bevorzugt wurde, gefolgt von der Lichtfarbe Tageslichtweiß mit 35–37 %. Bei den Händlern sieht dieses Verhältnis nur unwesentlich anders aus. Auch hier wird die Lichtfarbe Neutralweiß im Süßwasserbereich von etwa 42 % favorisiert. Hingegen bevorzugen 44 % der Händler die Lichtfarbe Tageslichtweiß im Seewasserbereich. Warmweiße Leuchtstofflampen werden weniger gern gewählt. Außerhalb dieser Konkurrenz ist die Lichtfarbe Fluora anzusehen, die eigentlich besonders für den Pflanzenwuchs entwickelt worden ist. Die Spektralverteilung wurde so gewählt, daß sie optimal auf das Absorptionsspektrum der Photosynthese abgestimmt ist. Die Farbe ist also vor allem für Pflanzenbecken interessant. Daraus erklärt sich, daß diese Lampe vor allem im Süßwasserbereich an dritter bis vierter Stelle eingesetzt wird.

Die Quecksilberdampf-Hochdrucklampe (HQL)

Während die oben beschriebenen Leuchtstofflampen, obwohl sie mit Gas gefüllt sind, noch im Vakuumbereich betrieben werden, liegt der Gasdruck der HQL-Lampen im Bereich des Atmosphärendrucks und darüber. Der Lampenkolben ist zu einem geringen Teil mit Edelgas gefüllt und beinhaltet darüber hinaus einen Quecksilbertropfen.

Nach dem Einschalten der Lampe erfolgt die Entladung zunächst über das Edelgas. Diese Zündung wird durch eine eingebaute

Subjektive Einstufung verschiedener Lichtfarben von Leuchtstofflampen...

... durch den Aquarianer:

	Meerwasser				Süßwasser		
Plazierung	Lichtfarbe	gut	weniger gut	Plazierung	Lichtfarbe	gut	weniger gut
1	nw (21)	48	15	1	nw (21)	43	19
2	tw (11)	37	26	2	tw (11)	35	26
3	ww (41)	29	32	3	Fluora	34	27
				4	ww (41)	27	34

... durch den Fachhändler:

	Meerwasser				Süßwasser		
Plazierung	Lichtfarbe	gut	weniger gut	Plazierung	Lichtfarbe	gut	weniger gut
1	tw (11)	44	9	1	nw (21)	42	11
2	nw (21)	35	18	2	ww (41)	34	19
3	ww (41)	29	24	3	tw (11)	31	22
				4	Fluora	30	23

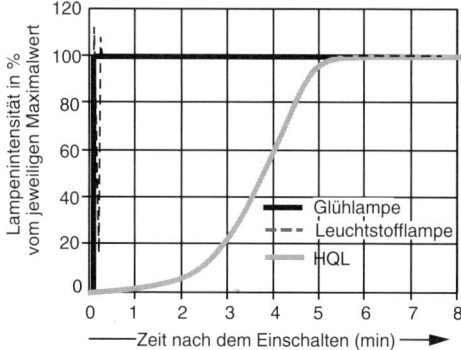

Erst einige Minuten nach dem Einschalten erreicht die HQL-Lampe ihre volle Lichtintensität.

Hilfselektrode unterstützt. Bei dieser Bauweise wird kein Starter benötigt. Die Anfangsentladung erwärmt den gesamten Innenraum des Glaskolbens, was dazu führt, daß mit der Zeit immer mehr Quecksilber verdampft und so in steigendem Maße die Gasentladung bestimmt. Das verdampfte Quecksilber ließe den Lampenstrom soweit ansteigen, daß die Lampe bald zerstört würde. Daher ist auch bei der HQL-Lampe ein Vorschaltgerät nötig, das mit der Lampe in Reihe geschaltet wird.

Wenn eine Quecksilberdampflampe eingeschaltet wird, zeigt sie daher ein anderes Anlaufverhalten als eine Glüh- oder eine Leuchtstofflampe. Während die Glühlampe beinahe sofort nach dem Einschalten die volle Lichtleistung erbringt und selbst die Leuchtstofflampe nach kurzem Flackern recht schnell mit ganzer Lichtleistung strahlt, benötigt die Quecksilberdampf-Hochdrucklampe etwa drei bis fünf Minuten, um ihre volle Lichtleistung zu erzielen. Wenn HQL-Lampen einmal ausgeschaltet worden sind, und sei es nur für eine kurze Zeit, können sie nicht unverzüglich wieder eingeschaltet werden. Durch die hohe Lampentemperatur hält sich auch nach dem Ausschalten ein relativ hoher Lampeninnendruck aufrecht, der erst langsam mit dem Erkalten abnimmt. Erst wenn Temperatur und Lampeninnendruck nach etwa 5 bis 15 Minuten normale Werte

angenommen haben, kann die Lampe wieder gezündet werden.

Da auch die HQL-Lampe im wesentlichen im UV-Bereich arbeitet, ist hier ebenfalls eine Innenbeschichtung des Glaskolbens notwendig. Ohne Beschichtung liefert der Strahler ein bläulich-weißes Licht, das für Aquarien ungeeignet ist. Die Beschichtung (Ittrium-Vanadat) ergänzt das Lichtspektrum hauptsächlich im Rotbereich. Das Lichtspektrum von HQL-Lampen zeichnet sich dennoch dadurch aus, daß es hohe Spitzenwerte in bestimmten Spektralbereichen liefert, während andere fast ganz ausfallen. So wird bei etwa 400, 600 und 700 nm besonders viel Licht emittiert, während zwischen 450 und 550 sowie zwischen 650 und 700 nm nur sehr wenig abgestrahlt wird. Aus diesem Grund muß man eigentlich sagen, daß diese Lampen kein optimales Licht für Aquarien liefern.

Halogen-Metalldampf-Lampe (HQI)

Wie bereits oben beschrieben, hat die HQL-Lampe trotz ihrer technisch guten Eigenschaften für die Aquaristik den großen Nachteil, daß sie keine gute Spektralverteilung liefert. Das war einer der wesentlichen Gründe,

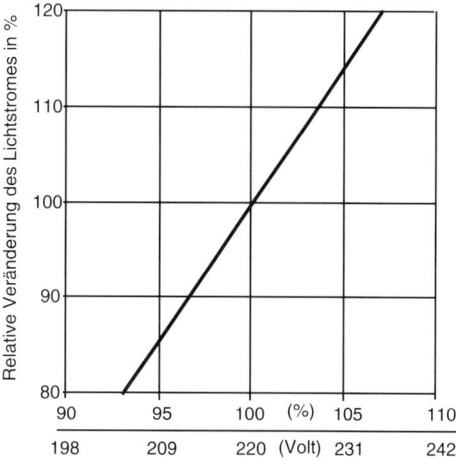

HQI-Lampen sind stark von der Netzspannung abhängig.

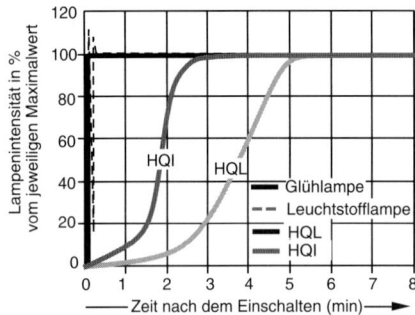

Die HQI-Lampe startet deutlich schneller als die HQL-Lampe.

warum die Lampe weiterentwickelt worden ist. Die Entwicklung führte schließlich zur Metall-Halogendampflampe. Wie der Name sagt, sorgen halogenierte Metallverbindungen verschiedenster Art für die bessere Spektralverteilung. So bewirkt Thallium eine verbesserte Ausstrahlung im Grünbereich, Natrium im Gelbbereich, Lithium im Rotbereich, Indium im Blaubereich. Des weiteren werden Dysprosium, Holmium, Thulium und Selen beigefügt, die ein Strahlen in verschiedenen Spektren bewirken.

Während die HQL-Lampe eine eingebaute Zündelektrode besitzt, müssen HQI-Lampen mit einem separaten Zündgerät betrieben werden. Nach dem Einschalten benötigen die HQI-Lampen einige Zeit, um die volle Lichtintensität zu erreichen. Wie die obenstehende Abbildung zeigt, startet die HQI-Lampe jedoch deutlich schneller als die HQL-Lampe. Sie erreicht bereits nach etwa drei Minuten ihr Lichtmaximum, während die HQL-Lampe etwa 5 Minuten benötigt. Werden HQI-Lampen ausgeschaltet, müssen sie erst abkühlen, bevor sie wieder eingeschaltet werden können. Hierzu wird eine Zeit von bis zu 20 Minuten benötigt. Das gilt auch dann, wenn bei einem Stromausfall die Betriebsspannung nur für einige Sekundenbruchteile unterbrochen war.

Die HQI-Lampen sind sehr abhängig von der Netzspannung; Spannungsschwankungen sollten ± 5 % nicht überschreiten. Wie die Abbildung auf Seite 165 zeigt, sind die Änderungen des Lichtstromes erheblich. Steigt die Netzspannung um nur 5 % an, so steigt der Lichtstrom bereits um etwa 15 %. Umgekehrt fällt der Lichtstrom bereits um 15 % ab, wenn die Netzspannung um nur 5 % unter der Nennspannung liegt. Die Netzspannungsschwankungen können regional sehr unterschiedlich sein und sollten gegebenenfalls beim örtlichen Stromversorger erfragt werden. Sind die Spannungsabweichungen größer als ± 5 %, so ergeben sich möglicherweise Farbabweichungen, und natürlich kann die Lebensdauer beeinflußt werden!

Farbabweichungen können außer durch die Netzspannung auch durch Alterung bedingt sein. Beim Vergleich verschiedener Lampen sind Farbabweichungen durch unterschiedliche Licht- oder elektrische Leistung, verschiedene Hersteller, andere Bauart und unterschiedliche Zündgeräte möglich. Lampen können natürlich auch nur bei gleicher Spannung die gleiche Leistung erbringen. Netzspannungsunterschiede können bereits in einem Ort erheblich sein.

Brenndauer der verschiedenen Lampen

Neben den bisher besprochenen Lampeneigenschaften ist die Brenndauer natürlich für den Aquarianer ein wichtiger Kennwert. Hier erreichen die verschiedenen Lampenarten durchaus unterschiedliche technisch sinnvolle Lebenserwartungen. Die Nutzlebensdauer der Leuchtstofflampe wird mit etwa 7500 Stunden angegeben. In dieser Zeit verliert sie, wie die Abbildung auf Seite 167

Aktive Brenndauer.

Std	Std/Tag	Tage	Jahre
8 000	2	4 000	10,96
8 000	4	2 000	5,48
8 000	6	1 333	3,65
8 000	8	1 000	2,74
8 000	12	667	1,83
8 000	24	333	0,91

Mit zunehmendem Alter läßt die Leistung der Lampen verschiedenen Typs nach (Zusammenstellung nach Diagrammen von SAUER 1989).

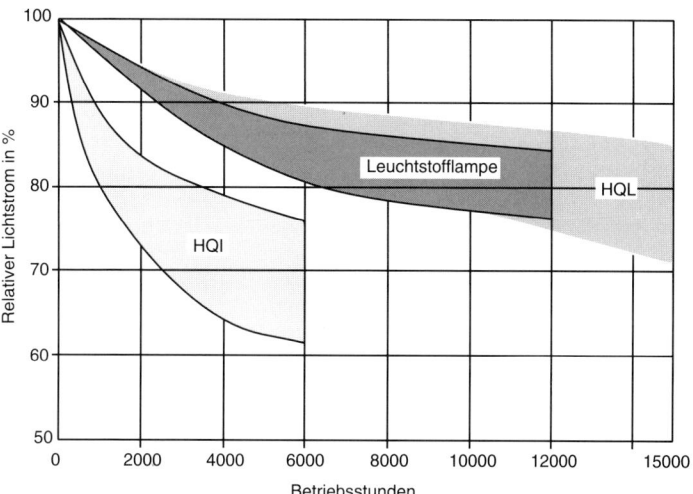

zeigt, etwa 20 % ihres Lichtstromes. Ähnlich verhält sich auch die HQL-Lampe. Ihre Nutzlebensdauer ist mit etwa 9000 Stunden etwas länger. In dieser Zeit fällt auch bei ihr der Lichtstrom um 20 %.

Vollkommen anders sieht hingegen das Bild bei den HQI-Strahlern aus. Ihre Nutzlebensdauer liegt bei nur etwa 6 000 Stunden. In dieser deutlich kürzeren Zeit fällt der Lichtstrom um 30 % ab! Das bedeutet, daß der Aquarianer die deutlichen Vorteile der HQI-Strahler bei der Farbverteilung im Lichtspektrum leider mit einem häufigeren Lampenwechsel erkaufen muß. Diesem Nachteil kann man etwas abhelfen, indem man den Strahler zu Anfang recht hoch aufhängt und später näher an den Wasserspiegel heranführt. Hilfreich kann es auch sein, wenn man

Die Lebenszeit der Lampen ist natürlich von der Tagesbrenndauer abhängig.

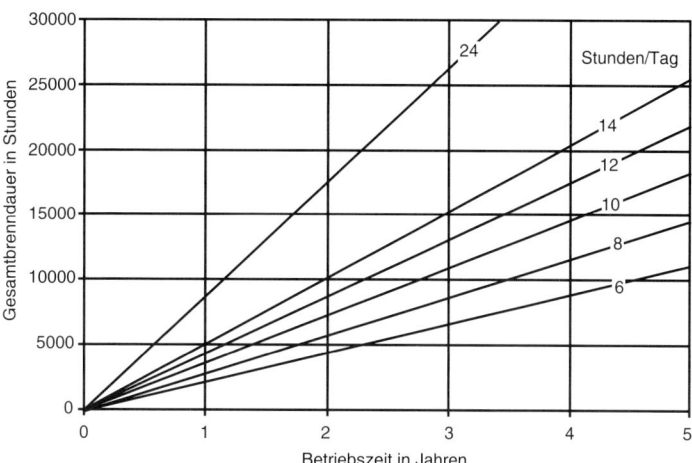

die gesamte Strahlungsintensität auf unterschiedliche Lampentypen verteilt. So kann man eine bestimmte Grundlichtmenge mit Leuchtstofflampen schaffen und HQI-Strahler als Zusatz schalten. Denkbar ist es auch, in der Morgen- und Abenddämmerungsphase zunächst Leuchtstofflampen zu benutzen und danach HQI-Strahler in der Hauptlichtzeit dazuzuschalten. Dadurch wird vermieden, daß die Tiere einer schlagartigen Änderung der Lichtintensität ausgesetzt werden; andererseits schont man die kürzerlebigen HQI-Strahler dadurch. So kann ein HQI-Strahler, der nur zehn Stunden am Tag brennt, mit etwa 6 000 Stunden Nutzungsbrenndauer ebenfalls auf eine Gesamtnutzungsdauer von vielleicht anderthalb Jahren kommen wie eine Leuchtstofflampe, die mit ungefähr 7 500 Stunden Nutzungsbrenndauer etwa zwölf Stunden täglich brennt (siehe das Diagramm auf Seite 167).

Wenn Lampen, gleich welcher Art, ihre Nutzungslebensdauer erreicht haben, sollte man allerdings mit dem Lampenwechsel nicht unnötig lange warten, da sich die Farbverteilung erheblich verändern kann, ohne daß es dem menschlichen Auge auffällt.

UV- Licht

Die ultraviolette Strahlung ist ein Ausschnitt aus dem Lichtbereich unterhalb des sichtbaren Lichtes. Zwischen 100 und 380 nm liegen die drei Bereiche UV-A, UV-B und UV-C. Das UV-Licht ist also eine besonders kurzwellige Strahlung. Diese kurze Wellen liegen in einem Bereich, in dem sie aufgrund ihrer Wellenstruktur vor allem an langen Molekülketten Veränderungen bewirken können. Somit sind insbesondere Eiweißmoleküle als Lebensbausteine gegenüber UV-Strahlung sehr empfindlich. Das ist uns Menschen im Alltag bewußt geworden, seitdem die Zusammenhänge zwischen UV-Strahlung (Ozonloch) und Hautkrebs bekannt geworden sind. Die gleichen Schäden, die UV-Strahlen in unserer Haut anrichten, werden auch in der Zellmembran von Bakterien und Viren hervorgerufen, und zwar mit tödlicher Wirkung. UV-Strahlung ist also ein Mittel zur Entkeimung.

Die untenstehende Abbildung zeigt einen typischen UV-Strahler in einer Niederdruckausführung. Er besteht aus einer herkömmlichen Leuchtstofflampe, bei der die für die Erzeugung sichtbaren Lichtes notwendige Leuchtstoffschicht auf der Innenseite weggelassen worden ist. Dadurch dringt das ursprünglich produzierte UV-Licht nach außen. Der eigentliche Strahler ist von einem Schutzrohr umhüllt, das zwei Funktionen dient:
1. An den Enden ist der Strahler mit einer geeigneten Dichtmasse (zum Beispiel Silikonkautschuk) gegenüber dem Schutzrohr abgedichtet. Dadurch entsteht zwischen Strahler und Schutzrohr ein Ringspalt, durch den das zu behandelnde Wasser hindurchgeleitet wird.

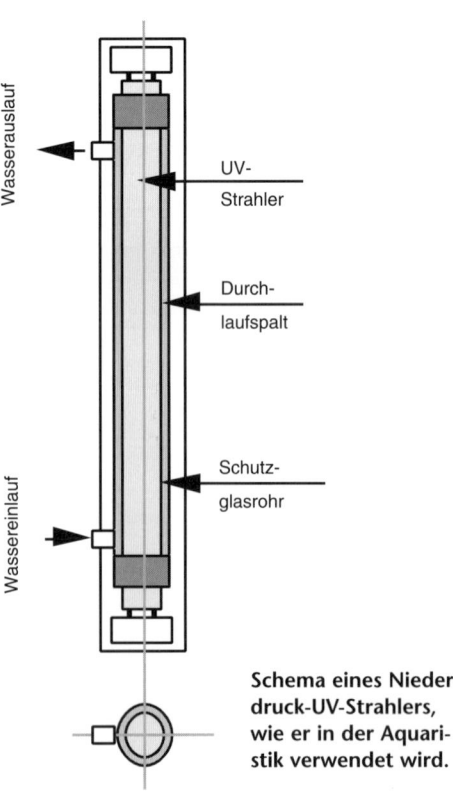

Schema eines Niederdruck-UV-Strahlers, wie er in der Aquaristik verwendet wird.

Wirkungsgrade von Niederdruck-UV-Lampen.

Leistungs-bedarf Watt	UV- Leistung Watt	Wirkungs-grad %	durchschnittliche Brenndauer Stunden	Wassermenge bei 90%iger Entkeimung l/h
8	1,4	17,5	3 000	
10	1,9	19,0	8 000	300
15	3,6	24,0	8 000	450
30	9,0	30,0	8 000	950
36	14,0	38,9	8 000	2 000

2. Das Schutzrohr ist aus einem Material gewählt, welches das UV-Licht nicht nach außen dringen läßt. Das ist besonders wichtig, da sonst der Umgang mit diesen Strahlern für den Menschen gefährlich wäre!

Wirkungsweise von UV-Licht

Wie oben bereits beschrieben, hat das UV-Licht eine entkeimende Wirkung. Diese Wirkung bezieht sich ausschließlich auf das Wasser, das sich gerade im Ringspalt befindet. UV-Licht übt keinen aktiven Einfluß auf den restlichen Wasserkreislauf aus. Krankheitserreger, die sich im Aquarium selbst befinden, werden also nicht abgetötet. Man kann natürlich davon ausgehen, daß nach geraumer Zeit, wenn der Inhalt des Aquariums mehrfach an der UV-Lampe vorbei geleitet wurde, ein großer Anteil der Krankheitserreger abgetötet worden ist. Allerdings bleiben Bakteriennester, die sich im Aquarium selbst befinden, auf Dauer unbeeinträchtigt.

Für einen optimalen Wirkungsgrad der UV-Lampe ist es wichtig, daß der Ringspalt möglichst klein ist. Das UV-Licht wird vom Wasser selbst, vor allem aber von seinen Inhaltsstoffen absorbiert. Je breiter der Spalt ist, desto mehr Wasser fließt an der Lampe vorbei, ohne wirklich noch vom UV-Licht beeinflußt zu werden. Insbesondere schlucken alle Trübstoffe das UV-Licht. Wenn man also ein leicht gelbliches Wasser hat, kann man davon ausgehen, daß der allergrößte Teil des UV-Lichtes nicht mehr zur Wirkung kommt. Ganz besonders muß darauf geachtet werden, daß die wasserseitige Oberfläche des UV-Strahlers sauber bleibt. Selbst geringste Verunreinigungen oder Schmutzfilme können den Gesamtwirkungsgrad deutlich senken.

Der Wirkungsgrad, der in der obigen Tabelle angegeben ist, ist der physikalische, der das Verhältnis von Leistungsaufnahme und UV-Lichtabstrahlung angibt. Der „Wirkungsgrad", der den Aquarianer mehr interessieren wird, ist die Entkeimungswirkung, die in der letzten Spalte angegeben worden ist. Diese Spalte zeigt uns für den jeweiligen Lampentyp den möglichen Wasserdurchsatz, bei dem (bei optimalen Wasserverhältnissen) noch eine Entkeimung von 90 % möglich ist.

Die Lebensdauer einer UV-Lampe sollte beim jeweiligen Hersteller erfragt werden, da die UV-Intensität mit der Zeit deutlich nachläßt. Das ist deswegen problematisch, weil man das UV-Licht selbst nicht sehen kann und das sichtbare Licht seine Intensität beibehält! Während zu Großanlagen zumeist UV-Intensitätsmeßgeräte mitgeliefert werden, ist das natürlich für Aquarienanlagen zu aufwendig. Man sollte sich an die Empfehlungen des jeweiligen Herstellers halten und die Lampe nach einer bestimmten Anzahl an Betriebsstunden auswechseln! Eine aktive Brenndauer von 8 000 Stunden entspricht bei achtstündigem Betrieb immerhin einer Nutzungsdauer von fast drei Jahren (siehe obenstehende Tabelle). Für den Gesamtwirkungsgrad ist es von größter Wichtigkeit, daß der UV-Strahler sauber gehalten wird, da sonst die UV-Strahlung schon an der Strahleroberfläche vollkommen absorbiert werden kann!

Zusammenwirken verschiedener Filtersysteme

Die wesentlichen Elemente der Wasseraufbereitung in der Seewasseraquarientechnik sind Abschäumung, biologische Filterung (Nitrifikation und Denitrifikation), mechanische Filterung, Ozon- und UV-Behandlung. Wir haben bisher verschiedene Filtersysteme und deren Wirkungsprinzipien kennengelernt. Was geschieht aber, wenn wir die unterschiedlichen Verfahren miteinander kombinieren? Die untenstehende Abbildung zeigt uns auf einen Blick wesentliche Wechselwirkungen zwischen den verschiedenen Filterelementen. Grundsätzlich ist es wichtig zu verstehen, daß alle Dinge im und am Aquarium einen Einfluß aufeinander ausüben! Einerseits muß es uns klar werden, daß es von grundsätzlicher Wichtigkeit ist, diese Beziehungen zu verstehen, da wir erst dann gezielt

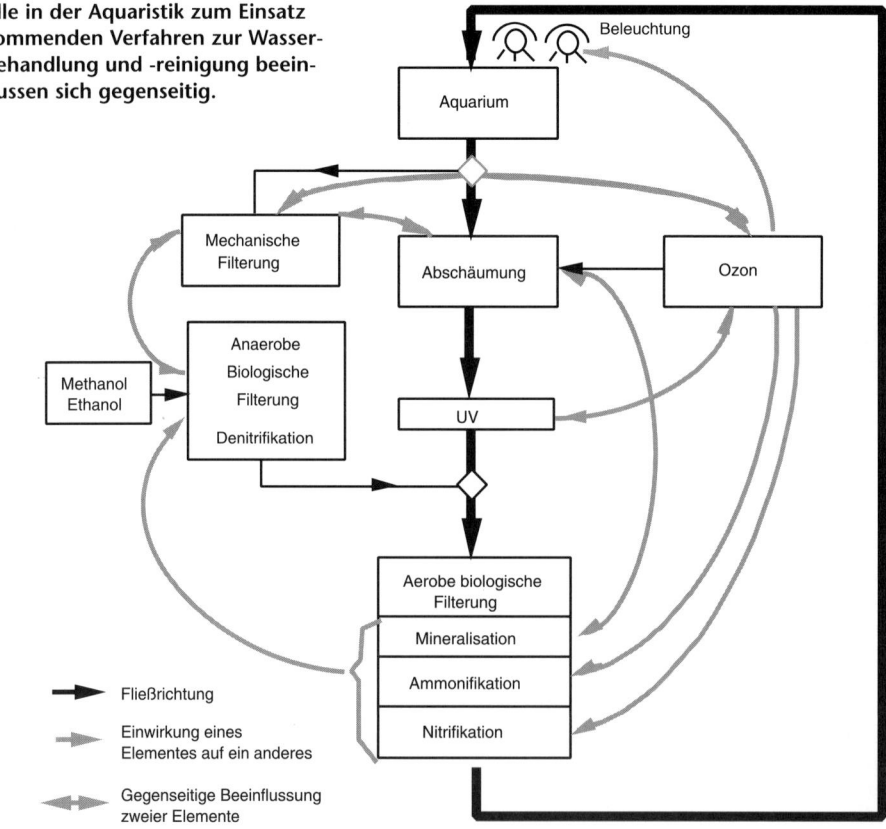

Alle in der Aquaristik zum Einsatz kommenden Verfahren zur Wasserbehandlung und -reinigung beeinflussen sich gegenseitig.

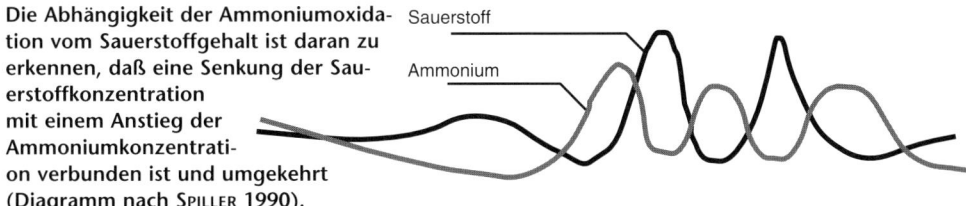

Die Abhängigkeit der Ammoniumoxidation vom Sauerstoffgehalt ist daran zu erkennen, daß eine Senkung der Sauerstoffkonzentration mit einem Anstieg der Ammoniumkonzentration verbunden ist und umgekehrt (Diagramm nach SPILLER 1990).

in das System Aquarium eingreifen können; andererseits werden wir die Wechselwirkungen nie vollständig erfassen können.

Wenn der Salzhersteller ein wichtiges Spurenelement wegläßt, kann das die Wirbellosen, aber auch die Bakterien im biologischen Filter beeinträchtigen. Wird das Haus mit Fußbodenheizung statt mit Flächenheizkörpern beheizt, kann sich das Temperaturprofil im gesamten Aquarium umschichten. Eine starke Rauchentwicklung von Kamin oder Zigaretten, Zigarren und Pfeifen kann Dioxine oder Nikotin ins Wasser eintragen und das Biosystem beeinträchtigen. Viele Dinge hängen von geringsten Einflüssen ab, die wir kaum noch erahnen. Im Bereich der eigentlichen Filtertechnik sind diese gegenseitigen Beeinflussungen und Abhängigkeiten daher auch lange nicht sonderlich beachtet worden. Es ist jedoch für die Planung eines Aquariums wie auch für den gezielten Eingriff in ein nicht befriedigendes System von entscheidender Wichtigkeit, wesentliche Wechselwirkungen zu verstehen.

Wechselwirkungen zwischen Abschäumer und biologischer Filterung

Der Abschäumer entfernt nicht nur Schmutz und Giftstoffe, sondern reichert das Wasser auch mit Sauerstoff an, der sowohl für unsere Wasserlebewesen als auch für eventuell nachgeschaltete Bakterienkulturen lebenswichtig ist.

Die wichtigste bakterielle Abbaustufe für unsere Aquarien ist die aerobe. Es handelt sich hierbei um nitrifizierende Bakterien, die in möglichst sauerstoffreichem Wasser stickstoffhaltige Verbindungen über die Stufen Ammonium und Nitrit zum relativ harmlosen Nitrat oxidieren. Der Abschäumer gewährt ihnen mit seiner gleichmäßigen Sauerstoffzufuhr eine wichtige Lebensgrundlage.

Sehr deutlich wird die Abhängigkeit der Ammoniumoxidation vom Sauerstoffgehalt im obigen Diagramm nach SPILLER (1990) dargestellt. Hier wird deutlich, daß eine niedrige Sauerstoffkonzentration immer mit einem schlechten Ammoniumabbau verbunden ist. Es entsteht somit ein Ammoniumberg. Wird die Sauerstoffzufuhr intensiviert und somit der gelöste Sauerstoffgehalt angehoben, steigt auch die Effizienz der Ammoniumbakterien, und der vorhergehende Ammoniumberg kann relativ rasch wieder abgebaut werden.

Der Sauerstoffbedarf für eine optimale Nitrifikation liegt bei etwa 3 mg/l. Das scheint recht niedrig zu sein, da wir im belüfteten Aquarienwasser zumeist Werte in der Nähe der Sättigungsgrenze vorfinden. Wir müssen uns aber darüber im klaren sein, daß im Filterbereich der Sauerstoffgehalt in Fließrichtung absinkt, da die Bakterien kontinuierlich Sauerstoff verbrauchen. Handelt es sich um einen abgetauchten oder sogenannten nassen Biofilter, läßt sich das auch daran ablesen, daß das Redoxpotential im Filtereinlauf noch recht hoch ist, dann aber kontinuierlich absinkt! Da die Bakterien im abgetauchten Biofilter nur auf den gelösten Sauerstoff zurückgreifen können, sollte im Seewasser möglichst ein Abschäumer und im Süßwasser ein Sauerstoffreaktor vorgeschaltet sein.

Die Bakterien ihrerseits erzeugen Stoffwechselprodukte, die sie an das Wasser abgeben. Dabei handelt es sich vor allem um Zwischenstufen bei der Mineralisation, also der biologischen Zersetzung von organischer Substanz in ihre mineralischen Endprodukte, wie Phosphate, CO_2 und Stickstoffverbindungen. Der Abschäumer nimmt diese Stoffwechselprodukte wieder auf und bringt sie endgültig aus dem Kreislauf heraus. Die gegenseitige funktionelle Unterstützung wird augenfällig, wenn man einen Abschäumer an ein unbelebtes Wasser und zum Vergleich an ein Wasser mit regem Bakterienwachstum anschließt: Die Abschäumung an dem biologisch gefilterten Wasser ist wesentlich intensiver. Auf diese Zusammenarbeit kann man auch den Effekt zurückführen, daß in kombinierten Systemen aus aerober Abbaustufe und Abschäumung der Nitratwert langsam, aber stetig niedriger wird.

Natürlich kann ein aerobes System kein Nitrat abbauen. Aerobe Bakterien und Abschäumung können jedoch so zusammenwirken, daß ein großer Teil der organischen Substanz aus dem Kreislauf entfernt wird, bevor sie in die Nitrifikation einbezogen wird und somit irgendwann als Nitrat endet.

Einfluß der Abschäumung auf den Keimgehalt

Das folgende Diagramm nach KOBAYASHI et al. (1993) zeigt die Keimzahlen an verschiedenen Punkten einer Aufbereitungsanlage, die aus einer Ozonstufe, einer mechanischen Filterung und einer abschließenden Abschäumung besteht. Interessanterweise ist die Keimzahl im Schaum am höchsten, was die überraschende Tatsache beweist, daß ein Abschäumer auch entkeimend wirkt. Die Wirkung kann man sich dadurch erklären, daß Keime vorzugsweise auf den im Wasser fein verteilten organischen Partikeln wachsen. Werden diese dann im Abschäumer entfernt, werden gleichzeitig auch Krankheitserreger aus dem Wasser ausgetragen! Trotzdem kann man natürlich einen Abschäumer nicht als aktives keimtötendes Filterelement betrachten. Hingegen wird deutlich, daß die Keimzahl hinter der Ozonstufe deutlich reduziert ist. In diesem Beispiel sind die Ozonstufe und die Abschäumung als getrennte Elemente angelegt.

Einfluß der Abschäumung auf den CSB-Wert

Der Abbau des CSB in einem Filterelement kann bei Aquariensystemen relativ schlecht beurteilt werden, da sich alle Filterelemente in einem Kreislauf befinden und so bemessen sind, daß der Abbau kontinuierlich erfolgt und nicht bei einmaligem Durchlauf. Der vom Abschäumer abgetrennte Schmutzschaum wird für eine bestimmte Zeit im Schaumbecher gesammelt. Das folgende Bild nach KOBAYASHI et al. (1993) zeigt diese Umstände deutlich auf. Während die CSB-Werte

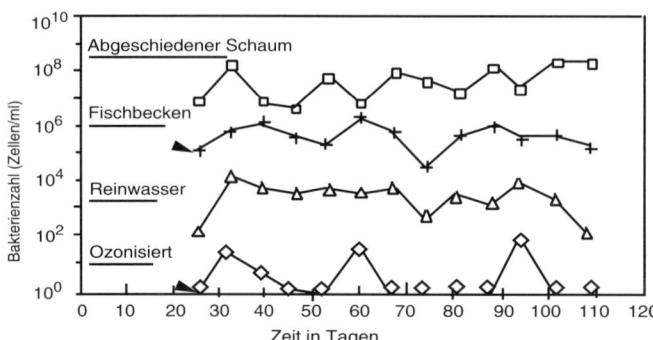

Keimzahlen in verschiedenen Abschnitten einer aus mechanischer Filterung, Ozonisierung und Abschäumung bestehenden Anlage im Vergleich mit dem Fischbecken. Der hohe Keimgehalt des Schaumes läßt auf eine keimvermindernde Wirkung der Abschäumung schließen (nach KOBAYASHI et al. 1993).

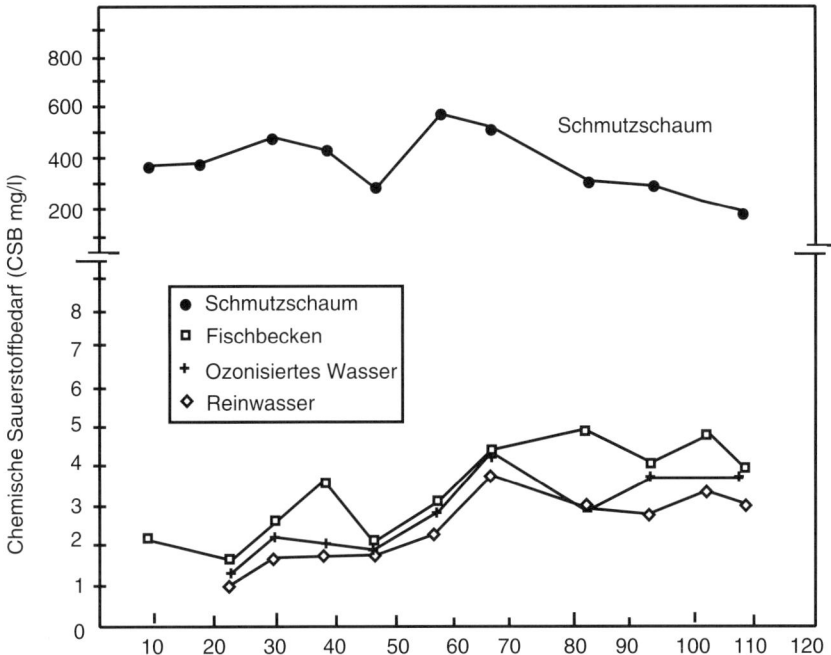

Der CSB-Wert im Schaum ist um den Faktor 100 höher als in den anderen Teilen der Anlage. Man kann daran erkennen, welche Mengen an organischer Substanz vom Abschäumer entfern werden.

von Aquarium, Ozonstufe und dem Auslauf der Filteranlage sich nur geringfügig unterscheiden, ist der CSB-Wert im Schaum um den Faktor 100 höher. Das zeigt, welchen Anteil der Abschäumer vor allem beim Abbau organischer Substanz hat! Eigene Messungen des CSB-Wertes im Schaum haben sogar Werte zwischen 2 000 und 4 000 mg/l ergeben.

Der Einfluß von Ozon auf die Lichteinwirkung

Im Kapitel über Ozon ist auf die Oxidation von Gelbstoffen durch Ozoneinsatz schon eingegangen worden. Gelbstoffe haben ihren Namen daher, daß sie dem Wasser einen gelblichen Stich verleihen. Die Entfernung von Gelbstoffen mit Ozon hat natürlich neben dem Abbau der organischen Belastung auch einen ästhetischen Effekt. Klares Wasser bringt das Leben im Wasser ganz anders zur Geltung. Gelbstoffe können aber auch als Streßfaktor auf Fische wirken! Insbesondere die Bewohner tropischer Meere sind aus ihrer natürlichen Umgebung optisch reine Wässer gewohnt. Wirbellose, Algen und Wasserpflanzen sind existentiell darauf angewiesen, ausreichend mit Licht versorgt zu werden.

Ozon ist in der Lage, ein kristallklares Wasser zu schaffen und damit dafür zu sorgen, daß das Licht, das wir von aufwendigen Lampen auf die Wasseroberfläche strahlen lassen, auch in die tiefen Schichten des Aquariums dringt. Nach der Ozonbehandlung sinkt die Extinktion deutlich ab, was bedeutet, daß weniger Licht zurückgehalten wird und entsprechend mehr den Wasserlebewesen zur Verfügung steht.

Der Vergleich zwischen einem Aquarium mit Schwammfilter und einem zusätzlich Ozonisator zeigt es deutlich: Die Gelbstoffe werden von Ozon wirksam zurückgedrängt.

Ozon und biologische Filterung

Wie im Kapitel über Ozon gezeigt wird, werden bestimmte organische Verbindungen, die zunächst biologisch nicht abbaubar sind, von Ozon soweit oxidiert, daß sie von einem nachgeschalteten Biofilter weiter abgebaut werden können. Der positive Einfluß von Ozon auf die biologische Filterung wird ganz besonders anhand des nebenstehenden Diagramms deutlich. An drei verschiedenen Punkten in einem Systems wurden BSB-Werte gemessen, und zwar vor dem Absetzbehälter, hinter dem Absetzbehälter und im Fischbecken. Vor der Ozonbehandlung wurden sehr große Unterschiede zwischen den einzelnen Meßpunkten festgestellt. Weiterhin gab es extreme Ausschläge nach oben. Daß plötzliche Belastungen bis in das Fischsystem durchschlagen, ist ein Zeichen dafür, daß sich das System nicht im Gleichgewicht befindet. Mit dem Einschalten der Ozonbehandlung sind die Spitzenwerte sofort abgedämpft worden. Die organischen Belastungen sind einerseits durch das Ozon selbst oxidiert worden, und andererseits ist der bakterielle Abbau durch die Ozon-Unterstützung leistungsfähiger. Das Wasser bekommt somit eine gleichbleibende Qualität, und die Tiere werden keinen plötzlichen Milieuschwankungen unterworfen. Das ist sehr wichtig, denn auf plötzliche Schwankungen können Tiere nicht durch das nur langsam mögliche Angleichen ihres Stoffwechsels reagieren.

Häufig wird von Aquarianern befürchtet, daß die biologische Filterung durch den Ozoneinsatz leide, da ja Ozon auch die nitrifizierenden Bakterien im Filtermaterial abtöten könne. Die Erfahrung zeigt aber das Gegenteil. HÜCKSTEDT schrieb in „Aquarientechnik"

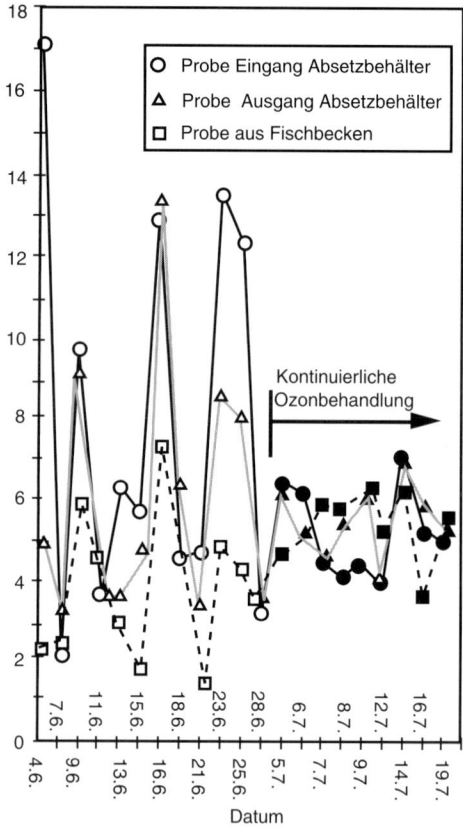

Die BSB-Werte in einem System mit biologischem Filter zeigen deutlich den positiven Einfluß der Ozonisierung.

bereits 1960: „Es wäre noch zu erörtern, inwiefern Ozonisierung und biologische Bakterientätigkeit zusammenspielen. Die Befürchtung, daß durch Ozon nicht nur die schädlichen, sondern ebenfalls auch die nützlichen Bakterien (zum Beispiel Nitrifikationsbakterien) getötet werden könnten, ist durchaus einleuchtend. Merkwürdigerweise sind sie unbegründet. Entweder tummeln sich die Bakterien nicht frei im Wasser und halten sich zum größten Teil im Bodengrund oder an den Algen auf, oder sie wachsen schneller nach als sie sterben. Sehr wahrscheinlich ist beides der Fall. Sicher ist nur, daß Nitrifikationsbakterien, wenn erst einmal vorhanden, ohne Ozon leichter aussterben können als mit Ozon."

Wie HÜCKSTEDT bereits anspricht, besteht auch nicht die Gefahr, daß wir eventuell mit Ozon die Bakterien im Filter abtöten könnten. Hierfür sind zwei Umstände wichtig. Zum einen wird in der Aquarientechnik nur mit sehr geringen Ozonmengen gearbeitet. Zum anderen schützt sich das nitrifizierende Bakterium auch dadurch, daß es tief im Nährsubstrat lebt und von einer Fülle organischer Stoffe umgeben ist. Bis es vom Ozon überhaupt erreicht werden könnte, ist das Ozon längst aufgezehrt! Darüber hinaus schafft Ozon eindeutig aerobe Verhältnisse im Wasser, so daß eventuell vorher vorhandene anaerobe Zonen mit Ozon durch Anhebung des Redoxpotentials langsam wieder in aerobe Zonen umgewandelt werden können.

UV-Licht und Ozon

Man sollte zunächst meinen, daß es vollkommen ausreicht, wenn man entweder Ozon oder UV-Licht einsetzt. Tatsächlich ist es aber so, daß beide Behandlungsmethoden ganz unterschiedlich auf das Wasser einwirken, wie in der obenstehenden Tabelle deutlich wird. Während die UV-Anwendung sich im wesentlichen auf die Entkeimung im Durchlaufgerät selbst beschränkt, hat Ozon ein sehr viel breiteres Wirkungsspektrum. Dennoch kann man nicht sagen, daß Ozon die UV-Behandlung gänzlich ersetzen könnte. Wie uns das letzte Feld zeigt, gibt es ganz spezielle Verbindungen, die erst durch die gemeinsame Wirkung der Oxidation durch Ozon und eine darauf folgende photochemische Behandlung vollends abgebaut werden können.

Ein weiterer Aspekt soll noch erwähnt werden. Die UV-Strahlung wirkt direkt auf das Ozonmolekül ein. Die Anlagerung des dritten Sauerstoffatoms an die Molekülgruppe ist sehr instabil. Wenn das Ozonmolekül von UV-Licht bestrahlt wird, zerfällt es sehr

Gegenüberstellung der Wirkung von Ozon und UV.

Wirkung:	UV	Ozon
Keimtötung im Reaktionsgefäß	+	+
Keimtötung im Aquarienwasser	–	+
Abbau organischer Substanz	–	+
Abbau von Nitrit	–	+
Abbau von Ammonium/Ammoniak		+
Unterstützung der Filterbakterien	–	+
Spezielle Produkte wie organische Säuren oder organische Peroxide nur gemeinsam		

schnell, wobei der atomare Sauerstoff entsteht. Dieser ist aber nicht allein existenzfähig und sucht sich somit sofort einen neuen Reaktionspartner, zumeist in Form organischer Substanz, die somit oxidiert wird. Setzt man also einen UV-Strahler hinter einer Ozonstufe ein, hat man eine sehr intensive Ozonreaktion; gleichzeitig wird das Ozon durch die UV-Strahlung abgebaut.

Einfluß von Ozon auf die mechanische Filterung

Ozon hat auf bestimmte Inhaltsstoffe eine flockende Wirkung, so daß Stoffe, die eigentlich nicht filtrierbar gewesen sind, durch den Ozoneinfluß im mechanischen Filter zurückgehalten werden können.

Wechselwirkung zwischen Ammonifikation und Nitrifikation

SRNA und BAGGALEY fanden heraus, daß die Oxidation von Ammonium zu Nitrit durch *Nitrosomonas* wesentlich stärker durch den pH-Wert beeinflußt wird als die Oxidation von Nitrit zu Nitrat durch *Nitrobacter*. Interessanterweise stellten sie fest, daß *Nitrobacter* eher einen niedrigeren pH-Wert lieben, während *Nitrosomonas* einen höheren bevorzugen. Das ist insbesondere in dem Zusam-

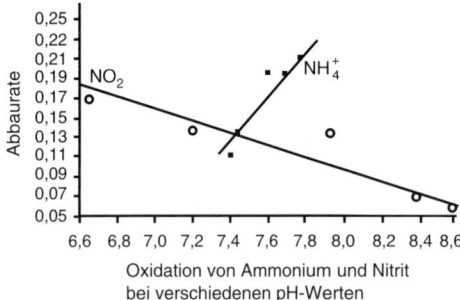

Oxidation von Ammonium und Nitrit
bei verschiedenen pH-Werten

Ammonium- und Nitritoxidation bei verschiedenen pH-Werten (nach SRNA & BAGGALEY o. J.).

rien Schwierigkeiten mit fallenden pH-Werten gibt: Sie verfügen über ein gut funktionierendes Bakterienwachstum! Nach KAISER und WHEATON (1983) werden 7,14 mg an $CaCO_3$ durch jedes Milligramm oxidierten Ammoniums aufgelöst! In diesem Zusammenhang werden auch die guten Erfolge von Biofiltern deutlich, die im Seewasser mit Kalkstein oder Korallenbruch betrieben werden. Sie dienen gleichzeitig als Karbonatquelle und puffern die Säureproduktion der *Nitrosomonas* ab!

menhang interessant, der in den Grundlagen in den Formeln zur Nitrifikation dargestellt wird. Dort wird gezeigt, daß *Nitrosomonas* durch die Oxidation des Ammoniums den pH-Wert absenken.

Man könnte also hieraus den Schluß ziehen, daß es interessant wäre, den Biofilter auf zwei Säulen zu verteilen. In der ersten Säule würden vorwiegend *Nitrosomonas* siedeln und durch ihre Oxidation den pH-Wert absenken. Das wiederum schüfe optimale Verhältnisse für *Nitrobacter*, die in der zweiten Säule die Nitritoxidation betreiben. Versuche von SRNA und BAGGALEY konnten diese Theorie auch tatsächlich bestätigen.

Andererseits wird durch diese Betrachtungen sehr deutlich, warum es in einigen Aqua-

Wechselwirkung zwischen anaeroben und aeroben Bakterien

Die Wechselwirkungen zwischen aeroben und anaeroben Bakterien sind nur sehr schwer darzulegen. Die aerobe Nitrifikation setzt Ammonium/Ammoniak und Nitrit, die schon in geringsten Konzentrationen giftig sind, in das relativ harmlose Nitrat um. Allerdings reagieren vor allem Wirbellose auch auf Nitrat relativ empfindlich, so daß man auch hier zunehmend auf niedrige Konzentrationen Wert legt. Nitrat ist seinerseits der Sauerstoffspender für die anaeroben Bakterien. Während der Sauerstoff in weitere biologische Prozesse einmündet, soll im optimalen Fall der Stickstoff (N2) in Form kleiner Gasbläschen aufsteigen und somit das Wasser

	Nitrosomonas	
$NH_4^+ + 1{,}5\ O_2$	⟶	$NO_2^- + 2H^+ + H_2O + Energie$
	Nitrobacter	
$NO_2^- + 0{,}5\ O_2$	⟶	NO_3^-
$2\ NO_3^- + 12\ H^+$	⟶	$N_2 + 6\ H_2O$

Nitrifikation aerob	
Verbrauch von Sauerstoff	
Freisetzung von Wasserstoffionen	
Denitrifikation anaerob	
Verbrauch von Wasserstoff	
Freisetzung von Stickstoffgas	

Aerobe Bakterien (oben) produzieren Wasserstoff, der im Prinzip von anaeroben Bakterien (unten) genutzt werden könnte. Leider ist der Prozeß in der Aquaristik noch nicht gut genug zu steuern.

$$\text{NH}_4^+ + 1{,}5\ \text{O}_2 \xrightarrow{\text{Nitrosomonas}} \text{NO}_2^- + 2\ \text{H}^+ + \text{H}_2\text{O} + \text{Energie}$$

und den Stickstoffkreislauf (fast) für immer verlassen. Nun sind die anaeroben Bakterien allerdings im wesentlichen am Sauerstoff interessiert und kümmern sich recht wenig darum, was aus dem Stickstoff wird, da sie von ihm nicht mehr profitieren können. Es kann also durchaus vorkommen, daß der Stickstoffanteil des Nitrats nicht als Stickstoffgas den Prozeß verläßt, sondern wieder zum Nitrit oder gar bis zum Ammonium zurückgebildet wird. Tritt diese Situation auf, spielen Nitrifikation und Denitrifikation sozusagen miteinander Pingpong. Sie beschäftigen sich im wesentlichen selbst, ohne nennenswerten Schadstoffabbau zu betreiben. Die Bedingungen, unter denen das im Aquarium erfolgt oder wie sie zu vermeiden sind, sind letztlich noch nicht geklärt. Das macht auch den Betrieb eines anaeroben Filters so schwierig.

Es werden immer wieder Aquariensysteme beschrieben, die recht niedrige Nitratwerte aufweisen, obwohl denitrifizierende Bakterien nicht bewußt eingesetzt worden sind. Bei der Beschreibung des Filterkorns im Kapitel „Filtertechnik" wurde schon erwähnt, daß es durchaus möglich sei, daß in seinen Tiefenstrukturen der Sauerstoffgehalt und das Redoxpotential so niedrig sind, daß sich anaerobe Bakterien ansiedeln können. Damit ist aber noch nicht gesagt, wie sich diese anaeroben Keime ernähren. Handelt es sich, wie zumeist in der Aquarientechnik angenommen, um heterotrophe Bakterien, so müßten sie in der Tiefe des Filterkorns über Stoffe wie Methanol, Ethanol oder ähnliche verfügen. Das ist aber kaum zu erwarten. Denkbar aber ist, daß sich im Inneren eines Filterkornes, das außen von aeroben Bakterien bewachsen ist, anaerobe Bakterien ansiedeln, die sich autotroph ernähren. Sie wären nicht auf organische Verbindungen wie Methanol angewiesen, benötigen allerdings beispielsweise Wasserstoff.

Hier können wir noch mal auf eine Gleichung aus den biologischen Grundlagen zurückgreifen. Die Arbeit der aeroben Bakterien, die Ammonium zu Nitrit umbilden, findet nach folgender Formel statt.

Diese Gleichung besagt, daß das Bakterium *Nitrosomonas* Sauerstoff verbraucht und daß es somit das Redoxpotential absinken läßt, was eine wichtige Voraussetzung der Existenz anaerober Bakterien ist. Andererseits zeigt uns die Gleichung auch, daß Wasserstoff erzeugt wird, den autotrophe anaerobe Bakterien benötigen. Es wäre also denkbar, daß im Inneren des Filterkorns autotrophe aerobe Bakterien, die Ammonium zu Nitrit oxidieren, mit autotrophen anaeroben Bakterien vergesellschaftet sind, die unter Sauerstoffabschluß und dank der Wasserstoffproduktion der aeroben Bakterien Nitrat-Stickstoff in gasförmigen Stickstoff umformen.

Leider ist die autotrophe Denitrifikation, die in der Wasseraufbereitung der Stand der Technik ist, in der Aquaristik noch zu wenig erforscht. Es muß auch gesagt werden, daß die hier zuletzt beschriebene Kooperation von anaeroben und aeroben Bakterien nur schwer gezielt zu steuern ist und sich somit dem bewußten Eingriff des Aquarianers weitgehend entzieht.

Temperieren des Aquariums

Die Temperatur ist einer der wichtigsten Umweltfaktoren für alle Lebewesen. Schon bei der Auswahl der Tiere für unser Aquarium müssen wir uns darüber Gedanken machen, ob sie in dem Temperaturbereich, den wir ihnen bieten können, gedeihen werden. So kennen wir Warmwasseraquarien mit Temperaturen zwischen 22 und 25 °C, aber auch typische Kaltwasseraquarien, die Wassertemperaturen von 12 bis 15 °C aufweisen. Mit den Temperaturangaben wird uns auch sofort die technische Aufgabenstellung klar. Wenn wir uns eine mittlere Raumtemperatur von 19 °C vorstellen, so liegt sie deutlich unter der notwendigen Temperatur für Warmwasseraquarien. Ein stetiger Wärmefluß vom Aquarium zum Raum findet statt. Mit anderen Worten: Das Wasser im Aquarium kühlt ab. Pflegen wir dagegen ein Kaltwasseraquarium, so liegt die Wassertemperatur deutlich unter der Raumtemperatur. Es wird also ein stetiger Wärmefluß aus dem Raum in das Aquarienwasser erfolgen, das sich daher aufwärmen wird.

Wir benötigen also in beiden Fällen ein Gerät zum Stabilisieren der Temperatur, im ersten Fall einen Heizer, im zweiten ein Kühlaggregat.

Heizen

Die Standardsituation für die meisten Aquarien wird sein, daß ein Warmwasserbecken mittels eines Heizers gleichmäßig auf einer Temperatur gehalten wird, die über der Raumtemperatur liegt.

Das untenstehende Diagramm zeigt den Bedarf an Heizleistung von Aquarien bei verschiedenen Temperaturunterschieden zur Umgebungstemperatur. Hierbei sind vor allem zwei unterschiedliche Bedingungen zu beachten.

1. Ausgleich der Wärmeabstrahlung = Erhaltungsenergie
Der Heizer muß die Wärmemenge, die das Wasser an den Raum in Form von Wärmestrahlung abgibt, wieder nachspeisen. Die Abweichung der Wassertemperatur von der gewünschten Solltemperatur wird von einem Thermostaten überprüft. Der Thermostat schaltet den Heizer automatisch ein, wenn die untere Grenze des Temperaturbereiches erreicht worden ist. Die meisten Thermostate haben eine Schaltdifferenz von etwa ± 1 °C. Das bedeutet, daß der Heizer vom unteren Einschaltpunkt bis zum oberen Ausschaltpunkt das Wasser um 2 °C erwärmen muß. Hieraus errechnet sich die zweite Wärmemenge.

2. Erwärmung des Wassers bis zum oberen Schaltpunkt = Energie zur Temperaturanhebung
Wir könnten dies vergleichen mit der Energie, die notwendig ist, ein Auto auf gleichmäßiger Geschwindigkeit zu halten, und der En-

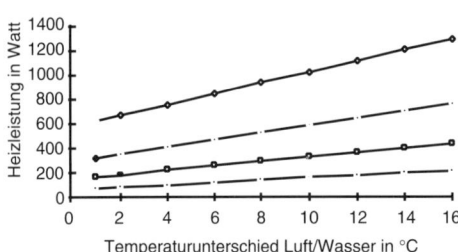

Nötige Leistung des Heizers in Abhängigkeit von Aquariengröße und gewünschter Temperaturdifferenz zwischen Aquarium und Raum.

> Gesamtheizenergie = Erhaltungsenergie + Energie zur Temperaturanhebung

ergie, die benötigt wird, um ein Auto plötzlich zu beschleunigen.

Diese Zusammenhänge lassen sich wie folgt zusammenfassen: Es wird dadurch vor allem deutlich, daß die Wärmeabstrahlung oder der Wärmeverlust andauernd wirkt, also auch während der Zeit, in der der Heizer arbeitet!

Die Erhaltungsenergie ist vor allem von der Isolationsfähigkeit der Aquarienwandung abhängig. Der Wert gibt den Wärmeübergang durch das Glas in die Raumluft an. Je besser das Aquarium isoliert ist, um so weniger Wärme wird abgestrahlt. Liegen jedoch alle Seiten des Aquariums als Sichtscheiben, also unisoliert vor, gibt das Aquarium entsprechend viel Wärme ab. Die Wärmeleitfähigkeit eines Materials wird durch den Wert „λ" wiedergegeben, der in W/m × K gemessen wird. Hierbei gibt „m" die Stärke der Wandung, also beispielsweise der Glasscheibe, in Meter an (12 mm = 0,012 m) und K den Temperaturunterschied zwischen Wasser und Umgebungsluft. Typische Werte für „λ" zeigt die untenstehende Tabelle.

Neben der Wärmeleitung durch das Material ist der Wärmeübergang von der Außenseite des Glases in die umgebende Luft ein wichtiges Kriterium. Hier gibt man den Wärmeübergangskoeffizienten „α" an, der etwa 7 kcal/m² h K oder 8,12 W/m² K beträgt (die Einheit kcal ist keine „SI"-Einheit). Aus den Werten „λ" und „α" errechnet sich der k-Wert in W/m²K.

So ist der k-Wert für eine Glasscheibe von 12 mm Stärke beispielsweise K = 7,25 W/m² K. Wenn z.B. ein 100-Liter-Becken mit den Abmessungen 0,63 m × 0,4 m × 0,4 m eine Oberfläche von 1,32 m² hat und der Temperaturunterschied 1 °C beträgt, so errechnet sich der Wärmeverlust des Aquariums zu

$Q = 7{,}25 \text{ W/m}^2 \times 1{,}32 \text{ m}^2 \times 1 \text{ K} = 10 \text{ W}$

oder bei einem Temperaturunterschied von 5 °C zu

$Q = 7{,}25 \text{ W/m}^2 \times 1{,}32 \text{ m}^2 \times 5 \text{ K} = 50 \text{ W}$.

Nun stellen wir uns vor, daß der untere Einschaltpunkt des Reglers erreicht wurde und der Heizer wieder einschaltet. Wenn wir nun einen Heizer mit einer Leistung von 50 W einsetzen, würden wir bei einer Raumtemperatur, die um 5 °C kälter als das Aquarienwasser ist, gerade nur vermeiden, daß das Wasser noch kälter würde. Wir könnten das Wasser aber mit dieser Heizleistung nicht weiter erwärmen. Welche Heizleistung benötigen wir nun, um das Wasser auf die Temperatur des oberen Ausschaltpunktes zu bringen?

Die Wärmemenge von 1 kcal oder 1,163 Wh reicht genau aus, um 1 l Wasser in einer Stunde um 1 °C zu erwärmen. In unserem Rechenbeispiel wollen wir 100 l um 2 °C erwärmen, da der Ausschaltpunkt des Reglers um 2 °C höher liegt als der Einschaltpunkt. Unsere Rechenaufgabe heißt also

$Q = m \times \Delta T \times c$
$= 100 \text{ kg} \times 2 \text{ K} \times 1{,}163 \text{ W/kg K} = 233 \text{ Wh}$

Da wir uns zum Aufheizen etwas Zeit lassen wollen, um die Tiere nicht einer plötzlichen Temperaturveränderung auszusetzen, soll

Wärmeleitfähigkeit verschiedener Materialien.

Material	Wärmeleitzahl λ (kcal/h m K)	(W/K m)
Korkplatte	0,035	0,041
Schaumkunststoffe	0,035	0,041
Holzfaserplatte	0,050	0,058
Holz	0,150	0,174
Glas	0,700	0,814
Beton BN 100	1,750	2,035
Edelstahl	13..25	15...29

der obere Ausschaltpunkt des Reglers erst nach zwei Stunden erreicht werden. Somit benötigen wir eine Heizleistung zur Temperaturanhebung in zwei Stunden von 116,5 W.

Um die tatsächlich benötigte Heizerleistung zu berechnen, müssen wir nun die Erhaltungsenergie (50 W) und die Energie zur Temperaturanhebung (116 W) addieren und erhalten eine Gesamtheizleistung von 166, sW. Wenn wir uns für das Aufheizen drei Stunden Zeit lassen, so vermindert sich die benötigte Heizleistung auf 50 W + 233/3 W = 128 W. (Zur Erinnerung: Diese Werte beziehen sich auf eine Temperaturdifferenz Wasser/Luft von 5 °C.)

Ein zu schneller Temperaturanstieg ist, wie bereits erwähnt, nicht erwünscht. Man sollte die Zeit aber auch nicht zu lang wählen, da man immer damit rechen muß, daß sich andere der hier angenommenen Rahmenwerte ändern. Was geschieht beispielsweise, wenn im Winterurlaub die Wohnungsheizung aus Energiespargründen auf 10 °C heruntergestellt wird?

Die Temperaturdifferenz vom Wasser zum Raum beträgt jetzt etwa 15 °C, so daß sich die Wärmeabstrahlung des Aquariums extrem ändert. Mit der Heizleistung, die wir im letzten Beispiel auf der Basis von 5 °C Differenz errechnet haben, würde die Wassertemperatur nun nur noch 15 °C betragen, was natürlich viel zu gering ist. Wenn wir die Temperaturdifferenz von 15 °C in die erste Gleichung einsetzen, stellen wir fest, daß wir etwa 150 W benötigen, nur um die Wassertemperatur zu halten. Die benötigte Heizleistung bei Aufheizung in drei Stunden wäre nun 150 W + 233/3 W = 228 W, also bei 100 W mehr als im letzten Rechenbeispiel! Für diese Zeit wäre es also angebracht, einen zweiten Heizer zusätzlich einzusetzen.

Die Wärmeabstrahlung des Aquariums wird natürlich sehr von der Art der Aquarienwandung bestimmt. Die Wärmestrahlung kann deutlich vermindert werden, wenn die nicht als Sichtscheiben genutzten Seiten gut isoliert werden.

Äußere Wärmequellen

Beleuchtung. Man sollte in jedem Fall berücksichtigen, daß nicht nur der Heizer Wärme in unser Aquariensystem eintragen kann. Es gibt eine ganze Reihe anderer Wärmequellen, die die Wassertemperatur ebenfalls deutlich beeinflussen. Bezogen auf das Aquarium selbst müssen wir hier vor allem die Beleuchtung und die Wasserpumpen beachten. Viele Lampen produzieren Licht eigentlich nur als Nebenprodukt und sind in erster Linie Wärmestrahler. Diese Wärme wird über die Wasseroberfläche direkt in das Wasser eingetragen. Leider sind bisher keine Untersuchungen bekannt, in welchem Maße Aquarienlampen das Wasser aufheizen. Allgemeingültige Aussagen sind nur schwer möglich, da der Wärmeeintrag der Lampen sehr mit der Art ihrer Installation zusammenhängt. Je näher die Lampen am Wasserspiegel sind, desto mehr Wärme wird eingetragen. Hier spielt vor allem eine Rolle, ob die Lampen in der Abdeckung wärmeisolierend eingebaut sind oder ob sie die Wärme in erster Linie an die Raumluft abgeben.

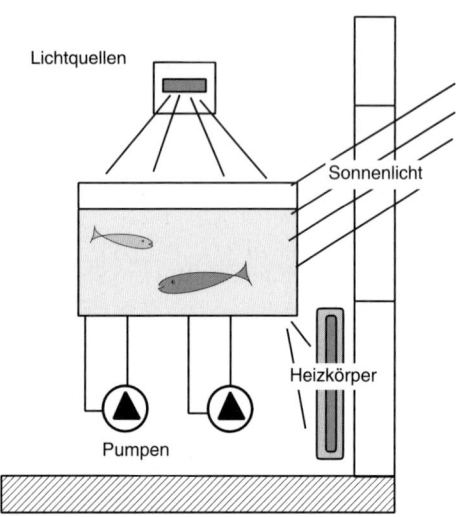

Viele äußere Wärmequellen beeinflussen die Aquarientemperatur.

Heizen

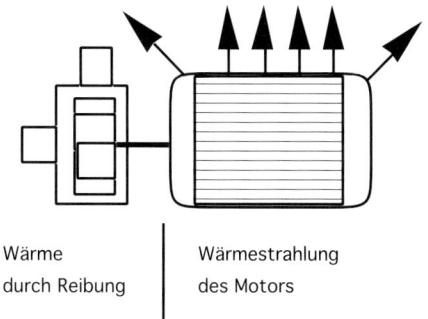

| Wärme durch Reibung | Wärmestrahlung des Motors |

Wasserpumpen geben Reibungs- und Strahlungswärme an das Wasser ab.

Leuchtstofflampen sind sicher nur in sehr geringem Umfang Wärmestrahler, während HQL- und HQI-Strahler sehr viel mehr an Wärme abgeben.

Bei einigen Lampen wird auch versucht, durch konstruktive Maßnahmen die Wärmestrahlung vor allem nach hinten, vom Wasserspiegel weg, abzuleiten. Hilfreich ist es sicher, wenn man sich vor dem Kauf über die Lichtausbeute informiert (siehe Beleuchtung). In seltenen Fällen kann es notwendig sein, den Lampenkasten mit einer Zwangsbelüftung zu versehen, um die Lampenwärme abzuführen.

Wasserpumpen. Der Wärmeeintrag von Wasserpumpen wird sehr oft vernachlässigt. Das wird in zunehmendem Maße ein Problem, da viele Aquarianer erkannt haben, daß gerade Korallenfische und Wirbellose sehr positiv auf intensive Wasserbewegung reagieren und in ihrer Vielfalt viel besser in Erscheinung treten. Also werden immer größere Pumpenleistungen installiert. Nun haben natürlich auch Pumpen ihren Wirkungsgrad. Ein Elektromotor setzt elektrische Energie in mechanische Energie (Drehbewegung) um. Hierbei entstehen zwangsläufig Verluste, die sich als Erwärmung des Motors bemerkbar machen. Steht der Motor in der Nähe des Aquariums oder des Filterbehälters, so wird das Wasser durch die Strahlungswärme des Motors erwärmt. Handelt es sich um einen wassergekühlten Motor, übt er einen direkten Einfluß auf das Aquarienwasser aus. Die mechanische Drehung treibt das Läuferrad an, das mechanische Arbeit in Förderarbeit umsetzt. Auch hierbei treten Leistungsverluste ein, die sich direkt in der Erwärmung des Wassers niederschlagen. Für Aquarienpumpen liegt der Gesamtwirkungsgrad bei etwa 20 bis 25 % der eingesetzten elektrischen Energie, so daß etwa drei Viertel der Energie in Wärme umgesetzt werden! In manchen Fällen finden wir hiervon 50 bis 90 % in der Wassererwärmung wieder.

Heizkörper. Im Gegensatz zu Beleuchtung und Wasserpumpe handelt es sich bei in der Wohnung vorhandenen Heizkörpern um externe Wärmequellen, und wir tun gut daran, unser Auge auch einmal in die nähere Umgebung des Aquariums schweifen zu lassen. Viele moderne Heizsysteme sind Niedertemperaturheizsysteme wie etwa Fußbodenheizungen, die den Raum sehr gleichmäßig erwärmen und dadurch nur sehr geringe Temperaturen erreichen.

Heizkörper stellen dagegen eine sehr hohe punktuelle Wärmequelle dar. Wenn unser Aquarium in der Nähe eines solchen Gerätes steht, das Temperaturen um 50 °C erreichen kann, so wird dadurch natürlich unsere gesamte Wärmebilanz aus dem Gleichgewicht kommen. Derartige Wärmequellen sind besonders gefährlich, da sie nach anderen Regelsystemen arbeiten als sie für ein Aquarium notwendig sind. Man sollte also ein Aquarium nicht in die Nähe von starken Punktwärmestrahlern wie Heizkörpern oder Öfen aufstellen. Eine konstante Wassertemperatur ist sonst kaum noch aufrechtzuerhalten.

Sonneneinstrahlung. Auch diese kostenlose Energiequelle ist eigentlich für jedes Aquarium gefährlich, da wir uns leider nicht auf sie verlassen können. Während die Sonne zumeist nur einen geringen Beitrag zur Wassererwärmung erbringt, kann es im Sommer unter bestimmten Einstrahlungsbedingungen

Temperieren des Aquariums

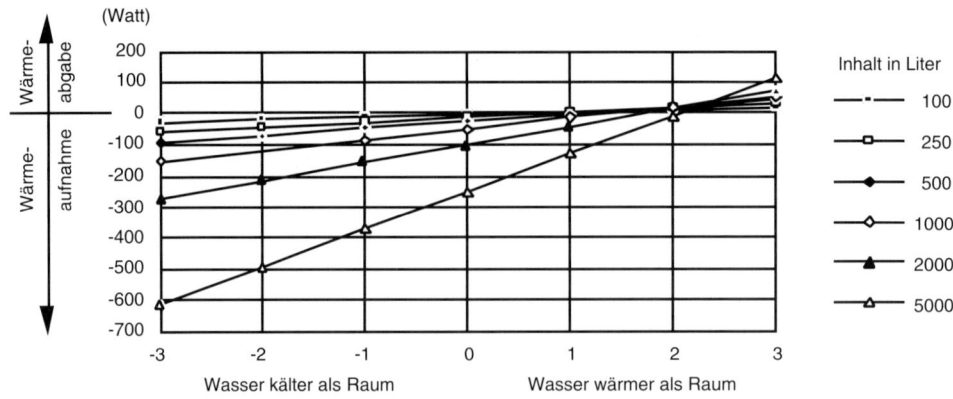

Wärmeaufnahme und -abgabe eines Aquariums in bezug auf seine Größe und die Temperaturdifferenz zur Umgebung.

zu erheblichen Temperatursprüngen kommen, die eine kurzfristige Aufheizung des Wassers zur Folge haben. Das muß unbedingt vermieden werden!

Insgesamt ist es also sehr wichtig, daß man sich über Sekundärwärmequellen Gedanken macht, da sonst eine gleichmäßige Temperierung des Aquariums kaum möglich ist. Unter ungünstigen Bedingungen kann es dazu kommen, daß sich das Wasser immer weiter aufheizt, obwohl die Primärwärmequelle Aquarienheizung schon lange ausgeschaltet worden ist. In diesem Fall kann es sogar zu Verlusten an Fischen und Wirbellosen kommen!

Es kann auch durchaus der Fall auftreten, daß die geplante Aquarienheizung nicht mehr benötigt wird, da die sekundären Wärmequellen das Wasser soweit aufheizen, daß es mit einem Kühlaggregat gekühlt werden muß. Am übelsten sind die Fälle, in denen es je nach Betriebssituation vorkommen kann, daß einmal geheizt und ein anderes Mal gekühlt werden muß. Man benötigt nun Heizung und Kühlung nebeneinander und zwar jeweils mit unabhängiger Regelung! In diesem Fall sollte man versuchen, möglichst viele sekundäre Einflüsse auszuschalten, damit man entweder auf die Heizung oder die Kühlung verzichten kann.

Die Zusammenhänge sind deutlich im obigen Diagramm dargestellt worden. Daß das Aquarienwasser sich erwärmt, wenn wir im Sommer Temperaturen von 28 bis 30 °C haben, weiß jedermann. Aber das Diagramm deutet auf eine Gefahr hin, die häufig unterschätzt wird, da es den Einfluß von Sekundärheizquellen wie Lampen und Pumpen berücksichtigt. Auf der horizontalen Achse sind die Temperaturunterschiede des Aquarienwassers zur Umgebungsluft aufgetragen, auf der vertikalen Achse Wärmeaufnahme (–) und Wärmeabgabe (+) an die Umgebung. Überraschenderweise erkennen wir, daß die Wärmeaufnahme nicht erst erfolgt, wenn die Umgebungsluft wärmer wird als das Aquarienwasser, sondern bereits dann, wenn die Umgebungsluft noch 0,5 bis 2 °C kälter ist! Das bedeutet für die Praxis, daß wir aufgrund der Sekundärwärmequellen eventuell schon kühlen müssen, wenn die Umgebungsluft noch kälter ist als das Wasser! Andernfalls besteht die Gefahr, daß sich das Wasser über ein erträgliches Maß hinaus erwärmt.

Das Diagramm zeigt uns weiterhin sehr gut, daß der Erwärmungsgefahr nicht alle

Aquarien gleichermaßen ausgesetzt sind. Viele Evolutionswissenschaftler vermuten, daß Dinosaurier deswegen so groß geworden sind, weil größere Tiere weniger Wärme abgeben als kleine, da ihre Oberfläche im Vergleich zum Körpergewicht deutlich geringer ist. Der gleiche Effekt trifft auch auf Aquarien zu. Ein „Dinosaurieraquarium" von 5 000 l Inhalt hat im Verhältnis zu seiner Wassermenge eine viel geringere Abstrahlungsfläche als ein 100-l-Aquarium. Der Wärmeeintrag über Pumpen und Lampen kommt aber voll zur Geltung. Das Ergebnis ist, daß relativ große Aquarien viel schneller zur Übererwärmung neigen als kleine! Das kann sogar bedeuten, daß ein großes Aquarium, das mit starker Beleuchtung und vielen Umwälzpumpen ausgerüstet ist, sowohl eine Heizung für die Wintermonate als auch ein Kühlaggregat für die warme Jahreszeit benötigt!

Die Aquarienheizung

Die übliche Heizung im Aquarienbereich besteht aus einem **Heizstab**, einem Glaskörper, in den eine elektrische Widerstandswendel eingelassen ist. Zumeist sind diese Aquarienheizer mit einem integrierten Thermostat ausgerüstet. Sehr oft wird der Heizer im Aquarium selbst installiert; er kann aber auch in eine Filterkammer eingehängt werden. Außerdem gibt es Bauarten, bei denen der Heizer in einer speziellen Rohrkonstruktion verschraubt ist, durch das Wasser durchflossen wird. Dadurch ist es möglich, das Gerät nicht im Becken unterbringen zu müssen.

Als technische Alternative werden **Wendelheizer** (Heizkabel) angeboten, bei denen es sich ebenfalls um einen Heizwiderstand handelt, der aber mit wesentlich niedrigerer Temperatur arbeitet. Dadurch muß die Heizwendel wesentlich länger sein als beim Glasstab. Das ist aber durchaus erwünscht, da die in Kunststoff isolierte Heizwendel an beliebiger Stelle im Boden eingelassen werden kann. Dadurch entsteht im Aquarium ein optimales Wärmeprofil, da die Heizquelle im Boden liegt und die Wärme langsam durch die ganze Wassersäule nach oben hin aufsteigt, was

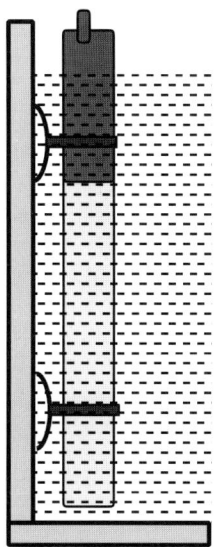

Die typische Aquarienheizung besteht aus einem Heizstab.

besonders für Aquarienpflanzen wichtig ist. Zumeist arbeitet diese Art von Heizern mit einem Niederspannungstransformator. Dadurch erhält man den Vorteil, daß bei eventuellen Beschädigungen am Heizwendel nur sehr geringe und für den Menschen unkritische Spannungen mit dem Wasser in Berührung kommen. Die Heizer dieser Bauart sind nicht in jedem Fall mit einem Thermostaten ausgerüstet, so daß man diese eventuell separat installieren und mit dem Heizer kombinieren muß.

Kühlen

Wie wir aus den obigen Erläuterungen ersehen haben, werden Kühlaggregate durchaus nicht nur für Aquarien benötigt, die als Kaltwasseraquarien in einer warmen Umgebung stehen, sondern auch für Warmwasseraquarien unter bestimmten Bedingungen oder zu bestimmten Jahreszeiten. Nun ist leider eine Kühlung des Wassers nicht so einfach vorzu-

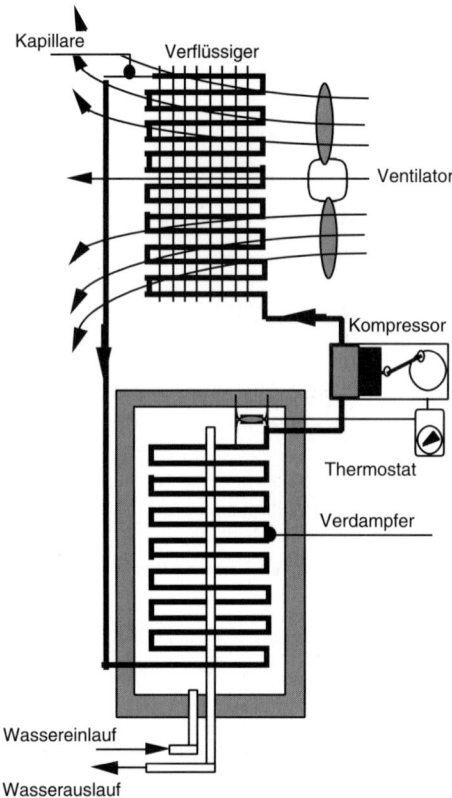

Schema eines Kühlaggregates.

nehmen wie die Erwärmung. Theoretisch kann man zwar elektrische Energie durch sogenannte Peltierelemente auch direkt in Kälte umsetzen. Diese Elemente sind aber viel zu leistungsschwach, als daß sie für unsere Problemstellung eingesetzt werden könnten. Es wird schon tatsächlich ein Kühlaggregat benötigt, das in seiner Funktion unseren Kühlschränken sehr ähnlich ist.

Hier finden die folgenden Vorgänge statt. Flüssiges Kältemittel verdampft im Rohrsystem des Verdampfers. Für die Verdampfung des Kältemittels wird Energie benötigt, die dem Wasser, das den Verdampfer umfließt, entzogen wird. Somit sinkt die Temperatur des Wassers ab. Ein Kompressor zieht das Kältemittel aus dem Verdampfer ab und fördert es mit hohem Druck in den Verflüssiger. Hierbei erwärmt sich das Kältemittel wie beispielsweise die Luft in einer Fahrradpumpe. Die Temperatur im Verflüssiger liegt über der Umgebungstemperatur, so daß er seine Wärmeenergie an die Raumluft abgeben kann. Am Ende des Verflüssigers befindet sich ein Kapillarrohr, das notwendig ist, um den Druck im Verflüssiger aufrechtzuhalten. Hat das flüssige Kältemittel das Kapillarrohr durchströmt, kann es sich wieder ausdehnen und verdampfen, so daß es beim nächsten Durchlauf durch den Verdampfer erneut Wärme aus dem Wasser aufnehmen und somit das Wasser abkühlen kann.

Dieses Prinzip der Kühlaggregate arbeitet sehr zuverlässig in ungezählten Haushaltskühlschränken und mußte für die Aquarientechnik nicht erst erfunden werden. Trotzdem stellen sich hier besondere Probleme, die sich im wesentlichen auf den Verdampfer beziehen. In einem normalen Kühlschrank arbeitet der Verdampfer wie auch der Verflüssiger in normaler Luft. Bei unseren Aquarienanlagen muß er sich aber natürlich im Wasser befinden, und das ist ein wesentlicher Unterschied. Zumeist werden Verdampfer wegen der sehr guten Wärmeleitung aus Kupfer gefertigt. Kupfer ist zwar im Prinzip wasserbeständig, gibt aber insbesondere in weichen Wässern stetig Kupferionen an das Wasser ab. Auf Dauer kommt es dadurch zur Zerstörung der Kupferleitung, was sehr unangenehm ist, da dann Kältemittel (auch heute noch zumeist Frigen) ins Aquarium dringt.

Aber schon lange vorher würden wir an empfindlichen Tieren bemerken, daß sie ihre Lebensaktivitäten einstellen oder gar sterben, da Kupferionen für Wasserlebewesen giftig sein können. Was im Süßwasser bereits gefährlich ist, ist im Seewasser aufgrund seiner hohen Korrosionsaktivität ganz unmöglich. Kupfer darf also keinen Kontakt zu Wasser haben. Dieses Problem kann man auf verschiedene Weise umgehen. Man kann den Wärmetauscher im Verdampfer aus einem seewasserbeständigen Material wählen. Dies ist aber auch nicht so ganz einfach.

Wärmetauscher aus Kupfer mit Kunststoffbeschichtung bieten einen relativ guten Wärmeübergang, der durch die Beschichtung nur minimal gemindert wird. Kunststoffbeschichtungen sind jedoch immer gefährdet, von Wasser unterwandert zu werden.

Wärmetauscher aus Kupfer mit Kunststoffschrumpfschlauch zeichnen sich ebenfalls durch einen relativ guten Wärmeübergang aus, der durch die Kunststoffbeschichtung nur minimal gemindert wird. Bei dieser Ausführung muß bei der Fertigung peinlichst darauf geachtet werden, daß der empfindliche Kunststoffschrumpfschlauch homogen verarbeitet wird und keine Poren aufweist.

Wärmetauscher aus Titan mit direktem Kontakt zum Medium sind prinzipiell geeignet, da Titan als seewasserbeständig bekannt ist. Es ist jedoch nicht eindeutig klar, ob nicht doch Metallionen frei werden, die insbesondere Wirbellose beeinträchtigen. Titan ist sehr teuer und schlecht zu verarbeiten.

Kühlsysteme mit Primär- und Sekundärkreislauf kommen insbesondere bei Seewassersystemen in der Forschung zur Anwendung, wenn man sich nicht auf Beschichtungen gleich welcher Art verlassen will und auch seewasserbeständige Metalle ausscheiden. Hier müssen Wärmetauscher aus seewasserbeständigem Material gewählt werden, wie Glas, Kohle und Kunststoff.

Diese drei Materialien sind die „saubersten". Sie eignen sich zwar nicht für Kältemittel wie Frigen, sind aber andererseits resistent gegen Korrosion im aggressiven Seewasser. Kühlsysteme, die diese Materialien auf der Seewasserseite verwenden, verfügen daher über einen Primär- und einen Sekundärkreislauf. Das Primärsystem ist genauso aufgebaut wie das oben beschriebene Grundsystem. Auf der Kühlmittelseite fließt ein normales Kühlmittel wie Frigen durch eine Kupferwendel. Wasserseitig wird das Primärsystem aber nicht vom eigentlichen Medium durchströmt, sondern beispielsweise von ei-

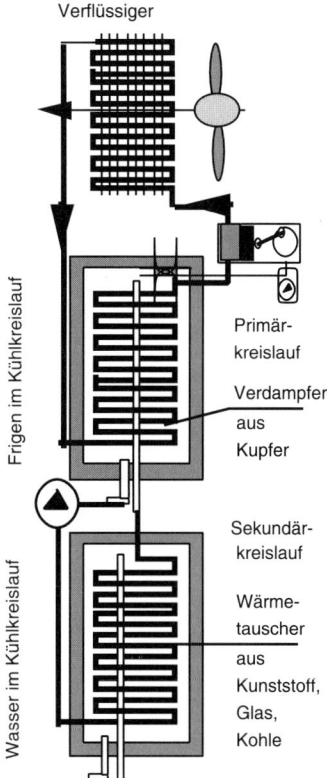

Kühlaggregat mit Sekundärkreislauf. Der Kontakt des Primärkreislaufes mit dem zu kühlenden Wasser wird vermieden.

ner bestimmten Kühlsole oder auch einfachem Leitungswasser, das dem Kupferrohr wenig schadet. Dieses Wasser dient nun wiederum als Kühlmedium für den Sekundärkreislauf. Es wird mit einer eigenen Umwälzpumpe durch einen Wärmetauscher aus den oben erwähnten Stoffen gefördert. Selbst wenn im Primärkreislauf ein Leck im Kühlkreislauf eintreten sollte, dringt das Kühlmittel zwar in den Sekundärkreislauf ein, hat aber immer noch keinen Zugang zum Aquarienwasser! Derartige Kühlsysteme haben also eine große Sicherheitsreserve. Man kann sich aber leicht vorstellen, daß die Kosten für ih-

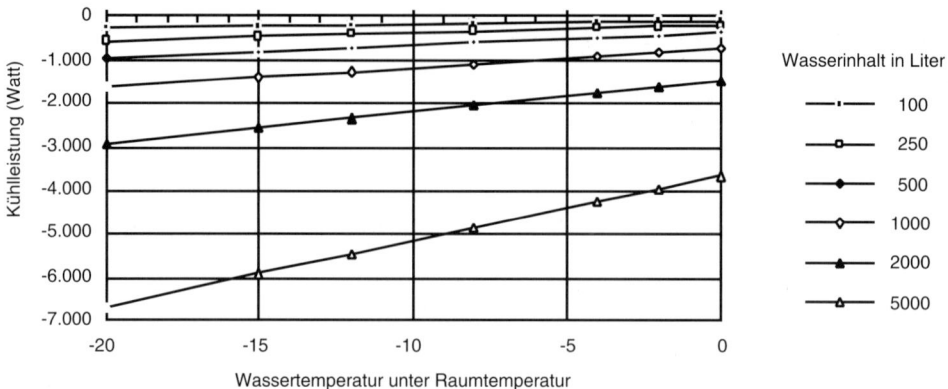

Kühlleistungsbedarf in Abhängigkeit von Aquariengröße und zu erzielender Temperaturdifferenz zur Umgebung.

ren Betrieb und die Anschaffung um ein Vielfaches höher liegen als bei einfachen Systemen. Aber insbesondere bei wertvollen Tierbeständen und in der Forschung ist die Anwendung durchaus gerechtfertigt.

Die **Bemessung der Kühlleistung** kann im wesentlichen ähnlich erfolgen wie die der Heizleistung, wobei die gleichen Kriterien angesetzt werden, allerdings in umgekehrter Wirkrichtung. Sekundärenergiequellen, die beim Warmwasseraquarium die nötige Heizleistung verringern, steigern den Kühlleistungsbedarf. Sie verteuern also Anschaffung und Betrieb eines Kühlaggregates. Bei einem Kaltwasserbecken ist also besondere Sorgfalt auf die Vermeidung von Sekundärwärmequellen zu legen. Allerdings kommt uns die Physik bei den Energiekosten etwas entgegen. Während ein Heizer mit einer Heizleistung von 500 Watt auch einen Leistungsbedarf von 500 Watt hat, arbeitet ein Kühlaggregat wesentlich günstiger. Kühlaggregate haben in etwa nur ein Drittel des Leistungsbedarfs ihrer eigenen Kühlleistung, so daß ein Kälteaggregat mit einer Kühlleistung von 1000 Watt also nur etwa einen Leistungsbedarf von 300 bis 400 Watt hat.

Berücksichtigt werden muß natürlich die Art des Wärmetauschers, die je nach Ausführung auch zu einem schlechteren Wirkungsgrad führen kann. Leider kann man davon ausgehen, daß ein besserer Korrosionsschutz zu einem schlechteren wärmetechnischen Wirkungsgrad führt.

Das Messen der Wasserwerte

Die Messung des pH-Wertes

Die Bedeutung des pH-Wertes ist bereits an verschiedenen Stellen dieses Buches angesprochen worden. Schon relativ früh wurden Meßtechniken, die in der chemischen Technik üblich waren, in die Aquaristik eingeführt. Die verschiedensten Verfahren sind bekannt. Bestimmungen können durch Lackmuspapier oder -lösung, Meßstreifen mit mehr oder weniger genauer pH-Wert-Unterteilung oder auch chemische Reagenzien erfolgen.

So genau diese Messungen zum Teil auch sind und auch heute aufgrund ihrer Genauigkeit noch gerne durchgeführt werden, so haben sie doch alle einen Nachteil. Man erfährt den pH-Wert nur für den Augenblick, in dem die Messung durchgeführt wird. Wie wir aber gesehen haben, ist der pH-Wert eine sehr dynamische Größe, die durch viele Einflüsse beeinträchtigt werden kann. So folgt er aufgrund der Lebensaktivitäten der Aquarienbewohner einer Tagesganglinie, die wesentlich von den Lichtverhältnissen beeinflußt wird. Sich über einen längeren Zeitraum erstreckende Veränderungen werden von anderen Quellen gespeist, etwa der Filtertechnik, Belüftung, Pflanzendüngung, aber auch der Fütterung.

Andere Einflüsse sind äußere, wie die durch das Nachfüllwasser hervorgerufenen. All diese Werte sind, einzeln betrachtet, nur sehr schwer ständig zu kontrollieren; umso wichtiger ist es, den pH-Wert möglichst oft zu messen. Wer genaue Messungen in großer Vielfalt durchführen muß, bemerkt bald, daß dies ein recht mühsames Geschäft ist und minutiöse Aussagen dennoch nicht getroffen werden können. So liegt also der Wunsch nahe, den pH-Wert nicht nur möglichst oft, sondern kontinuierlich messen zu können.

Aus diesem Bedürfnis heraus entstand in der chemischen Meßtechnik die kontinuierliche Messung mittels einer pH-Sonde und einem Meßgerät.

Die Aufgabe der pH-Sonde, auch Elektrode genannt, besteht darin, die Veränderungen des pH-Wertes im Wasser festzustellen, in ein elektrisches Signal umzuwandeln und an ein Meßgerät weiterzuleiten. Die elektronischen pH-Meter empfangen das Signal der Elektrode, verstärken es und werten es aus. Schließlich liegt ein Wert vor, den das Meßgerät über eine analoge oder eine digitale Anzeige dem Benutzer vor Augen führt.

Aufbau der pH-Elektrode

Ein pH-Meßsystem besteht aus einer Reihe von verschiedenen Elementen, die hintereinander geschaltet sind. Daher werden pH-Elektroden auch als Meßketten bezeichnet.

Grundsätzlich besteht ein pH-Meßsystem aus einer Meß- und einer Bezugselektrode. Zwischen beiden Elektroden entsteht eine elektrische Spannung, die von einem Meßgerät ausgewertet wird. Die Meßelektrode enthält eine Pufferlösung und ist an ihrem unteren Ende meist kugelförmig ausgebildet. Die untere Seite der Kugel ist aus einem speziellen Glaskörper gefertigt, der die Eigenschaften einer Membrane besitzt. Wenn dieses Membranglas in Wasser eingetaucht wird, bildet sich sowohl auf der Außen- als auch auf der Innenseite eine Quellschicht aus, aus der Wasserstoffionen (H^+) hinaus oder in die sie hinein diffundieren können.

Wenn etwa der pH-Wert in Meerwasser gemessen wird, liegt eine schwach alkalische Lösung vor, die bewirkt, daß Wasserstoffionen aus der Membran in die Lösung hinein diffundieren. Da die Wasserstoffionen Träger positiver Ladungen sind, wandern mit ihnen

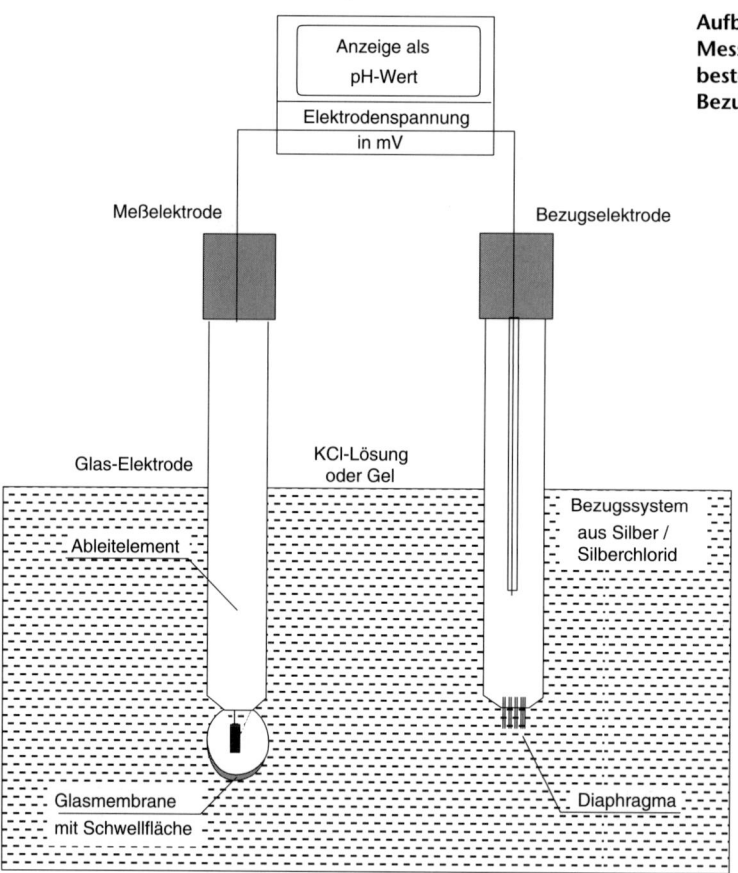

Aufbau eines Systems zur Messung des pH-Wertes, bestehend aus Meß- und Bezugselektrode.

positive Ladungen von der Glasmembrane ab. Somit überwiegen negative Ladungen auf der Membranoberfläche. Da der in der Elektrode enthaltene Puffer einen konstanten pH-Wert aufweist, entsteht zwischen der Außenhaut der Membrane und der Innenhaut eine Potentialdifferenz, die als elektrische Spannung in Millivolt (mV) gemessen werden kann. Die an der Innenseite der Glasmembran auftretende Spannung wird über das Ableitelement zum elektronischen Meßgerät geführt und dort ausgewertet. Dieser Meßwert allein kann aber noch nicht zur Anzeige des pH-Werts führen. Er wird mit dem Meßwert verglichen, den eine Bezugselektro-

de liefert. In dieser Bezugselektrode befindet sich ein Silber-Silberchlorid-Bezugselement, das in eine gesättigte Kaliumchlorid-Lösung eintaucht. Die Kaliumchlorid-Lösung steht über ein Diaphragma mit dem zu messenden Wasser in Verbindung, so daß auf diese Weise der Stromkreis geschlossen ist. Von einem Stromkreis zu sprechen, ist hier fast übertrieben, da das Meßgerät extrem hochohmig, also mit sehr hohem innerem Widerstand ausrüstet ist. Der tatsächlich fließende Strom geht daher praktisch gegen Null.

Bei den in der Technik eingesetzten Elektroden sind der Einfachheit halber Bezugs- und Meßelektrode auf geschickte Weise in ei-

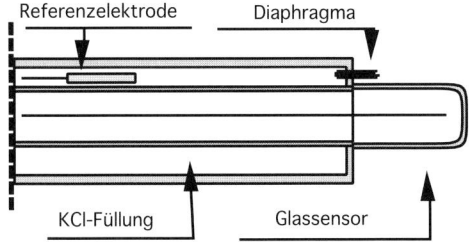

In den gebräuchlichen Einstabmeßketten sind Meß- und Bezugselektrode vereinigt worden.

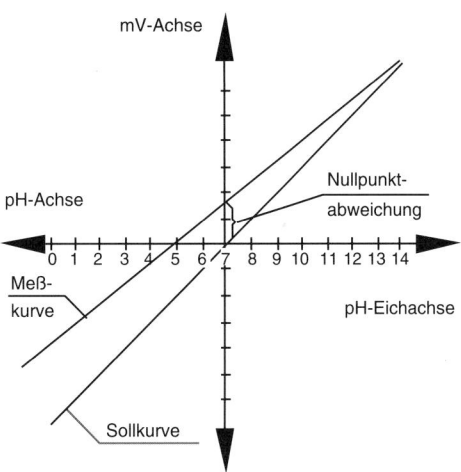

Zur Eichung der pH-Elektrode ist zuerst die Einstellung des Nullpunktes nötig.

ner sogenannten Einstabmeßkette verschmolzen. Die Funktionen bleiben allerdings die gleichen. Mit Hilfe von speziellen Formeln, die hier nicht näher erläutert werden sollen, kann man ermitteln, daß die Potentialdifferenz um 58,16 mV zunimmt, wenn die Konzentration an Wasserstoff- beziehungsweise Hydronium-Ionen (H_3O) um den Faktor Zehn ansteigt. Wie wir in den Grundlagen über den pH-Wert gelesen haben, entspricht das einer pH-Wertverschiebung um einen Wert. Auf dieser Basis lassen sich pH-Wert-Veränderungen elektronisch genauestens ermitteln. Die Elektrode liefert an das Meßgerät Meßgrößen in Millivolt, also einer elektrischen Spannung. Sie werden vom eigentlichen Meßgerät in pH-Einheiten umgerechnet und entsprechend angezeigt.

Eichung und Kontrolle

Bevor pH-Elektroden zum erstenmal eingesetzt werden, müssen sie geeicht werden. Hierzu gibt es spezielle Eichlösungen, die auf definierte pH-Werte gepuffert sind. Die Pufferung bewirkt, daß die beim Eintauchen der Elektrode zwangsläufige Verschleppung von geringen anhaftenden Wasserresten nicht zu einer nennenswerten Verfälschung der Eichlösung führt.

Sinn der Eichung ist es, fertigungsbedingte sowie gebrauchsbedingte Elektrodenabweichungen auf den jeweiligen Eichwert zu justieren. Hierbei sind immer zwei unterschiedliche Fehler zu berücksichtigen: die Null-

punkt- und die Steilheitsabweichung. Beide Abweichungen führen zum Gesamtmeßfehler. Es muß also immer eine Zweipunkt-Eichung durchgeführt werden, damit beide Meßfehler korrigiert werden können.

Nullpunktabweichung. Die obenstehende Abbildung zeigt uns eine Meßkurve und eine Sollkurve. Die Meßkurve weicht in diesem Beispiel deutlich von der Sollkurve ab. Bei pH 7, also dem Neutralpunkt, stellen wir eine deutliche „Nullpunktabweichung" fest, die zunächst beseitigt werden soll.

Die Elektrode wird zunächst in eine Eichlösung mit pH 7 eingeführt. Hierbei ist es wichtig, daß zumindest die Glasmembrane und das Diaphragma in die Lösung eintauchen. In unserem Beispiel liegt der Meßwert über dem Sollwert, weicht also vom Nennwert der Lösung ab. An einem Potentiometer (Drehwiderstand) wird nun der Meßwert auf den korrekten Wert justiert. Dabei wird die gesamte Meßkurve um den Betrag der Nullpunktabweichung soweit parallel verschoben, daß sie genau durch den Neutralpunkt verläuft. Damit ist das Meßgerät auf den pH-Neutralpunkt der Elektrode abgestimmt und ist meßbereit.

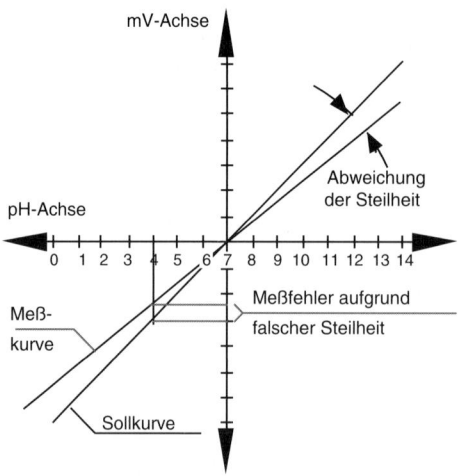

Wenn der Nullpunkt eingestellt ist, muß mit einem zweiten Bezugswert die Steilheit eingestellt werden.

Steilheitabweichung. Nach der Nullpunkteichung bekommen wir nun die nebenstehende Abbildung. Der Nullpunkt stimmt exakt, aber Meßwerte abseits des Neutralpunktes weisen immer noch einen erheblichen Fehler auf, weil die Steilheit noch nicht stimmt. Nun wird eine Eichlösung gewählt, die in ihrem pH-Wert deutlich von pH 7 abweicht. Zumeist werden hier Pufferlösungen im Bereich um pH 4 oder pH 9 benutzt. Die Elektrode wird nun in die zweite Pufferlösung eingetaucht und bei Bedarf mit einem Potentiometer für die Steilheit auf den Nennwert der Pufferlösung abgestimmt. Erst jetzt liegt die Meßkurve exakt auf der Sollkurve; das Gerät ist nun geeicht.

Temperatureinfluß. Die pH-Wert-Messung wird von der Temperatur des Wassers beeinflußt. Daher wird gelegentlich auch nach Meßgeräten mit Temperaturkompensation gefragt. Die nebenstehende Tabelle zeigt die Abhängigkeit des pH-Wertes von der Temperatur. Ihre Grundlage ist, daß das Gerät bei einer Temperatur von 20 °C geeicht worden ist. In dem für Aquarien interessanten Temperatur- und pH-Wert-Bereich kann man feststellen, daß der Meßfehler aufgrund von Temperaturabweichungen auf die zweite Stelle hinter dem Komma beschränkt bleibt. Somit kann man wohl sagen, daß dieser Meßfehler für aquaristische Zwecke nicht von praktischer Konsequenz ist und eine Temperaturkompensation nicht benötigt wird.

Neben der rein meßtechnischen Abweichung aufgrund unterschiedlicher Elektrodenspannung muß noch die Temperaturabweichung der Eichlösungen betrachtet werden, die uns in der nebenstehenden Tabelle gezeigt wird. Auch hier sehen wir, daß diese Abweichungen relativ gering und bei keiner Temperatur größer als ± 2 % sind.

Kontrolle. Zur Kontrolle kann empfohlen werden, die Elektrode nochmals in die Pufferlösung für pH 7 einzutauchen und zu kontrollieren, ob der Wert noch stimmt. Ist die Elektrode mit dem Meßgerät auf diese Weise abgeglichen, kann sie in die zu messende Wasserprobe eingetaucht werden.

Je nach persönlichem Anspruch an die Genauigkeit sollte die Eichung in regelmäßigen Zeitabständen wiederholt werden. Als Richtwert kann ein Zeitraum von ein bis zwei Wochen angenommen werden. Bei der Eichung der pH-Elektroden sollte auch darauf geachtet werden, wie schnell sich der angezeigte pH-Wert dem Wert der Lösung annähert. Dauert es länger als etwa ein bis zwei Minu-

Temperaturabhängige Abweichung des gemessenen pH-Wertes.

		pH-Wert				
		4	5	6	7	8	9
Temperatur in	0	3,78	4,85	5,93	7,00	8,07	9,15
	5	3,84	4,89	5,95	7,00	8,05	9,11
	10	3,89	4,93	5,96	7,00	8,04	9,07
	15	3,95	4,97	5,98	7,00	8,02	9,03
	20	4,00	5,00	6,00	7,00	8,00	9,00
	25	4,05	5,03	6,02	7,00	7,98	8,97
	30	4,10	5,07	6,03	7,00	7,97	8,93
	35	4,15	5,10	6,05	7,00	7,95	8,90

Temperaturabhängigkeit der Pufferlösungen.

Temperatur in °C	pH-Wert	Abweichung in %	pH-Wert	Abweichung in %	pH-Wert	Abweichung in %
5	4,01	0,25	7,07	1,00	9,39	1,84
10	4,00	0,00	7,05	0,71	9,33	1,19
15	4,00	0,00	7,03	0,43	9,27	0,54
20	4,00	0,00	7,00	0,00	9,22	0,00
25	4,01	0,25	7,00	0,00	9,18	– 0,43
30	4,01	0,25	6,97	– 0,43	9,14	– 0,87
35	4,02	0,50	6,96	– 0,57	9,10	– 1,30

ten, sollte die Elektrode zunächst gereinigt und dann nochmals geeicht werden. Dauert die Angleichung des jeweiligen Meßwertes an den Sollwert (pH 7 oder 4) deutlich länger als drei Minuten, sollte man überlegen, ob diese Ansprechzeit für den eigenen Bedarf noch ausreicht oder ob man die Elektrode besser verwirft.

Die pH-Messung in der Praxis

Messungen des pH-Wertes mit Elektrode und Meßgerät können kontinuierlich oder diskontinuierlich ausgeführt werden. Zur diskontinuierlichen Messung wird die Probe in ein Becherglas (im Labor möglichst auf einem Magnetrührer stehend) gegeben. Dieser Weg empfiehlt sich, wenn verschiedene Wässer mit einem netzabhängigen Meßgerät gemessen werden sollen.

Batteriebetriebene Meßgeräte ermöglichen es, mit dem Meßsystem von Aquarium zu Aquarium zu gehen und so verschiedene Wässer zu messen. Hierbei ist es besonders wichtig zu berücksichtigen, daß die Elektrode eine gewisse Zeit benötigt, um sich auf die neuen Wasserbedingungen einzustellen. Auf keinen Fall sollte etwa im Laufschritt von Becken zu Becken geeilt und im Sekundentempo der jeweilige Meßwert notiert werden. Bei einer pH-Messung muß die Elektrode zumindest 15 Minuten im zu messenden Wasser verweilen. Hierbei sollte vor allem auf intensive und blasenfreie Umströmung geachtet werden.

Die besten Ergebnisse werden erzielt, wenn ein **netzabhängiges Meßgerät** den pH-Wert im Dauerbetrieb mißt. Diese Arbeitsweise hat mehrere Vorteile. Zunächst bekommt man einen Eindruck über die Veränderungen des pH-Wertes im Verlauf des Tages, die beträchtlich sein können. Mit dem Aufgehen der Sonne oder mit dem Einschalten des Lichtes beginnt die Assimilation. Pflanzen nehmen Kohlendioxid auf, so daß der pH-Wert leicht ansteigen kann. Andererseits steigt auch die Aktivität der Fische und

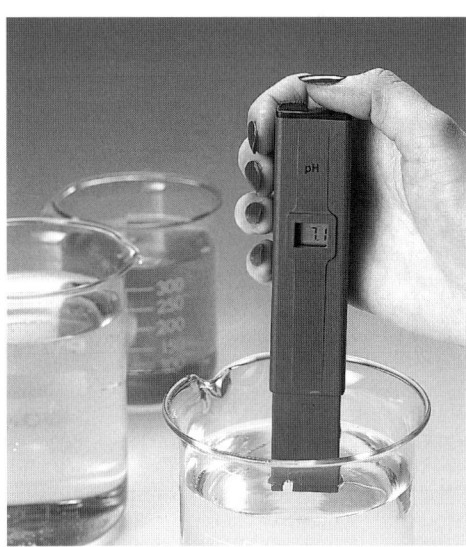

Handelsübliches Taschen-pH-Meter mit Batteriebetrieb.

damit ihre Atemfrequenz. Mit jedem Atemzug wird nicht nur Sauerstoff aufgenommen, sondern auch Kohlendioxid abgegeben, so daß der pH-Wert wieder fallen kann. Der pH-Wert hängt also sehr eng mit dem Besatz und dem Bewuchs eines Aquariums zusammen. Um so interessanter ist es, die im typischen 24-Stunden-Rhythmus auftretenden Veränderungen kennenzulernen.

Weiterhin kann die Elektrode bei Dauerbetrieb fest an einem Platz installiert werden, an dem man einen für das ganze Becken repräsentativen Wert erwarten kann, wie etwa das Auslaufbecken einer Filterkammer oder das Innere einer Rohrleitung.

Lebensdauer einer Elektrode

Der empfindlichste Teil der pH-Elektrode ist das **Diaphragma**, das aus poröser Keramik oder einem Glasfaserbüschel besteht. Derartig poröse Medien bieten Algen und Bakterien einen sehr guten Wachstumsboden. Wenn aber das Diaphragma zugewachsen ist, ist der Ionenaustausch gestört. Die Messung wird träge oder spricht gar nicht mehr an!

Um das Diaphragma von eventuellen Verunreinigungen zu befreien, gibt es spezielle Reinigungslösungen, in die die Elektrode für eine gewisse Zeit eingetaucht wird. Diese Lösungen sind sehr aggressiv und ätzen die Poren frei. Aufgrund der ätzenden Wirkung müssen sie mit großer Vorsicht gehandhabt werden.

Da wir in unseren Aquarien immer einen reichlichen Bakterien- und Algenwuchs haben, ist das Zuwachsen des Diaphragmas ein stetiger Vorgang. Die Lebensdauer der Elektrode ist daher in der Regel begrenzt. Die Frage, wie lange eine Elektrode hält, ist eigentlich nicht zu beantworten, da sie ja bei vorsichtiger Handhabung nicht defekt wird. Die Erfahrung zeigt jedoch, daß auch bei regelmäßiger Reinigung die Durchlässigkeit des Diaphragmas nachläßt und somit die Elektrode in ihrer Ansprechempfindlichkeit träge wird. Wann nun eine Elektrode ausgetauscht werden soll, ist wieder eine Frage der persönlichen Genauigkeitsanforderung und leider auch der finanziellen Möglichkeiten. Da die Meßelektroden eine komplizierte Fertigung durchlaufen und teilweise mit Edelmetallen versehen sind, sind sie relativ teuer.

Als grobe Richtlinie kann man folgende Regel anwenden.

Reines Hobbybecken mit kaum empfindlichem Besatz: 2–3 Jahre
Hobbybecken mit sehr empfindlichem Besatz (Diskusfische; Wirbellose): 1,5–2 Jahre
Händleranlagen mit hohem Besatzwert und empfindlichen Tieren: 0,5–1,5 Jahre
Elektroden mit Regelfunktion 0,5–1 Jahr

Geräte mit Schreiberausgang

Netzabhängige Meßgeräte werden häufig auch in einer Ausführung geliefert, die es erlaubt, einen Schreiber anzuschließen. Wenn das auch für das Heimaquarium etwas zuviel des Guten ist, kann ein öffentliches Aquarium im Interesse einer optimalen Pflege oder aus wissenschaftlichem Interesse durchaus daran interessiert sein, die pH-Wert-Verläufe über einen größeren Zeitraum aufzeichnen zu lassen. Solche Schreiber erlauben es dann, typische, regelmäßige Schwankungen zu protokollieren und sichtbar zu machen. Vergleicht man Aufzeichnungen über einen längeren Zeitraum, kann man zum Beispiel feststellen, ob ein plötzlich aufgetretener problematischer Meßwert ein einzelner „Ausreißer" ist oder etwa regelmäßig aufgrund betrieblicher Störungen vorkommt. Auch der Tagesgang einer pH-Kurve kann sehr schön dargestellt werden.

Meßgeräte mit Regelfunktion

Viele moderne Aquarianer geben sich mit der Protokollfunktion eines Meßgerätes nicht mehr zufrieden. Sie möchten den pH-Wert möglichst eng in bestimmten Grenzen halten. Das ist insofern sinnvoll, als daß die meisten Tiere in unseren Aquarien auch in ihren natürlichen Heimatgewässern kaum Schwankungen des pH-Wertes erleiden müssen. Die im Handel angebotenen Meß- und Regelgeräte sind ausschließlich netzbetrie-

Die Messung des pH-Wertes

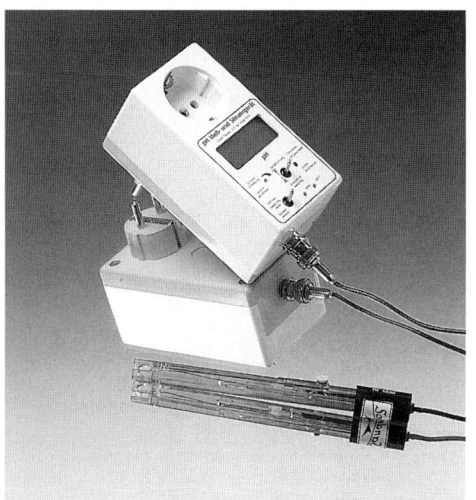

Das Gerät mißt den pH-Wert und regelt ein angeschlossenes Magnetventil über die eingebaute Steckdose.

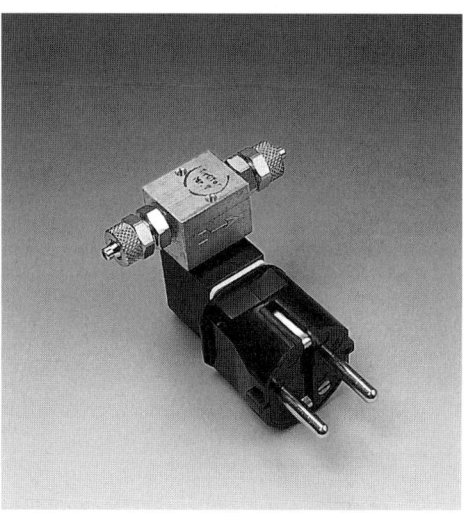

Steckermagnetventil mit Anschlüssen für den Druckschlauch.

ben, da sie das Wasser dauernd kontrollieren und bei Erreichen eines eingestellten Grenzwertes eine bestimmte Aktion einleiten müssen. Das kann im einfachen Fall das Aufleuchten eines Warnsignales sein. Aber auch komplette Meß- und Regelsysteme werden heute so angeboten, daß sie vom interessierten Hobbyaquarianer ohne Probleme installiert werden können. Die obenstehende Abbildung zeigt ein pH-Wert-Meß- und Regelgerät in Stecker-Steckdosen-Bauweise. Das Gerät wird in eine Steckdose eingesteckt und ist betriebsbereit. Ein anderes Gerät, das geschaltet werden soll, etwa ein Magnetventil oder eine Dosierpumpe, wird einfach in die im Meßgerät befindliche Steckdose eingesteckt. Schon hat man einen einfachen Regelkreis erstellt.

So kann man für ein gut bepflanztes Süßwasserbecken eine automatische Kohlensäuredüngung vorsehen. Nehmen wir an, ein Aquarium soll auf einem pH-Wert von 6,5 gehalten werden. Dieser Wert wird als Sollwert an einem Potentiometer eingestellt. Meist wird der Wert zur Kontrolle auch in der Digitalanzeige angezeigt. Nach der Sollwerteinstellung wird das Meßgerät in den Meßmodus zurückgeschaltet. Wenn der augenblickliche Meßwert zum Beispiel bei pH 7 liegt, wird ein Kontakt betätigt. Dieser wiederum kann ein Magnetventil öffnen, das Kohlensäure in das Wasser dosiert und so den pH-Wert absenkt. Erreicht der Meßwert den eingestellten Sollwert, so wird dies vom Meßgerät verzeichnet. Das Magnetventil wird geschlossen und somit die Kohlensäuredosierung abgestellt. Durch die Assimilation der Pflanzen und auch durch die Belüftung im Aquarium wird Kohlensäure verbraucht oder ausgetrieben. Der pH-Wert steigt wiederum an. Das Meßgerät verzeichnet, daß der Meßwert höher ist als der Sollwert und öffnet das Magnetventil wieder. Auf diese Weise kann der pH-Wert elegant auf einen gewünschten Wert gebracht und gehalten werden.

Der gleiche Vorgang kann auch mit einer alkalischen Lösung und einer Dosierpumpe erfolgen. Eine solche Regelung greift aktiv in den Stoffhaushalt eines Aquariums ein. Man

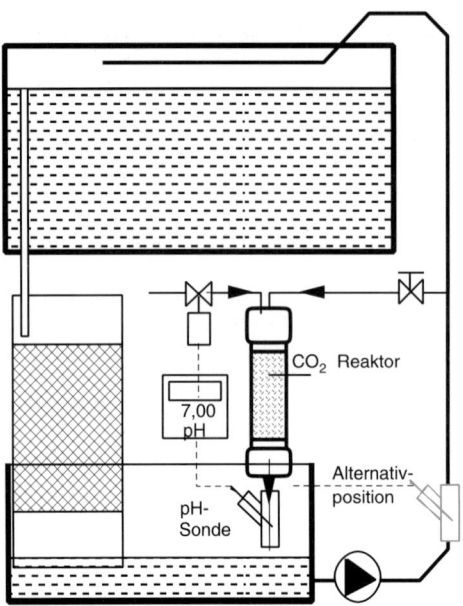 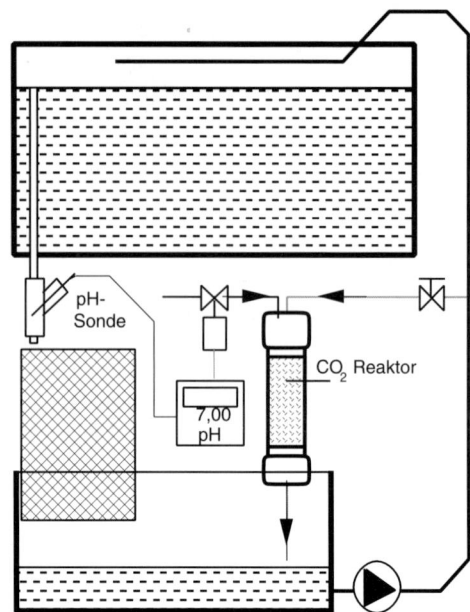

Schaltschema einer über den pH-Wert gesteuerten Kohlensäuredüngung.

Am Auslauf des Aquariums ist die pH-Elektrode sehr ungünstig plaziert.

muß sich also vorher genau überlegen, was der richtige Sollwert ist und womit er eingestellt wird.

Sollen mit einem Regelgerät sowohl saure als auch basische Lösungen dosiert werden, muß ein Umschalter für die Schaltrichtung vorhanden sein. Wird CO_2 zugeführt, so schaltet das Gerät, wenn ein bestimmter PH-Wert überschritten wird. Wird hingegen eine basische Lösung dosiert, muß die Schaltrichtung umgekehrt werden, da das Relais nun schalten soll, wenn der Sollwert unterschritten wird.

Positionierung der Elektrode

Bei regelnden Meßgeräten ist die Position der Meßelektrode von besonderer Bedeutung. In der ersten Abbildung ist die pH-Elektrode direkt hinter dem CO_2-Reaktor eingesetzt worden, so daß sie sofort nach einer erneuten Kohlensäuregabe den veränderten pH-Wert erfaßt und an das Meßgerät leitet. In der zweiten Abbildung befindet sich die pH-Elektrode im Auslauf des Aquariums. Diese Position ist sehr gefährlich und sollte unbedingt vermieden werden. Wenn im CO_2-Reaktor Kohlensäure dosiert wird, so wird das zunächst von der Elektrode nicht registriert. Der pH-Wert an der Elektrode kann also noch zu hoch sein, obwohl im Reaktor schon zuviel CO_2 eingesetzt worden ist. Es wird eine geraume Zeit verstreichen, bis durch die Wasserumwälzung das kohlensäurereiche Wasser an die Elektrode herangeführt wird. Während dieser ganzen Zeit wird weiterhin CO_2 dosiert. Wenn jetzt die Elektrode endlich meldet, daß der eingestellte Sollwert erreicht ist, ist bereits viel zu viel CO_2 zugeführt worden, und der pH-Wert wird weit unter den eingestellten Sollwert abfallen. Es ist also von großer Wichtigkeit, die Meßsonde möglichst direkt hinter die Dosierungsstelle zu setzen. Auf keinen Fall darf zwischen

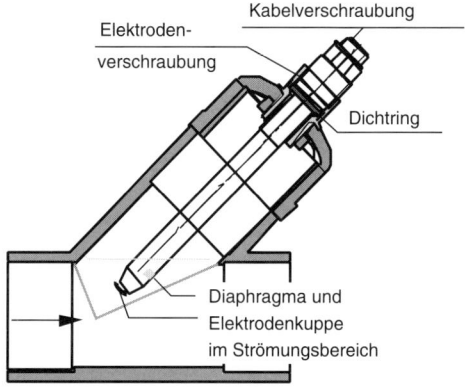

Günstig ist der Einbau der pH-Elektrode in eine Durchflußarmatur.

Dosierungsstelle und Meßstelle ein größeres Wasservolumen oder gar das Aquarium selbst liegen. Der Meßwert kann dann bis zu einer Stunde verspätet registriert werden!

Wichtig ist in jedem Fall, daß die Elektrode nicht in einem toten Winkel installiert wird. Sie muß gut umströmt werden, damit eventuelle Änderungen möglichst schnell erfaßt werden können. Wenn es sich um eine Eintauchelektrode mit wasserdichtem Kabelanschluß handelt, bietet sich eine Position in Nähe des Wasseraustrittes einer Pumpe an. Bestens bewährt hat sich der Einbau der Elektrode in eine Durchflußarmatur, also eine spezielle PVC-Armatur, die in die Wasserleitung möglichst hinter einer Pumpe eingebaut wird. Die Meßelektrode, die am Kopf ein Gewinde trägt, wird in diese Armatur eingeschraubt und arbeitet somit immer unter definierten Strömungsbedingungen. Es ist allerdings darauf zu achten, daß Elektroden in Durchflußarmaturen immer mit dem Elektrodenfuß nach unten weisen. Im umgekehrten Fall kann es geschehen, daß die in der Elektrode befindliche Luftblase in den Kuppenbereich aufsteigt und den Ionenaustausch von innen ver- oder behindert.

Wenn eine Elektrode in einer Ruhezone liegt, bildet sich auf ihrer Oberfläche ein Grenzschichtprofil aus, das nicht ausgetauscht wird. Die Elektrode liefert jetzt nur noch Meßwerte aus dieser Grenzschicht, die allerdings mit dem Geschehen im Aquarium nichts zu tun haben.

Vermieden werden sollte auch, daß die Elektrode direkt intensiver Beleuchtung ausgesetzt ist. Das Licht selbst stört die Elektrode natürlich nicht, aber wo Lichteinstrahlung ist, wachsen leicht Algen. Algenwachstum gefährdet vor allem das Diaphragma. In der Tiefenstruktur des Diaphragmas finden Algen, aber auch Mikroorganismen optimale Wachstumsgrundlagen. Es ist daher unter aquaristischen Bedingungen notwendig, besonderes Augenmerk auf das Diaphragma zu haben und es gelegentlich zu reinigen.

Die Elektrode sollte auch nicht direkter Beströmung mit Luftblasen ausgesetzt werden. Luftblasen können schwache elektrostatische Aufladungen mit sich führen, die die Meßwertaufnahme der Elektrode beeinflussen. Bei bestimmten Elektrodenkonstruktionen (insbesondere bei Kunststoffschaften) kann es auch vorkommen, daß sich Luftblasen am Diaphragma sammeln und es vom Wasser abtrennen, so daß keine Ionenwanderung mehr möglich ist!

Lagerung einer pH-Elektrode

Wird die Elektrode aus dem Wasser genommen, sollte sie wieder mit der mitgelieferten Kappe geschützt werden. Diese Schutzkappe ermöglicht ein feuchtes Lagern und vermeidet ein „Ausbluten". Besser ist es, die Elektrode in einer speziellen Kaliumchlorid-Lösung zu lagern, auf keinen Fall aber in destilliertem Wasser. Nach den Gesetzen der Diffusion wird die Elektrode bestrebt sein, den am Diaphragma auftretenden Unterschied im osmotischen Druck auszugleichen. Dies geschieht, indem sie Wasser aufnimmt und KCl-Salz abscheidet. Hierdurch wird die Elektrode in relativ kurzer Zeit untauglich!

Die Messung des Redoxpotentials

Der Messung des Redoxpotentials wird in zunehmendem Maße eine hohe Bedeutung beigemessen. Reine natürliche Wässer haben einen sehr geringen Gehalt an organischer Substanz, dagegen aber zumeist einen recht hohen Sauerstoffgehalt. Diese Verhältnisse wollen wir im Aquarium kontrolliert nachbilden, wobei uns das Redoxpotential einen guten Fingerzeig gibt. Für Aquarien empfehlenswert sind Redoxpotentiale zwischen 250 und 350 mV. Hiermit sind die Werte im Aquarium selbst gemeint; im Filterbereich können sie durchaus niedriger und im Ozonreaktor geringfügig höher liegen.

Aufbau der Redoxpotentialelektrode

Das Redoxpotential wird, ähnlich wie der pH-Wert, mit einer Elektrode gemessen. Auch die Redoxelektrode besteht aus einem Meß- und einem Referenzsystem, die beide in einer sogenannten Einstabmeßkette zusammengefügt worden sind. Der Unterschied zur pH-Messung besteht darin, daß bei der Redoxreaktionen die elektrischen Ladungsträger die Elektronen selbst sind. Sie werden am besten von einem metallischen Leiter aufgenommen.

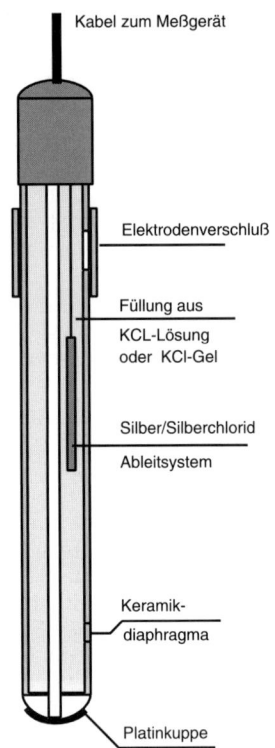

Aufbau einer zur Messung des Redoxpotentials geeigneten Elektrode.

Der Meßsensor. Da die Meßelektrode nicht selbst in die Reaktion eingehen darf, kommen nur Edelmetalle als Meßsensoren in Frage. In der Praxis werden Gold und Platin eingesetzt. Wie die pH-Elektrode verfügt auch die Redoxelektrode über ein Ableitsystem, das zumeist mit Silber/Silberchlorid gefüllt ist. Der Schaft enthält wiederum Kaliumchlorid (KCl) in Gelform oder auch in Lösung. Während Platin in Form einer Kuppe oder als flache Scheibe verwendet wird, ist der Goldsensor als Spitze ausgebildet. Beide Sensortypen sind für die aquaristische Praxis gleich gut einzusetzen.

Die Goldspitze verbiegt allerdings sehr leicht. Solange nur der Goldstift verbogen ist, ergeben sich noch keine Probleme. Die Elektrode wird jedoch unbrauchbar, wenn durch die Verformung der Goldspitze der Glasboden winzige Risse bekommen hat. In diesem Fall sollte die Elektrode verworfen werden. Die Platinkuppe scheint etwas bedienerfreundlicher zu sein. Allerdings muß auch sie mit äußerster Vorsicht behandelt werden. Risse oder Riefen auf der Kuppe führen zur Anlagerung von Ionen, was zu erheblichen Fehlmessungen führen kann. Der Platinsensor sollte nicht auf den Bodengrund stoßen. Vor allem Korallensand ist sehr hart und kann tiefe Kratzer auf der Platinoberfläche verursachen.

Obwohl der Metallsensor selbst die eigentlichen Meßwerte aufnimmt, ist es aber ge-

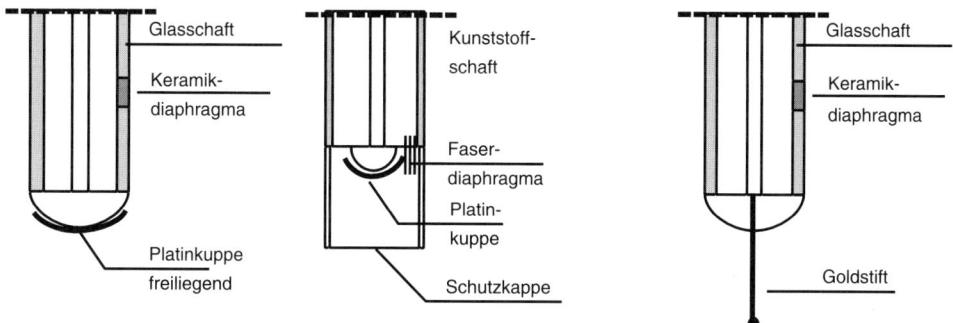

Verschiedene Bauweisen des Elektrodenfußes mit dem Metallsensor.

nauso wichtig, daß der Stromkreis über das Ableitsystem wieder mit dem zu messenden Medium geschlossen ist.

Das Diaphragma. Das Ableitsystem darf nicht in direktem offenen Kontakt mit dem zu messenden Medium stehen. Es ist in KCl-Gel oder -lösung eingebettet. Mittels einer Ionenwanderung durch das Diaphragma in das zu messende Medium hinein wird der Stromkreis geschlossen, ohne daß das Ableitsystem in direktem Kontakt zum Medium steht, aber auch so, daß ein Auslaufen der KCl-Lösung vermieden wird. Das Diaphragma besteht zumeist aus einem porösen Keramikmaterial, das in die Glaswand eingearbeitet ist. Alternativ werden, insbesondere bei Elektroden mit Kunststoffschaft, auch Diaphragmen mit einem Glasfaserbüschel eingesetzt. Hierbei sollte darauf geachtet werden, daß sich in den Glasfaserbüscheln keine Luftblasen verfangen, die den Ionenaustausch verhindern könnten.

Der Schaft. Der Elektrodenschaft besteht aus Glas oder aus Kunststoff. Während der Glasschaft früher bevorzugt worden ist, greift man heute immer öfter zum Kunststoff. Insbesondere bei häufigen Messungen mit einer Elektrode an mehreren Meßstellen ist der Kunststoffschaft doch etwas robuster.

Der Elektrodenkopf. Die Ausbildung des Elektrodenkopfes hat eine eher mechanische Bedeutung. Es ist jedoch wichtig, daß man sich vor dem Kauf eines Meßsystems über die geeignete Kopfform Gedanken macht.

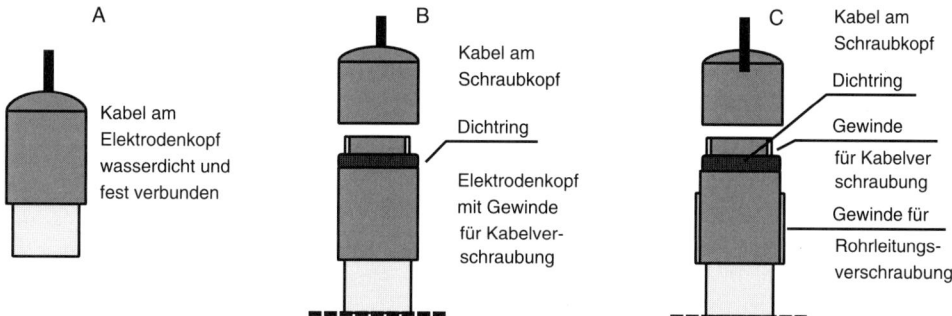

Verschiedene Bauweisen des Elektrodenkopfes.

Die Bauform „A" eignet sich am besten für Elektroden, die im Aquarium oder in einem Wasserbehälter installiert werden sollen. Das Kabel ist am Kopf fest und wasserdicht verschlossen. Die Elektrode kann ohne Bedenken auch vollständig untergetaucht werden. Diese Art des Kopfes sollte auch immer dann gewählt werden, wenn man ein tragbares Gerät besitzt und Messungen an verschiedenen Aquarien oder gar an offenen Gewässern durchführt.

Die Bauform „B" ist, ähnlich wie „A", für eine Eintauchelektrode geeignet. Das Kabel ist jedoch am Kopf verschraubt, so daß ein Elektrodenwechsel ohne Austausch des Kabels möglich ist. Diese Bauform wird gewählt, wenn das Kabel am Meßgerät fest installiert ist, was aber nur selten vorkommt. Wird die Elektrode vollständig eingetaucht, besteht die Gefahr, daß durch die Verschraubung Wasser eindringt und die Kontakte im Elektrodenkopf kurzschließt.

Die Bauform „C" wird immer dann gewählt, wenn die Elektrode nicht als Eintauchelektrode installiert werden, sondern in einer Rohrleitung fest verschraubt werden soll. Hierfür besitzt die Elektrode am Kopf ein spezielles Gewinde. Wird sie als Eintauchelektrode eingesetzt, besteht ebenfalls die Gefahr des Kurzschlusses bei eindringendem Wasser.

Wird das Wasser sofort wieder entfernt, kann die Elektrode getrocknet und in den meisten Fällen wieder eingesetzt werden. Kritisch wird es aber, wenn das eingedrungene Wasser zunächst nicht bemerkt wird. Dann kommt es zu erheblicher Korrosion, die vor allem bei Seewasser die Elektrode zerstören kann.

Positionierung der Elektrode

Hier gelten die gleichen Richtlinien wie für die pH-Elektrode. Bei regelnden Meßgeräten sollte sich die Elektrode ebenfalls möglichst dicht hinter der Dosierungsstelle befinden. Wird ein Ozongerät eingesetzt, sollte die Elektrode direkt im Auslauf des Ozonreaktors beziehungsweise des Abschäumers installiert sein. Wenn der Weg zwischen Dosierungsstelle und Meßstelle zu lang ist, besteht die Gefahr, daß zuviel Ozon eingeleitet wird, bevor die Redoxelektrode die Meßwertveränderung verzeichnen kann.

Austauschstromdichte

Die Austauschstromdichte wird nur sehr selten bei der Betrachtung von Redoxmessungen gebraucht. Sie ist aber vor allem für das Verständnis der nachfolgenden Beschreibung über das Eichen sehr wichtig.

Das Redoxpotential wird als Spannung gemessen. Die Spannung bewirkt, daß zwischen der Elektrode und der Meßlösung ein Stromaustausch stattfindet. Es fließt sowohl ein Strom aus der Meßlösung in die Elektrode als auch in umgekehrter Richtung. Die Höhe des Stromes wird einerseits durch das Elektrodenmaterial und andererseits durch die Art der Meßlösung bestimmt. Eine große Austauschstromdichte erbringt eine zuverlässige Messung, die außerdem gut reproduziert werden kann. Weiterhin haben Redoxelektroden in Meßlösungen mit hohen Austausch-

Große Stromaus- tauschdichte	Kleine Stromaus- tauschdichte
Redoxelektrode	Redoxelektrode
i+ i-	i+ i-
Meßlösung	Meßlösung
Gute Reproduzierbarkeit kurze Ansprechzeit	schlechte Reproduzierbarkeit lange Ansprechzeit

Eine große Stromaustauschdichte ist bei der Messung des Redoxpotentiales von Vorteil.

stromdichten relativ kurze Ansprechzeiten. In normalen Aquarienwässern sind die Redoxreaktionen aber durchweg durch eine sehr geringe Austauschstromdichte gekennzeichnet, so daß die Elektrode recht lange braucht, um anzusprechen.

Die Reproduzierbarkeit der Meßwerte ist im Vergleich zur pH-Messung relativ gering. Man wird beim Vergleich zweier Elektroden leicht Meßwertunterschiede von 20 bis 60 mV feststellen. Von daher sollte man Redoxmeßwerte nicht als absolute Werte ansehen. Wichtiger ist, daß ihre Veränderung uns Auskunft über das Steigen oder Fallen des Redoxpotentials gibt. Außerdem können wir natürlich trotzdem gut erkennen, in welcher Größenordnung es liegt. Es macht aber keinen Sinn, darüber zu grübeln, ob der gemessene Wert nun 320 mV oder eher 340 mV beträgt. Hiermit ist im Aquarienwasser jedes Redoxmeßsystem überfordert.

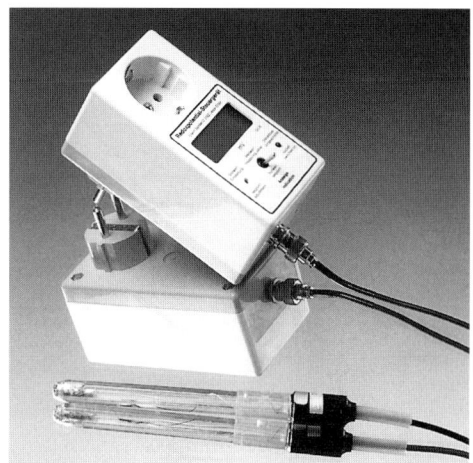

Meß- und Regelgerät für das Redoxpotential mit Elektrode und Steckdosenausgang.

Das Eichen von Redoxelektroden

Das Eichen von Redoxelektroden ist im Gegensatz zu dem der pH-Elektroden ein besonders heikles Problem. Es ist sehr schwierig, Redoxeichlösungen so anzusetzen, daß sie über lange Zeit stabil bleiben und immer genau den gleichen Wert liefern. Wenn überhaupt, sind nur Lösungen zu empfehlen, die bei einem Wert um etwa 200 bis 300 mV liegen. Zum einen liegen typischerweise im Aquarium ähnliche Werte vor, und zum anderen bleiben Lösungen mit relativ niedrigem Redoxpotential länger stabil als solche mit hohem, die schon nach wenigen Tagen bis Wochen verfallen. Aber auch Redoxeichlösungen mit Werten von 200–300 mV sind nur bedingt zuverlässig.

Die Konzentrationen an Oxidationsmitteln, die sich in der Aquaristik im Wasser befinden können, sind immer extrem gering, unabhängig davon, ob ein Redoxpotential von etwa 300 mV durch Reaktionen mit Sauerstoff, Ozon oder H_2O_2 erzielt worden ist. Wie wir bereits gesehen haben, wird das Redoxpotential direkt als elektrische Spannung gemessen. Nun sind die Ströme sehr klein, die aufgrund von Redoxreaktionen bei etwa 300 mV im Aquarienwasser fließen. Die Elektrode muß also höchst empfindlich sein. Redoxeichlösungen unterscheiden sich von unserem Aquarienwasser dadurch, daß sie bei gleichem Redoxpotential eine viel höhere Austauschstromdichte aufweisen. Die Elektrode spricht daher viel schneller und exakter an als im Aquarium. Wenn man nun eine Elektrode, von der man meint, daß sie im Aquarium nicht mehr richtig mißt, in die Eichlösung bringt, so wird sie mit großer Wahrscheinlichkeit noch den richtigen Wert angeben. Redoxeichlösungen lassen also auch schlechte oder langsam reagierende Elektroden noch richtig anzeigen. Aus diesem Grund sollte man Redoxelektroden früher als pH-Elektroden wechseln. Hilfreich kann es auch sein, die ältere Elektrode mit einer neuen zu vergleichen.

Prüfung

Die oben beschriebene Problematik läßt natürlich den Wunsch nach Überprüfung der Elektrode auf Zuverlässigkeit nicht verstummen. Ich möchte daher den folgenden Vor-

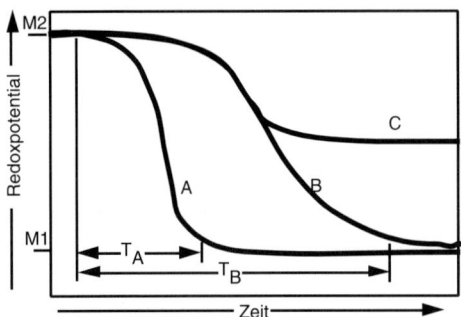

Ansprechverhalten von Redoxelektroden beim Wechsel der Meßlösung. Kurve A zeigt eine neue Elektrode; das in Kurve C auftretende Verhalten sollte nicht mehr akzeptiert werden.

schlag unterbreiten, den die meisten Aquarianer mit einem kleinen Ozongerät selbst aufgreifen können. Man nehme zwei mit Wasser gefüllte Becher; in einem wird mit dem Ozongerät etwa 30 Minuten bei voller Leistung ozonisiert. Es wird sich hier ein erhöhtes Redoxpotential von etwa 400 mV einstellen. Der absolute Wert des Redoxpotentials ist bei dieser Messung zunächst unwichtig. Für den zweiten Becher wähle ich ein Wasser, von dem ich annehme, daß es ein deutlich niedrigeres Redoxpotential hat, also Wasser aus dem Aquarium oder auch aus dem Wasserhahn. Hier kann man mit Werten von etwa 200 mV rechnen. Es ist zu empfehlen, das Wasser im zweiten Becher vor dem Versuch 24 Stunden stehenzulassen. Nun tauche man die Elektrode zunächst für 15 Minuten in den Becher mit dem hohen, dann in den Becher mit dem niedrigen Redoxpotential und messe die Zeit, die benötigt wird, bis sich die Elektrode vollständig auf den neuen Wert eingestellt hat. Nach etwa fünf Minuten sollte die Elektrode etwa 90 % des Endwertes erreicht haben.

Am auffälligsten werden die Vorteile dieser Methode, wenn man die Möglichkeit hat, eine ältere Elektrode mit einer neueren zu vergleichen. Dann bekommt man für jede Elektrode ein anderes Zeitverhalten und kann beurteilen, ob die ältere Elektrode noch ausreichend schnell ist oder nicht. In der nebenstehenden Abbildung zeigt der Kurvenverlauf A die Ansprechzeit einer neuen Elektrode, die von einer Meßlösung mit einem hohen Redoxpotential (M2) in eine Meßlösung mit einem niedrigen Redoxpotential (M1) gebracht wurde. Die Elektrode mit der Kurve B zeigt mit der Zeit TB schon ein deutlich langsameres Ansprechverhalten; es bleibt dem eigenen Ermessen überlassen, ob man diese relativ langsame Elektrode noch akzeptieren will. Die Elektrode mit dem Kurvenverlauf C weicht so deutlich im Zeitverhalten wie auch im absoluten Meßwert ab, daß man sie zunächst reinigen und, falls dies keine Besserung bewirkt, auch verwerfen sollte.

Die Redoxmeßgeräte selbst ähneln den pH-Meßgeräten sehr, so daß es bei nur messenden Geräten teilweise möglich ist, an dasselbe Meßgerät entweder eine pH- oder eine Redoxelektrode anzuschließen. Das ist natürlich insbesondere bei Handgeräten interessant. Schaltende Geräte können hingegen immer nur für einen Meßwert ausgelegt sein.

Während wir beim pH-Wert nur positive Meßwerte von 0 bis 14 kennen, kann das Redoxpotential auch negative Werte erreichen. Das ist vor allem in Denitrifikationsfiltern der Fall. Soll sowohl das Dosieren eines Oxidationsmittels wie Ozon als auch das eines Reduktionsmittels möglich sein, muß das Regelgerät über eine Schaltrichtungsumkehr verfügen.

Die Messung des Leitwertes

Wie wir in den Grundlagen gesehen haben, entstehen durch die Dissoziation von Salzen in wäßriger Lösung geladene Teilchen (Ionen), die in der Lage sind, elektrische Ladungseinheiten im Wasser zu transportieren. Je mehr Salze dissoziiert sind, desto höher ist die Leitfähigkeit des Wassers. Wenn man zwei Elektroden in einen Wasserbecher einbringt und eine Spannung anlegt, fließt ein Strom, der dem elektrischen Widerstand R

$$\text{Spezifischer Leitwert } \chi \text{ [S/cm]} = G \text{ [S]} \times l \text{ [cm]} / A \text{ [cm}^2]$$

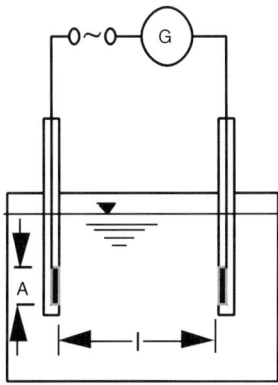

Der Strom, der zwischen zwei Elektroden fließt, wird zur Ermittlung des Leitwertes gemessen. Außer vom Abstand der Elektroden ist er auch von der Elektrodenfläche A abhängig. Kennt man diese Werte, kann man den spezifischen Leitwert ermitteln.

(gemessen in Ohm [V]) der Lösung umgekehrt proportional ist. Der Leitwert G ist nun einfach als Kehrwert des Widerstandes definiert und wird in der Einheit Siemens (S) angegeben. Es gilt also:

Leitwert = 1/Widerstand
G [S] = 1/R [Ω]

Den für einen bestimmten Stoff (in unserem Fall Wasser) spezifischen Leitwert gibt man in Leitfähigkeit pro Zentimeter an. Der spezifische Leitwert wird aus dem Leitwert nach der obenstehenden Formel ermittelt.

Hierbei wird der Ausdruck l/A als Zellkonstante bezeichnet. Die Formel sagt aus, daß der Leitwert mit der Strecke zwischen den Elektroden multipliziert und durch die Fläche der Elektroden dividiert wird, um den spezifischen Leitwert zu erhalten.

In der Aquarientechnik sind die Meßwerte so klein, daß man sie in µS/cm (µS = Mikrosiemens = Millionstel Siemens) oder mS/cm (Millisiemens = Tausendstel Siemens) ausdrückt. Übliche Meßbereiche sind der untenstehenden Tabelle zu entnehmen. Für die Aquarientechnik sind aus dieser Aufstellung mit Ausnahme des Reinstwassers alle Meßbereiche interessant.

So werden vielfach Umkehrosmosegeräte betrieben, deren Funktion und Einstellung man mit einem guten Leitwertmeßgerät ebenso überprüfen möchte wie die Qualität des eingespeisten Leitungswassers oder den Leitwert im Seewasseraquarium. Somit kommen Meßbereiche von etwa 6 µS bis 60 ms (= 60 000 µS) vor. Diese Bereiche stehen im Verhältnis 1 zu 10 000 zueinander, so daß normalerweise jedes Meßgerät mit ihnen überfordert wäre. Dennoch sind im Handel Geräte verfügbar, die den gesamten Meßbereich abdecken. Sie verfügen über einen Meßbereichsumschalter, so daß jeweils die höchste Genauigkeit gewählt werden kann.

Die Leitwertmessung ist von verschiedenen Faktoren abhängig.

Reinstwasser (etwa Aqua bidest.):	0,03 – 0,1	µS/cm
Reinwasser (Aqua dest., Umkehrosmosewasser):	0,1 – 15	µS/cm
Weichwässer und reine Wässer (etwa für Diskusfische):	10 – 50	µS/cm
Normale Mitteleuropäische Süßwässer, Leitungswasser:	300 – 600	µS/cm
Meerwasser der Ostsee:	10 – 25	mS/cm
Weltmeere Atlantik, Pazifik, Indischer Ozean:	50 – 55	mS/cm
Rotes Meer:	etwa 60	mS/cm

Die Ionenkonzentration

In erster Linie verändert sich der Leitwert natürlich mit der Konzentration der im Wasser enthaltenen Ionen, die wiederum vom Salzgehalt abhängig ist. Der Salzgehalt ist ja auch der eigentlich interessante Wert, den wir im Seewasser unmittelbar anhand des Leitwertes ermitteln können. Im Süßwasser macht das keinen Sinn. Dennoch gibt uns dort der Leitwert einen wichtigen Hinweis auf den Gesamtsalzgehalt, so daß wir prüfen können, ob unser Leitungswasser für bestimmte Fischarten geeignet ist oder ob wir besser ein Umkehrosmosegerät einsetzen sollten. Im Süßwasser beeinflussen alle Salze den Leitwert, wie etwa das Salz der Kohlensäure, das Calcium-Hydrogenkarbonat $Ca(HCO_3)_2$. Diese Verbindung liegt in Wasser völlig dissoziiert, also in Form der zugehörigen Kationen und Anionen vor und ist somit ein guter Ladungsträger. Ebenso werden die Nitrit- (NO_2^-) und Nitrat-Ionen (NO_3^-) vom Leitwert erfaßt. Der Leitwert ist also ein typischer Summenparameter. Wir wissen nicht, wieviel von welchem Salz ionisiert vorliegt, aber wir erhalten einen sehr guten Vergleichswert, mit dem wir im Süßwasser die Reinheit und im Seewasser unmittelbar den Salzgehalt des Wassers bestimmen können.

Einfluß der Temperatur

Der effektive Leitwert einer wäßrigen Lösung ist sehr stark von der Temperatur abhängig (siehe hierzu auch die Abbildung auf Seite 32). Es ist daher wichtig, sich beim Vergleich zweier Messungen zu versichern, daß beide bei gleicher Temperatur erfolgt sind. Die Abhängigkeit des Leitwertes von der Temperatur folgt einer bestimmten Gesetzmäßigkeit, so daß Meßwerte bei verschiedenen Temperaturen auf eine festgelegte Standardtemperatur (im allgemeinen 25 °C) umgerechnet werden können. Damit liegt man im typischen Temperaturbereich der Aquarientechnik. Das obenstehende Diagramm zeigt die Temperaturabhängigkeit im Seewasser von 35 ‰ Konzentration. Die Tabelle im An-

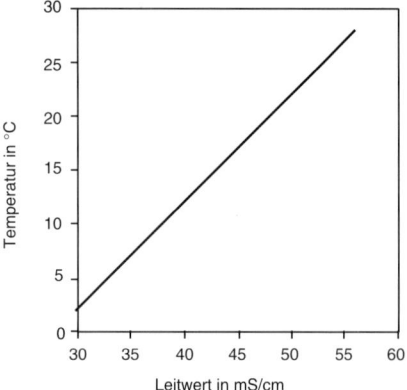

Der gemessene Leitwert hängt sehr von der Temperatur ab.

hang zeigt allgemeingültige Umrechnungswerte zwischen 0 und 3 °C.

Bei der Wahl eines Leitwert-Meßgerätes sollte man darauf achten, daß die gewünschte Temperatur einstellbar ist oder das Gerät über eine automatische Temperaturkompensation verfügt. Geräte mit Temperaturkompensation verfügen neben der Leitwertmessung über eine Temperaturmessung, so daß in der Regel Temperatursonde und Leitwertsonde in einen gemeinsamen Sondenkörper eingearbeitet worden sind. Damit wird erreicht, daß der Ort der Temperaturmessung und der der Leitwertmessung möglichst dicht zusammenliegen. Im Meßgerät wird dann der Leitwert bei einer bestimmten Temperatur gemessen und auf den Wert bei 25 °C umgerechnet. Es wird also bei jeder Wassertemperatur der Leitwert angezeigt, den das Wasser bei einer Temperatur von 25 °C hätte. Dadurch kann man Messungen bei verschiedenen Temperaturen direkt vergleichen.

Die Art der Ionen

Verschiedene Salze dissoziieren verschieden stark und stellen somit in unterschiedlichem Maße Ladungsträger zur Verfügung. Wie bereits oben angedeutet, können wir aus dem Leitwert nicht ablesen, welche Salze sich im

Die Messung des LKeitwertes

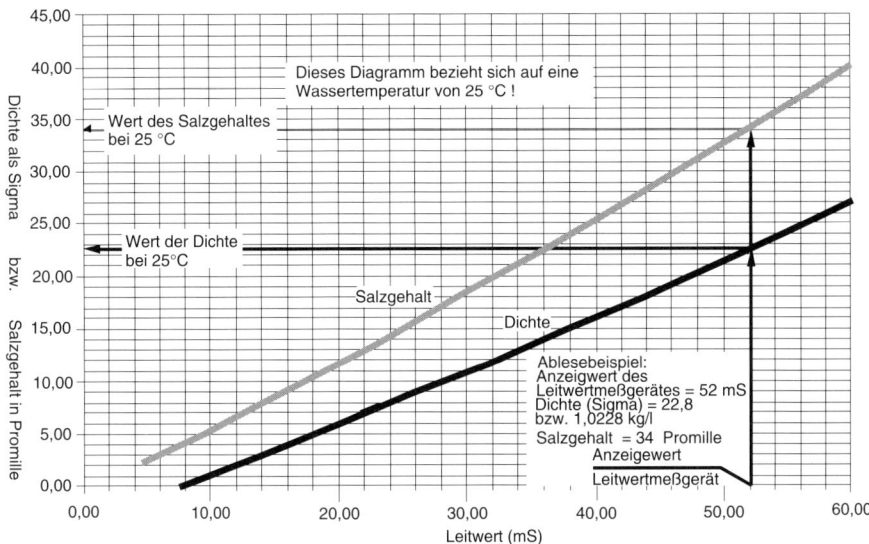

Mit Hilfe der Tabelle können Dichte und Salzgehalt von Meerwasser aus dem Leitwert berechnet werden.

Wasser befinden oder ob die Salzmischung in unserem Seewasseraquarium noch gleichmäßig aus allen Salzanteilen besteht. Verschiedene Salzarten können also bei gleicher Konzentration unterschiedliche Verschiebungen im Leitwert bewirken.

Verschmutzung

Was für alle Elektrodenmessungen gilt, ist natürlich auch für die Leitwertmessung wichtig. Die Oberflächen der Elektroden müssen sauber sein. Belegte Elektroden können zu hohe, aber auch zu niedrige Meßwerte vortäuschen. Bei einigen Meßgeräten liegen die Elektrodenflächen in einem engen Spalt oder in einem Meßkanal. Werden diese Spalten oder Kanäle verschmutzt, kann der Wasseraustausch verhindert werden, so daß die Messung sehr träge wird. Auch die Belegung der Flächen mit Luftblasen sollte vermieden werden. Hierbei stören weniger die großen Luftblasen; viel empfindlicher reagieren die Elektrodenflächen auf Mikrobläschen.

Zusammenhang des Leitwertes mit anderen Meßwerten

Dies betrifft vor allem die Leitwertmessung im Seewasser. Hier sind im wesentlichen noch andere Meßwerte gebräuchlich, wie der Salzgehalt in Promille und die Dichte des Wassers.
Wie wir oben gesehen haben, besteht ein gesetzmäßiger Zusammenhang zwischen Salzgehalt und Leitwert. Je höher der Salzgehalt des Wassers, desto größer die Anzahl der dissoziierten Ionen und folglich auch der Leitwert. Dieser Zusammenhang wird in der folgenden Formel dargestellt.

$$S = 0{,}08996 + 28{,}29720\ R_{15} + 12{,}80832\ R_{15}^2 - 10{,}67869\ R_{15}^3 + 5{,}98624\ R_{15}^4 - 1{,}32311\ R_{15}^5$$

Hierbei ist R15 der Leitwert des Wassers bei einer Temperatur von 15 °C. Für andere Temperaturen kann der Salzgehalt umgerechnet werden.

Über den Salzgehalt hängt der Leitwert auch mit der Dichte des Wassers zusammen. Diese Formeln sind aber sehr viel komplexer und sollen daher hier nicht wiedergegeben werden. Anhand der Abbildung auf Seite 203 können für den gemessenen Leitwert die entsprechenden Werte der Dichte und des Salzgehaltes ermittelt werden. Hierzu ein Ablesebeispiel, wobei wir davon ausgehen, daß das Leitwertmeßgerät eine Temperaturkompensation besitzt:

Ermittlung der Dichte aus dem Leitwert. Unser Meßgerät zeigt einen Meßwert von 52 mS/cm an. Diesen Meßwert suchen wir auf der horizontalen Achse. Von diesem Punkt gehen wir nach oben auf die Dichte-Kurve und von hier waagerecht nach links auf die vertikale Achse und lesen für die Dichte einen Wert von etwa 23,8 ab. Dieser Wert entspricht nicht direkt der Dichte, sondern stellt eine Vereinfachung dar, die man als den Wert Sigma (σ) bezeichnet. Die wirkliche Dichte wird nach folgender Formel ermittelt.

Dichte $\rho = 1 + \sigma/1\,000$

In unserem Fall würde sich also eine Dichte von 1,0238 ergeben.

Ermittlung des Salzgehaltes aus dem Leitwert. Wir suchen zunächst wieder den Leitwert 52 mS/cm auf der horizontalen Achse und gehen nun senkrecht nach oben, bis wir auf die Kurve des Salzgehaltes treffen. Auf der vertikalen Skala könne wir nun den Salzgehalt direkt in Promille ablesen, in unserem Beispiel also 34 ‰.

Temperaturmessung

Die Temperaturmessung ist die einer physikalische Basisgröße. Nach wie vor sind Alkohol oder Quecksilberthermometer Meßgeräte mit einer hervorragenden Genauigkeit, die auch zu Recht ihren Platz im Aquarium behaupten. Sie haben aber zwei Nachteile. Je nach Ausführung sind diese Thermometer manchmal etwas schwierig abzulesen, so daß man das Auge genau auf gleiche Höhe bringen muß, um eine exakte Ablesung zu gewährleisten. Des weiteren sind diese Thermometer nicht für Schaltzwecke geeignet. Mit dem Aufkommen von elektrischen Heizungen ist aber gerade ein Schaltthermometer immer wichtiger geworden. Aus diesem Grund hat man sehr früh auf Bimetallthermometer zurückgegriffen, die sich auch als Temperaturregler eignen. Der Nachteil der Bimetallthermometer besteht nun allerdings darin, daß sie zumeist nicht über die Genauigkeit eines normalen Thermometers verfügen. So empfiehlt es sich, beide Thermometer zu kombinieren. Man benutzt ein normales Thermometer für die genaue Temperaturmessung und ein Bimetallthermometer als reines Schaltelement.

Dieser Zusammenhang hat in der Praxis dazu geführt, daß das Bimetall nicht mehr als Themometer angesehen, sondern nur noch als Schalter benutzt wird. In dieser Funktion kann ein Bimetallelement sehr klein konstruiert werden, so daß viele Hersteller von Aquarienheizern dazu übergegangen sind, es direkt in ihren Heizstab zu integrieren.

Die moderne Elektronik bietet nun allerdings sehr gute Temperaturmeßgeräte an, die die Temperatur beispielsweise mit einem PT 100 messen, also einem temperaturabhängigen elektrischen Widerstand. Seine Veränderung wird elektronisch ausgewertet, so daß man nun eine sehr genaue und gut ablesbare Temperaturanzeige bekommt. Grundsätzlich werden diese elektronischen Temperaturmeßgeräte auch mit Schaltfunktion angeboten, so daß Heizer oder Kühlaggregate bei gleichzeitiger Anzeige der Temperatur genauestens geregelt werden können.

Wasserpumpen

Wasserpumpen sind im wahrsten Sinne des Wortes das Herz eines Aquariums. Sie befördern das sauerstoffarme Wasser aus dem Aquarium in ein Filterbecken und gereinigt und mit Sauerstoff angereichert wieder zurück an den Ort, wo Fische und Wirbellose bereits darauf warten. Ohne Pumpen wären wir nicht in der Lage, die Vielfalt der Natur mit den unterschiedlichsten Strömungen in unseren Aquarien nachzubilden. Die moderne Technik stellt uns eine reiche Auswahl an Pumpen zur Verfügung. Bevor man seine Entscheidung fällt, sollte man sich genau über die Art des Einsatzes, die gewünschte Leistung sowie das Material im klaren sein. Wir können hier für die Aquarientechnik im wesentlichen vier Einsatzarten unterscheiden.

Normalsaugende Pumpen

Unter normalsaugender Betriebsweise versteht man, daß das Wasser der Pumpe frei zuläuft. Sie muß es also nicht durch eigene Kraft ansaugen. Diese Bedingung wird sehr oft unterschätzt. Viele Pumpen werden in ihrer Leistung deutlich gedrosselt, weil auf der Saugseite zu lange und im Durchmesser zu kleine Rohre verlegt worden sind. Man kann sich als Hilfestellung merken, daß alle Pumpen ihre Leistung nur auf der Druck- und nicht auf der Saugseite erbringen. Man darf daher auch eine Pumpe nie auf der Saugseite, sondern nur auf der Druckseite mit einem Ventil drosseln! Ventile, die auf der Saugseite installiert sind, dienen nur dazu, die Pumpe zu Wartungszwecken leicht aus der Installation ausbauen zu können. Wird eine leistungsstarke Pumpe dennoch auf der Saugseite gedrosselt, kann es zu sogenannten Kavitationserscheinungen kommen, die das Läuferrad zerstören.

Selbstansaugende Pumpen

Selbstansaugende Pumpen sind in der Lage, das Wasser aus einem tiefer gelegenen Behälter anzusaugen. Sie weisen in der Regel einen Vorlagebehälter auf der Saugseite auf oder verfügen über eine andere Einrichtung, die es verhindert, daß die Pumpe trockenläuft, während sie die Luft aus der Rohrleitung absaugt. Unter Trockenlaufen versteht man, daß die Pumpe ohne Wasser im Läufergehäuse arbeitet. Diese Betriebssituation ist für jede

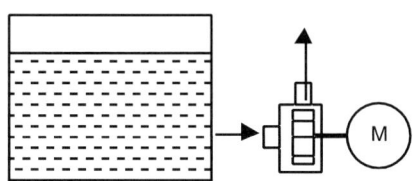

Normale Aquarienpumpen müssen unterhalb des Wasserspiegels installiert werden.

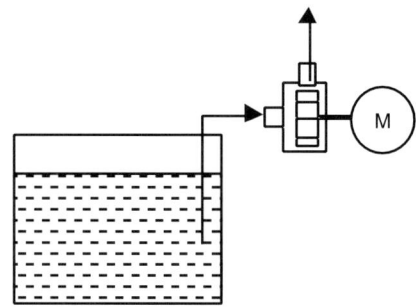

Selbstansaugende Pumpen eignen sich auch zur Montage oberhalb des Wasserspiegels.

Wasserpumpen

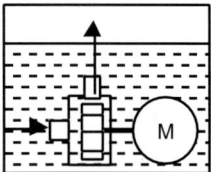

Pumpe für den untergetauchten Einsatz.

Pumpe gefährlich, da Lager und Dichtungen beschädigt werden können. Bei der Erstinbetriebnahme müssen die Pumpen zumeist erst mit Wasser gefüllt werden, damit sie überhaupt arbeiten können! Keine Pumpe kann Wasser über eine Höhe ansaugen, die größer als 10 m ist. Dieser Höhenunterschied entspricht dem atmosphärischem Druck. Technisch sinnvoll sollte man Saugpumpen nur bis etwa 2,5 m Höhenunterschied arbeiten lassen und ansonsten auf andere technische Lösungen zurückgreifen. Grundsätzlich gilt auch für selbstansaugende Pumpen, daß man sie zu Regelzwecken nur auf der Druckseite drosseln darf!

Untertauchende Pumpen

Der Einsatz unterhalb des Wasserspiegels wird bei Aquarien gerne gewählt. Die Bauform ermöglicht es, die Pumpe platzsparend in das Aquarium selbst oder in eine Filterkammer zu legen. Selbstverständlich müssen die Motoren dieser Pumpen wasserdicht gekapselt sein, in der Regel mit Schutzart IP 67. Außerdem müssen die Motoren geerdet sein.

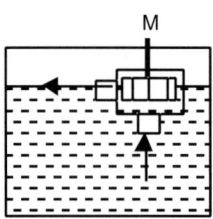

Tauchkreiselpumpen sind trotz ihres Namens nur für den eingetauchten Einsatz konzipiert.

Einige als Tauchpumpen ausgeführte Geräte können auch außerhalb des Wasser betrieben werden; das ist jedoch nicht selbstverständlich.

Tauchkreiselpumpen

Der Name dieser Pumpen ist etwas irreführend, da sie nicht komplett untergetaucht werden dürfen. Nur der eigentliche Pumpenteil befindet sich unterhalb des Wasserspiegels, während der Motor darüber am Aquarienrand befestigt wird.

Die Pumpen eignen sich zumeist besonders gut, um im Aquarium selbst eine Stromung zu erzeugen. Neben dem Einsatzgebiet bestimmen die Bauart des Motors und die Motor-Pumpen-Kopplung wesentlich ihre Konstruktionsweise. Die in der Aquaristik wohl am meisten vorkommende Pumpe ist die Magnetkreiselpumpe.

Magnetkreiselpumpen

Magnetkreiselpumpen zeichnen sich dadurch aus, daß es keine mechanische Verbindung zwischen Wasserteil und Elektromotor gibt. Die Kraftkopplung wird ausschließlich durch Magnetkraft übertragen. Hierbei kommen zwei verschiedene Systeme zur Anwendung.

Elektromagnetischer Antrieb

Diese Bauart stellt die eigentliche Aquarienpumpe im Leistungsbereich bis etwa 2 000 l/h dar. Die Pumpen verfügen nicht etwa über einen Motor mit sich drehenden Teilen, sondern es wird ein elektromagnetisches Drehfeld erzeugt, das auf den Permanentmagneten im Pumpenteil wirkt und ihn mitdreht. Dieser Zusammenhang wird in der Abbildung auf Seite 207 oben veranschaulicht.

Spulen, die um einen Eisenkern gelegt worden sind, erzeugen in ihm ein elektromagnetisches Feld. Die Reihenfolge der Spulen und der Eisenkerne ist so gewählt, daß sich das elektromagnetische Feld dreht. Die Eisen-

Magnetkreiselpumpen

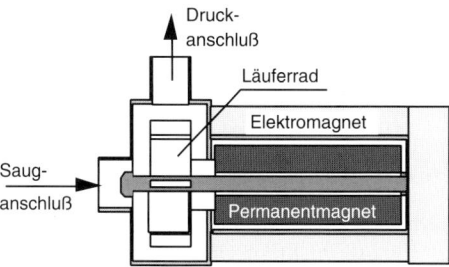

Schnittbild einer Kreiselpumpe mit elektromagnetischem Antrieb.

kerne sind zumeist so angeordnet, daß sie den Dauer- oder Permanentmagneten in sich einschließen. Dadurch wird eine gute Kraftschlüssigkeit erzielt. Durch das sich drehende elektrische Magnetfeld wird eine Kraft auf den Permanentmagneten ausgeübt, der bestrebt ist, dem Feld zu folgen. Auf die Weise wird hier eine rein magnetische Kraftkopplung erzielt. Daher kann auf aufwendige Dichtungen zwischen Wasserteil und Motor verzichtet werden.

Einfache Bauformen weisen das Problem auf, daß im Augenblick des Anlaufens die Drehrichtung nicht genau festgelegt ist. Man weiß also nie genau, ob der Motor das Läuferrad links oder rechts herum drehen wird. Daher kann man die Stege des Pumpenläufers nicht, wie bei größeren Pumpen üblich, in Spiralform auslegen, sondern man muß sie gerade ausrichten, was eine geringe Leistungsminderung bewirkt.

Weiterhin kann beim Anlaufen die Drehrichtung für einen kurzen Moment mehrmals ruckartig wechseln. Hierdurch werden enorme Kräfte auf das Läuferrad übertragen, was auf die Dauer zu erheblichem Verschleiß führen kann.

Das ungerichtete Anlaufen ist aber auch der Grund dafür, daß viele der magnetgekuppelten Kreiselpumpen insbesondere kurz nach dem Einschalten sehr laut sind. Aus den hier geschilderten Gründen ist eine sorgfältige Lagerung besonders wichtig, bei der sich Keramikwellen bewährt haben. Um Schwingungen vor allem beim Anlaufen aufzufangen, ruhen die Keramikwellen in flexiblen Kunststoffhalterungen, die gewisse Bewegungen erlauben, andererseits aber die Achse doch fest führen. Deshalb sind zum Teil die Lagerkonstruktionen auch bei kleinen Aquarienpumpen sehr aufwendig.

Die Betriebsspannung der meisten Aquarienpumpen ist 230 V. Trotzdem können viele Pumpen als Tauchpumpen eingesetzt werden, wenn sie über eine geeignete Schutzisolierung und Erdung verfügen. Grundsätzlich muß man sich vor dem Kauf einer Pumpe darüber im klaren sein, wie man die Pumpe einsetzen möchte, denn nicht jede Pumpe kann unter Wasser genutzt werden.

Einige Pumpen sind sowohl als Tauchpumpe wie auch als freistehende Pumpe zu verwenden. In diesem Fall muß die Pumpe über feste Rohre oder Schlauchanschlüsse verfügen. Wenn die Pumpe als Tauchpumpe eingesetzt wird, sollte zumindest ein Grobfilter vorgesehen werden, der verhindert, daß Tiere oder grobe Schmutzpartikel angesaugt werden. Grobe Teilchen können eine Pumpe beschädigen. Sand sollte ebenfalls nicht angesaugt werden, da er sehr hart ist und auf Dauer jedes Pumpengehäuse zerstört.

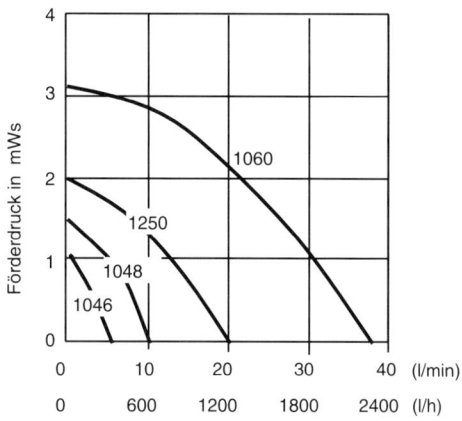

Leistungsdiagramme verschiedener elektromagnetisch gekoppelter Pumpen.

Einige Hersteller bieten multifunktionale Pumpen an. Sie sind sowohl als Tauchpumpen wie auch als außenstehende Pumpen geeignet. Besonders vorteilhaft sind in diesem Zusammenhang verschraubbare Schlauchanschlüsse, die bei externer Aufstellung einen sicheren Halt des Schlauches gewährleisten. Wichtig ist auch, daß die Pumpe relativ einfach auseinanderzunehmen ist, um Verunreinigungen zu entfernen.

Der Leistungsbereich der elektromagnetisch gekoppelten Kreiselpumpen ist begrenzt. Der mögliche Druck liegt zumeist unter 5 mWs, während die Wassermenge der größeren Pumpen im drucklosen Betrieb 3 bis 4 m^3/h kaum übersteigt. Damit können allerdings die meisten Heimaquarien schon recht gut betrieben werden. In der Abbildung auf Seite 207 unten sind typische Leistungskurven verschiedener elektromagnetisch gekoppelter Pumpen dargestellt.

Magnetpumpen mit motorischem Antrieb und Permanentmagnetkopplung

Magnetpumpen mit größerer Leistung sind in der Regel nach einem anderen Prinzip gebaut. Sie verfügen über einen handelsüblichen Wechsel- oder Drehstrommotor, auf dessen Welle ein von ihm gedrehter Permanentmagnet befestigt ist. Dieser Antriebsmagnet kann als Scheibe oder auch rohr- oder korbförmig gestaltet sein. Der eigentliche Pumpenteil liegt in einem hermetisch geschlossenen Gehäuse, so daß keine mechanische Verbindung zum Antrieb besteht. Es gibt also keinerlei Abdichtungen zum Motorteil, so daß Leckagen mit Sicherheit ausgeschlossen worden sind.

Im Pumpengehäuse liegt der Pumpenmagnet konzentrisch zum Antriebsmagneten angeordnet; der Pumpenmagnet ist starr mit der Pumpenwelle verbunden. Der Motor dreht nun den Antriebsmagneten, und der Pumpenmagnet folgt ihm zwangsläufig in derselben Drehrichtung und in derselben Drehzahl. Die Anlaufprobleme, die die elektromagnetische Kopplung mit sich bringt, gibt es bei diesen Pumpen also nicht. Dafür ist der Wirkungsgrad nicht ganz so hoch, da ein weiterer Übertragungsweg hinzukommt. Die Pumpen sind zwangsläufig auch wesentlich größer. Aufgrund der Motorenbauweise sind Magnet-Magnet-gekuppelte Pumpen in der Regel nicht als Tauchpumpen geeignet. Man ist aber in der Lage, diese Pumpen auch für relativ große Wassermengen zu bauen. Leider sind sie im Vergleich zu Geräten anderer Bauarten relativ teuer.

Außenliegende Pumpen mit Gleitringdichtung

Magnetkreiselpumpen in der oben beschriebenen Bauart sind auf einen relativ kleinen Leistungsbereich beschränkt. Wählt man hingegen indirekt magnetgekuppelte Kreiselpumpen, dringt man zwar in deutlich höhere Leistungsbereiche vor, aber die Kosten sind ebenfalls erheblich. Hier stellen konventionelle Pumpen mit Gleitringdichtungstechnik eine sehr gute Alternative dar. Für die Aquaristik werden verschiedene Bauarten angeboten, wobei sich vor allem Pumpen mit Kunststoffspiralgehäuse bewährt haben. Sie sind sowohl für Meer- als auch für Süßwasser geeig-

Kunststoffkreiselpumpe mit Gleitringdichtung.

Selbstansaugende Kunststoffkreiselpumpe mit Saugkorb.

net. Das Abbildung auf Seite 208 unten zeigt eine derartige Pumpe. Das Läufergehäuse aus glasfaserverstärktem Material ist sowohl süß- als auch seewasserbeständig sowie für Drücke bis nahezu 2 bar ausgelegt. Die selbstansaugende Ausführung verfügt über einen relativ großen Saugkorb, der bei Inbetriebnahme mit Wasser angefüllt werden muß (siehe Abbildung oben). Die Pumpe ist dann in der Lage, Saugleitungen bis zu etwa 2,4 mWs Höhenunterschied zu entleeren. Mit steigender Temperatur nimmt die Ansaughöhe ab.

Bei selbstansaugenden Pumpen sollte der Durchmesser des Saugrohres so gewählt werden, daß keine zusätzlichen Leistungsverluste auftreten. An einer Stelle in der Rohrleitung muß ein Rückschlagventil eingesetzt sein, damit die Pumpe nicht bei jedem Anlauf wieder von neuem Luft ansaugen muß, denn das ist auf jeden Fall zeitraubend. Das Rückschlagventil kann als Fußventil am Anfang der Rohrleitung oder als Schrägsitzventil in der Nähe der Pumpe installiert werden. Wichtig ist, daß man für die Auslegung der Pumpe die Saughöhe mit in die Berechnung einbezieht. Die Förderhöhe ist also die Summe von Saug- und Druckhöhe!

Die Pumpen werden im kleineren Leistungsbereich mit Wechselstrom-, im größeren mit Drehstrommotoren geliefert. Die Wechselstrommotoren sind mit einem internen Motorschutzschalter ausgerüstet, der den Motor vor Überlast schützt. Der Motor ist in diesem Fall direkt an das Pumpengehäuse angeflanscht, so daß die Bauweise relativ kompakt ist. Es besteht allerdings die Möglichkeit, daß bei einem Defekt der Gleitringdichtung Wasser direkt in den Motor eindringen und ihn beschädigen kann. Sogenannte Lagerträgerpumpen vermeiden diese Gefahr. Sie verfügen zwischen Motor- und Pumpenkopf über einen großen Anschlußteil, der Leckwasser aus der Pumpe austreten läßt. Diese Pumpen sind allerdings deutlich teurer und konstruktiv bedingt erheblich größer, so daß sie auch aus diesem Grund nur sehr selten in den zumeist beengten Aquarienanlagen eingesetzt werden. Sie verfügen in der Regel über eine Luftkühlung, um die Motorwärme abzuführen. Andernfalls würde der Motor überhitzt und zerstört oder vom Motorschutzschalter (falls eingebaut) abgeschaltet werden.

Als unangenehme Begleiterscheinung erzeugen alle Motoren mit Lüfterflügeln ein relativ lautes Windgeräusch. Die Lautstärke ist immer dann ein Problem, wenn die Pumpen im Wohnbereich installiert worden sind. In diesem Fall muß entweder eine Schallisolierung vorgesehen werden, oder man sollte die Pumpe in einem weniger schallempfindlichen Raum (Kellerraum, Abstellkammer) installieren. Ist das nicht möglich, sollten sich geräuschempfindliche Aquarianer eventuell für einen anderen Pumpentyp entscheiden.

Häufig macht sich der Laie keine Vorstellung davon, wie viele verschiedene Bauteile zur Gesamtfunktion einer Wasserpumpe beitragen. Jedes Bauteil ist aus einem speziellen Material gefertigt, das auf die individuellen Beanspruchungen abgestellt ist.

Besondere Sorgfalt wird auf die **Gleitringdichtung** verwendet, die aus verschiedenen Materialien gefertigt worden ist. Das Prinzip einer Gleitringdichtung besteht darin, daß ein Dichtungsteil auf der Pumpenwelle sitzt, während ein anderer mit dem Gehäuse verbunden ist. Somit gibt es ein ruhendes und ein rotierendes Dichtungsteil. Diese beiden

Hauptelemente der Gleitringdichtung bestehen zumeist aus Graphit und Keramik. Die Stirnflächen weisen gegeneinander und laufen während des Pumpenbetriebes aufeinander. Um unter diesen Bedingungen absolute Dichtigkeit zu gewährleisten, werden die Dichtungsteile von einer Feder aufeinander gedrückt.

Man kann sich leicht vorstellen, daß schon feinste Unebenheiten auf den Dichtungsflächen die Dichtung bei der dauernden Rotation zerstören würde. Die Dichtflächen sind also mit äußerster Präzision geschliffene Bauteile. Trotzdem bleibt die Gleitringdichtung der neuralgische Punkt dieser Pumpen. Kritisch ist vor allem der Einsatz in Seewasser, wenn die Pumpe nicht dauernd läuft, sondern für längere Zeit stillsteht. Dann kann es unter Umständen zur Bildung von Salzkristallen zwischen den Dichtflächen kommen, die so hart sind, daß sie vor allem beim Anlaufen die polierten Flächen aufreißen und somit die Dichtwirkung zunichte machen. Man sollte also Pumpen mit Gleitringdichtungen im Seewasser möglichst ununterbrochen laufen lassen.

Der große Vorteil dieser Bauart ist, daß die Pumpen relativ leistungsstark sind. Wassermengen von 6 bis 80 m^3/h und Druckbereiche bis 15 mWs sind zu erreichen, so daß auch aufwendige Rohrleitungsführungen mit langen Leitungen und vielen Winkeln gut realisierbar sind. Die Pumpen sind beispielsweise geeignet, das Wasser aus einer Kellerinstallation in das Erdgeschoß oder auch ins erste Obergeschoß zu fördern.

Neben den hier im einzelnen beschriebenen Pumpen gibt es eine Reihe weiterer Industriepumpen, die sich vor allem für den Einsatz in großen Aquarienanlagen eignen. Hier können (fast) alle Spezialwünsche nach Art der Kraftkopplung, Materialwahl oder Dichtungstechnik erfüllt werden. Wassermengen von 200 m^3/h oder Druckbereiche bis 50 mWs können noch mit Kunststoffkreiselpumpen realisiert werden. Auch Keramikpumpen sind verfügbar. Je größer die Pumpe ist, desto wichtiger wird eine sorgfältige Planung für ihre richtige Auswahl.

Auswahl einer Pumpe

Auswahlkriterium Pumpenleistung

Vor dem Kauf einer Wasserpumpe sollte man sich gut überlegen, welche Pumpenbauart man benötigt. Hierzu kann es bei einer einfachen Anwendung ausreichen, sich zu entscheiden, welche Wassermenge man umwälzen will. Bei aufwendigen Installationen sollte man sich zur Hilfe eine Handskizze anfertigen, um einzutragen, welchen Leitungsweg die Pumpe überbrücken muß. Anhand der Tabellen im Kapitel über Rohrleitungen kann der Rohrverlust ermittelt werden.

Eine einfache Aufgabenstellung kann etwa sein, daß der Inhalt eines Aquariums von 150 l Inhalt durch einen Schnellfilter gepumpt werden soll, der sich als Innenfilter im Becken befindet. Als Faustformel kann man annehmen, daß der Inhalt des Aquariums einmal pro Stunde umgewälzt werden soll. Die Pumpenleistung sollte also wenigstens 150 l/h betragen. Da der Innenfilter nur

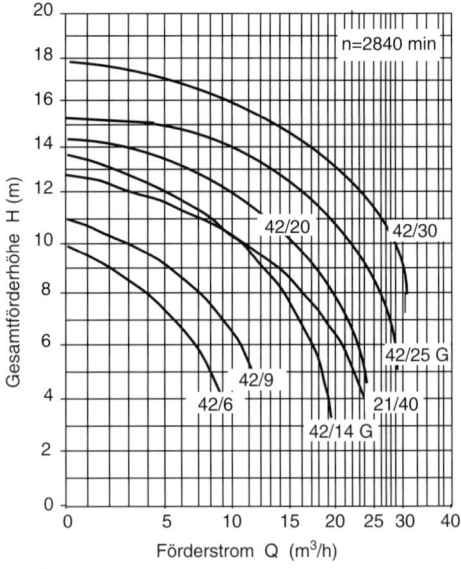

Leistungsdiagramme verschiedener Kunststoffkreiselpumpen.

Auswahl einer Pumpe

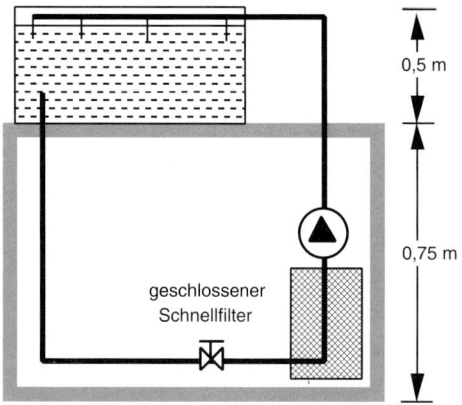

Pumpendruck = Rohrleitungsverlust
P ~ 0,3 mWs

Beim geschlossenen Schnellfilter entspricht der nötige Pumpendruck dem durch Reibung entstehenden Rohrleitungsdruckverlust, den wir in diesem Beispiel mit etwa 0,3 mWs ansetzen.

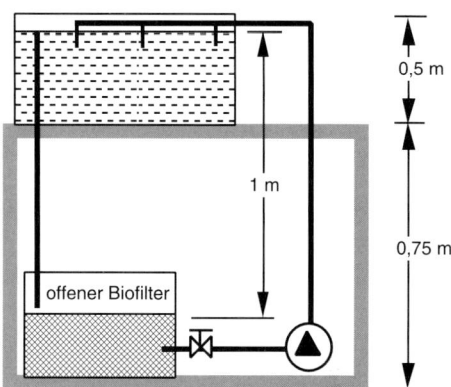

Pumpendruck = Rohrleitungsverlust + Wassersäule
P ~ 0,3 m + 1 m = 1,3 mWs

Beim offenen Rieselfilter muß die Pumpe zusätzlich zum Rohrleitungsdruckverlust von 0,3 mWs eine Wassersäule von einem Meter kompensieren, insgesamt also 1,3 mWs.

einen sehr geringen Filterwiderstand hat und keine Rohrleitungen angeschlossen worden sind, kommt nur ein geringer Druckverlust zustande, so daß die Pumpe nahezu ihre volle Leistung erbringt. In diesem Fall könnte man anhand der Abbildung auf Seite 207 den Filter des Typs 1046 als mehr als ausreichend auswählen. Wenn man das gleiche Beispiel mit einem 500-l-Aquarium durchspielt, bräuchte man eine Pumpe, die ohne wesentlichen Druck etwa 500 l/h leistet. Hierzu könnten wir den Filtertyp 1048 wählen.

Nun ist natürlich ein 500-l-Aquarium nicht mehr unbedingt für den Betrieb mit einem Innenfilter geeignet. Bei dieser Beckengröße steht die Filteranlage zumeist unter dem Aquarium oder sogar in einem Nebenraum. Wenn wir von einem geschlossenen Schnellfilter ausgehen, der mit Schläuchen auf der Saug- und auf der Druckseite angeschlossen ist, haben wir aufgrund der Reibungsverluste in den Schläuchen, Winkeln und Ventilen einen Druckverlust von etwa 0,3 mWs. Dieser Druck muß von der Pumpe

überwunden werden. Wenn wir nun uns das Leistungsdiagramm der Pumpe 1048 ansehen, so stellen wir fest, daß sie bei 0,3 mWs eine etwas geringere Förderleistung erbringt, die 500 l/h jedoch noch fast erreicht. Wir können die Pumpe also weiterhin beibehalten.

Nun haben wir gehört, daß biologische Filter gewisse Vorteile bringen, und entscheiden uns, den Schnellfilter durch einen offenen Biofilter zu ersetzen. Das Wasser läuft aus dem Aquarium im freien Fall in den Biofilter. Unsere Pumpe soll nun das Wasser wieder in das Aquarium transportieren. Wir werden nun erstaunt feststellen, daß bei Einsatz der Pumpe 1048 nur noch ein erbärmliches Rinnsal ins Aquarium zurückläuft. Woran liegt das? Wir haben doch nur den Filter gewechselt. Die Sache ist, hydraulisch betrachtet, eigentlich ganz einfach. Der Schnellfilter ist ein geschlossener Filter. Er gibt den Wasserdruck, der von oben auf ihm lastet, unbeeinträchtigt weiter, da er nicht mit der Atmosphäre in Verbindung steht. Die Pumpe braucht also eigentlich, genau wie beim Innenfilter, nur die relativ geringen Rohrleitungs- und Filterwiderstände zu überwinden. Der biologische Filter ist aber offen. Er steht mit der Atmosphäre in unmittelbarer Verbindung, so daß das hydraulische System aufgetrennt wird. Die Förderpumpe kann von dem Wasserdruck im Aquarium nicht mehr profitieren, so daß die gesamte Förderenergie von der Pumpe alleine aufgebracht werden muß. Die Pumpe muß also neben dem Rohrleitungswiderstand und dem Filterwiderstand auch noch den Unterschied zwischen den Wasserspiegeln überwinden. Da wir nach wie vor 500 l umwälzen möchten, benötigen wir eine Pumpe, die 500 l/h bei einem Gegendruck von 1,3 mWs fördert. Wenn wir das Leistungsdiagramm bei diesem Wert betrachten, so stellen wir fest, daß die Pumpe 1048 tatsächlich bei diesem Druck praktisch keine Förderleistung hat. Wir müssen also die nächststärkere Pumpe wählen. Das Diagramm für die Pumpe 1250 sieht dagegen schon deutlich besser aus. Diese Pumpe hat bei dem vorliegenden Gegendruck von 1,3 mWs tatsächlich noch etwa die Förderleistung von 500 l/h.

Dieses Beispiel zeigt uns deutlich, daß die Wahl der Wasserpumpe eng mit der Wahl des Filtersystems zusammenhängt. Es belegt auch, daß zwei Pumpen mit gleicher Maximalleistung im Druckbereich große Unterschiede in der Leistung aufweisen können. Daher sollte man sich auf jeden Fall beim Kauf einer Pumpe nicht nur einfach nach deren „Leistung" erkundigen, sondern das Leistungsdiagramm erfragen! In jedem Fall ist für die Bemessung der Pumpe zusätzlich zur reinen Förderhöhe der Rohrleitungsverlust separat zu ermitteln!

Auswahlkriterium Wirkungsgrad

Bei einer Aquarienanlage ist der Stromverbrauch sehr oft ein wichtiger Faktor, denn jedes Watt Leistung zählt in bezug auf die Betriebskosten. Daher ist natürlich der Wirkungsgrad der Pumpen ein wichtiges Entscheidungskriterium. Unter Wirkungsgrad versteht man allgemein das Verhältnis der

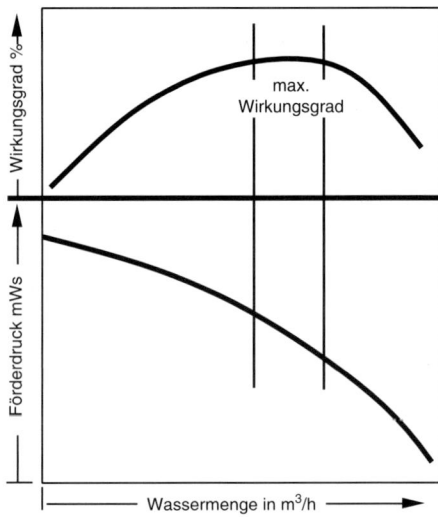

Der Wirkungsgrad einer Kreiselpumpe erreicht etwa zwischen der Hälfte und zwei Dritteln der maximalen Förderleistung sein Maximum.

Energie, die aufgenommen wird, zu der, die abgegeben wird. Dabei ist es immer wichtig anzugeben, an welchen Punkten oder für welche Baugruppen die Messungen gemacht werden. So kann man etwa den Pumpenteil, den Motor und das Kraftkopplungssystem jeweils alleine betrachten oder das gesamte System untersuchen.

Faßt man Teilwirkungsgrade von Pumpen zusammen, so muß man sie miteinander multiplizieren. Wenn man davon ausgeht, daß die drei Komponenten, Motor, Kupplung und Pumpenteil jeweils mit einem Wirkungsgrad von etwa 60 % arbeiten, so kommt man auf einen Gesamtwirkungsgrad von ungefähr 20 % (60/100 × 60/100 × 60/100 = 216 000/1 000 000 = 21,6/100). Das ist etwa der Wirkungsgrad typischer Aquarienpumpen. Dabei kann man im allgemeinen davon ausgehen, daß große Pumpen einen besseren Wirkungsgrad haben als kleine. Es ist eine allgemeine Erscheinung in der Technik, daß große Systeme, allein betrachtet, wirtschaftlicher sind. Daher liegt der Wirkungsgrad bei

Auswahl einer Pumpe

Die Leistungsaufnahme einer Kreiselpumpe ist umso höher, je niedriger der zu überwindende Druck ist!

Wassermenge m^3/h	Druck mWs	Leistungs- aufnahme Watt
2,00	6,00	356,00
4,00	5,50	366,00
5,20	5,00	375,00
6,10	4,50	378,00
7,10	4,00	383,00
9,00	3,50	390,00
10,00	3,00	391,00
12,50	2,10	394,00

Kleinpumpen im Leistungsbereich von 100 bis 1000 l/h eher bei 15 – 18 %, Pumpen im Leistungsbereich von 1 bis 15 m^3/h bei 15–25 % und großen Industriepumpen bei bis zu 65 %.

Natürlich sagen diese Zahlen allein wenig aus. Was nützt es, wenn man eine Pumpe mit einem Wirkungsgrad von 25 % besitzt, die 10 m^3/h Wasser bei einem Leistungsbedarf von 750 W fördert, wenn man nur eine Wassermenge von 3 m^3/h fördern will und hierfür eine Pumpe wählen kann, die zwar einen schlechteren Wirkungsgrad von nur 16 % hat, aber trotzdem nur einen Leistungsbedarf von nur 100 oder vielleicht 200 W. Es ist also wichtig, alle Parameter in die Betrachtung mit einzubeziehen.

Wie die Tabelle links zeigt, ist die Leistungsaufnahme einer Pumpe auch nicht über den gesamten Leistungsbereich konstant. Es ist wichtig zu wissen, daß der absolute Leistungsbedarf einer Pumpe um so höher liegt, je niedriger der Druck ist! Je niedriger der Förderdruck ist, um so mehr Wasser wird gefördert und um so höher ist die Leistungsaufnahme! Umgekehrt gilt, daß die Leistungsaufnahme bei höherem Druck niedriger liegt. Diese Gesetzmäßigkeit wird oft verwechselt. In der Praxis bedeutet das: Wenn man eine Pumpe auf der Druckseite mit einem Ventil oder Kugelhahn eindrosselt, steigt der Förderdruck, die Fördermenge fällt und somit auch die Leistungsaufnahme! Das folgende Beispiel läßt es noch deutlicher werden. Wenn man zwei baugleiche Pumpen hat, wobei die eine das Wasser 2 m hoch fördern muß, während die andere nur Wasser

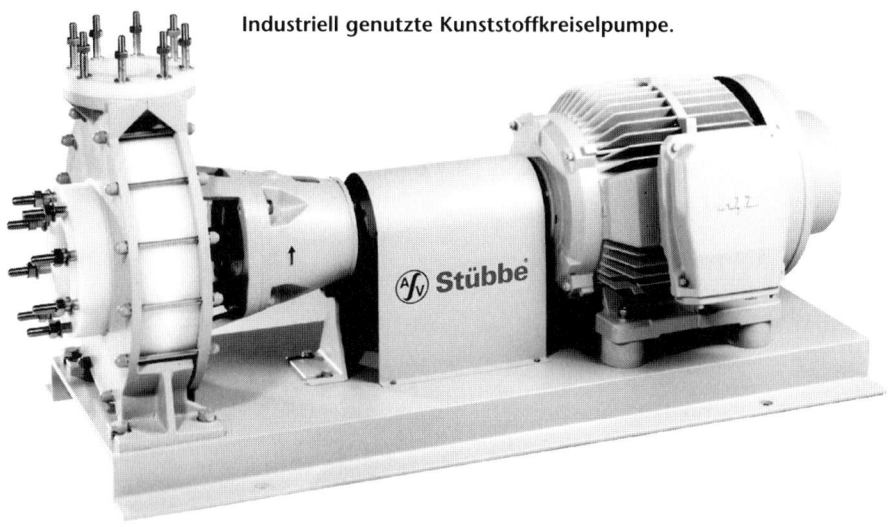
Industriell genutzte Kunststoffkreiselpumpe.

umwälzen soll, um es zu bewegen, so hat die letztere die höhere Leistungsaufnahme!

Auch der Wirkungsgrad einer Pumpe ist keine Konstante; er verändert sich mit der Betriebssituation. Jeweils an den Endpunkten des Leistungsdiagramms, also bei maximaler Förderleistung ohne Gegendruck und bei maximaler Förderhöhe ohne Fördermenge ist der Wirkungsgrad verständlicherweise sehr gering. Im allgemeinen kann man feststellen, daß der Wirkungsgrad zwischen der halben bis zu etwa zwei Dritteln der maximalen Förderleistung sein Maximum erreicht.

Auswahlkriterium Lautstärke

Hier ist die Auswahl besonders schwierig, da eine noch akzeptable Lautstärke ein sehr subjektives Kriterium ist. Grundsätzlich kann man sagen, daß Pumpen mit Lüfterrad deutlich lauter als Pumpen ohne Lüfterrad sind. Insbesondere untergetauchte Pumpen sind sehr leise, da sie eventuelle Schwingungen nicht an die Luft abgeben können. Der Schall wird also zunächst vom Wasser abgepuffert. Für alle Pumpen kann man sagen, daß sie deutlich lauter werden, wenn sie auch Luftblasen ansaugen. Luftblasen versetzen die innere Lagerkonstruktion in fortwährende Schwingungen, und mechanische Schwingungen erzeugen akustische, also Geräusche, die uns stören können. Eine sorgfältige Lagerung vermeidet Lagergeräusche. Also sollte man beim Pumpenkauf die Pumpe auch nach der Lagerqualität aussuchen. Eine geräuschfreie Pumpe kann es nicht geben, da die Beschleunigung des Wassers im Läufergehäuse immer zu gewissen Strömungsgeräuschen führt, die man nie ganz abstellen kann.

Auswahlkriterium Material

Die meisten Aquarienpumpen bestehen auf der Wasserseite vollständig aus Kunststoff, so daß man sie sowohl im Süß- als auch im Seewasser einzusetzen kann. Sollte man jedoch beispielsweise eine Teichpumpe mit Metallteilen im Pumpenbereich besitzen, so darf man sie auf keinen Fall im Salzwasser einsetzen. Alle Metalle korrodieren im Seewasserbereich extrem schnell und geben Metallverbindungen ans Wasser ab, die für die Tiere giftig sind!

Auch bei Kunststoffpumpen sind manchmal kraftschlüssige Verbindungen durch Schrauben im Läuferbereich nicht zu vermeiden. In diesem Fall sollten diese Schrauben aus Edelstahl, Materialnummer 1.4571, oder höherwertig sein.

Luftpumpen

Wir können Luftpumpen als die Lunge einer Aquarienanlage bezeichnen. Wenn es auch heute im Prinzip Systeme gibt, die ohne Luftpumpen auskommen, so ist doch nach wie vor insbesondere das Liebhaberaquarium auf sie angewiesen. Luft wird in erster Linie als Sauerstoffträger benötigt. Man gibt sie über Ausströmer direkt in das Aquarium ein oder man betreibt mit ihrer Hilfe einen Innenfilter, wobei die aufsteigenden Blasen sowohl der Sauerstoffanreicherung als auch der Förderung des Wassers durch den Filter dienen. Hierbei bedient man sich des sogenannten Mammutpumpen-Prinzips, das auch Air-Lift-System genannt wird.

Die meisten Aquarienluftpumpen arbeiten nach dem gleichen Prinzip. Eine Spule, die auf einen Eisenkern gewickelt ist, erzeugt ein elektromagnetisches Wechselfeld. Vor dieser Spule ist ein Schwinganker angeordnet, der am Kopf über zwei Permanentmagnete verfügt. Am anderen Ende ist der Schwinganker fest mit dem Gehäuse verbunden. Wird die Pumpe eingeschaltet, so lenkt das elektromagnetische Feld die Permanentmagnete aus ihrer Ruhelage aus. Da das Gerät mit Wechselstrom betrieben wird, wird das elektromagnetische Feld 50mal pro Sekunde umgepolt. Entsprechend oft werden die Permanentmagnete angezogen und abgestoßen. Dadurch gerät der Schwinganker in Schwingungen. Etwa in der Mitte des Schwingankers ist ein Stab befestigt, der auf eine Membrane auf dem Pumpenkopf wirkt. Wird der Schwinganker in Bewegung versetzt, vibriert auch die Membrane. Wird sie nach „A" ausgelenkt, wird die im Pumpenkopf befindliche Luft verdichtet. Hierdurch wird Ventilplatte 1 verschlossen und Ventilplatte 2 geöffnet. Die Luft kann somit nach außen strömen. Im nächsten Zyklus erreicht der Schwinganker die Position „B". Die Membrane wird nach außen gezogen, so daß im Pumpenkopf ein Unterdruck entsteht. Hierdurch wird die Ventilplatte 2 geschlossen. Das ist sehr wichtig, denn sonst würde die Pumpe die gerade hin-

Aufbau einer Membranpumpe für Aquarien.

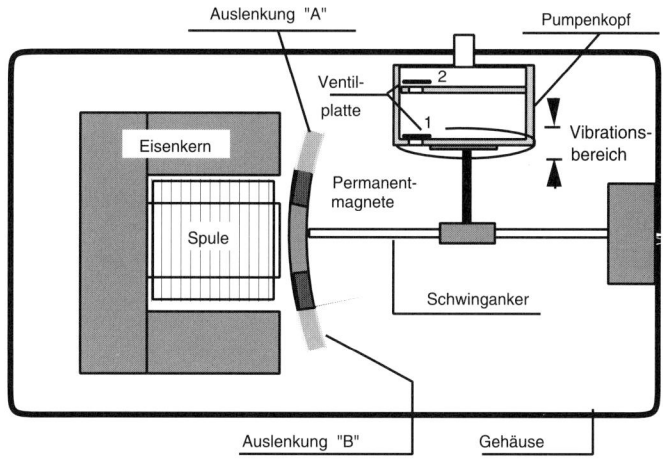

Luftpumpen

ausgedrückte Luft wieder ansaugen und nicht ins Wasser hinein fördern. Die Ventilplatte 1 wird durch den Unterdruck geöffnet, so daß nun Luft in den Pumpenkopf eingesaugt werden kann, die im nächsten Zyklus wieder verdrängt wird.

Nach diesem Prinzip arbeiten alle bekannten Aquarienpumpen. Unterschiede gibt es in ihrem Leistungsbereich. Es werden Pumpen angeboten, die etwa 20 l/h fördern, aber auch leistungsstärkere bis etwa 1000 l/h. Damit ist aber die Leistungsgrenze dieser Pumpen erreicht. Ein wesentliches Problem ihrer Bauart ist es, daß die mechanischen Schwingungen des Schwingankers auch akustische Schwingungen, also Geräusche, erzeugen. Der Hersteller versucht zumeist, sie durch eine geeignete Gehäusekonstruktion und vor allem durch Gummipuffer abzumindern.

Auswahlkriterien der Luftpumpe

Wie bei Wasserpumpen haben Luftpumpen ein Leistungsdiagramm, anhand dessen man prüfen kann, welche für den gewünschten Einsatzzweck in Frage kommt. Leider ist es bei Luftpumpen nicht so selbstverständlich wie bei Wasserpumpen, das Diagramm anzugeben; oft wird nur die maximale Förderleistung genannt. Zwei Beispiel sollen verdeutlichen, welchen Druck eine Aquarienpumpe haben sollte, um sinnvoll einsetzbar zu sein.

Die untenstehende Abbildung zeigt uns eine denkbar einfache Installation. Ein Aquarium wird von einer Luftpumpe mit einem

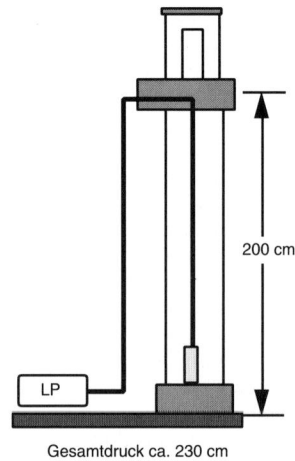

Gesamtdruck ca. 230 cm bzw. mbar

Nicht nur der Druck von 2 mWs der Wassersäule des Außenabschäumers ist zu berücksichtigen, sondern auch der Widerstand des Schlauches, so daß ein Pumpendruck von insgesamt etwa 2,3 bis 2,9 mWs eingeplant werden muß.

Ausströmer belüftet. Wenn die Luft die Pumpe verläßt, muß sie zunächst den Widerstand im Schlauch überwinden, muß sich dann durch einen nassen Ausströmer arbeiten und zu guter Letzt noch genügend Druck aufweisen, um als Blase gegen den Druck des Wassers ins Aquarium zu gelangen. In unserem Beispiel beträgt der Wasserstand etwa 40 cm. Wie im Kapitel Blasenerzeugung gezeigt wur-

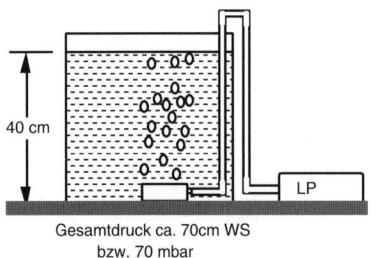

Gesamtdruck ca. 70cm WS bzw. 70 mbar

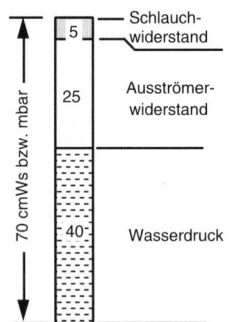

Die Luftpumpe muß nicht nur den Widerstand der Wassersäule, sondern auch den des Ausströmers und den des Schlauches überwinden.

de, ist auch der Widerstand des Ausströmers erheblich. Er wird hier in unserem Beispiel mit 25 mbar angenommen. Soviel Druck benötigt man, um die Kapillarkraft im Ausströmer zu überwinden. Und schließlich leistet auch der Schlauch einen geringen Widerstand: hier gehen uns etwa 5 cm/Ws verloren. Dabei wurde ein Schlauchinnendurchmesser von etwa 4 mm und eine Schlauchlänge von 2 m angenommen. Wir sehen also, daß eine ganz alltägliche Installation bereits einen Druckverlust bringt, der dem von etwa 70 cm Wassersäule entspricht. Diesen Druck muß die Luftpumpe überwinden, um überhaupt auch nur eine Blase in das Wasser zu bringen.

Nehmen wir ein anderes Beispiel: Ein großer Außenabschäumer soll mit Ausströmern betrieben werden. Die Wassersäule beträgt 200 cm. Hier wird also insgesamt ein Pumpendruck von etwa 2,3 bis 2,5 mWs benötigt, wenn wir auch hier den Widerstand des Schlauches und des Ausströmers berücksichtigen. Es wird also klar, daß bei Luftpumpen wie bei Wasserpumpen das Leistungsdiagramm zu beachten ist.

Die Lautstärke stellt bei allen Schwingankerpumpen ein Problem dar, da alle Geräte von Hause aus ein gewisses Brummen erzeugen. Das ist konstruktiv auch nicht ganz zu vermeiden, da mechanische Schwingungen immer akustische zur Folge haben. Es liegt am Geschick des Konstrukteurs, die Resonanzpunkte des Materials so zu legen, daß der Geräuschpegel so niedrig wie möglich gehalten wird. Hilfreich ist es im Einzelfall, die Aufstellung und das Fabrikat mit dem Händler abzusprechen. Bei der Aufstellung muß auch darauf geachtet werden, daß die Luftpumpe nicht noch auf einem geräuschverstärkenden Hohlraum steht. Man sollte also eine schwere und feste Unterlage wählen.

Seitenkanalverdichter

Bei großen Anlagen wird man mit Schwingankerluftpumpen keine ausreichenden Leistungen mehr erzielen können. Hier bieten sich die Seitenkanalverdichter an. Das obige

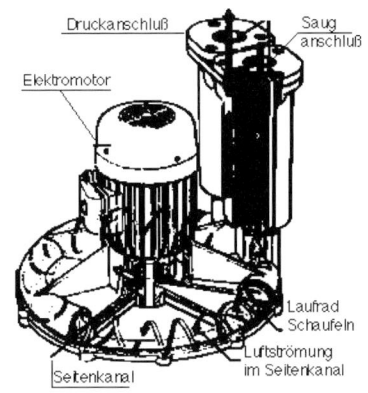

Seitenkanalverdichter sind im Gegensatz zu Membranpumpen auch für größere Anlagen geeignet.

Schnittbild zeigt die Arbeitsweise deutlich. Der Arbeitsraum besteht aus einem kreisförmigen Hohlring, der von den Wandungen des Seitenkanals gebildet wird. Links und rechts von einer Unterbrechungsstelle im Seitenkanal befinden sich die Ansaug- und die Drucköffnung. Dreht sich das Laufrad, so wird die Luft in den durch Schaufeln gebildeten Kammern nach außen geschleudert und durch die Zentrifugalkraft verdichtet. Die komprimierte Luft strömt dann in den Seitenkanal und tritt anschließend wieder in eine andere Schaufelkammer ein. Dieser Vorgang wiederholt sich mehrmals zwischen Ein- und Austritt der Luft; sie erfährt also bei ihrer wendelförmigen Bewegung durch den Seitenkanal und die Schaufelkammern eine mehrstufige Verdichtung.

Seitenkanalverdichter eignen sich vor allem zur zentralen Versorgung von großen Aquarienanlagen. Wenn man annimmt, daß eine Anlage von 250 Aquarien mit Luft versorgt werden soll, wobei jedes Aquarium mit einer Luftmenge von etwa 200 l/h (0,2 m^3/h) beschickt wird, so ergibt das einen Gesamtluftbedarf von $250 \times 0,2$ m^3/h = 50 m^3/h.

Wenn man anhand des Diagramms auf Seite 218 den Verdichter auswählt, sollte man wiederum an den Druckverlust denken. Bei

Luftpumpen

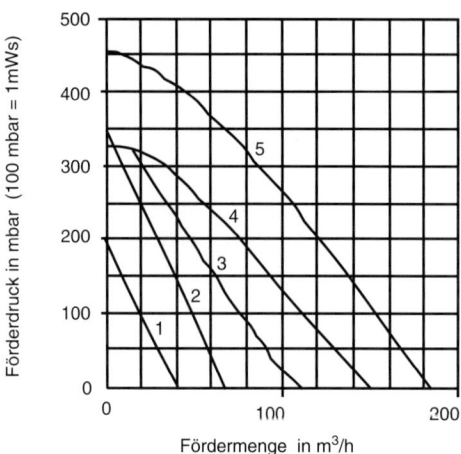

1 bar = 10 mWs
1 bar = 1000 mbar
1000 mbar = 10 mWs
100 mbar = 1 mWs

Leistungsdiagramme verschiedener Modelle von Seitenkanalverdichtern.

50 m³/h hat der Verdichter 2 einen Förderdruck von 100 mbar, was 1 mWs entspricht. Das kann jedoch für viele Anwendungen zu wenig sein. Man sollte also etwas Reserve einplanen und eher einen Verdichter mit größerem Gegendruck einsetzen. Im Zweifelsfall ist es angebracht, den Leistungsbedarf anhand der bestehenden oder geplanten Installation mit dem Hersteller oder Lieferanten durchzusprechen. Wichtig ist es immer, den Gesamtdruckverlust zu berücksichtigen, also die Summe von zu überwindendem Wasserdruck, Ausströmerverlust und Rohrleitungsverlust. Eine Größenordnung für die Bemessung von Querschnitten für Belüftungsleitungen bekommt man, wenn man mit einer Strömungsgeschwindigkeit von 10 m/s rechnet. Man benutzt dann die Formel $v = Q/A$ oder $A = Q/v$, wobei v die Strömungsgeschwindigkeit in m/s, A der Rohrquerschnitt in m² und Q der Volumenstrom in m³/s ist.

Man würde also in diesem Fall eine Leitung mit einem Außendurchmesser von 50 mm wählen, die einen Innendurchmesser von etwa 42 mm hat.

Eine pneumatische Kontrollrechnung ergibt für diese Rohrleitung einen Druckverlust von etwa 35 cm/Ws bei etwa zehn Winkeln in der Rohrleitung. Wenn man den Verdichter 2 mit 1 mWs annimmt, würden nur noch 65 cm an Druck zur Verfügung stehen, um den Ausströmerdruck und den Wasserdruck zu überwinden. Das wäre sehr knapp gerechnet, und man müßte wahrscheinlich mit Leistungsminderung rechnen. Also sollte man tatsächlich, wie bereits oben angedeutet, einen Verdichter nach Diagramm 3 wählen. Eine andere Möglichkeit wäre es, den Rohrleitungsdurchmesser größer zu wählen. Hier ergibt die pneumatische Kontrollrechnung für den nächstgrößeren Durchmesser, also D = 63 DN = 50 mm nur noch einen Druckverlust von 15 cm, so daß man 85 cm für Ausströmer und Wasserdruck behält. Nun muß man anhand der tatsächlichen Anlagenverhältnisse entscheiden, ob dieser Wert ausreichend ist oder ob man doch lieber einen stärkeren Verdichter wählt.

Beispiel:

50 m³/h entsprechen einem Volumenstrom in der Sekunde von $50/3600 = 0{,}014$ m³/s

$A = 0{,}014$ m³/s $/ 10$ m/s $= 0{,}0014$ m² $= 1400$ mm² $= d^2 \times \pi/4$

Löst man die letzte Gleichung nach d auf, so erhält man:

$d = = \sqrt{A \times 4/\pi} = \sqrt{1400 \times 4/\pi} = 42{,}2$ mm

Rohrleitungen

Bei Aquarien oder Aquarienanlagen einer bestimmten Größenordnung können die Filteranlagen oft nicht mehr in der unmittelbaren Nähe installiert werden. Zumeist findet sich ein kleiner Raum in geringer Entfernung, in dem die gesamte Filtertechnik untergebracht werden kann. Gern wird zu diesem Zweck auch ein Kellerraum gewählt. Bereits diese einfachen Aufstellungsbedingungen verdeutlichen, daß zur Verbindung des Aquariums mit der Filteranlage einiges an Rohrleitung benötigt wird. Nun ist das heute eigentlich kein Problem, da es Rohrleitungssysteme gibt, die bei fachgerechter Verlegung über Jahre hinaus das Wasser sicher transportieren. Solange Verbindungen sehr kurz sind, hat man im allgemeinen ein ganz gutes Gefühl dafür, welche Rohr- oder Schlauchleitung man wählen sollte. Auch kommt einem hier der Umstand zugute, daß bei kleinen Wassermengen und kurzen Leitungen ein etwas zu kleiner Rohrdurchmesser zumeist durch eine gute Pumpenleistung kompensiert werden kann. Liegt dagegen die Filteranlage abseits des Aquariums, gewinnt die Rohrleitung selbst eine enorme Bedeutung. Leider wird das sehr häufig unterschätzt, und es treten entscheidende Fehler bei der Rohrbemessung und -verlegung auf.

Daher soll hier ein Überblick über wichtige Kriterien bei der Auswahl und Ausführung von Rohrleitungen gegeben werden.

Material und Durchmesser

Als gängigstes Material für die Verlegung von Wasserleitungen im Aquarienbereich hat sich PVC bewährt. PVC ist im Süß- und Seewasserbereich beständig. Alle notwendigen Fittings wie Winkel, Bögen, Verschraubungen und eine große Anzahl an Armaturen wie Ventile, Kugelhahnen, Drosselklappen und andere stehen zur Verfügung. Auch die Verarbeitung mittels Kleber ist relativ einfach, obwohl hier natürlich bestimmte Grundregeln beachtet werden müssen.

Rohrleitungsdurchmesser (1. Beispiel). An der Abbildung auf Seite 220 soll als einfachem Beispiel der Rohrdurchmesser bemessen werden. Das Wasser fließt aus dem Aquarium durch eine Rohrleitung in den Sammelbehälter. Die Länge der Rohrleitung soll etwa 2,5 m betragen (0,6 m senkrechte Leitung und 1,9 m waagerechte Leitung). In dieser Leitung befinden sich zwei 90°-Winkel. Der Höhenunterschied zwischen dem Wasserspiegel im Aquarium und dem Wasserspiegel im Sammelbehälter beträgt etwa 75 cm, was einem Wasserdruck von 0,75 mWs entspricht. Diesen Druck können wir nutzen, um eine gewisse Wassermenge durch die Rohrleitung fließen zu lassen. Das Aquarium hat einen Wasserinhalt von etwa 750 l, also 0,75 m^3, der in einer Stunde umgewälzt werden soll. Nun haben wir bereits alle Angaben, um den Rohrleitungsdurchmesser in der Tabelle (siehe Seite 247 ff.) ermitteln zu können.

Rohrlänge:	2,5 m
Anzahl der Winkel:	2
Wasserspiegelunterschied/Gefälle:	0,75 m
Wassermenge:	0,75 m^3/h

In der Tabelle suchen wir nun zunächst die Spalte für die Wassermenge 0,75 m^3/h und auf der linken Seite die Zeilen mit der Rohrlänge 2,5 m.

In der ersten Zeile, bei Rohrdurchmesser 12, finden wir einen Zahlenwert von 1,81. Diese Zahl bedeutet, daß wir einen Wasserdruck von 1,81 mWs benötigen, um bei 2,5 m Rohrleitung und zwei Winkeln 750 Liter

Rohrleitungen

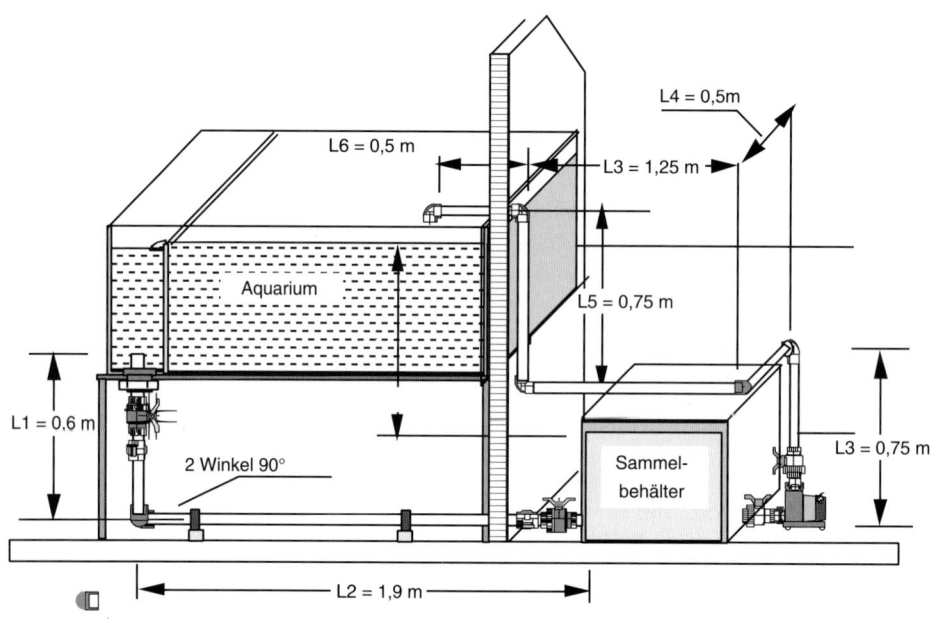

Rohrleitungen eines großen Aquariums. Tabellen zur Berechnung der nötigen Rohrdurchmesser finden Sie im Anhang.

Wasser pro Stunde durch die Rohrleitung fließen zu lassen. Soviel Druck steht uns aber nicht zur Verfügung. Also prüfen wir beim nächst höheren Rohrdurchmesser (16 mm) die entsprechenden Werte. Hier finden wir im Schnittpunkt der Rohrlänge 2,5 m und der Wassermenge 0,75 m^3 einen Zahlenwert von 0,52 mWs. Das ist weniger, als wir zur Verfügung haben. Bei dieser Rohrleitung reicht also unser Wasserdruck aus, um die gewünschte Wassermenge durch die Rohrleitung fließen zu lassen. Da der tatsächliche Druck von 0,75 mWs höher liegt als der Tabellenwert von 0,52 mWs, können wir auch davon ausgehen, daß etwas mehr Wasser durch die Leitung strömt.

Wir sehen also, daß eine Rohrleitung von 16 mm Innendurchmesser ausreicht, um die gewünschte Wassermenge aus dem Aquarium in den Sammelbehälter fließen zu lassen. Der Praktiker wird jedoch immer geneigt sein, den nächstgrößeren Durchmesser zu wählen,

also in unserem Fall eine Rohrleitung mit einem Innendurchmesser von 20 mm. In den Rohrleitungen kann es zu Ablagerungen kommen, die den tatsächlich nutzbaren Querschnitt verringern können, oder der Einlaufquerschnitt wird durch Filtermaterial verlegt. Zumeist ist die Anschaffung einer Rohrleitung mit einem etwas größeren Querschnitt nur unwesentlich teurer.

Etwas schwieriger wird es nun, wenn wir das Wasser aus dem Sammelbehälter wieder in das Aquarium zurückbringen wollen. Beim Auslauf aus dem Aquarium konnten wir das natürliche Gefälle nutzen, um den Rohrleitungswiderstand zu überwinden. Zum Zurückpumpen muß die Pumpe jedoch so leistungsstark sein, daß sie den Wasserspiegelunterschied und den Rohrleitungsverlust zusammen bei der gewünschten Wassermenge überwinden kann.

Die Auswahl aus der Tabelle geschieht wie zuvor.

Die Werte, die wir jetzt wählen, sind:
Rohrlänge: 3,75 m
Wasserspiegelunterschied: 0,75 m
Anzahl der Winkel: 5
Wassermenge: 0,75 m^3/h

Dieses Beispiel ist nun etwas verzwickt! Zunächst haben wir es nicht mehr nur mit zwei, sondern mit fünf Winkeln zu tun. Also müssen wir jetzt die Tabelle mit der Winkelzahl 5 aufschlagen.

Die Rohrlänge von 3,75 m finden wir nicht in der Tabelle; das soll uns aber nicht stören. Wir wählen sicherheitshalber jeweils die Zeile mit der Rohrlänge 5 m. Nun gehen wir nach rechts, bis wir in der Spalte für 0,75 m^3/h sind, denn diese Wassermenge wollen wir ja wieder nach oben befördern. Hier finden wir die Zahl 3,7 bei Rohrdurchmesser 12. Das bedeutet, daß unsere Wasserpumpe zusätzlich zum Wasserspiegelunterschied von 0,75 mWs einen Rohrreibungsverlust von 3,7 mWs überwinden muß. Wir bräuchten also eine Wasserpumpe, die einen Förderdruck von 4,45 mWs (3,7 + 0,75) erbringt. Das erscheint uns zu Recht zu hoch zu sein. Also gehen wir in die nächste Zeile von 5 Meter Rohrlänge bei Rohrdurchmesser 16. Hier finden wir die Zahl 1,06. Die Pumpe müßte also einen Gesamtförderdruck von 1,81 mWs (1,06 + 0,75) erbringen. Da wir Energie sparen möchten, gehen wir noch einen Durchmesser weiter und sehen nach, was uns ein Rohr mit einem Innendurchmesser von 20 mm einbringt. Hier ergibt sich noch ein Rohrreibungsverlust von 0,41 m. Also muß die Pumpe einen Förderdruck von 1,16 mWs (0,75 + 0,41) überwinden. Das ist ein sinnvoller Wert; also wählen wir diese Rohrleitung oder eventuell eine größere.

Bei der ersten Rohrleitung haben wir einen Innendurchmesser von 16 mm ermittelt und überlegt, ob es sinnvoll sei, das Rohr eine Nummer größer zu wählen. Da die Rohrleitungen recht kurz sind und wenig Fittings verwendet wurden, empfiehlt es sich ohnehin, beide Rohrleitungswege im gleichen Durchmesser zu verlegen, also Innendurchmesser 20 mm zu wählen. Das entspricht einer Rohrleitung mit einem Außendurchmesser von 25 mm.

2. Beispiel. Hier handelt es sich um eine Aquarienanlage, bei der sich die Filteranlage ein Stockwerk tiefer befindet als das Aquarium selbst. Solche Installationen kommen recht häufig vor, wenn im Wohnbereich aus Platzgründen keine Filteranlage installiert werden kann. Oft ist auch die Geräuschentwicklung der Pumpen ein Grund, die Filtertechnik beispielsweise in den Keller zu verlegen.

Das Aquarium in diesem Beispiel soll einen Wasserinhalt von 4 000 Liter haben
Rohrlänge: 5 m
Anzahl der Winkel: 5
Wasserspiegelunterschied/Gefälle: 3,25 m
Wassermenge: 5 m^3/h

Mit diesen Werten gehen wir wieder in die Auswahltabellen. Die Winkelzahl führt uns zunächst zur entsprechenden Tabelle für fünf Winkel. Hier gehen wir in die Spalte mit 5 m^3 und fahren darin solange herunter, bis wir in einer Zeile mit der Rohrlänge 5 m einen Wert finden, der kleiner als 3,25 ist.

Bei einer Rohrleitung von 25 mm Innendurchmesser hätten wir noch 5,52 mWs Druckverlust. Somit reichen die zur Verfügung stehenden 3,25 mWs nicht aus. Wir gehen also noch einen Durchmesser weiter und finden, daß wir bei einem Innendurchmesser von 32 mm nur noch einen Druckverlust von 1,96 mWs bei 5 m Leitungslänge haben. Somit ist die Leitung ausreichend bemessen.

Bei der Steigleitung zurück zum Becken gehen wir genauso vor wie im ersten Beispiel. Zunächst ermitteln wir wieder die Grundwerte:

Rohrlänge: 7,25 m
Wasserspiegelunterschied: 3,25 m
Anzahl der Winkel: 7
Wassermenge: 5 m^3/h

Anhand der Winkelzahl suchen wir uns zunächst wieder die richtige Tabelle aus. Eine

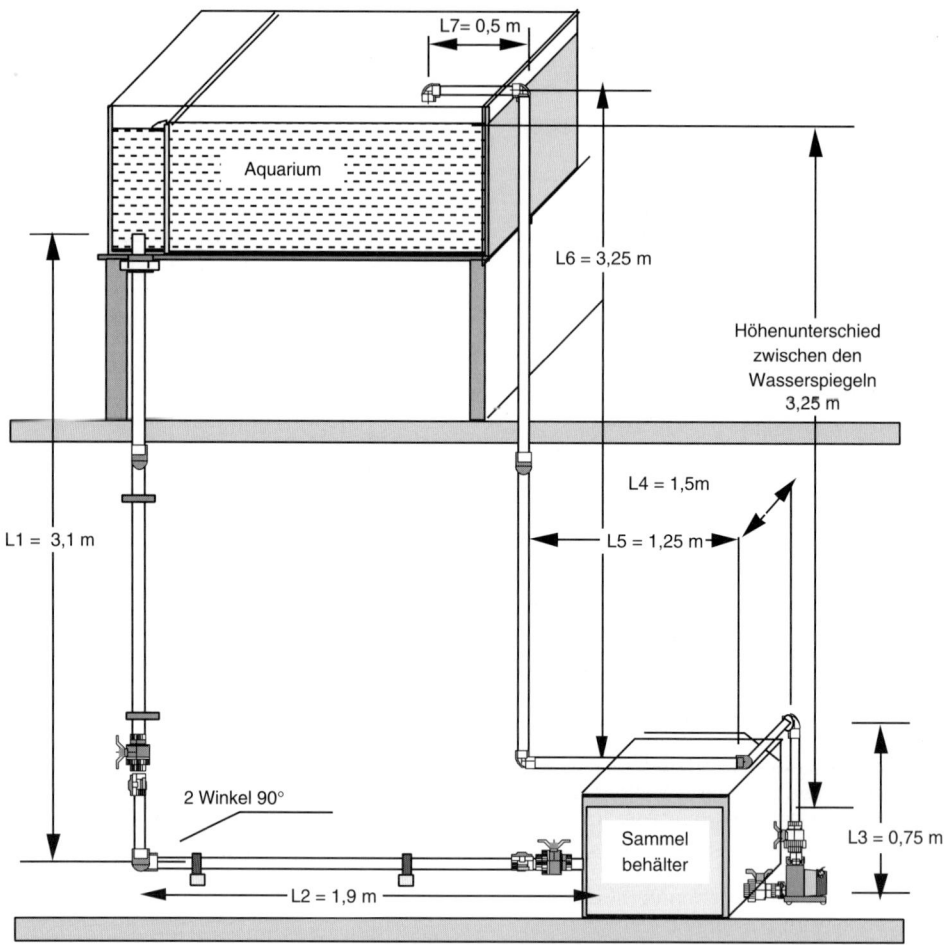

In diesem Beispiel ist die Filteranlage ein Stockwerk unter dem Aquarium installiert worden.

Tabelle für sieben Winkel haben wir nicht mit aufgenommen, so daß man zweckmäßigerweise auf die Tabelle mit der Winkelzahl 10 ausweicht. Damit ist eine genügende Sicherheitsreserve berücksichtigt.

Die Pumpe, die das Wasser aus dem Keller in das Aquarium fördern soll, hat eine Leistung von 5 m³/h bei einer Förderhöhe von 6 mWs. Der Förderdruck von 6 mWs muß ausreichen, um den statischen Wasserdruck (also 3,25 m) zuzüglich des Rohrreibungswiderstandes zu überwinden. Wir müssen also bei der Rohrbemessung berücksichtigen, daß der Rohrreibungswiderstand nicht höher als 2,75 m sein darf. Wir gehen also in der Tabelle für zehn Winkel wieder in die Spalte für die gewünschte Wassermenge, also 5 m³/h. Die Rohrlänge von 7,25 m ist nicht in der Tabelle aufgeführt. Wir suchen den Wert also jeweils in der Zeile für 10 m. In der Spalte 5 m³/h gehen wir nun soweit hinunter, bis wir bei einer Rohrlänge von 10 m einen Wert finden, der kleiner ist als 2,75 m. Bei einem Innendurchmesser von 32 Millimeter finden wir den Wert 3,69 m. Dieser Druckverlust ist für unser Beispiel zu hoch. Da wir aber aus bautechnischen Gründen keine stärkere Leitung verlegen können, müssen wir eine andere Möglichkeit finden, den Rohrleitungsverlust zu verringern. Wie wir in Kapitel „Bogen oder Winkel" sehen werden, hat die Wahl der Verbindungsstücke auch ein Einfluß auf den Druckverlust. Ersetzen wir also einmal die Winkel durch Bögen.

Wenn wir nun in der Tabelle bei zehn Bögen nachsehen, finden wir bei einem Wasserdurchfluß von 5 m^3/h nur noch einen Druckverlust von 2,65 mWs und haben somit etwa 0,1 mWs Druckverlust als Reserve eingeplant. Wir werden also für die Steigleitung aus dem Keller in das Erdgeschoß eine PVC-Leitung mit einem Innendurchmesser von 32 mm (Außendurchmesser 40 mm) verlegen und anstelle von Winkeln Bögen wählen. Aus praktischen Erwägungen wird man auch hier gut beraten sein, beide Rohrleitungen im größeren Durchmesser zu verlegen.

Anhand der hier aufgeführten Beispiele lassen sich für die verschiedensten Aquarienanlagen Rohrleitungen auswählen. Grundsätzlich gilt die Regel, daß eine Rohrleitung lieber etwas größer gewählt werden sollte, da ein größerer Durchmesser die Leitung meist nur geringfügig verteuert. Eine nachträgliche neue Rohrverlegung ist häufig aus bautechnischen Gründen nicht mehr möglich oder sehr aufwendig!

Elemente der Rohrleitung

Der Wasserauslauf

Bei allen Aquarienanlagen mit Außenfiltern fängt die Rohrinstallation mit der Ableitung des Wassers aus dem Aquarium an. Hier gibt es die verschiedensten Lösungsansätze. Zu empfehlen sind auf jeden Fall Wasserausläufe, bei denen die abgehende Rohrleitung durch die Aquarienwandung hindurchgeführt wird.

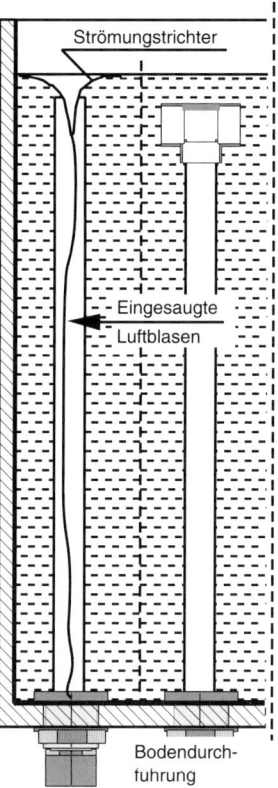

Reicht der Auslauf mittels Standrohr zu nahe an den Wasserspiegel, bildet sich ein Strömungstrichter.

Standrohr

Es soll beispielsweise ein Standrohr gewählt werden, das mit einer Behälterverschraubung durch den Aquarienboden geführt wird. Wenn Standrohre direkt mit der Öffnung nach oben zeigen, entsteht beim Auslaufen zumeist ein Strömungstrichter, der so weit in das Ablaufrohr hineinreichen kann, daß Luftblasen vom Wasserstrom erfaßt werden. Hierdurch entsteht ein unangenehmes Schlürfen und Gurgeln in der Leitung. Die Trichterbildung kann man vermeiden, indem man das Standrohr etwas kürzt. Das kann man aber nur sehr begrenzt machen, da bei Stromausfall das Aquarium ja bis zur Oberkante des Rohres leerläuft. Daher muß das Fassungsvermögen des Filters oder Sammelbehälters berücksichtigt werden.

Hierzu ein kleines Rechenbeispiel:
Oberfläche des Aquariums:
50×100 cm = 5×10 dm = 50 dm^2
Wasserspiegel über dem Standrohr:
3 cm = 0,3 dm
Wasservolumen, das bei Abschalten des Stromes ausläuft:
50 dm$^2 \times$ 0,3 dm = 15 dm^3 = 15 l

In diesem Fall muß also der Filterbehälter oder der Sammelbehälter so bemessen sein, daß er eine Füllreserve von wenigstens 15 l hat! Da die Wasserspiegel schwanken können, sollte man hier mit dem Sicherheitsvolumen im Sammelbehälter nicht zu geizig sein.

Die Bildung eines Strömungstrichters kann man auch unterdrücken, indem man auf das Standrohr ein T-Stück setzt oder gar über eine Rohrleitung mehrere Einläufe vorsieht. Dadurch wird an jeder einzelnen Öffnung die Strömungsgeschwindigkeit herabgesetzt und entsprechend die Trichterbildung vermindert. In jedem Fall muß man aber an die Stillstandsituation denken. Bei aufgesetztem T-Stück läuft das Wasser bis an seine Unterkante ab.

Auslaufkasten

Ein seitlich angebrachter Auslaufkasten kann hier Abhilfe schaffen. Er hat aufgrund seiner Länge nur einen sehr geringen Wasserüberstand von wenigen Millimetern. Die Situation bei Stromausfall ist also deutlich günstiger, da nur wenig Wasser nachlaufen kann. Allerdings muß man darauf achten, daß im Auslaufkasten die Anschlüsse tief genug liegen, da sonst auch hier Luftblasen eingesaugt werden. Wenn man einen tiefen Auslaufkasten wählt, kann man die Anschlüsse ganz nach unten legen. In diesem Fall kann der Kasten auch als Vorfilter genutzt werden. Er

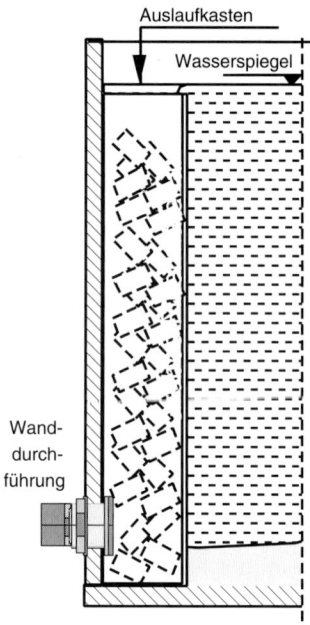

Ein Auslaufkasten kann mit grobem Filtermaterial bestückt werden und so als Vorfilter dienen.

muß dann allerdings häufig gereinigt werden, um ein Verstopfen zu vermeiden. Es empfiehlt sich daher, einen tiefen Auslaufkasten nur mit grobem Material zu füllen, etwa mit sogenannten Biobällen oder Ringen.

Aquariendurchführung

Die Aquariendurchführung wird leider sehr oft unterschätzt. Wenn man die benötigte Rohrleitungsstärke ermittelt hat, beispielsweise 25 mm, kommt man leicht in die Versuchung, das Loch für die Aquariendurchführung so zu wählen, daß der Rohrdurchmesser gut durch das Loch paßt. Damit sitzt man aber in einer argen Falle. Die Rohrleitungsdurchführung muß ja sehr gut abgedichtet werden und zwar möglichst so, daß man die Verbindung auch wieder lösen kann. Hierfür werden verschraubbare Aquari-

Elemente der Rohrleitung

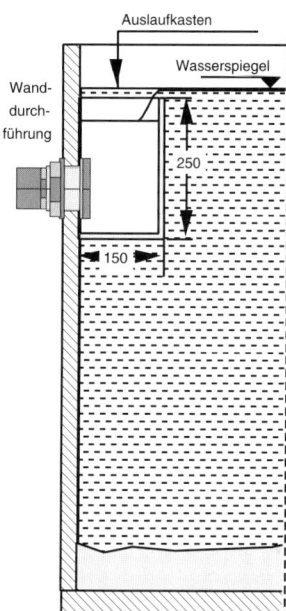

Bei einer höher gelegenen Wanddurchführung kann das Aquarium bei einem Stromausfall nicht leerlaufen.

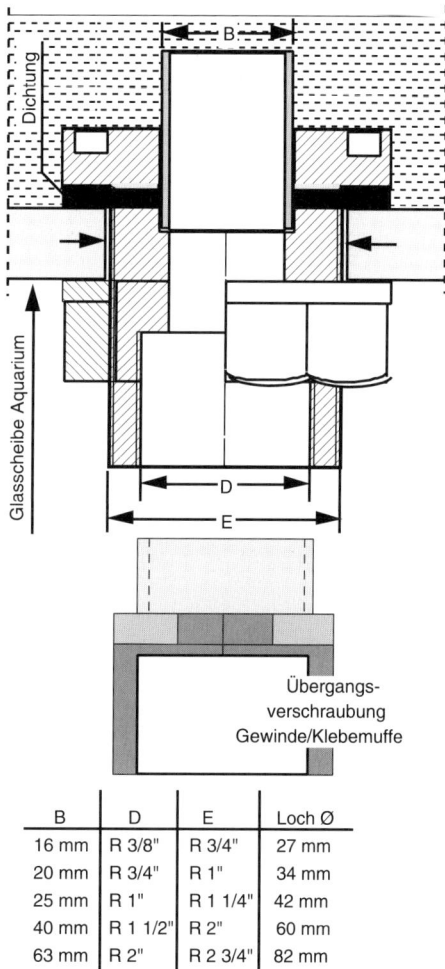

Verschraubbare Rohrleitungsdurchführung im Boden eines Aquariums.

B	D	E	Loch Ø
16 mm	R 3/8"	R 3/4"	27 mm
20 mm	R 3/4"	R 1"	34 mm
25 mm	R 1"	R 1 1/4"	42 mm
40 mm	R 1 1/2"	R 2"	60 mm
63 mm	R 2"	R 2 3/4"	82 mm

endurchführungen angeboten, wie sie in der nebenstehenden Abbildung zu sehen sind. Schon auf den ersten Blick wird deutlich, daß ein solches Verschraubungsteil erhebliche Abmessungen hat. Für unser Rohr mit einem Außendurchmesser von 25 mm wird eine Verschraubung benötigt, die ein Außengewinde von R 1¼" hat (" = Zoll). Das entspricht einem Durchmesser von etwa 40 mm. Die Öffnung, durch das die Verschraubung durchgeführt werden soll, muß natürlich geringfügig größer sein. Es wird also ein Loch mit einem Durchmesser von 42 mm benötigt, um ein Rohr von 25 mm anzuschließen! Dieser Umstand muß unbedingt vor der Fertigung des Aquariums mit dem Hersteller abgesprochen werden, da später Löcher nur noch mit großem Risiko (Glasbruch) gebohrt werden können.

Auf der Außenseite hat die Durchführung einen Innengewindeanschluß. Hier muß eine Übergangsverschraubung eingesetzt werden, die einseitig ein Gewinde und auf der anderen Seite eine Klebemuffe aufweist, in die man dann wieder handelsübliche Rohre einkleben kann. Die in der Abbildung aufgeführte Tabelle soll verdeutlichen, wie groß in etwa das Durchführungsloch gewählt werden muß. Da es verschiedenen Fabrikate gibt, muß der tatsächliche Durchführungsdurchmesser im Einzelfall abgestimmt werden. Ein zu kleiner Durchmesser kann die gesamte Funktion des Wasserkreislaufes in Frage stellen!

Heber

Die bisher dargestellten Aquarienausläufe setzen voraus, daß das Aquarium über eine ausreichend große Bohrung verfügt. Das ist leider nicht immer gegeben, und in ein altes Aquarium nachträglich ein Loch zu bohren, ist sehr schwer. Also sucht man nach einer Möglichkeit, den Wasserauslauf anders zu gestalten. Hier scheint der Heber eine recht geniale Möglichkeit zu bieten, Wasser aus dem Aquarium herauszubefördern.

Jeder von uns wird schon mal den „Zaubertrick" durchgeführt haben, einen Schlauch mit Wasser zu füllen, das eine Ende in das Wasser zu halten und das andere Ende außen etwas tiefer zu hängen: Schon läuft das Wasser im Schlauch über die Aquarienoberkante hinweg in ein tiefer liegendes Gefäß. Der Trick dabei ist, daß letztlich nur der Wasserspiegelunterschied „H" zwischen dem Wasserspiegel im Aquarium und dem niedrigeren Gefäß oder auch dem Schlauchende maßgebend ist, ob Wasser durch den Schlauch fließt oder nicht. Welche Hindernisse der Schlauch zwischen Einlauf und Auslauf überbrückt, beeinträchtigt den Durchfluß nicht, solange nur der Wasserdruck groß genug ist, die Hindernisse zu überwinden.

Zumeist wird aber eine zweite Bedingung vergessen, weil sie so einfach ist. Es muß sich nämlich im ganzen Schlauch Wasser befinden, sonst läuft es nicht! Diese Bedingung ist es, die einen Heber zu einem gefährlichen Instrument macht. Sein Betrieb wird immer dann problematisch, wenn Luftblasen in ihn eindringen. Das ist besonders leicht bei Seewasseraquarien möglich. Hier halten sich oft feinste Blasen noch lange in der Schwebe und können so mit dem auslaufenden Wasserstrom auch in den Heber gelangen.

Luftblasen haben eine Aufstiegsgeschwindigkeit, die zwischen 5 und 50 cm/s liegt. So schnell fließt aber das Wasser nicht durch die Rohrleitung. Das bedeutet, daß sich an der höchsten Stelle des Hebers mit der Zeit Luftblasen ansammeln. Treffen zwei kleine Luftbläschen aufeinander, entsteht sofort eine größere Blase, die dem Wasserstrom wegen ihrer noch größeren Aufstiegsgeschwindigkeit gar nicht mehr folgt. So kommt es, daß sich langsam und oft unbemerkt immer mehr Luftblasen ansammeln, bis endlich das ganze Rohr ausgefüllt ist. Jetzt reißt der Wasserfaden ab, und das Wasser sackt nach beiden Seiten weg, so daß der Wasserfluß unterbrochen ist! Das Malheur wird vollständig, wenn eine Filterpumpe aus dem tiefergelegenen Becken das Wasser weiter nach oben pumpt, aber dort das Wasser nicht mehr abfließt. Nun ist der Moment gekommen, wo das Aquarium zur „Freude" der darunter wohnenden Mieter überläuft.

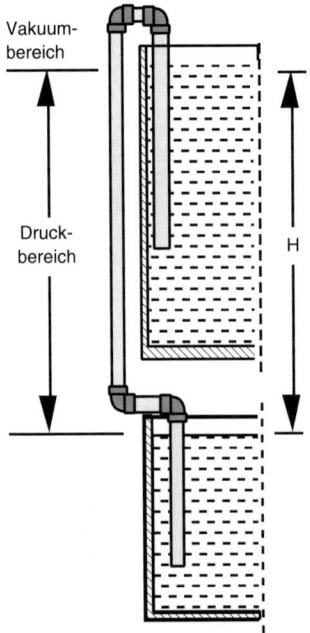

Der Heber stellt die klassische Methode dar, Wasser aus einem Aquarium abzulassen.

trotzdem unsichere Konstruktion. Also abschließend nochmals eine „Warnung vor dem Heber"!

Kugelhahnen

Nun sind wir mit der Rohrleitungsinstallation schon aus dem Aquarium heraus gelangt. Wie geht es weiter? Man muß sich einige Gedanken darüber machen, wie wertvoll die gesamte Installation ist und wie teuer die Rohrinstallation werden darf. Man sollte aber an der Rohrinstallation nicht sparen, weil auch hier Sparen teuer werden kann. Wenn

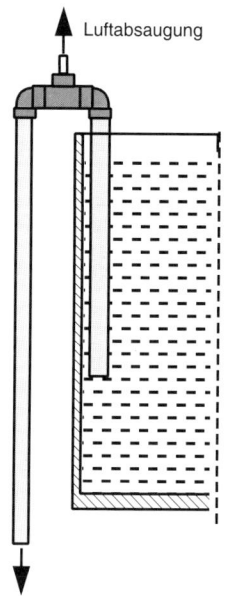

An der höchsten Stelle des Hebers entsteht unvermeidlich eine Luftblase, die nur durch ständiges Absaugen zu entfernen ist.

Man könnte meinen, man müsse nur vermeiden, daß Luftblasen in den Heber gelangen. Aber hier spielt uns die Physik einen häßlichen Streich: Sie sagt uns nämlich, daß das nicht geht! An der höchsten Stelle, also im Knick des Hebers besteht immer ein kleines Vakuum. Dieses geringe Vakuum entspannt das Wasser. Die Sauerstoffsättigungsgrenze liegt niedriger, wenn der Druck geringer wird. Strömt nun mit Luft gesättigtes Wasser durch den Vakuumbereich des Hebers, treten unmerklich winzige sogenannte Entspannungsblasen aus. Diese wenigen Blasen reichen aber völlig aus, um nach geraumer Zeit den Wasserfaden reißen zu lassen. Um dieses Problem zu umgehen, bietet sich als einzige Lösung an, den Heber an der obersten Stelle kontinuierlich mit einem Injektor oder einer Lufteinzugsdüse, die hinter einer Wasserpumpe sitzt, abzusaugen. Das ist dann allerdings eine etwas aufwendige und

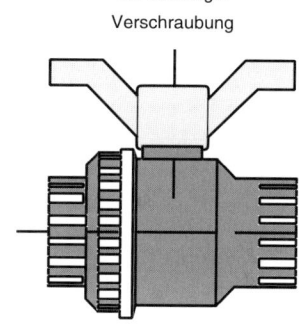

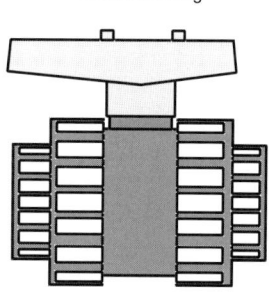

Kugelhahnen dienen hauptsächlich der Absperrung von Rohrleitungen.

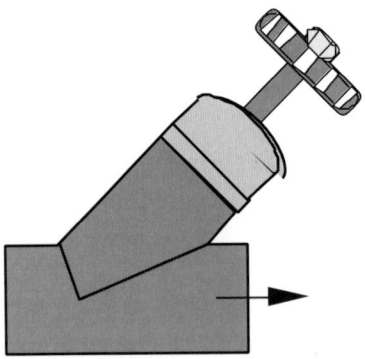

Mit Schrägsitzventilen läßt sich der Wasserstrom fein regulieren.

wir etwa an die Aquariendurchführung nun direkt die weiterführende Rohrleitung anschließen, ist sie fest mit dem Aquarium verbunden. Wenn wir später an der Rohrführung aus irgend einem Grund eine Änderung vornehmen wollen, müssen wir zunächst das Wasser aus dem Aquarium ablassen. Das wäre natürlich eine erhebliche Unterbrechung des eingespielten biologischen Kreislaufes und im Einzelfall nicht ohne Tierverlust zu machen.

Es ist also von großer Bedeutung, wichtige Bauteile wie das Aquarium selbst oder auch Pumpen und Sammelbehälter mit Ventilen oder **Kugelhahnen** (im technischen Bereich ist die Mehrzahl „Hahnen" anstelle von „Hähne" üblich) zu versehen, die es ermöglichen, im Reparaturfall Anlagenbauteile kurzfristig vom Kreislauf zu trennen, ohne damit das Gesamtsystem langfristig zu beeinflussen. Welche Bauart man hierfür verwendet, ist zunächst zweitrangig. Wichtig ist natürlich, daß die Bauteile im abgesperrten Zustand wirklich abdichten. Daher besitzen die meisten Kugelhahnen Teflonpackungen, die die Kugel gegen den Körper abdichten.

Ein Kugelhahn ist in erster Linie ein Absperrorgan; er kann aber durchaus auch zur Einstellung des Wasserflusses verwendet werden. Zur Feineinstellung eines Wasserstroms eignen sich **Schrägsitzventile** jedoch sehr viel besser. Während der Kugelhahn mit einer Vierteldrehung vollständig geschlossen ist, kann das Schrägsitzventil mit einer Gewindespindel genau auf den gewünschten Wasserstrom eingestellt werden. Schrägsitzventile sind leider deutlich teurer als Kugelhahnen. Sie haben aber auch einen technischen Nachteil. Wenn sie hinter einer starken Pumpe eingesetzt werden, können aufgrund von Wirbelbildung am Ventilsitz Vibrationen entstehen, die sich auf die Ventilführung übertragen und dort zu einer Drehung führen. Das bewirkt, daß sich das Ventil mit der Zeit selbst verstellt. Man sollte sich also gut überlegen, ob man wirklich ein Schrägsitzventil einsetzen muß. Für kleinere Leitungen gibt es einfache und gut brauchbare Ventile, die in der Regel für die Installation in PVC-Schlauchleitungen geeignet sind.

Verschraubungen zur Rohrtrennung

Die oben aufgeführten Kugelhahnen sind entweder einseitig oder auch beidseitig mit einer Verschraubung versehen. Diese Verschraubungen dienen dazu, die Kugel in den Ventilkörper einzufügen. Sie sind prinzipiell nicht dazu gedacht, die Rohrleitung zu trennen. Wer es dennoch tut, kann eine böse Überraschung erleben. Es kann nämlich geschehen, daß die Ventilkugel aus dem Sitz gedrückt wird und somit den Wasserlauf freigibt. Es gibt zwar Ventile, die einseitig abschraubbar sind, jedoch sollte man sich auf keinen Fall darauf verlassen. Um dennoch Rohrtrennungen durchführen zu können, sollte man statt dessen vor wichtigen Aggregaten zusammen mit dem Ventil eine Verschraubung einbauen. Die Verschraubung besteht aus zwei Gewindeteilen, die mit einer Überwurfmutter miteinander kraftschlüssig verbunden werden.

Zwischen den Gewindeteilen liegt eine Buna-Dichtung, die beide Gewindeteile untereinander abdichtet, so daß während des Betriebes keine Undichtigkeit auftritt. Die Abbildung auf Seite 229 zeigt eine typische Me-

Verschraubung einer Rohrleitung.

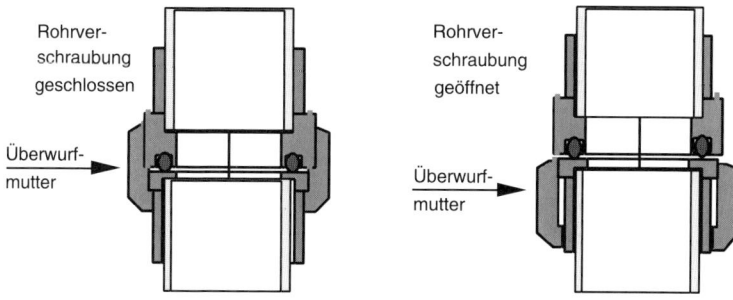

thode zum Rohrleitungsanschluß einer Pumpe. Sowohl an der Saug- als auch an der Druckseite sitzt zunächst eine Verschraubung, an die sich ein Ventil anschließt. Soll die Pumpe zu Reinigungszwecken ausgebaut werden, braucht man lediglich die Kugelhahnen zu schließen und die Überwurfmuttern der Verschraubungen zu lösen. Nun kann man die Pumpe aus der Rohkonstruktion ohne weitere Probleme herausnehmen. Ein Teil der Verschraubung bleibt dabei an der Rohrleitung, ein anderer an der Pumpe. Wichtig ist, daß man bei Montage und Demontage auf die Dichtung achtet, die in einer Ringnute liegt und versehentlich herausfallen kann. Fügt man die Verschraubung ohne Dichtung zusammen, wird sie undicht!

Schlauchverschraubungen

Zur Verbindung oder Trennung von Schläuchen gibt es von verschiedenen Herstellern (beispielsweise EHEIM) ein kleines, interessantes Programm, das Absperrhahnen, Schnelltrennkupplungen und Doppelhahnen mit Schnelltrennkupplungen umfaßt. Mit diesen Armaturen kann eine Schlauchinstallation einfach und sicher durchgeführt und vor allem wartungsfreundlich aufgebaut werden.

Bogen oder Winkel?

In einem der oben beschriebenen Beispiele haben wir bereits auf den Unterschied zwischen Bogen und Winkel hingewiesen. Zumeist werden Winkel deswegen gerne gewählt, weil sie in ihren Abmessungen kleiner und natürlich daher auch etwas preisgünstiger sind. In Rohrinstallationen, bei denen der Platz knapp ist, und das kommt häufig vor, ist ein Winkel sehr viel einfacher zu verarbeiten als ein Bogen. Deswegen neigen Installateure auch gern dazu, hauptsächlich Winkel zu verlegen. Man muß sich natürlich darüber im klaren sein, daß es eventuell sehr viel teurer sein kann, ausschließlich mit Winkeln zu arbeiten, da wir deutlich mehr Druck zu

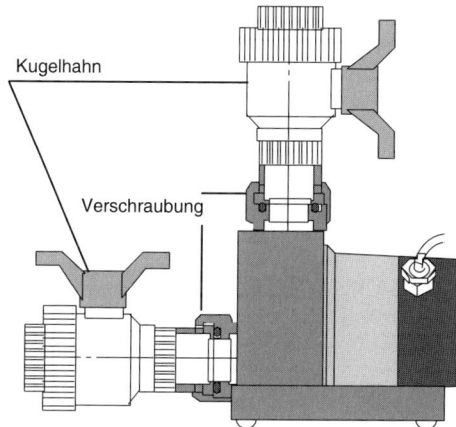

Werden die Kugelhahnen geschlossen, kann die Pumpe dank der Verschraubungen ohne Wasserschaden aus dem System entfernt werden.

Rohrleitungen

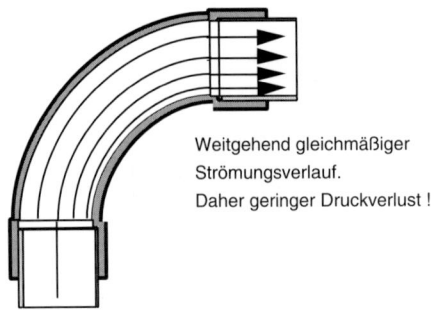

Weitgehend gleichmäßiger Strömungsverlauf.
Daher geringer Druckverlust!

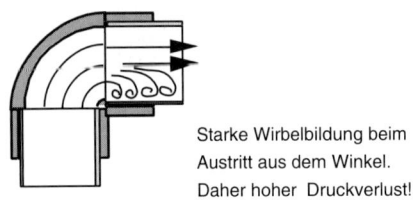

Starke Wirbelbildung beim Austritt aus dem Winkel.
Daher hoher Druckverlust!

Widerstandsbeiwerte				
Außenø	20	32	50	63
Bogen	1,5	1	0,6	0,5
Winkel	2	1,7	1,1	0,8

Obwohl Winkel platzsparender sind, verursachen Bögen einen erheblich geringeren Druckverlust!

überwinden haben, als wenn wir Bögen verlegt hätten. Das liegt daran, wie sich das Wasser im Inneren des Winkels verhält. In den Grundlagen haben wir gesehen, daß auch Wasser, eine gewisse Zähigkeit besitzt, die Viskosität. Sie bewirkt, daß die Wasserteilchen sich aneinander reiben. Die Reibung wird dann besonders intensiv, wenn eine plötzliche Richtungsänderung eintritt, so daß im Winkel und vor allem in seinem Austritt Wirbel entstehen. Oft werden diese Zonen auch „Totwassergebiet" genannt, weil hier die Winkel eine gleichmäßige Wasserströmung verhindern. Sie wirken auf das strömende Wasser ähnlich wie eine Rohrverengung! Je enger der Winkel geformt ist, um so mehr Wirbel treten auf.

Die Wirbelbildung ist auch von der Strömungsgeschwindigkeit abhängig. Je mehr Wasser wir durch einen Winkel pumpen, desto mehr Wirbel entstehen, desto stärker wird der Rohrquerschnitt für die fließende Strömung eingeengt und desto mehr Druck muß die Pumpe erzeugen. In einigen Fällen kann es geschehen, daß eine größere Pumpe mit einer höheren Stromaufnahme gewählt werden muß. In diesem Fall ist dann der billigere Winkel wirklich teuer bezahlt. Aus den beigefügten Tabellen läßt sich der Unterschied zwischen Winkel und Bogen erkennen. Als Faustformel kann gelten: Je höher die Strömungsgeschwindigkeit und je kleiner die Rohrleitung ist, desto wichtiger ist das Verlegen von Bögen!

Automatikarmaturen

Motorgesteuerte Ventile

Es gibt bestimmte Problemstellungen, bei denen Ventile regelmäßig, zu bestimmten Zeiten oder in einem bestimmten Rhythmus betätigt werden sollen. Ein typisches Beispiel dafür ist die Einrichtung einer Strömungs- oder Wellenautomatik, wobei die Strömung für eine gewisse Zeit aus der linken Aquarienecke kommt und dann umgesteuert wird, so daß sie von der rechten Seite kommt. Hierfür kann beispielsweise ein mit einem Motor betriebenes Dreiwegeventil benutzt werden. Der Motor wird seinerseits von einer Zeitsteuerung betätigt, die festlegt, in welchen Abständen der Motor das Dreiwegeventil umschaltet.

Magnetventile

Magnetventile sind in den unterschiedlichsten Bauarten und Größen verfügbar; eine vollständige Beschreibung würde den Umfang des Buches sprengen. Es gibt Magnetventile für Gase und Wasser sowohl in Metall- als auch in Kunststoffausführung. Mittels einer Spule wird ein elektromagnetisches Feld erzeugt, das auf einen Kern wirkt, der

Automatikarmaturen

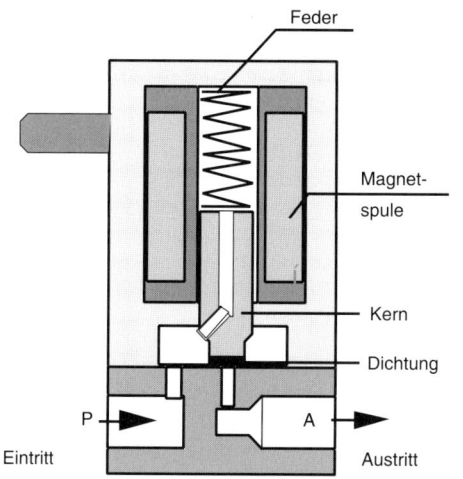

Liegt eine elektrische Spannung an einem Magnetventil dieser Bauart an, wird der Kern vom Magneten angezogen und gibt den Durchfluß frei.

Elektrisch betriebenes Magnetventil.

seinerseits das eigentliche Ventil betätigt. Besonders geeignet sind Magnetventile zum Öffnen oder Verschließen relativ kleiner Leitungsquerschnitte. Typische Einsatzgebiete sind die Dosierung von Kohlendioxid zur pH-Regelung oder die Dosierung von Wasser bei der automatischen Nachfüllung von Verlustwasser oder beim automatischen Wasserwechsel. Das Einleiten von Spülwasser in den Schaumtopf bei größeren Abschäumern kann ebenso mit Magnetventilen gelöst werden, wie es auch möglich ist, Magnetventile aus Edelstahl und Teflon zur Ozondosierung einzusetzen. Magnetventile sind zumeist mit einer Feder versehen, deren Lage ihre Wirkungsweise bestimmt. Drückt die Feder im stromlosen Zustand die Dichtung auf den Ventilsitz, so ist das Magnetventil „stromlos geschlossen". Erst bei elektrischer Betätigung öffnet sich das Magnetventil und gibt einen Gas- oder Wasserstrom frei.

Hält die Feder im stromlosen Zustand dagegen die Ventildichtung vom Ventilsitz ab, so ist das Magnetventil „stromlos offen". Die Wirkungsweise muß auf die Anwendung ab-

Ein Kugelhahn mit elektrischem Stellantrieb kann beispielsweise von einer Zeitsteuerung betätigt werden.

gestimmt sein. Ebenso ist die Materialfrage wichtig. Bei Gasen wie Luft oder Kohlendioxid können Magnetventile aus Messing und dem Dichtwerkstoff Buna gewählt werden. Bei Ozon muß der Körper aus Edelstahl und der Dichtwerkstoff Viton sein. Magnetventile für Wasser sollten möglichst aus Kunststoff bestehen, da sonst Metall-Ionen in das Wasser eingeschleust werden könnten, was wegen der hohen Empfindlichkeit vieler Wasserlebewesen vermieden werden muß.

Elektrisch betriebene Kugelhahnen

Diese Armaturen haben gegenüber Magnetventilen den Vorteil, daß sie sich langsam schließen oder öffnen. Dadurch werden Druckstöße in den Rohrleitungen vermieden, die unter Umständen zu erheblichen Schäden führen könnten. Weiterhin können elektrisch betriebene Kugelhahnen mit Endschaltern ausgerüstet werden, so daß sie immer nur bis zu bestimmten Stellungen geöffnet oder geschlossen werden. Man kann sie sogar mit Potentiometern ausrüsten, so daß sie stufenlos geregelt werden können. Diese Bauform ist für einen Rohrdurchmesser bis 63 mm und somit für relativ große Wassermengen geeignet.

Schwebekörper-Durchflußmesser

Bei vielen Anlagenteilen kann es wichtig sein, die Wassermenge, die beispielsweise in einen Abschäumer oder in einen Biofilter fließt, genau zu kennen. Zu diesem Zweck kann man Meßgeräte einbauen, die die augenblickliche Strömungsmenge anzeigen. Strömungsmesser bestehen aus einem konischen Rohr, in dem sich ein Kegel befindet. Sie müssen grundsätzlich senkrecht eingebaut werden. Strömt Wasser von unten nach oben durch den Strömungsmesser, wird der Kegel angehoben und in einen Bereich verschoben, der einen geringfügig größeren Durchmesser hat, so daß eine entsprechende Wassermenge hindurchfließen kann. Ver-

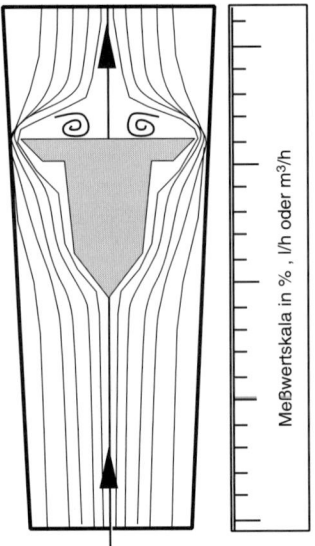

Durch die Position des Kegels läßt sich die Wassermenge an einem Schwebekörper-Durchflußmesser ablesen.

größert sich der Wasserfluß, hebt sich der Kegel wiederum um ein gewisses Maß an, bis sich der Strömungswiderstand erneut stabilisiert hat und er nahezu konstant steht. Der Kegel verfügt über eine Ablesemarke, anhand der man auf einer Meßskala die Wassermenge ablesen kann. Schwebekörperdurchflußmesser sind aus Glas oder Kunststoff erhältlich, so daß man sie für Süß- als auch für Seewasser einsetzen kann. Ebenso gibt es Schwebekörpermesser für Luft oder andere Gase. Für große Wassermengen eignen sich beispielsweise Durchflußmesser mit magnetischer oder induktiver Meßwerterfassung.

Rohrleitungsverlegung

Zunächst ist es wichtig, die Rohrlänge zu ermitteln, die tatsächlich zwischen zwei Klebestellen benötigt wird. Hierbei muß beachtet werden, daß die Rohrenden bei der Verklebung in das Fitting eingeschoben werden

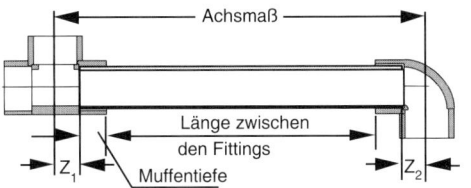

Beim Verlegen von Rohrleitungen muß die Länge der verschiedenen Rohre genau ermittelt werden.

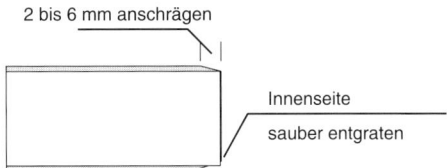

Die Rohrenden werden für die Klebung vorbereitet.

müssen. In den Tabellen der Hersteller findet man das sogenannte „Z-Maß". Wenn man die Strecke zwischen den Rohrachsen mißt und auf jeder Klebeseite jeweils das „Z-Maß" abzieht, erhält man die effektive Rohrlänge. Der Praktiker wird allerdings nur selten komplette Tabellenbücher bei sich tragen. Ein andere Möglichkeit ist es, die Rohrlänge zwischen den Fittings zu ermitteln und zweimal die Muffentiefe der Rohrlänge hinzugeben.

Vorbereiten der Klebung. Beim Abtrennen der Rohre muß man darauf achten, daß ein rechtwinkliger Sägeschnitt erfolgt. Das Rohrende wird innen sauber entgratet. Auf der Außenseite sollte das Rohr leicht angeschrägt werden, so daß beim Zusammenschieben von Klebefitting und Rohr der Klebstoff vom Rohr geschoben wird.

Die Klebung. Das Rohrende reinigt man mit einem Spezialreiniger (Tangit-Reiniger) von Schmutz und Fett. Ebenso verfährt man mit der Innenseite der Klebemuffe. Dann wird der Klebstoff mit einem Pinsel in die Klebemuffe und auf das Rohrende gleichmäßig aufgetragen. Hierbei sollte der Pinsel in axialer Richtung geführt werden (nicht mit dem Pinsel um das Rohr kreisen). Bei Temperaturen bis etwa 25 °C beträgt die Verarbeitungszeit des Klebstoffes Tangit etwa vier Minuten. In dieser Zeit muß der Klebstoff auf die Klebeflächen aufgetragen und Rohr und Fitting zusammengefügt worden sein. Das Zusammenfügen erfolgt ebenfalls in axialer Richtung ohne Drehung! Nach der Verklebung kann die Klebestelle nicht sofort mit dem vollen Betriebsdruck belastet werden. Als Faustformel kann gelten: eine Stunde Wartezeit pro bar Betriebsdruck.

Der Pinsel muß nach Gebrauch gereinigt, Klebstoffdose oder Tube möglichst schnell wieder verschlossen werden. Nähere Anleitungen können von den Lieferanten der Fittings und Rohre bezogen werden.

Rohrfixierung. Längere Rohrleitungen sollten in regelmäßigen Abständen mit Rohrhalterungen an einer Wand befestigt werden. Je nach Rohrdurchmesser sollten etwa alle 70 bis 150 cm Rohrschellen gesetzt werden.

Beispiele für Aquarienanlagen

Die im folgenden gezeigten Aquariensysteme sollen nicht etwa das optimale Aquarium darstellen, sondern lediglich Anregungen zum Bau einer Anlage geben. Jedes Aquarium zeigt naturgemäß spezifische Ausprägungen, die oft von ganz systemfremden Dingen geformt sind. So steht nahezu jedes Aquarium unter Platznot, und natürlich setzen auch die sonstigen baulichen Gegebenheiten wie auch das Volumen des Geldsäckels meistens bestimmte Grenzen, die man zumindest zunächst nicht überschreiten kann. Hier ist die Phantasie gefordert, mit den gegebenen Möglichkeiten etwas Sinnvolles zu gestalten. Da jedermann über andere Möglichkeiten verfügt, es überall aber auch andere Grenzen gibt, wird die Gestaltung eines Aquariums immer eine individuelle Sache sein.

Das Kleinaquarium

In dem vorliegenden Beispiel ist insbesondere der Wunsch berücksichtigt worden, daß die Technik des Aquariums möglichst nicht zu sehen sein soll. Das Wasser fließt auf der rechten Seite des Aquariums durch ein Überlaufrohr in den darunter liegenden Filter. Hier durchläuft es zunächst eine **Vorfilterkammer** mit einem dünnen Wattevlies, das auf einer Füllkörperschicht (etwa Keramikringe) liegt. Die Vorfilterung soll nur grobe Verschmutzungen auffangen. Es ist aber darauf zu achten, daß das Vlies regelmäßig gereinigt wird.

Aus der Vorfilterkammer läuft das Wasser in die zentrale Sammelkammer, wo vorgereinigtes und sauberes Wasser zusammenfließen. Eine Kreiselpumpe nimmt in dieser Kammer das Wasser auf. Der Förderstrom dieser Pumpe wird aufgeteilt. Etwa die Hälfte fließt über eine Verteilerleitung in das Aquarium.

Die andere Hälfte wird beim **Meerwasseraquarium** in den **Abschäumer** geleitet. Nachdem das Wasser hier gereinigt und mit Sauerstoff angereichert wurde, läuft das Wasser in den nachgeschalteten **Biofilter**. Bei dieser Bauweise läßt es sich nicht vermeiden, daß der Biofilter teilweise als Rieselkörper, teilweise aber auch als untergetauchter Biofilter arbeitet. Das ist bei dem kleinen Volumen des abgetauchten Materials auch deswegen akzeptabel, da das Wasser bereits im Abschäumer Sauerstoff aufgenommen hat. Insofern besteht selbst im abgetauchten Bereich keine Gefahr der Sauerstoffknappheit. Das so gereinigte Wasser läuft wiederum in die Mischwassersammelkammer, von wo es durch die

Die technische Anlage läßt sich gut im Unterschrank verstecken.

Das Kleinaquarium

bereits beschriebene Pumpe ins Aquarium geleitet wird.

Die **Beleuchtung** kann entweder, wie in der Skizze gezeigt, in Form von Leuchtstofflampen in die Abdeckung integriert werden oder, wie oft in Wohnräumen gewünscht, in einer aufgehängten Lampenkonstruktion untergebracht sein.

In einem **Süßwasseraquarium** kann man anstelle des Abschäumers eine **Sauerstoffsäule** installieren, wenn es sich um ein eher stark besetztes Fischbecken handelt. In einem Pflanzenbecken mit geringem Fischbesatz kann auf die Sauerstoffsäule sicher auch verzichtet werden. In diesem Fall muß natürlich auf eine Kohlendioxiddosierung zur „Pflanzendüngung" geachtet werden.

Bei fehlendem Platz im Unterschrank läßt sich eine andere Lösung realisieren: eine sogenannte Nebenbauanlage. Die Filtertechnik wird hierbei nicht unter dem Aquarium installiert, sondern wird in ein Schrankabteil neben dem Aquarium eingebaut. Diese Lösung ist insofern interessant, da hier für die Belüftungssäule eine größere Höhe zur Verfügung steht als bei einer Unterbauvariante. Natürlich kann eine solche Nebenbauanlage für Seewasser mit einem Abschäumer ausgerüstet werden.

Die Aquarienanlage von Herrn Kornfeld

Wie die folgenden Abbildungen zeigen, haben wir hier sowohl in der technischen Konzeption als auch im Hinblick auf die der Tierbesetzung ein hervorragendes Aquarium vor uns.

Schema eines 200-l-Aquariums mit darunter installiertem Filter.

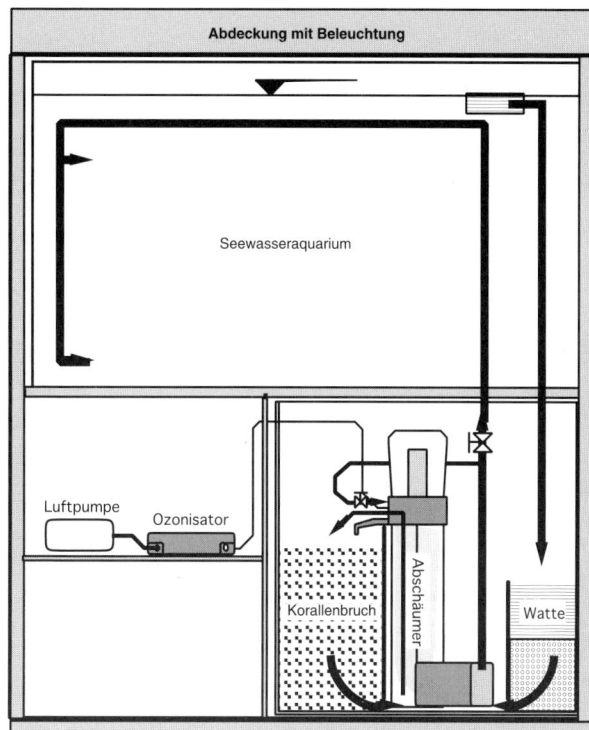

Obwohl als Liebhaberbecken geführt, fallen Professionalität und Liebe zum Detail ins Auge. Das Aquarium erstreckt sich mit einer Länge von 3 m über die gesamte Breite eines Büroraumes. Man kann sich gut vorstellen, daß es angesichts dieser Pracht, die dem Ideal des „Korallenriffes im Wohnzimmer" schon recht nahekommt und eher Urlaubs- als Arbeitsstimmung verbreitet, fast schon schwerfallen muß, in diesem Büro zu arbeiten.

Die Tiefe des Aquariums von etwa 1,2 m wird leider auf den Bildern nicht so deutlich, verleiht dem Becken aber eine erstaunliche Wirkung, die durch die geschickte Dekoration noch unterstützt wird. Bei einem Wasserstand von 75 cm haben wir hier ein für ein Privatbecken recht hohes Wasservolumen von 2700 l vor uns.

Die **Beleuchtung** besteht aus drei HQI-Strahlern mit einer Leistung von je 1000 W, die die Hauptlichtphase abdecken. Während der Dämmerungszeit werden zwölf Leuchtstofflampen (Blauton, Osram L 36 W 67) in Abständen von 15 Minuten einzeln zu- oder abgeschaltet.

Das Wasser wird in erster Linie durch einen Abschäumer vom Typ Helgoland 500 (Sander) und einen Biofilter aufbereitet. Eine Förderpumpe transportiert das Wasser aus dem Aquarium in den **Abschäumer**. Aus diesem läuft es mit statischem Druck in den nachgeschalteten Biofilter und weiter zurück

Das Meerwasseraquarium des Herrn Kornfeld ist insgesamt 3 m lang.

Die Beleuchtung besteht aus drei HQI-Strahlern von je 1000 W Leistung und zwölf Blauton-Leuchtstofflampen.

in das Aquarium. Die Wassermenge, die stündlich durch die Filteranlage fließt, ist mit 10 m³/h sehr großzügig bemessen.

Für zusätzliche Umwälzleistung sorgen zwei **Strömungspumpen**, die jeweils im Rhythmus von vier Stunden eine links- oder rechtsgerichtete Strömung erzeugen. Sie erbringen nochmals eine Strömungsleistung von 15 m³/h, so daß insgesamt das im Aquarium enthaltene Wasser etwa achtmal pro Stunde umgewälzt wird.

Der Abschäumer Helgoland 500 mit einer nominalen Leistung von bis zu 12 m³/h ist sicher für das Aquarium sehr großzügig bemessen. Andererseits ist das Becken sowohl mit Wirbellosen als auch mit Fischen stark besetzt, so daß ein leistungsfähiger Abschäumer das stabilisierende Element darstellt.

Der Zulauf zum Abschäumer wie auch die Luftansaugung sind jeweils mit **Strömungsmessern** versehen worden, so daß die jeweiligen Leistungswerte exakt eingestellt und kontrolliert werden können. Mit der Luftzufuhr wird der Abschäumer mit **Ozon** versorgt.

Das gereinigte und stark mit Sauerstoff angereicherte Wasser läuft aus dem Abschäumer dann in einen **Biofilter** besonderer Konstruktion. Es handelt sich hier nicht um einen Rieselkörper, sondern um einen untergetauchten Biofilter. Wie in dem entsprechenden Kapitel besprochen wurde, kann diese Konstruktion eventuell Probleme verursachen.

Allerdings kann gesagt werden, daß in diesem Fall eine einwandfreie Funktion gegeben ist, was wohl vor allem an dem großen vorgeschalteten Abschäumer, aber auch an der besonderen Befüllung des Biofilters liegt. Er wurde nämlich zu etwa zwei Dritteln der Gesamthöhe mit „Lebenden Steinen" befüllt. Hieraus ergab sich einerseits ein ausgeprägter aktiver Bakterienbewuchs; andererseits begünstigt die grobe Struktur der „Lebenden Steine" ein sehr gutes hydraulisches Verhalten. Verstopfungen oder tote Strömungszonen, in denen sich organische Substanz unkontrolliert hätte ansammeln können, konnten so weitgehend vermieden werden.

Da „Lebende Steine" im Vergleich zu sonst üblichen Filtermaterialien im Verhältnis zum Gesamtvolumen eine recht kleine Oberfläche bieten, kann vermutet werden, daß im Inneren dieses recht kompakten Materials anaero-

Beispiele für Aquarienanlagen

be Vorgänge ablaufen. Diese Annahme wird dadurch gestützt, daß das Wasser einen sehr niedrigen Gehalt an Nitrat aufweist, das nur anaerob abgebaut werden kann.

Bei der großen Menge an Wirbellosen, die dem Wasser Kalk entziehen, bleibt es nicht aus, daß der pH-Wert ständig leicht fällt. Um diesem Trend entgegenzusteuern, wird dem System **Kalkmilch** zudosiert. Als wesentliches Spurenelement wird in geringen Dosen Strontium zugegeben.

Eine Aquarienanlage im Zoofachhandel

Zur Darstellung habe ich exemplarisch eine Anlage der Firma Kölle-Zoo in Stuttgart ausgewählt und darf mich an dieser Stelle ganz besonders für die hervorragende Unterstützung seitens der Inhaber, insbesondere durch Frau Landes und Herrn Landes, bedanken.

Der Zoofachhandel steht seit der Diskussion um Importbeschränkungen im Zentrum einer schwierigen Diskussion, die leider nicht immer mit der notwendigen Sachlichkeit geführt wird.

Die Aquarientechnik ist hier recht großzügig dimensioniert.

Für ein privates Aquarium ist der technische Aufwand bei dieser Anlage ausgesprochen hoch.

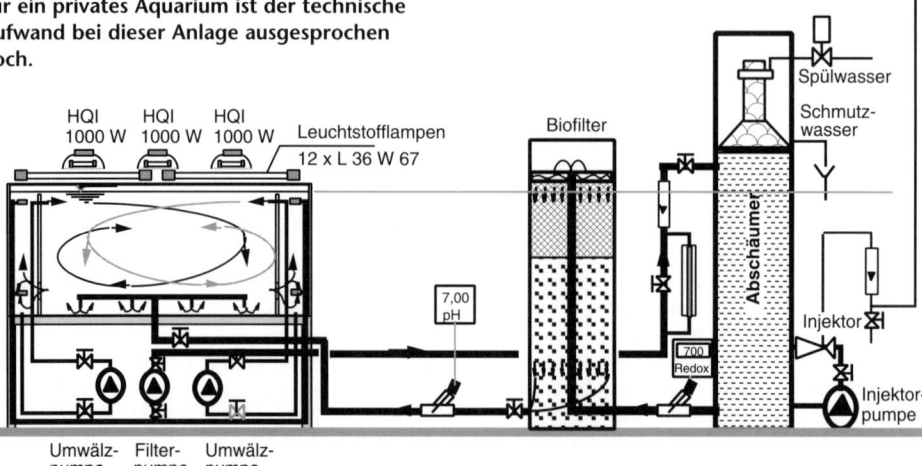

Im Bereich der Tierpflege und Fischhälterung ist ein besonderes Fachwissen notwendig, das an das Personal besondere Anforderungen stellt. Einerseits sind wachsende Ansprüche des Kunden zu befriedigen, andererseits wächst das Wissensvolumen um das Aquarium herum mit enormer Geschwindigkeit. Hier ist es nicht immer leicht für den Verkäufer, mit dem Stand des aktuellen Wissens Schritt zu halten. Viele Kunden haben sich auf ein ganz spezielles Fachgebiet konzentriert, in das sie ihre ganze Energie, oft vor recht beachtlichem wissenschaftlichem Hintergrund, investieren. Daneben sind viele kleine „Problemchen" zu lösen, die einem Verkäufer manchmal sogar seelsorgerische Fähigkeiten abverlangen. Wenn es einem Haus gelingt, diesen Anforderungen nicht nur gerecht zu werden, sondern selbst immer wieder neue Maßstäbe zu setzen, so kann man dazu nur gratulieren.

Insgesamt werden auf dem Gebiet der Aquaristik in Deutschland vom Fachhandel große Anstrengungen unternommen, die Qualität der Technik, aber auch die Gesundheit der Tiere selbst (etwa durch strikte Vorgaben an die Fangbedingungen in den Herkunftsländern) zu verbessern. Wenn dies im einzelnen auch nicht so auffällig ist, so wird man doch feststellen, daß sich der Fachhandel den Herausforderungen nicht nur stellt, sondern selbst eine treibende Kraft ist, um vom Einkauf über die Technik bis zur Beratung beim Kauf und darüber hinaus bei der Pflege des Aquariums auf eine Qualitätsverbesserung hinzuwirken.

Während sich kleine Fachgeschäfte oft auf gewisse Gebiete spezialisieren, wird eine größere Fachhandlung oft die ganze Bandbreite der Zierfische abdecken. So ist es häufig notwendig, die gesamte Wassermenge auf verschiedene Kreisläufe aufzuteilen. Selbstverständlich sind also ein Süßwasser- und ein Seewasserkreislauf notwendig. Aber auch innerhalb dieser großen Gebiete kann es sinnvoll werden, bestimmte Spezialgebiete zu trennen. So bedürfen Hart- und Weichwasserfische des Süßwassers einer unterschiedlichen Wasseraufbereitung. Im Seewasserbereich werden häufig Fische und Wirbellose in getrennten Anlagen untergebracht.

Daneben ist es zu empfehlen, daß **Quarantänebecken** zur Verfügung stehen, um erkrankte Tiere aus dem Bestand herauszunehmen und sie besonders intensiv zu behandeln, zum Beispiel mit speziellen Medikamenten. Des weiteren werden Quarantänebecken genutzt, um bei Neueingängen die Tiere auf Verletzungen, Erkrankungen, Beeinträchtigungen durch die Fangbedingungen und anderes zu überprüfen.

Meerwasseranlage

Die folgende Abbildung zeigt eine in sich geschlossene **Kreislaufanlage**. Sie besteht aus einem einzelnen Schaubecken mit einem Wasserinhalt von etwa 2300 l sowie einer Verkaufsanlage mit mehreren kleineren Becken in einem Gestell mit einem Wasservolumen von insgesamt rund 2600 l. Alle Aquarien besitzen intern eine abgetrennte Auslaufkammer, von der aus das Wasser über die angeschlossene Rohrleitung in den Sammelbehälter fließt. Die relativ lange Oberkante der Auslaufkammer, über die das Wasser fließt, verhindert Turbulenzen. Hier kann bei Bedarf eine erste **Vorfilterung** über eine grobe Filtermatte erfolgen.

Der Abfluß wird so eingestellt, daß sich das Wasser in der Ablaufkammer etwas aufstaut. Dadurch wird vermieden, daß Luft mit in die abgehende Rohrleitung gesaugt wird. Der Sammelbehälter nimmt das Wasser sowohl aus dem Schaubecken wie auch aus der Verkaufsanlage auf. Er dient sowohl als Wasservorlage für die Förderpumpen als auch als Wasserreservoir und Ausgleichsbecken. Wichtig für die Auslegung derartiger Sammelbehälter ist, daß sie auch bei maximalem Füllstand noch die Wassermenge aufnehmen können, die etwa bei Stromausfall aus dem Überstauraum der Aquarien, dem Abschäumer und dem Biofilter noch abläuft (siehe hierzu: „Der Wasserauslauf" im Kapitel Rohrleitung auf Seite 223).

Die Anlage wird mit insgesamt drei **Förderpumpen** betrieben. Die Wasserpumpe P_1

Beispiele für Aquarienanlagen

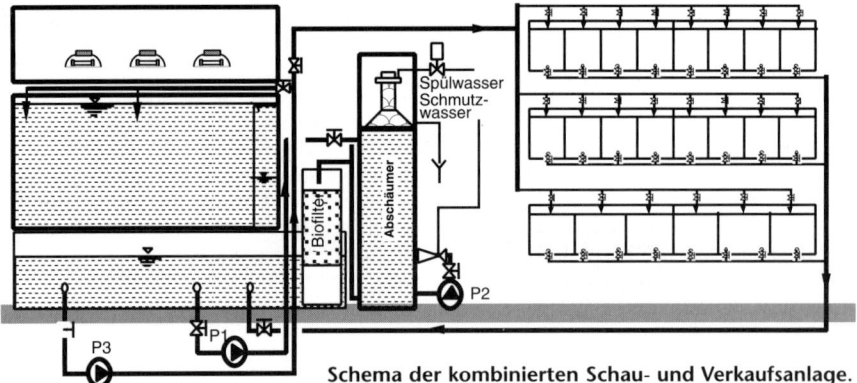

Schema der kombinierten Schau- und Verkaufsanlage.

fördert das Wasser aus dem Sammelbehälter in den Abschäumer hinein. Sie ist so ausgelegt, daß der gesamte Beckeninhalt von etwa 5 m³ einmal pro Stunde durch den Abschäumer fließt. Auch der Abschäumer selbst, in diesem Fall vom Typ Helgoland 300 (Sander), ist mit einer Nennleistung von 3 bis 6 m³/h auf diesen Wasserstrom ausgelegt.

Die Pumpe P_2 ist ausschließlich als Treibwasserpumpe für den Injektor gedacht. Sie saugt das Wasser aus dem Abschäumer und fördert es über den Injektor, der eine entsprechende Luftmenge ansaugt und mit dem Wasser feinblasig vermischt, und pumpt dieses Wasser-Luft-Gemisch wieder in den Abschäumer zurück.

Nach dem Abschäumer durchläuft das Wasser den Biofilter, der hier als Rieselfilter ausgelegt ist. Der Rieselfilter steht direkt im Sammelbehälter, der somit wiederum das gereinigte Wasser aus der Filteranlage aufnimmt.

Die Pumpe P_3 fördert nunmehr dieses Wasser über eine Verteilerleitung zu den einzelnen Becken, womit der Wasserkreislauf geschlossen ist. Jeder Zu- und Ablauf ist mit einem Ventil versehen, so daß die einzelnen Wasserströme dem jeweiligen Bedarf angepaßt werden können. Außerdem ist dadurch die Möglichkeit gegeben, einzelne Becken auch komplett vom Wasserkreislauf abzutrennen, um beispielsweise eine medikamentöse Behandlung vorzunehmen. Neben diesen Hauptelementen der Filteranlage ist

ein **Ozonisator** mit einer Leistung von 500 mg/h angeschlossen worden, die dem Richtwert von 10 mg Ozon auf 100 l Wasser entspricht. Der Ozonisator wird über ein Redoxpotentialmeß- und Regelgerät automatisch gesteuert.

Des weiteren werden der pH-Wert und die Temperatur über entsprechende Meßgeräte kontrolliert. Ein Intervallschalter steuert darüber hinaus eine Strömungspumpe.

Süßwasseranlage

Neben der oben beschriebenen und einer weiteren Seewasseranlage hat der Kölle Zoo natürlich auch eine Süßwasserverkaufsanlage. Anders als bei der beschriebenen Seewasseranlage liegt hier verfahrenstechnisch insofern ein anderes Konzept vor, als daß die Wasseraufbereitungsanlage für diesen Kreislauf nicht auf gleichem Niveau liegt, sondern aus Platzgründen in einen Kellerraum verlegt wurde.

Das Wasser fließt aus den Aquarien zunächst in eine Sammelleitung, die das Wasser dann in die Filteranlage im Keller leitet. Hier durchläuft es zunächst einen **Vorfilter**, der lediglich die Aufgabe hat, grobe Schmutzteile aufzufangen. Aus dem Vorfilter läuft das Wasser in den Sammelbehälter. Von hier nimmt es die Förderpumpe P_2 auf und pumpt es in den **Biologischen Rieselfilter**, der hier als Kassettenfilter ausgeführt ist. Der

Vorteil dieser Bauweise liegt darin, daß die einzelnen Filterschichten eine recht geringe Höhe haben und somit gut mit Sauerstoff versorgt werden. Außerdem können hierbei einzelne Segmente (Kassetten) zum Reinigen herausgenommen werden. Wenn das Wasser die letzte Filterkassette durchlaufen hat, gelangt es automatisch wieder in den Sammelbehälter zurück.

Die Förderpumpe P_3 führt einen Teilstrom über einen Injektor, der Wasser mit **Luft** und **Ozon** versetzt. Das Gemisch aus Wasser, Luft und Ozon wird in einen geschlossenen „Ozonfilter" geleitet. Dieser Filter ist mit einem Füllkörpermaterial beschickt worden, über das das Wasser verteilt wird. Da das Wasser Luft und Ozon mit sich führt und der Behälter geschlossen ist, bildet sich ein ozonhaltiger Luftraum aus, der vom Wasser durchrieselt wird. So entsteht eine optimale Kontaktierung zwischen Ozon und Wasser. Überschüssige Luft und überschüssiges Ozon werden durch ein spezielles Schwimmerventil abgegeben. Das Ozon kann bei Bedarf über einen Restozonvernichter geleitet werden.

Das mit Ozon behandelte Wasser läuft ebenfalls wieder in den Sammelbehälter zurück, so daß dieser als Mischwasserbehälter fungiert, in dem grob vorgereinigtes Wasser mit biologisch und mit Ozon behandeltem Wasser zusammenfließt.

Die Förderpumpe P_2 nimmt das Wasser aus einem Klarwasserbecken auf und fördert es zurück in die Aquarienanlage im ersten

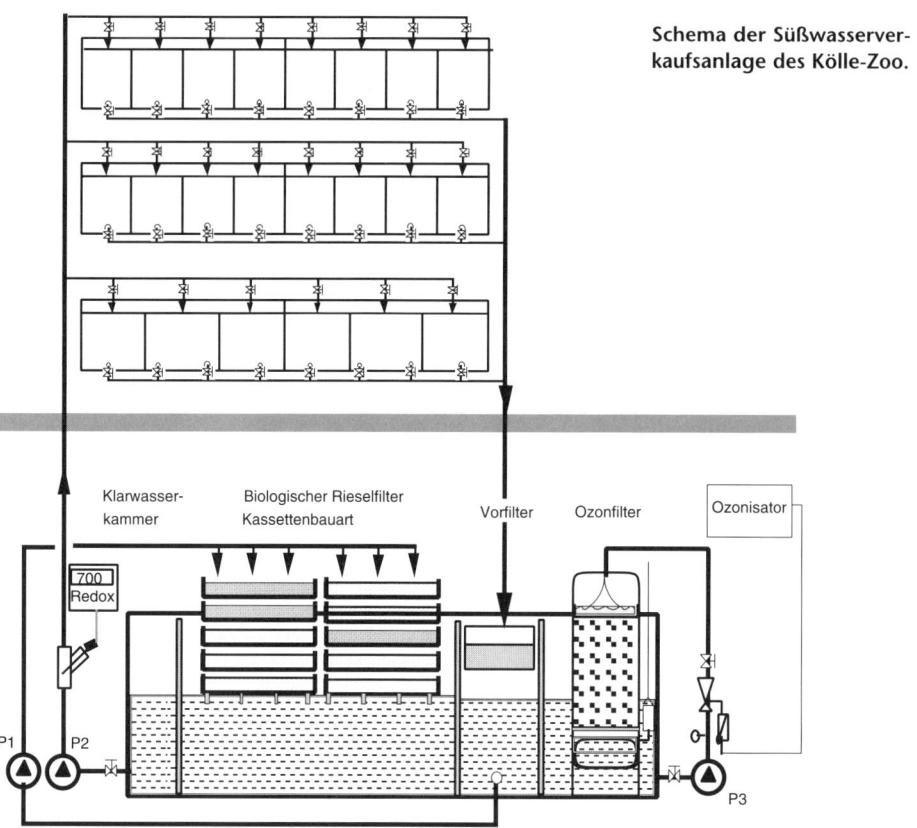

Schema der Süßwasserverkaufsanlage des Kölle-Zoo.

Die Becken der Süßwasserverkaufsanlage sind über den gemeinsamen Filter miteinander verbunden.

Stock. Im Rücklauf befindet sich ein Redoxpotentialmeßgerät, das die Ozondosierung automatisch kontrolliert.

Installationsseitig sind auch diese Becken so angeschlossen, daß einzelne Becken oder Beckengruppen vom Gesamtkreislauf abgetrennt werden können.

Das Aquarium des Leipziger Zoos

Als Beispiel für ein öffentliches Aquarium habe ich das Aquarium des Zoo Leipzig ausgewählt. Hier wurde unter den schwierigen Bedingungen der DDR-Zeit ein sehr mutiges Projekt in Angriff genommen, dessen Zentrum ein großes Rundbecken darstellt. Seine Konzeption erschließt sich am besten durch die Abbildung aus der Bauzeit auf Seite 243.

Mit der Wende 1989 war das Aquarium im Rohbau fertig. So ergab sich die glückliche Gelegenheit, die großartige architektonische Gestaltung mit moderner Technik auszurüsten. Eine aus der Not geborene, für den wissenschaftlich interessierten Beobachter besonders attraktive Kombination ergibt sich dadurch, daß man den Zuschauerraum für das Aquarium mit einem kuppelartigen Gewölbe ausgerüstet hat, in dessen Mitte ein Planetarium steht. So ergibt sich hier die einmalige Gelegenheit die Tiefen des Weltraumes und die Tiefen des Meeres an einem Ort zu betrachten. Ein nachhaltiger Eindruck!

Für die weitere Beschreibung überlasse ich den Leser nunmehr der Führung von Herrn Dr. Engelmann, dem Leiter des Aquariums, dem ich an dieser Stelle für die konstruktive Unterstützung besonders danke. „Wenn der Zoobesucher unser Aquarienhaus betritt, er-

Das Aquarium des Leipziger Zoos

Das Aquarium des Leipziger Zoos im Rohbau.

wartet er mit Recht, saubere Becken, gesunde Fische und klares Wasser vorzufinden. Um solche Verhältnisse zu erhalten, ist nicht nur eine ständige, intensive Pflege durch die Mitarbeiter erforderlich, sondern auch eine umfangreiche Technik. Davon hat aber der Besucher in der Regel kaum eine Vorstellung, wie man bei Spezialführungen in die Technikräume immer wieder feststellen kann. Am Beispiel unseres großen Ringaquariums für Haie und Meeresschwarmfische sei deshalb einmal die aufwendige Filtertechnik etwas ausführlicher erläutert.

Im Zentrum des Erdgeschosses führt eine Treppe, die sich um eine massive Säule windet, in den Besucherraum des Ringaquariums, dem Kernstück dieses Neubaues. Hier kann es bei stärkerem Besucherandrang zu Stauungen kommen. Für Rollstuhlfahrer ist auch die Benutzung eines Behindertenaufzuges möglich, der allerdings von unserem eingewiesenen Personal bedient werden muß. Die Wendeltreppe hinaufsteigend, gelangen

Beispiele für Aquarienanlagen

Der Besucher steht inmitten des ringförmigen Aquariums.

wir in das Obergeschoß. Wohl die meisten Besucher sind zunächst von dem unmittelbaren Eindruck, inmitten eines ringförmigen Aquariums zu stehen und von Haien umschwommen zu werden, fasziniert. Bevor wir direkt an die Scheiben treten, lassen wir deshalb die Atmosphäre etwas auf uns einwirken. Der nur von dem hellen Beckenrand erleuchtete Raum liegt im Halbdunkel, unsere Aufmerksamkeit wird sofort auf die in beiden Richtungen entlangziehenden Fische gerichtet. Da fallen uns beispielsweise die Schwarzspitzen-Riffhaie auf, aber auch ein Schwarm gelblicher, mit schmalen, schwarzen Querstreifen geschmückter Königsmakrelen. Hinter dem aus 20 Einzelscheiben bestehenden Glasring des Ringaquariums von 40 m Umfang befindet sich ein Wasserkörper mit einem Volumen von 120 m^3 Seewasser.

Für die Fische stellt dieses Becken einen praktisch unbegrenzten Schwimmraum dar, denn nach zwei Seiten hin stoßen sie an keine Wände. Freiwasserhaie, die von Natur aus ständig schwimmen müssen, damit das Atemwasser durch das geöffnete Maul an ihren Kiemen vorbeistreichen kann, und Meeresschwarmfische, die einen großen Schwimmraum benötigen, finden hier ideale Bedingungen. Einige Steinaufbauten aus Muschelkalk bieten aber auch standorttreuen Fischarten, wie Muränen und Zackenbarschen, Schlupfwinkel und Höhlen, die sie für ihr Wohlbefinden benötigen.

Im gesamten Filtersystem einschließlich einer großen, ebenfalls ringförmigen Klarwasserkammer sind weitere 100 m^3 im Umlauf. Die Pumpenleistungen sind so ausgelegt, daß stündlich etwa 80 m^3 durch die Filteranlagen strömen. Von drei Stellen des Schaubeckens gelangt das Aquarienwasser im freien Über-

Das Aquarium des Leipziger Zoos

Das Ringbecken aus der Perspektive des Tierpflegers.

lauf zunächst in einen Sammelbehälter, der sich in einem Kellerraum befindet. Von diesem führen Leitungen zu zwei großen Eiweißabschäumern, die einen Durchmesser von je 100 cm haben und 3,1 m hoch sind. Die Eiweißabschäumung ist mit einem Ozonerzeuger gekoppelt, so daß dem Aquarienwasser bei Bedarf Ozon zugeführt werden kann. Das Ozon erhöht das Redoxpotential, das in unserer Anlage ständig elektronisch überwacht wird.

Aus dem Sammelbehälter gelangt das Seewasser in eine 2,2 m lange und 2 m breite Halbschale, in der sich auf einer Achse aufgereihte Kunststofflamellen mit einem Durchmesser von knapp 2 m drehen. Auf diesen zur Hälfte in das Wasser eintauchenden Scheiben siedeln sich Bakterien an, die mit Hilfe von Sauerstoff das bei den Stoffwechselvorgängen anfallende hochgiftige Ammoniak und Nitrit zu relativ harmlosem Nitrat oxidieren.

Die mechanische Filterung erfolgt im Anschluß an die biologische in einem mit Korallensplitt gefüllten Naßfilter mit einem Volumen von etwa 10 m^3. Er besteht aus zwei parallel liegenden Kammern, durch die jeweils die halbe Wassermenge geführt wird. So ist es möglich, durch Umleiten des gesamten Wasserstromes auf nur eine Kammer die andere bei laufendem Filterbetrieb zu reinigen. Dazu wird der Filterkies mit einem Gemisch aus Wasser und Luft gegengespült. Wir verbinden diese Arbeit mit einem Teilwasserwechsel von ungefähr 10 m^3, der in der Regel einmal monatlich durchzuführen ist. Zwei je 60 m^3/h fördernde Pumpen bringen das gereinigte Wasser in die Klarwasserkammer, die sich direkt unter dem Schaubecken befindet. Von dort wird es durch zwei weitere Pumpen in das Ringbecken zurückbefördert. Alle Pumpen werden so mit Schwimmerschaltern gesteuert, daß es bei Pumpenausfall nicht zu Havarien kommt.

Eine prinzipiell gleiche Filtertechnik besitzt auch das Panoramabecken für die Korallenfische. Alle anderen Aquarien sind je nach Größe und Wasserart (See- oder Süßwasser) mit eigenen Filtersystemen ausgestattet, wobei entweder geschlossene Sanddruckfilter oder Mehrkammer-Kiesfilter mit Mattenvorfiltern eingesetzt werden.

Neben den Filtersystemen gehören aber zur Aquarientechnik auch die Beleuchtung, Belüftung und Heizung oder Kühlung der einzelnen Becken, Wasseraufbereitungsanlagen und Vorratstanks sowie die gesamten Versorgungsleitungen. So mußten für die Elektro- und Wasserinstallation in allen Bereichen des Aquariums immerhin etwa 10,5 km Elektrokabel und 8 km Rohrleitungen verlegt werden.

Die großen, bepflanzten Süßwasserbecken sind an eine zentrale Anlage zur Kohlendio-

Beispiele für Aquarienanlagen

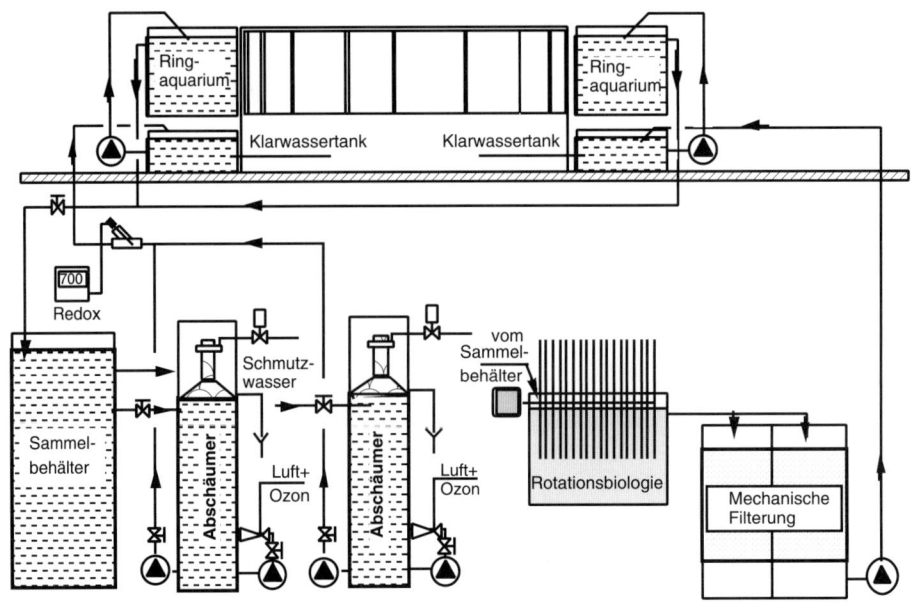

Schema des großen Rundbeckens des Leipziger Zoos.

xid-Düngung des Aquarienwassers angeschlossen. Damit wird ein besseres Pflanzenwachstum bei gleichzeitiger Unterdrückung unerwünschter Algen erreicht. Für das Gedeihen der Pflanzen wie auch für das Wohlbefinden der Tiere ist neben der Temperatur die Beleuchtung von großer Bedeutung. Dies betrifft nicht nur die Intensität des Lichtes, sondern auch dessen tägliche Dauer. Deshalb wird die Tagesbeleuchtungsdauer und -stärke durch Zeitschaltuhren gesteuert.

Für den Besucher nicht zugänglich, aber für den Betrieb eines großen Schauaquariums von immenser Bedeutung sind Quarantäne- und Zuchträume. Vier solcher Räume sind im Leipziger Aquarium vorhanden: je ein Quarantäne- und Zuchtraum für tropische Meerestiere und tropische Süßwasserfische, eine Kaltwasser-Quarantäne und ein Quarantäne- und Zuchtraum für Terrarientiere. Diese Räume werden nicht nur für die separate Unterbringung von Neuankömmlingen zur Eingewöhnung und zur Behandlung erkrankter

Tiere genutzt. Sie dienen auch der vorübergehenden Aufnahme von Tieren, die aus bestimmten Gründen im Schaubereich nicht gezeigt werden können. Hier erfolgen ferner die Aufzucht von Jungtieren und die gezielte Vermehrung bestimmter Arten. Damit haben wir auch die Möglichkeit, einen Beitrag zum Naturschutz, insbesondere durch die Beteiligung an internationalen Arterhaltungsprogrammen, zu leisten."

Ähnliche Anlagenkonzepte, die Abschäumung, biologische Filterung und Ozon neben zum Teil individuellen Anlagenteilen integrieren, befinden sich auch im Aquarium in Berlin, im Tierpark Bochum, Tierpark Hagenbeck, Aquarium der Universität Kiel und vielen anderen Schauaquarien im In- und Ausland.

Daten zur Berechnung geeigneter Rohrdurchmesser.

Rohr-länge m	Winkel 90° Stück	Bogen 90° Stück	Innen ø mm	0,25	0,50	0,75	1,00	2,50	5,00	7,50	10,00	12,50	15,00	20,00	25,00	30,00
				Druckverlust in m Ws					Druckverlust in m Ws				Druckverlust in m Ws			
1	2		12	0,15	0,59	1,28	2,24	13,32	51,70							
2,5	2		12	0,23	0,84	1,81	3,11	17,75								
5	2		12	0,36	1,27	2,68	4,55	25,13								
10	2		12	0,62	2,13	4,42	7,45	39,89								
25	2		12	1,39	4,70	9,66	16,14									
1	2		16	0,05	0,17	0,38	0,67	4,03	15,70	34,86						
2,5	2		16	0,07	0,24	0,52	0,89	5,14	19,55	42,87						
5	2		16	0,10	0,35	0,74	1,26	7,01	25,99	56,22						
10	2		16	0,16	0,57	1,18	2,00	10,74	38,85							
25	2		16	0,36	1,22	2,51	4,20	21,92								
1	2		20	0,02	0,07	0,15	0,27	1,60	6,26	13,92	24,57	38,19				
2,5	2		20	0,02	0,09	0,20	0,34	1,99	7,58	16,67	29,18	45,08				
5	2		20	0,04	0,13	0,27	0,47	2,63	9,79	21,24	36,85	56,57				
10	2		20	0,06	0,21	0,43	0,72	3,91	14,21	30,38	52,20					
25	2		20	0,13	0,43	0,89	1,49	7,76	27,47	57,81						
1	2		25	0,01	0,02	0,05	0,10	0,58	2,26	5,04	8,90	13,83	19,84	35,06		
2,5	2		25	0,01	0,03	0,07	0,12	0,71	2,72	5,98	10,47	16,19	23,12	40,57		
5	2		25	0,01	0,05	0,10	0,17	0,93	3,48	7,55	13,10	20,12	28,58	49,75		
10	2		25	0,02	0,07	0,15	0,25	1,37	5,00	10,68	18,36	27,98	39,51			
25	2		25	0,05	0,15	0,31	0,52	2,70	9,55	20,09	34,13	51,56				
1	2		32		0,01	0,02	0,03	0,21	0,82	1,84	3,24	5,05	7,24	12,81	19,95	28,64
2,5	2		32		0,01	0,02	0,04	0,25	0,96	2,12	3,73	5,77	8,24	14,50	22,46	32,15
5	2		32		0,02	0,03	0,06	0,32	1,20	2,60	4,53	6,97	9,91	17,30	26,66	37,99
10	2		32	0,01	0,02	0,05	0,08	0,46	1,66	3,56	6,14	9,37	13,25	22,91	35,05	49,68
25	2		32	0,01	0,05	0,10	0,17	0,86	3,06	6,45	10,96	16,58	23,26	39,74		
1	2		40			0,01	0,01	0,07	0,26	0,57	1,01	1,58	2,26	4,00	6,22	8,93
2,5	2		40			0,01	0,01	0,08	0,31	0,67	1,18	1,82	2,61	4,58	7,09	10,13
5	2		40		0,01	0,01	0,02	0,10	0,39	0,84	1,46	2,24	3,18	5,53	8,52	12,13
10	2		40		0,01	0,02	0,03	0,15	0,55	1,17	2,01	3,06	4,32	7,45	11,39	16,12
25	2		40	0,00	0,02	0,03	0,06	0,29	1,03	2,16	3,67	5,53	7,75	13,21	20,01	28,09
1	2		50				0,00	0,03	0,10	0,23	0,41	0,64	0,91	1,61	2,51	3,61
2,5	2		50				0,01	0,03	0,12	0,27	0,47	0,72	1,03	1,81	2,81	4,02
5	2		50			0,00	0,01	0,04	0,15	0,32	0,56	0,86	1,22	2,14	3,30	4,70
10	2		50			0,01	0,01	0,06	0,20	0,44	0,75	1,14	1,62	2,80	4,28	6,07
25	2		50	0,00	0,01	0,01	0,02	0,10	0,37	0,78	1,32	1,99	2,79	4,77	7,23	10,16
1		5	12	0,27	1,04	2,30	4,05	24,63								
2,5		5	12	0,35	1,30	2,82	4,92	29,06								
5		5	12	0,47	1,72	3,70	6,36	36,44								
10		5	12	0,73	2,58	5,44	9,26	51,20								
25		5	12	1,50	5,15	10,67	17,95									
1		5	16	0,08	0,32	0,71	1,24	7,60	30,01							
2,5		5	16	0,10	0,38	0,84	1,47	8,72	33,87							
5		5	16	0,13	0,49	1,06	1,83	10,59	40,30							
10		5	16	0,20	0,71	1,51	2,57	14,31	53,17							
25		5	16	0,40	1,37	2,84	4,78	25,50								
1		5	20	0,03	0,13	0,28	0,50	3,07	12,12	27,11	48,02					
2,5		5	20	0,04	0,15	0,33	0,58	3,45	13,45	29,86	52,63					
5		5	20	0,05	0,19	0,41	0,70	4,09	15,66	34,43						

Tabellenanhang

Daten zur Berechnung geeigneter Rohrdurchmesser (Fortsetzung).

Rohr-länge m	Winkel 90° Stück	Bogen 90° Stück	Innen ø mm	0,25	0,50	0,75	1,00	2,50	5,00	7,50	10,00	12,50	15,00	20,00	25,00	30,00
				Druckverlust in m Ws						Druckverlust in m Ws				Druckverlust in m Ws		
10	5		20	0,07	0,26	0,56	0,96	5,38	20,08	43,77						
25	5		20	0,14	0,49	1,02	1,72	9,23	33,33							
1	5		25	0,01	0,05	0,10	0,18	1,09	4,31	9,63	17,06	26,59	38,21			
2,5	5		25	0,01	0,05	0,12	0,20	1,22	4,76	10,57	18,64	28,95	41,49			
5	5		25	0,02	0,07	0,14	0,25	1,44	5,52	12,14	21,27	32,88	46,96			
10	5		25	0,03	0,09	0,20	0,34	1,89	7,04	15,28	26,52	40,74				
25	5		25	0,05	0,17	0,36	0,60	3,21	11,59	24,68	42,29					
1	5		32		0,02	0,04	0,07	0,40	1,58	3,55	6,29	9,80	14,09	24,98	38,96	56,02
2,5	5		32		0,02	0,04	0,07	0,44	1,72	3,84	6,77	10,52	15,09	26,66	41,48	59,53
5	5		32	0,01	0,02	0,05	0,09	0,51	1,96	4,32	7,57	11,72	16,76	29,47	45,67	
10	5		32	0,01	0,03	0,07	0,11	0,65	2,42	5,28	9,18	14,12	20,09	35,08		
25	5		32	0,02	0,06	0,12	0,20	1,05	3,82	8,16	14,01	21,33	30,11	51,91		
1	5		40			0,01	0,02	0,12	0,16	1,03	1,82	2,84	4,08	7,22	11,26	16,19
2,5	5		40		0,01	0,01	0,02	0,13	0,51	1,13	1,99	3,08	4,42	7,80	12,12	17,39
5	5		40		0,01	0,02	0,03	0,15	0,59	1,29	2,26	3,50	4,99	8,76	13,56	19,38
10	5		40		0,01	0,02	0,04	0,20	0,75	1,62	2,81	4,32	6,13	10,68	16,43	23,37
25	5		40	0,01	0,02	0,04	0,06	0,34	1,23	2,61	4,47	6,79	9,56	16,44	25,05	35,35
1	5		50				0,01	0,05	0,19	0,42	0,74	1,15	1,65	2,93	4,57	6,58
2,5	5		50				0,01	0,05	0,20	0,45	0,80	1,24	1,77	3,13	4,87	6,99
5	5		50			0,01	0,01	0,06	0,23	0,44	0,89	1,27	1,97	3,46	5,36	7,67
10	5		50				0,01	0,11	0,29	0,54	1,08	1,53	2,36	4,12	6,34	9,04
25	5		50				0,02	0,18	0,45	0,85	1,65	2,32	3,54	6,09	9,29	13,14
1	10		12	0,46	1,79	4,00	7,06	43,48								
2,5	10		12	0,53	2,05	4,52	7,93	47,91								
5	10		12	0,66	2,48	5,39	9,38	55,29								
10	10		12	0,92	3,33	7,14	12,28									
25	10		12	1,69	5,90	12,37	20,97									
1	10		16	0,14	0,56	1,24	2,20	13,57	53,87							
2,5	10		16	0,16	0,62	1,38	2,42	14,69								
5	10		16	0,19	0,73	1,60	2,79	23,63								
10	10		16	0,26	0,95	2,04	3,52	28,79								
25	10		16	0,46	1,61	3,37	5,73	44,27								
1	10		20	0,06	0,23	0,50	0,89	7,92	21,89	42,80						
2,5	10		20	0,06	0,25	0,55	0,97	8,45	23,22	45,22						
5	10		20	0,08	0,29	0,63	1,10	9,34	25,43	49,26						
10	10		20	0,10	0,36	0,78	1,35	11,11	29,85							
25	10		20	0,17	0,59	1,24	2,11	16,44	43,11							
1	10		25	0,02	0,08	0,18	0,31	2,79	7,71	15,07	30,67	44,11				
2,5	10		25	0,02	0,09	0,19	0,34	2,97	8,16	15,90	32,25	46,31				
5	10		25	0,03	0,10	0,22	0,38	3,28	8,92	17,28	34,88	49,80				
10	10		25	0,03	0,13	0,27	0,47	3,89	10,44	20,06	40,13	57,20				
25	10		25	0,06	0,21	0,43	0,74	5,72	14,99	28,37	55,90					
1	10		32	0,01	0,03	0,07	0,12	1,03	2,85	5,58	11,36	16,34	25,50	45,26		
2,5	10		32	0,01	0,03	0,07	0,12	1,09	2,99	5,83	11,84	17,01	26,50	46,94		
5	10		32	0,01	0,04	0,08	0,14	1,18	3,22	6,26	12,64	18,12	28,17	49,75		
10	10		32	0,01	0,04	0,10	0,17	1,37	3,69	7,11	14,25	20,35	31,50	55,36		
25	10		32	0,02	0,07	0,15	0,25	1,93	5,09	9,65	19,08	27,05	41,51			
1	10		40		0,01	0,02	0,03	0,29	0,80	1,55	3,16	4,55	7,10	12,60	19,66	28,28

Daten zur Berechnung geeigneter Rohrdurchmesser (Fortsetzung).

Rohr-länge m	Winkel 90° Stück	Bogen 90° Stück	Innen ø mm	0,25	0,50	0,75	1,00	2,50	5,00	7,50	10,00	12,50	15,00	20,00	25,00	30,00
				Druckverlust in m Ws					Druckverlust in m Ws				Druckverlust in m Ws			
2,5	10		40		0,01	0,02	0,04	0,31	0,84	1,64	3,33	4,78	7,44	13,18	20,52	29,48
5	10		40		0,01	0,02	0,04	0,34	0,92	1,79	3,61	5,16	8,01	14,13	21,96	31,48
10	10		40		0,01	0,03	0,05	0,40	1,08	2,08	4,16	5,93	9,16	16,05	24,83	35,47
25	10		40	0,01	0,02	0,05	0,08	0,60	1,57	2,96	5,82	8,22	12,59	21,81	33,45	47,44
1	10		50			0,01	0,01	0,12	0,32	0,63	1,29	1,85	2,89	5,13	8,01	11,53
2,5	10		50			0,01	0,01	0,12	0,34	0,66	1,35	1,93	3,01	5,33	8,31	11,94
5	10		50			0,01	0,02	0,14	0,37	0,71	1,44	2,06	3,21	5,66	8,80	12,62
10	10		50		0,01	0,01	0,02	0,16	0,42	0,81	1,63	2,33	3,60	6,32	9,78	13,99
25	10		50		0,01	0,02	0,03	0,22	0,59	1,11	2,20	3,12	4,77	8,29	12,73	18,09
1		2	12	0,12	0,44	0,94	1,63	9,55	36,62							
2,5		2	12	0,19	0,69	1,47	2,50	13,98	51,97							
5		2	12	0,32	1,12	2,34	3,95	21,36								
10		2	12	0,58	1,98	4,08	6,85	36,12								
25		2	12	1,35	4,55	9,32	15,54									
1		2	16	0,03	0,13	0,28	0,48	4,04	10,92	21,08	42,38					
2,5		2	16	0,05	0,19	0,41	0,70	5,59	14,78	28,16						
5		2	16	0,09	0,30	0,63	1,07	8,17	21,22	39,95						
10		2	16	0,15	0,52	1,08	1,81	13,33	34,08							
25		2	16	0,35	1,18	2,41	4,01	28,81								
1		2	20	0,01	0,05	0,11	0,19	1,59	4,30	8,32	16,75	23,97	37,17			
2,5		2	20	0,02	0,07	0,15	0,26	2,12	5,63	10,74	21,36	30,38	46,75			
5		2	20	0,03	0,11	0,23	0,39	3,01	7,84	14,78	29,03	41,05				
10		2	20	0,05	0,19	0,38	0,65	4,78	12,26	22,86	44,38					
25		2	20	0,12	0,41	0,85	1,41	10,11	25,52	47,10						
1		2	25	0,01	0,02	0,04	0,07	0,63	1,70	3,30	6,66	9,53	14,80	26,09	40,53	
2,5		2	25	0,01	0,03	0,06	0,10	0,81	2,16	4,13	8,23	11,72	18,07	31,60	48,80	
5		2	25	0,01	0,04	0,08	0,14	1,12	2,92	5,52	10,86	15,37	23,54	40,79		
10		2	25	0,02	0,07	0,14	0,23	1,73	4,44	8,29	16,12	22,68	34,47			
25		2	25	0,04	0,15	0,30	0,50	3,56	8,99	16,60	31,89	44,59				
1		2	32		0,01	0,02	0,03	0,23	0,62	1,19	2,41	3,45	5,36	9,47	14,73	21,13
2,5		2	32		0,01	0,02	0,03	0,28	0,75	1,45	2,89	4,12	6,37	11,16	17,24	24,63
5		2	32		0,01	0,03	0,05	0,38	0,99	1,87	3,70	5,24	8,03	13,96	21,44	30,48
10		2	32	0,01	0,02	0,04	0,08	0,56	1,45	2,72	5,30	7,47	11,37	19,57	29,83	42,16
25		2	32	0,01	0,05	0,09	0,16	1,13	2,85	5,27	10,13	14,17	21,38	36,40	55,01	
1		2	40				0,01	0,09	0,25	0,48	0,97	1,38	2,15	3,80	5,92	8,49
2,5		2	40				0,01	0,11	0,29	0,56	1,13	1,61	2,50	4,38	6,78	9,69
5		2	40				0,02	0,14	0,37	0,71	1,41	2,00	3,07	5,34	8,22	11,69
10		2	40				0,03	0,21	0,53	1,00	1,96	2,76	4,21	7,26	11,09	15,68
25		2	40				0,06	0,40	1,02	1,88	3,62	5,06	7,64	13,01	19,71	27,65
1		2	50				0,00	0,04	0,10	0,19	0,39	0,56	0,87	1,53	2,39	3,43
2,5		2	50				0,01	0,04	0,12	0,22	0,45	0,64	0,98	1,73	2,68	3,84
5		2	50				0,01	0,05	0,14	0,27	0,54	0,77	1,18	2,06	3,17	4,52
10		2	50				0,01	0,08	0,20	0,37	0,73	1,03	1,57	2,72	4,15	5,88
25		2	50				0,02	0,14	0,36	0,67	1,30	1,82	2,75	4,69	7,10	9,98
1		5	12	0,17	0,66	1,45	2,54	15,21	59,24							
2,5		5	12	0,25	0,92	1,97	3,41	19,63								
5		5	12	0,38	1,35	2,85	4,86	27,01								

Tabellenanhang

Daten zur Berechnung geeigneter Rohrdurchmesser (Fortsetzung).

Rohr-länge m	Winkel 90° Stück	Bogen 90° Stück	Innen ø mm	0,25	0,50	0,75	1,00	2,50	5,00	7,50	10,00	12,50	15,00	20,00	25,00	30,00
				Druckverlust in m Ws					Druckverlust in m Ws					Druckverlust in m Ws		
10		5	12	0,64	2,20	4,59	7,75	41,77								
25		5	12	1,41	4,77	9,82	16,44									
1		5	16	0,05	0,20	0,44	0,77	6,62	18,08	35,11						
2,5		5	16	0,07	0,26	0,57	0,99	8,16	21,94	42,19						
5		5	16	0,10	0,37	0,79	1,36	10,74	28,37	53,98						
10		5	16	0,17	0,59	1,24	2,09	15,90	41,24							
25		5	16	0,37	1,25	2,57	4,30	31,39								
1		5	20	0,02	0,08	0,17	0,31	2,64	7,24	14,07	28,48	40,86				
2,5		5	20	0,03	0,10	0,22	0,38	3,17	8,56	16,49	33,08	47,26				
5		5	20	0,04	0,14	0,30	0,51	4,06	10,77	20,53	40,76	57,94				
10		5	20	0,06	0,22	0,45	0,76	5,84	15,19	28,61	56,11					
25		5	20	0,13	0,44	0,91	1,53	11,16	28,45	52,85						
1		5	25	0,01	0,03	0,07	0,12	1,06	2,91	5,65	11,46	16,45	25,60	45,30		
2,5		5	25	0,01	0,04	0,09	0,15	1,24	3,36	6,48	13,04	18,64	28,88	50,81		
5		5	25	0,01	0,05	0,11	0,19	1,55	4,12	7,87	15,66	22,29	34,35			
10		5	25	0,02	0,08	0,17	0,28	2,16	5,64	10,64	20,92	29,59	45,28			
25		5	25	0,05	0,16	0,33	0,54	3,99	10,19	18,95	36,69	51,50				
1		5	32		0,01	0,03	0,04	0,39	1,06	2,07	4,20	6,03	9,39	16,63	25,91	37,23
2,5		5	32		0,01	0,03	0,05	0,44	1,20	2,32	4,68	6,70	10,39	18,31	28,43	40,74
5		5	32		0,02	0,04	0,07	0,54	1,44	2,75	5,49	7,82	12,06	21,12	32,62	46,58
10		5	32	0,01	0,03	0,05	0,09	0,73	1,90	3,60	7,09	10,05	15,40	26,73	41,02	
25		5	32	0,02	0,05	0,10	0,18	1,29	3,30	6,15	11,92	16,74	25,41	43,56		
1		5	40				0,02	0,16	0,43	0,84	1,70	2,44	3,80	6,74	10,50	15,09
2,5		5	40				0,02	0,18	0,48	0,92	1,86	2,67	4,14	7,31	11,36	16,29
5		5	40				0,03	0,21	0,56	1,07	2,14	3,05	4,72	8,27	12,80	18,28
10		5	40				0,03	0,27	0,72	1,36	2,69	3,82	5,86	10,19	15,67	22,27
25		5	40		0,02	0,04	0,06	0,47	1,20	2,24	4,35	6,11	9,29	15,95	24,29	34,25
1		5	50				0,01	0,06	0,17	0,34	0,69	0,99	1,54	2,73	4,26	6,13
2,5		5	50				0,01	0,07	0,19	0,37	0,75	1,07	1,66	2,93	4,56	6,54
5		5	50				0,01	0,08	0,22	0,42	0,84	1,20	1,86	3,26	5,05	7,22
10		5	50				0,01	0,10	0,27	0,52	1,03	1,46	2,25	3,92	6,03	8,59
25		5	50				0,02	0,17	0,44	0,82	1,60	2,25	3,42	5,89	8,98	12,69
1		10	12	0,27	1,04	2,30	4,05	24,63								
2,5		10	12	0,35	1,30	2,82	4,92	29,06								
5		10	12	0,47	1,72	3,70	6,36	36,44								
10		10	12	0,73	2,58	5,44	9,26	51,20								
25		10	12	1,50	5,15	10,67	17,95									
1		10	16	0,08	0,32	0,71	1,24	10,91	30,01							
2,5		10	16	0,10	0,38	0,84	1,47	12,46	33,87							
5		10	16	0,13	0,49	1,06	1,83	15,04	40,30							
10		10	16	0,20	0,71	1,51	2,57	20,20	53,17							
25		10	16	0,40	1,37	2,84	4,78	35,68								
1		10	20	0,03	0,13	0,28	0,50	4,40	12,12	23,64	48,02					
2,5		10	20	0,04	0,15	0,33	0,58	4,93	13,45	26,07	52,63					
5		10	20	0,05	0,19	0,41	0,70	5,82	15,66	30,11						
10		10	20	0,07	0,26	0,56	0,96	7,60	20,08	38,19						
25		10	20	0,14	0,49	1,02	1,72	12,92	33,63							
1		10	25	0,01	0,05	0,11	0,20	1,78	4,91	9,58	19,76	27,98	43,62			

Daten zur Berechnung geeigneter Rohrdurchmesser (Fortsetzung).

Rohr-länge m	Winkel 90° Stück	Bogen 90° Stück	Innen ø mm	Wassermenge in m³/h											
				0,25	0,50	0,75	1,00	2,50	5,00	7,50	10,00	12,50	15,00	20,00	25,00	30,00
				Druckverlust in m Ws					Druckverlust in m Ws				Druckverlust in m Ws			
2,5	10	10	25	0,02	0,06	0,13	0,23	1,96	5,36	10,41	21,04	30,17	46,89			
5	10	10	25	0,02	0,07	0,16	0,27	2,27	6,12	11,79	23,67	33,82	52,36			
10	10	10	25	0,03	0,10	0,21	0,36	2,88	7,64	14,56	28,93	41,12				
25	10	10	25	0,05	0,18	0,37	0,62	4,71	12,19	22,88	44,70					
1	10	10	32	0,00	0,02	0,04	0,07	0,65	1,81	3,53	7,18	10,32	16,10	28,56	44,55	
2,5	10	10	32	0,01	0,02	0,05	0,08	0,71	1,95	3,79	7,66	10,99	17,10	30,24	47,07	
5	10	10	32	0,01	0,03	0,06	0,10	0,81	2,18	4,21	8,47	12,11	18,77	33,05	51,26	
10	10	10	32	0,01	0,03	0,07	0,12	0,99	2,65	5,06	10,08	14,34	22,11	38,86		
25	10	10	32	0,02	0,06	0,12	0,21	1,56	4,04	7,61	14,90	21,04	32,12	55,49		
1	10	10	40		0,01	0,02	0,03	0,27	0,73	1,44	2,92	4,20	6,55	11,62	18,13	26,08
2,5	10	10	40		0,01	0,02	0,03	0,29	0,78	1,52	3,09	4,43	6,89	12,20	19,00	27,28
5	10	10	40		0,01	0,02	0,04	0,32	0,86	1,67	3,36	4,81	7,46	13,16	20,43	29,28
10	10	10	40		0,01	0,03	0,04	0,38	1,02	1,96	3,91	5,58	8,61	15,08	23,30	33,27
25	10	10	40	0,01	0,02	0,04	0,58	1,50	2,84	5,57	7,87	12,04	20,83	31,92	45,24	
1	10	10	50				0,01	0,11	0,30	0,58	1,19	1,71	2,67	4,73	7,39	10,63
2,5	10	10	50				0,01	0,11	0,32	0,61	1,25	1,79	2,79	4,93	7,68	11,04
5	10	10	50				0,01	0,13	0,34	0,66	1,34	1,92	2,98	5,26	8,18	11,72
10	10	10	50				0,02	0,15	0,40	0,76	1,53	2,18	3,37	5,92	9,16	13,09
25	10	10	50		0,01	0,02	0,03	0,22	0,56	1,07	2,10	2,97	4,55	7,89	12,10	17,19

Literatur

AIVASIDIS, A., WANDREY, C.: Glasschwamm als Bakterienfilter. Abwasserreinigung ohne Sauerstoff. Sonderdruck Nr. 6157 aus: Berichte der Kernforschungsanlage Jülich GmbH, Jül. Nr. 1900 (o.J.).

BAENSCH, H. A., R. RIEHL: Aquarienatlas Bd. 1 (1982), Bd. 2 (1985) u. Bd. 3 (1987). Mergus Verlag, Melle.

BAENSCH, H. A.: Neue Meerwasser-Praxis. Tetra Verlag, Melle 1986.

BAENSCH, H. A. et al.: Meerwasseratlas. Mergus Verlag, Melle 1992.

KUNTZE, H., G. ROESCHMANN, G. SCHWERDTFEGER: Bodenkunde. 5.A., Verlag Eugen Ulmer, Stuttgart 1994.

BAUMEISTER, W.: 2.A. Meeresaquaristik. Verlag Eugen Ulmer, Stuttgart 1998.

BRÜNNER, G.: Pflanzen im Aquarium – richtig gepflegt. Moderne Kulturverfahren. Franckhsche Verlagshandlung, Stuttgart 1975.

BRUNE, D. E., D. C. GUNTHER: The Design of a New High Rate Nitrification Filter for Aquaculture Waterreuse, State of the Art. Journ. World Mariculture Soc. Vol. 12, 1981.

BLOGOSLAWSKI, W. J., R. G. RICE: Aquatic Application of Ozone. Int. Ozone Inst. 1974.

CLARKE, G. L., H. R. JAMES: Laboratory Analysis of the Selective Absorption of Light by Sea Water. J. Opt. Soc. Amer. 29, pp. 43 – 55, 1939.

DIETRICH, G., K. KALLE, W. KRAUSS, G. SIEDLER: Allgemeine Meereskunde. Eine Einführung in die Ozeanographie. Gebr. Bornträger, Berlin – Stuttgart 1975.

DELBEEK, J. CH., J. SPRUNG: Das Riffaquarium Bd.1. Ricordea Publishing Inc.,Coconut Grove, Florida 1994.

FALBE, J., M. REGITZ: Römpp Chemie Lexikon. Thieme Verlag, Stuttgart 1989 – 1993.

FOSSÅ, S. A., A. J. NILSEN: Korallenriff-Aquarium Bd. 2 (1992), Bd. 3 (1993) u. Bd. 4 (1995). Birgit Schmettkamp Verlag, Bornheim.

FRESE, R. : Ozonisierung oder biologische Filterung. Diplomarbeit. Universität Kiel 1973.

FUHRER, J., B. ACHERMANN: Critical Levels of Ozone. A UN-ECE Workshop Report. Schriftenreihe Swiss Federal Research Station for Agricultural Chemistry and Enviromental Hygiene. CH-3097, Liebefeld-Bern, Switzerland 1994.

GAUDIN, A. M.: Flotation. McGraw Hill Book Company Inc, New York – London 1932.

GEISLER, R.: Wasserkunde für die aquaristische Praxis. Alfred Kernen Verlag, Stuttgart 1964.

GROSSKOPF, J.: Das Korallenriff im Wohnzimmer. Florauna,Nürnberg 1987.

GROMBACH P., K. HABERER, G. MERKL, E. TRÜEB: Handbuch der Wasserversorgungstechnik. R. Oldenbourg Verlag, München 1993.

HAFNER, L., E. PHILIPP: Ökologie. Schroedel Verlag, Hannover 1990.

HANISCH, B.: Die wirtschaftliche Anwendung der Flotation mit sehr kleinen Luftblasen zur

Reinigung von Abwasser. Dissertation. Forschungs- und Entwicklungsinstitut für Industrie und Siedlungswasserwirtschaft sowie Abfallwirtschaft e. V., Stuttgart 1960.

HERING E., R. MARTIN, M. STOHRER: Physik für Ingenieure. VDI-Verlag, Düsseldorf 1992.

HOLLUTA,J.: Das Ozon in der Wasserchemie. GWF, Heft 44 1963.

HÜBNER: Gesundheitstechnik. Heft 12, 1972.

HÜCKSTEDT, G.: Aquarienchemie. Franckhsche Verlagshandlung, Stuttgart 1963.

HÜCKSTEDT, G.: Aquarientechnik. Franckhsche Verlagshandlung, Stuttgart 1963.

HÜTTER, L. A.: Wasser und Wasseruntersuchung. Diesterweg Salle Sauerländer, Frankfurt 1979.

HUGUENIN, J. E., J. COLT: Design and Operating Guide for Aquaculture Seawater Systems. Developments in Aquaculture and Fisheries Science Vol. 20, Elsevier 1989.

HILGE, V.: Biological and Economical Aspects of Fish Production in a Closed Warm Water System. Advances in Aquaculture, FAO Technical Conference on Aquaculture, Kyoto, Japan 1976.

IMHOFF, K.: Taschenbuch der Stadtentwässerung. R. Oldenbourg Verlag, München 1976.

JONES, E., J. R. E.: Fish and River Pollution. Butterworths, London 1964.

KOBAYASHI, T., H. YOTSUMOTO, T. OZAWA, H. KAWAHARA: Closed Circulatory System for Mariculture Using Ozone. Ozone Science and Engineering Vol. 15, pp. 311 – 330, 1993.

KAISER, G. E., F. W. WHEATON: Nitrification Filters for Aquatic Culture Systems – State of the Art. Journal of the World Mariculture Soc., Louisiana State University, Vol. 14, pp. 302 – 324, 1983.

KRAUSE, H. J.: Aquarienwasser. Diagnose und Therapie. Franckhsche Verlagshandlung, Stuttgart 1985.

KRAUSE, H. J.: Einführung in die Aquarientechnik. Diagnose und Therapie. Franckhsche Verlagshandlung, Stuttgart 1985.

KINNE, O.: Marine Ecology Vol. 1. A Comprehensive Intergrated Treatise on Life in Oceans and Coastal Waters. Wiley Interscience, New York 1972.

KNOP, E., BISCHOFBERGER, W., STALMANN, V.: Versuche mit verschiedenen Belüftungssystemen im technischen Maßstab Teil 2: Untersuchungen an Druckbelüftern in Rheinwasser. Emschergenossenschaft, Lippeverband-Essen, Kronprinzstr. 24. Vulkan Verlag, Essen.

LAI, K. V., G.W. KLONTZ: Evaluation of Enviromental and Nutritional Factors Influencing the Performance of Biofilters in Fish Rearing Systems: Final Report. Contract No. DACW 6877CO118, U.S. Dep. of the Army. In: KAISER, G. E., F. W. WHEATON 1983 (siehe dort).

LANGE, J.: Korallenfische. Verlag Eugen Ulmer, Stuttgart 1986.

LAWSON, B., F. W. WHEATON: Removal of Organics from Fish Culture Water by Foam Fractionation. Proc. World Mariculture Soc. Vol. 11, 1980.

LEOPOLD, L., K. S. DAVIS: Wasser. Rowohlt Verlag, Berlin und Reinbek 1970.

LINDNER: Biologie. Metzlersche Verlagsbuchhandlung, Stuttgart 1983.

MARQUARDT, K.: Erzeugung von Reinstwasser. Expert Verlag, Renningen 1988.

MAYER, A.M. et al.: Problems of Design and Ecological Considerations in Mass Culture of Algae. Biotechnology and Bioengineering VI, pp. 173 – 190, 1964.

MOE, M. A.: The Marine Aquarium Handbook. Beginner to Breeder. The Norns Publishing Comp., Marathon, Florida 1982.

MOE, M. A.: The Marine Aquarium Reference. Systems and Invertebrates. Green Turtle Publications, Plantation, Florida 1989.

MENASVETA, P.: Effect of Ozone Treatment on the Survival of Pawn Larvae Reared in a Closed Recirculation Water System. Proc. World Mariculture Soc. Vol. 11, pp. 73 – 78, 1980.

MAYO, R. D.: A Technical and Economic Review of the Use of Reconditioned Water in Aquaculture. Advances in Aquaculture. FAO Technical Conference on Aquaculture, Kyoto, Japan, 1976.

MAYLAND, H.J.: Das Meerwasseraquarium. Falken Verlag, Niedernhausen 1971.

OAKES, D. et al.: Ozone Disinfection of Fish Hatchery Waters: Pilot Plant Results, Prototype Design and Control Considerations. Proc. World Mariculture Soc. Vol. 10, pp. 854 – 870, 1979.

OTTE, G., V. HILGE, R. ROSENTHAL: Effect of Ozone on Yellow Substances Accumulated in a Recycling System for Fish Culture. International Council for the Exploration of the Sea, Fisheries Improvement Commitee, C. M. 1977 / E:27.

OVERATH, H.: Eine Anlage zur Reinhaltung von Meerwasser im geschlossenen System. Zeitschrift des Kölner Zoo, 22. Jahrgang, Heft 2, S. 69 – 72, 1979.

POOLE, B. M.: Filtration Technique for Recirculating Aquaculture Systems. Journal of the World Mariculture Soc. Vol. 14, pp. 485 – 494, 1983.

PÖPPINGHAUS, K., W. FILLA, S. SENSEN, W. SCHNEIDER: Abwassertechnologie. Springer Verlag, Berlin 1994.

PFLEIDERER, C., H. PETERMANN : Strömungsmaschinen. Springer Verlag, Berlin 1991.

RICKARD: The History of Flotation. Mining Sci. Press 114, pp. 365 – 369; 401 – 494, 1977.

RILEY, J. P., R. CHESTER: Introduction to Marine Chemistry. Academic Press, London and New York, 1971.

RÖSSNER, F. X.: Bericht über ein Verfahren zur Nitrifikation ammoniumhaltiger Grundwässer. Wasserfachliche Aussprachetagung des DVGW, Bonn, März 1971.

ROSENTHAL, H., H. WESTERNHAGEN, G. OTTE: Betriebsoptimierung von Meer- und Brackwasserkreisläufen in Aquakulturanlagen. Jahresbericht Biologische Anstalt Helgoland. Helgoland, 1977.

ROSENTHAL, H.: Ozonation and Sterilization. Symp. on New Developments in the Utilization of Heated Effluents and of Recirculation Systems for Intensive Aquaculture. Food and Agriculture Organization of the United Nations EIFAC/80 Symp.: R/May 1980.

SAUER, K.: Richtige Aquarien- und Terrarienbeleuchtung. Engelbert Pfriem Verlag, Wuppertal 1989.

SCHMIDT, E.: Ökosystem See. Verlag Quelle & Meyer, Heidelberg 1974.

SCHLESNER, H.: Auswirkungen einer Seewasserreinigungsanlage nach dem Abschäumungsprinzip mit Hilfe von Ozon auf den Bakteriengehalt des Wassers eines Schauaquariums. Diplomarbeit, Kiel 1979.

SCHEEL, J.: New Kind of Aeration. Aquarium Journal, pp. 279 – 284, July 1962. Übersetzung aus: Scandinavian Aquariummagazine " Akvariet".

SCHWOERBEL, J.: Methoden der Hydrobiologie. Gustav Fischer Verlag, Stuttgart 1994.

SELZLE, H., J. Lemkemeyer: Moderne Meerwasseraquaristik. Eine Anleitung von Praktikern für die Praxis. Firma Selzle Aquarientechnik, Taufkirchen 1985.

SELZLE, H.: Technische Aquaristik. Firma Selzle Aquarientechnik, Taufkirchen 1987.

SONTHEIMER, H.: Entwicklung, Möglichkeiten und Grenzen der Ozonanwendung bei der Trinkwasseraufbereitung. Int. Symp. Ozon u. Wasser. Wasser Berlin'77, Colloqium Verlag, Berlin, 1978.

SPETL, F., F. DEDEK: Neue Erkenntnisse aus der Kinetik des Flotationsprozesses. Czechoslovak Academy of Siences, Praha-Czechoslovakia.

SPILLER, K.: Anlagenüberwachung durch Einsatz fortschrittlicher Meß- und Regelungstechniken. Fachveranstaltung Industrieabwasserreinigung TÜV-Südwest, Filderstadt 1990.

SPOTTE, S.: Fish and Invertebrate Culture. Watermanagement in Closed Systems. Wiley Intersiences, New York 1970.

SPOTTE, S.: Captive Seawater Fishes. Science and Technology. John Wiley and Sons Inc., New York 1992.

SPOTTE, S.: Seawater Aquariums. The Captive Enviroment. John Wiley and Sons Inc., New York 1979.

SRNA, R. F., A. BAGGALEY: Kinetic Response of Perturbed Marine Nitrifikation Systems. A Report on Grant no. 2-35273, Office of Sea Grant, NOAA, U.S. Department of Commerce. University of Delaware, Lewes (o.J.).

ST. AMANT, P.P., P.L. MCCARTY: Treatment of High Nitrate Waters. Journal of American Waterworks Assoc. In: WHEATON, F. W.: Aquacultural Engineering 1987 (siehe dort).

TIMMONS, M. B., TH. M. LOSORDO: Aquaculture Water Reusesystems: Engineeering Design and Management. Developments in Aquaculture and Fisheries Science, Vol. 27. Elsevier Science B.V., Amsterdam, Netherlands 1994.

THIEL, A. J.: The Marine Fish and Invert Reef Aquarium. Dupla Press, Norwalk, Conneticut 1988.

WEIDLING, D. et al.: Lehr- und Handbuch der Wasserversorgung Bd.5: Wasserchemie für Ingenieure. R. Oldenbourg Verlag, München 1993.

WHEATON, F. W.: Aquacultural Engineering. Robert E. Krieger Publishing Company, Malabar, Florida 1987.

WHEATON, F. W., T. B. LAWSON, K. M. LORNAX: Foam Fractionation Applied to Aquacultural Systems. Proc. World Maricultur Soc. Vol. 10, pp. 795 – 808, 1979.

Bildquellen

Fotos:
Fa. ASV Stübbe, Vlotho: S. 213.
Fa. Bürkert, Ingelfingen: S. 231.
Fa. Eheim, Deizisau: S. 80.
Fa. Hanna Instruments, Kehl am Rhein: S. 191.
Fa. Rowa GmbH, Osnabrück: S. 70, 71.
Fa. Sander, Uetze-Eltze: S. 83, 84, 102, 123, 143, 193, 199, 234, 236, 237, 238, 242.
Fa. Schott Engineering GmbH, Mainz: S. 86.
Fa. Speck, Lauf: S. 208, 209.
Zoo-Aquarium Leipzig: S. 243, 244, 245
Vereinigte Füllkörperfabrik, Ransbach-Baumbach: S. 85.

Die Zeichnungen und Diagramme wurden, wenn nicht anders angegeben, vom Autor nach eigenen Entwürfen angefertigt.

Register

Ablaufkasten 224
Abschäumer 141ff., 171, 172, 234
Abschäumung 133ff., 170, 172
Absorption 160
Absorptionskoeffizienten 160
Adsorption 73
Aktivkohle 86, 72, 73
Aktivkohlevorfilter 71,
Aminosäuren 55
Ammoniak 41, 44, 56, 80, 87, 88, 176
Ammonifikation 175
Ammonium 56, 80, 88, 91f., 171, 175, 176, 177
Ammoniumberg 89
Ammoniumkonzentration 91
Ammoniumoxidation 90, 93
anaerob 47, 90, 95
Anionen 22f., 29
Anionenaustauscher 65
Anreicherungszone 140
Aquarienanlagen 234
Aquarienheizung 183
Aragonit 150, 151
Areometer 42
Argon 24
Assimilation 53
Atome, Aufbau 16
Attenuationskoeffizienten 160

Register

Ausströmer 101ff.
Austauscherregeneration 65, 67
Austauschstromdichte 198
Außenabschäumer 143
Automatikarmaturen 230

Bacterium coli 55
Bacterium proteus 55
Bacterium subtilis 55
Bakterien 52, 89, 91, 92, 171
– aerobe 56, 176, 177
– anaerobe 172, 176, 177
– denitrifizierende 177
– nitrifizierende 89, 147
Belastung, organische 125
Belastungswerte 91
Beleuchtungsstärke 161
Belüftungsanlage 101
Biofilter 82, 85, 88, 93, 234
Biofiltervolumen 92, 93
Biologische Grundlagen 51
Biologischer Sauerstoffbedarf (BSB) 47ff.
Blasen 135ff., 139
Blasenbildung 133
Blasendurchmesser 104
Blasenerzeugungssysteme 101, 143
Blasenfeinheit 108
Blasengröße 101, 103
Blasenrandwinkel 137
Blasensteiggeschwindigkeit 104, 135
Bodenfilter, Effektivität 89
Bogen 229
Brenndauer 166
BSB
ert 48

Cabomba 39
Calcit 150, 151
Calcium 35, 64, 94, 150, 151, 152
Calciumchlorid 151f.
Calciumhydrogencarbonat 36f., 152, 154
Calciumhydroxid 151
Calciumoxid 152f.
Calciumsulfat 35
Candela 161
Chelatbildner 43
Chemischer Sauerstoffbedarf (CSB) 48f.
Chemoautotrophie 53
Chemolithotrophie 53
Chlor 61, 71, 130f.
Chlorella 39
Chlorid 94
Cladophora glomerata 39
Cluster 19
CO_2-Flaschen 116

Coccolithus huxleyi 149
CSB-Wert 172, 173

Dauerzellen 92
Denitrifikation 58f., 86, 97f., 177
Denitrifikationsbakterien 53, 95
Denitrifikationsstufe 97
Denitrifizierer, heterotrophe 97
Dichte 18ff., 29
Dichteermittlung 204
Diffusion 39 f.
Diffusionsgeräte 118
Dispergator 107
Dissoziation 31
Doppelschicht, elektrische 139
Dosiervorrichtung 153
Druck 108
– osmotischer 29, 67f.
Druckenergie 106
Druckfilter, biologischer 83
Druckgasflasche 115
Druckgasflaschen 117
Druckgaskapsel 115
Druckmesser 101
Druckminderer 116, 117
Druckminderungsventil 116
Durchlaufreaktoren 119

E. coli 129
Edelgas 112
Eichen 199
Eichung 189
Einfallswinkel 158f.
Einflüsse, unnatürliche 13
Einsatzgebiete 10
Eiweißabschäumung 133
Eiweißmoleküle, Sammlerfunktion 138
Elektrodenpositionierung 194
Elektronen 16, 44
Elektronendonator 99
Elodea densa 39
Entkeimung 129
Entsalzung 66
Entsalzungsverfahren 67
Entwässerungszone 140
Erhaltungsenergie 178, 179
Extinktion 126

Fällmittel 153
Filter, anaerober 98
– biologischer 57, 73, 107, 211
– mechanischer 47
Filterbakterien 175
Filtereinsätze 80
Filtermaterial 84, 89
Filtermedien 89
Filtersysteme 89, 170
Filtertechnik 77
Filterung, aerob biologische 81

– anaerob biologische 95
– biologische 87, 170, 171, 174
– mechanische 170, 175
Flavobacterium 95
Flotation 133, 139, 153
Fütterung 91
Fulvosäure 74
Funktionselelemente 133
Futtermenge 12
Futterqualität 12

Gärung 113
Gasaustausch 24ff., 28
Gase, gelöste 24
– natürliche 101
– technische 101
Gefrierpunkt 18ff.
Gelbstoffe 126
Gesamthärte 35f.
Gewässer, aerobe 46f.
Gitterring 85
Gleitringdichtung 209, 210
Grenzflächenspannung 103
Grünalgen 39

H_2O_2 48
Härtebildner 64
Härtegrade 36
Halogen-Metalldampf-Lampe (HQL) 165ff.
Heber 227, 226
Heimaquarium 86
Heizung 178
Heizer 178, 179, 186
Heizleistung 179, 180, 186
Heizstab 183, 204
Helgoland-Abschäumer 141
Holzausströmer 101
Horizontal-Abschäumer 143
Hückstedt-Verfahren 151
Huminsäure 43, 48, 74f.
Huminstoffe 74, 126, 160
Hydratation 139
Hydrodynamik 106
hydrodynamische Aspekte 136
Hydrogencarbonat 34, 36ff., 39, 151f.

"Impfen" 89
Inertgas 112
Injektor 105
Innenfilter, biologischer 84
– luftbetriebener 77
Ionenart 202
Ionenaustauscher 62
Ionenbindung 16
Ionenkonzentration 202

Karbonathärte (KH) 35
Kalium 94
Kaliumkarbonat 35

254

Register

Kalkausfällung 149
Kalkbildung 148
Kalkgehalt 148
Kalk-Kohlensäure-Gleichgewicht 37, 150
Kalklöschen 152
Kalkmilch 238
Kalkreaktor 154
Kalksteinbildung 151
Kalkwasser 152
Kaltwasserbecken 93
Kaltwasseraquarium 178
Kapillarkraft 20
Karbonathärte
Karbonatsystem 36, 38f.
Karbonatzyklus 36, 42
Kationen 22f. , 29
Kationenaustauscher 63
Keimgehalt 127
Klarwasser 74
Kleinaquarium 234
Kobalt 94
Kohlendioxid 36ff., 24, 26, 28, 34, 39, 54, 112, 152
Kohlendioxidatmosphäre 113, 117
Kohlendioxiddosierung 113, 120f.
Kohlendioxideintrag 118
Kohlendioxidreaktoren 115
Kohlendioxidzufuhr 120
Kohlensäure 37f., 39
Kohlensäuredüngung 193
Kohlenstoff 42f., 44, 54
Kohlenstoffspender 96, 97
Kohlenstofftransport 148
Konvektion, thermische 20
Korallenbruch 85
Korallensand 155
Korallenstoffwechsel 148f.
Kühlaggregat 182, 183, 184
Kühlen 183
Kühlleistung 186
Kühlsysteme 185
Kugelhahnen 227, 228, 229
– elektrischer 232
Kunststoff-Füllkörper 85, 87
Kunststoffgitterrohre 85
Kunststoffigel 85
Kunststoffkörper 85
Kupfer 94

Lampentypen 162
Lauge 34, 38f.
Lautstärke 214
Lavagestein 85
Lebensräume, natürliche 11
Leipziger Zoo, Aquarium 243
Leistung 161
Leitfähigkeit 32, 34, 200
Leitungswasseraufbereitung 60ff.

Leitwert 31f., 200ff.
Leuchtdichte 161
Leuchtstofflampen 162
– Wirtschaftlichkeit 163
– Anbringung 163
– Helligkeitsregelung 163
– Lichtfarbe 164
Licht 156
Lichtausbeute 161f.
Lichteinstrahlung 158
Lichteinwirkung 173
Lichtextinktion 126
Lichtstärke 161
Lichtstrom 161
Lindenholz 102
Löslichkeit, absolute 28
Luft, Gasanteile 111
Lufteinzugsdüse 105
Luftmengenmessung 101
Luftpumpen 215
Luftzusammensetzung 111
Lux 161

Magnesium 35, 94, 150
Magnesiumcarbonat 151
Magnetkreiselpumpen 206ff.
Magnetpumpen 208
Magnetventile 230, 231, 232
MAK-Wert (Maximale Arbeitsplatzkonzentration) 132
Mammutpumpen-Prinzip 215
Mangan 94
Manometer 71
Material 214
Medikamente 94, 95
Meerwasser 28
Meerwassergase 29
Membranpumpe 215
Metallbindung 17
Meßgeräte, batteriebetriebene 191
– netzabhängige 191
Methanol 96, 97
Meßsensor 196
Mikroorganismen 52
Milieu, sauerstoffreich 57
Mineralisation 53
Mineralstoffe 94
Mixotrophie 53
Molybdän 94

Natrium 64
Natriumhydrogencarbonat 64, 151
Natriumkarbonat 35
Nichtkarbonathärte 35
Nicht-Newtonsche Flüssigkeit 107
Niederdruck-UV-Strahler 168f.
Nitrat 57f., 65, 80, 87, 88, 95, 171, 172, 175, 176, 177

Nitratabbau 58
Nitrataustausch 65
Nitrataustauscherregeneration 66
Nitratfilter 96
Nitratwert 87
Nitrifikation 172, 57, 87, 89, 90, 93, 95, 171, 175, 176, 177
– aerobe 176
Nitrifikationsbakterien 174
Nitrifikationsprozeß 96
Nitrifikationsrate 89
Nitrit 56, 58, 80, 87, 88, 146f., 171, 175, 176
– Konzentration 125
– Messung 99, 125
Nitritquelle 96
Nitritwert 89
Nitrobacter 87, 57, 89, 92, 94, 175, 176
Nitrosomonas-Bakterien 56, 87, 88, 94, 175, 176, 177
Normalschaum 140
Notatmung 27
Nullpunktabweichung 189

Oberfächenbewegung 110
Oberflächenspannung 21f., 104
Optimaltemperatur 50
Organische Stoffe 42
Organismen, autotrophe 52
– heterotrophe 53
– lithotrophe 53
Osmoregulation 41
Osmose 39, 40f.
Osmotischer Druck 41f.
Oxidation 44 f., 47f.
– bakterielle 48, 87
Oxidationsmittel 44f.
Ozon 44, 48, 57, 121, 128ff., 146, 170, 175
– entkeimende Wirkung 127
– Anwendungsgebiete 122
– Einwirkung 132
Ozonelektroden 123
Ozonisator 122
Ozonschicht 157
Ozonwirkung 129ff.

Partialdruck 111
Permanentmagnetkopplung 208
pH-Elektrode 187, 189, 192
pH-Meter 187ff.
Phosphat 94
Photosynthese 42, 54, 55
pH-Sonde 187
pH-Wert 152f., 32ff., 38, 56, 85, 93, 151, 155, 175, 176, 187, 188, 191
Plankton, marines 149

255